普通高等院校"十三五"精品规划教材

现代汉语基础教程

主 编 刘 涛 李晓燕 温云兰

煤炭工业出版社

·北 京·

图书在版编目 (CIP) 数据

现代汉语基础教程 / 刘涛 , 李晓燕 , 温云兰
编 . -- 北京 : 煤炭工业出版社 , 2016
普通高等院校"十三五"精品规划教材
ISBN 978-7-5020-5308-6

Ⅰ . ①现… Ⅱ . ①刘… ②李… ③温… Ⅲ . ①汉语
– 高等学校 – 教材 Ⅳ . ① H1
中国版本图书馆 CIP 数据核字 (2016) 第 142209 号

现代汉语基础教程

主　　编	刘　涛　李晓燕　温云兰
责任编辑	刘少辉
责任校对	郭浩亮
封面设计	晟　熙
出版发行	煤炭工业出版社 (北京市朝阳区芍药居 35 号　100029)

电子信箱	cciph612@126.com
网　　址	www.cciph.com.cn
印　　刷	北京市迪鑫印刷厂印刷
经　　销	全国新华书店

开　　本	787mm × 1092mm $^{1}/_{16}$	印张 20.5	字数 450 千字
版　　次	2017 年 5 月第 1 版	2017 年 5 月第 1 次印刷	
社内编号	8165	定价 39.00 元	

前　言

　　《现代汉语基础教程》是根据汉语言文学专业的学习需要而编写的一本实用教材，适合于广大汉语言专业的学习者使用。本书的编写立足于基础，立足于实践，以马克思主义理论为指导，以国家的语言文字政策为依据，吸收本学科最新的研究成果，结合现代汉语的实际，系统地讲授现代汉民族共同语——普通话的基础理论和基本知识，在重视内容的基础上训练基本技能，培养和提高学生理解、分析、运用现代汉民族共同语的能力，使学生在知识理论和文化素养两方面都能够得到提高，并为将来从事语言文字工作,包括教学和科学研究的工作打好基础。

　　全书共分六章，从汉语言最基础的语音和文字等方面入手，所有的知识系统围绕语言要素的主要内容展开介绍，知识点集中，行文简洁活泼，语言通俗易懂，概念阐释明晰。

　　本书在编写过程中尽量做到理论结合实践，通过大量生动鲜活的例子来对理论知识进行清晰地讲解，从而加深学习者对概念和理论的理解，提升学习者的理论水平和语言技能，以便为下一阶段的学习和日常的语言运用奠定坚实的基础。

　　使用本教材进行教学应遵循这样的原则，即在学习者认真预习课程内容、定位课程内容的基础上，结合理论进行实践的锤炼和运用，并要不断地紧跟时代，注重网络上铺天盖地五光十色的网络语言的发展和变化，从而在深入理解并掌握每一节课所学的内容的同时，更要把握时代的脉搏，不断地提高自己的语言修养。

　　由于编写时间仓促、作者学术水平有限，本书难免存在不足和疏漏之处，恳请广大读者批评指正，以便下次修订时完善。

编　者

前　言

目　　录

第一章　绪　　论

知识要点

1. 现代汉语包括现代汉民族的共同语和方言。其中，共同语是以北京语音为标准音，以北方话为基础方言，以典范的现代白话文著作为语法规范的普通话。

2. 现代汉语的方言包括北方方言、吴方言、湘方言、赣方言、客家方言、闽方言、粤方言。

3. 现代汉语的特点：语音特点、词汇特点、语法特点。

4. 现代汉语共同语和方言的相互关系与汉语言的规范化问题。

学习目标

1. 掌握现代汉语的含义、特点和现代汉语方言的分区。

2. 掌握现代汉语共同语和方言的相互关系与汉语言的规范化的含义和标准。

3. 熟练掌握"语言""现代汉语""汉民族共同语""普通话""汉语方言"等基本概念以及现代汉语的特点。

第一节　现代汉语概说

一、现代汉语的定义

广义地说，现代汉语就是现代汉民族使用的语言，包括汉民族共同语和各种方言。狭义地说，就是现代汉民族共同语，也就是"以北京语音为标准音，以北方话为基础方言，以典范的现代白话文著作为语法规范的普通话"。当我们用狭义的现代汉语这个概念时，一般不把"现代汉语"和"方言"并举，如：一般说成"现代汉民族共同语（普通话）和方言"，而不说"现代汉语和方言""现代汉语和现代汉语方言"。单独使用"现代汉语"这个概念时，一般多指现代汉民族的共同语（普通话）。而我们学习和研究的主要是指后者。这个定义在 1955 年国务院就给我们规定了，它提出了现代汉语在语音、词汇、语法三方面的标准，现代汉语的规范形式、标准形式就是普通话。

二、现代汉民族共同语

现代汉民族共同语是指以北京语音为标准音，以北方话为基础方言，以典范的现代白话文著作为语法规范的普通话。

我们知道，语言有三个要素：语音、词汇、语法。而普通话的定义正是从这三个方面做了规定。但这三个方面只是粗略地勾勒出了普通话的一个大致轮廓，有些地方还不是很明确。如："以北京语音为标准音"是不是北京话的语音都可以作为我们民族共同语的标准音？语法的规定也很模糊，"以典范的现代白话文著作为语法规范"，那么，什么样的作品算得上是典范的现代白话文著作呢？对这个问题我们只能举例说明，如老舍、赵树理、鲁迅、毛泽东的作品是典范的现代白话文著作。此外，这些人的作品中是不是每个句子都是规范的呢？所以，这个定义还有很多的概念没有明确。

三、现代汉民族共同语的形成

汉族早在先秦时期就存在着古代汉语共同语。春秋时期，这种共同语称为"雅言"（《论语·述而》），汉代称为"通语"（扬雄《方言》），明代改称"官话"，辛亥革命后称为"国语"，新中国成立后称为"普通话"。

要谈现代汉民族共同语的形成可以从书面语和口语两个方面来谈。

一般认为，汉民族共同语的书面形式在先秦时代就产生了，当时口语和书面语基本一致。但由于口语灵活多变，书面语保守，时间一长就会形成口语和书面语脱节的情况，即"言文不一"的情况，嘴巴上说的和手上写的不是一回事，如：嘴巴上说："哎呀，我真是痛苦呀！"写下来却是："呜呼，痛哉！"这种言文不一的情况在汉代就已经出现了（汉代出现了一批注释家，说明当时的人们已经读不懂先秦时期的作品了）。到了隋唐时期，言文不一的状况更加严重，人们已经很难读懂古人的作品，严重削弱了语言的交际作用。于是，一种接近口语的书面语形式就开始在民间产生了，这就是早期的白话文。宋元以后一直到"五四"，虽然文言文一直占据着书面语的统治地位，但较能反映口语的"白话文"一直在民间流传发展着，并最终走向成熟，取代文言文的正统地位。

白话文学的源头可以追溯到唐代的变文。谈到变文就要谈到佛经。佛教从汉代传入中国，魏晋南北朝时期大盛，当时为了普及佛经的教义，许多僧人或学者对佛经进行了翻译和讲唱。从普及的角度讲，佛经宣讲的对象主要是市民阶层，因此在翻译佛经著作中，往往带有明显的口语化色彩（也有的是因为翻译者水平不高）。现存最早的禅宗史籍《祖堂集》（五代南唐时编）卷四"药山和尚"：后只观望师兄来。有一日造书，书上说："石头是真金铺，江西是杂货铺，师兄在彼中堕根做什么？千万，千万，速来，速来！"

唐代出现了一种文学体裁——变文。为了宣讲佛经教义，许多寺院采用十分通俗的说唱形式讲解佛经，或叙述历史事件，或刻画人物形象，或传播民间传说。（形式类似于今天的湖北大鼓、苏州评弹）变文中大量运用了口语的词语。

《近代汉语资料汇编·唐五代卷》"伍子胥变文"（p.187）："女子泊沙于水，举头忽见一人，行步猖狂，精神恍惚，面带饥色，腰剑而行，知是子胥，乃怀悲曰：'儿闻桑间一食，灵辄为之扶轮，黄雀得药封疮，衔白环而相报。我虽贞洁，质素无亏，今于水上泊沙，有幸得逢君子，虽即家中不被（通"备"）何惜此之一餐？'缓步上岸而行，乃唤'游人且住，剑客是何方君子，何国英才？'相貌精神，容貌耸干。"

宋代产生了话本小说，这是宋代兴起的白话小说的雏形，用通俗的文字写成，多以历史故事和当时社会生活为题材,是宋元民间艺人说唱的底本。古人把讲故事称为"话","话本"就是故事的底本。因为对象是市民阶层,所以口语的程度很高。

《大宋宣和遗事》:"昨日是个七月七日节,我特地打将上等高酒来,待和你赏七月七日则个。把个门儿关闭闭塞也似,便是樊哙也踏不开。唤多时悄无人应,我心内早猜管有别人取乐,果有新欢,断料必适来去者!那人敢是近上的官员?"

元代戏曲中的口语程度也很高。

明清在宋代话本小说的基础上创作了大量的白话小说,如《红楼梦》《西游记》《水浒传》《金瓶梅》《儒林外史》《三国演义》,等等。这批艺术成就极高的白话小说的广泛流传,使北京话成为最有影响的方言。

《红楼梦》第六回:"只见周瑞家的回来,向凤姐道:'太太说:今儿不得闲儿,二奶奶陪着也是一样,多谢费心想着,要是白来逛逛便罢,有什么说的,只管告诉二奶奶。'"

"五四"时期,长期流传在民间的这种白话文日臻成熟。五四运动中,陈独秀主编的《新青年》杂志高举废除文言文提倡白话文的旗帜,在全国发动"白话文运动",使白话文最终取代文言文成为文学语言的正统地位。

关于现代汉民族口语的形成时间,学界主要有两种不同的意见:

(1)罗常培、吕叔湘:"共同口语的形成难于指明确切的年代,但是不会晚于十四世纪(元末明初)。"(《现代汉语规范问题》,见胡裕树主编《现代汉语参考资料》p.98)

(2)张寿康举出元代"天下通语"为证,从而推出共同口语的形成,"应该说不晚于十三世纪"(元初)。(《五四运动与现代汉语的最后形成》,见《中国语文》1979 年第4期,第245 页)

再往前推分歧就更大了。因此我们可以认为上述两说基本可信,因为自辽代以来,由于政治、经济、文化等方面的原因,北京话在全国的影响很大(辽金元明清前后 800 年左右的时间定都北京,只有明朝初年有很短一个时期定都金陵)。

明朝初年编订的朝鲜人学汉语的两本会话书《朴事通》和《老乞大》,用的就是北京话,可见当时北京话已具有代表汉语的身份。

《老乞大》:"你是高丽人,学他汉儿文书怎么?你说得也是,个人都有主见。你说我听着。如今朝廷一统天下,世间用着的是汉儿言语。我这高丽言语,只是高丽地面上行的,过得义州,汉儿地面来,都是汉儿言语,有人问着一句话,也说不得时,别人将咱们,做什么人看?你这般学汉儿文书时,是你自心里学来?你的爷娘教你学来?是我爷娘教我学来。你学了多少时节?我学了半年有余。省的那省不的?每日和汉儿学生们,一处学文书来,因此上,些少理会的。"

这种形成中的共同语,明清称为"官话",清代在福建广东设立"正音书院"教授官话,并规定"举人、生员、贡、监、童生不谙官话者,不准送试"。清末官话正名为"国语"。1913年,蔡元培采用"注音字母案",召开"读音统一会",审订6500多字。1916年,成立国语研究会,发起了"国语运动"。"国语运动"使以北京语音为标准音的北京话确立了民族共同语的地位,它与白话文运动结合,形成了书面语和口头形式相结合的现代汉民族共同语。

1955 年，中国科学院召开现代汉语规范问题学术会议，确定了汉民族共同语为普通话。

书面语与口语的大致发展脉络如下：

书面语：唐（变文）——宋（话本）——元（戏曲）——明清（白话小说）——"五四"（白话文运动）

口语：先秦（雅言）——汉代（通语）——元明清（官话）——"五四"（国语运动）

四、现代汉语的分期

现代汉语究竟是从什么时候形成的？确切的年代还很难说，因为我们对于汉语史的研究还很不够，而且还牵涉到近代汉语什么时候结束的问题。

首先，分期的依据不能是社会变革。我们知道，历史的分期往往以重大的社会变革为依据，分为古代史（1840 年鸦片战争以前）、近代史（鸦片战争至"五四"）、现代史（"五四"至新中国成立）、当代史（新中国成立至今）。

语言的分期不能以社会变革作为依据，因为语言的发展具有渐变的性质，而历史的发展往往具有突变的性质。"五四"是中国现代史的开端，但我们不能认为人们的语言也会在一夜之间发生突变，由"之乎者也"变成"呢吗的了"。

语言的分期也不能以书面语作为根据。五四运动之后白话文代替文言文只是书面形式的变化，并不代表真正的语言的实际状况，即活的口语。认为"五四"以前人们都是"之乎者也"，"五四"以后人们都"呢吗的了"，是不正确的。

红楼梦时代书面语是文言文，但口语与现代汉语几乎一样，所以红楼梦时期也应该是现代汉语时期。

汉语史的一个大致分期是：

魏晋（南北朝）以前是古代汉语。

隋唐—明末清初（17 世纪）是近代汉语。明末清初以后是现代汉语。

古代汉语和现代汉语主要的区别：

表1-1

	古代汉语	现代汉语
语音系统	入声（-p、-t、-k），闭口韵-m	入声消失，闭口韵-m 消失
助词系统	之乎者也	呢吗的了
基本词汇	吾（予）尔（汝）彼此（第三人称不完备）	我你他这那

第二节　现代汉语的特点

一、同印欧语系相比显现的特点

⑴语音上：现代汉语有声调。

　　元音占优势（必须有元音，且原音最多可有三个，而且必须连续排列），辅音不占优势（没有复辅音，辅音只能出现在元音的开头和结尾，而且可以没有）。

　　②词汇上：复合构词法是主要的构词法。

　　现代汉语按语素可分为单纯词和合成词。而单纯词又分为单音单纯词和多音单纯词。

　　单音单纯词——花、学、他、好、听、呢。

　　多音单纯词——双声（伶俐 蜘蛛 参差）、叠韵（灿烂 翩跹 彷徨）、非双声叠韵（杜鹃 芙蓉 妯娌）、音译词（伦敦 巧克力）、叠音词（猩猩）。

　　合成词的形式有很多，主要如下：

　　附加式（词根+词缀）。

　　复合式（词根+词根）——主谓、动宾、偏正、补充、并列等格式。

　　重叠式——妈妈、刚刚、偏偏。

　　复合式——道路、朋友、红旗、雪白、认真、说明、车辆、司机、出席、自学、地震、年轻。

　　(3)附加式——老师、阿姨、老虎、老百姓、阿哥、阿妹、第一、第二、初一、初二

　　汉语中，合成词占绝对优势，而合成词中，复合构词法是主要构词方式。在印欧语中附加式构词法占优势。

　　语法上：现代汉语缺乏形态变化，表现语法意义的手段最重要的是词序和虚词。

　　汉语没有严格意义上的形态变化。虽然有些词有词形的变化，但数量很少，不是严格意义上的形态变化。如在表示人的普通名词后加"们"表示复数，加"着、了、过"表示"态"，加"子、儿、头"表示词性，等等。

　　汉语实现语法意义的手段主要是词序和虚词。

　　如："他打我"中的"他"之所以是主语，我们是通过它的位置——在动词前面判断出来的，而不像英语那样用 he 这样的形式来表示。

　　再如："他的书"是通过虚词"的"表现"他"语法意义的（定语）。

　　此外汉语量词十分发达，数词后面一般要用量词，而且不同的词语要求用不同的量词。英语只有 piece 一类的少数几个类似汉语的量词的词，但数量上不独立成类，作为名词看待。

二、同古代汉语相比较显现的特点

　　①语音上：现代汉语（指共同语）没有入声。如：出、国、铁、目。

　　(2)词汇上：现代汉语双音节词占优势。如：月/月亮 ；　木/木头 ；　目/眼睛

　　由单音节占优势发展为双音节占优势，可以使表义更加精细。如："护"在古汉语中有很多意义相近的词义，但发展成为双音节后就可以明确了：

　　护——爱护 、保护 、庇护 、辩护 、防护 、监护 、救护 、看护 、守护 、袒护 、维护、卫护、 掩护、养护。

三、语法方面

（一）语序和虚词是表达语法意义的主要手段

汉语缺少严格意义的形态变化，语法意义主要是用语序和虚词来表达。语序是线性序列中构成成分出现的先后顺序，语序的作用表现在句法、语义和语用三个方面。

（1）语义的语序变化

我看着同学们。——同学们看着我。

（2）语法的语序变化

天气好。（主谓）——好天气。（偏正）

（3）用语的语序变化

例如：

春天像小姑娘，花枝招展的，笑着走着。（朱自清：《春》）

"花枝招展"经过后置予以强调，突出了春天的绚丽多姿，把"春姑娘"写得有声有色，情趣盎然。

有人把这种语序的颠倒称为"语言的魔术"，因为语序的变化会产生奇特的修辞效果。例如：北宋大散文家欧阳修的《醉翁亭记》中的名句"醉翁之意不在酒"，有人信手拈来，经过巧妙地组合，形成了一段有趣的对话：

酒席上，一位男客向一位美丽的太太敬酒，嘴里念道："醉翁之意不在酒。"这位太太立刻举杯回敬道："醉酒之意不在翁。"她的丈夫马上接道："醉酒之翁不在意。"旁边的一位客人凑趣道："在意之翁不醉酒。"

四人说的都是耐人寻味的话。"醉翁之意不在酒"，表明那位男客借醉向太太敬酒，意不在酒而在太太，显然是不怀好意；"醉酒之意不在翁"，是说男客借醉敬酒意不在太太的先生而在太太本人，给了敬酒者无情地揭露；"醉酒之翁不在意"，是说只有喝醉的先生才会对男客的无礼不在意，表明太太的先生对不怀好意向自己太太献殷勤的男客强烈不满；"在意之翁不醉酒"，意思是太太的先生对不怀好意的敬酒者时刻在意，十分警惕，绝不会喝醉。这是客人对太太的先生说的话的重要补充。

上边四个人说的话，含意隽永，各尽其妙，可转来转去都没超出"醉翁之意不在酒"这七个字，足以表明中国字词组合的巧妙。《饮冰室合集》里记载了一个故事：一位学政大人到某县选拔人才，发现生员水平太低，于是在前三名的试卷上分别批了一句话："放狗屁！""狗放屁！""放屁狗！"这三个批语同中有异。学政大人解释道："这第一名还算个人，只是放了一通狗屁；第二名简直成了狗，在那里放屁；第三名更糟，是一条除了放屁之外什么也不会的狗，故曰'放屁狗'。"学政大人是通过"放""狗""屁"三个词的不同搭配，组成三句评语。这样的评语真是新奇，十分形象，令人忍俊不禁。

虚词则是专门用来表达语法意义，用不用虚词、用什么虚词能显示语法意义的差别。如"社会进步"是主谓结构，"社会的进步"是偏正结构；"学生和家长"是联合结构，而"学生的家长"是偏正结构；"去了美国"表示实现，而"去过美国"表示经历。

（二）语法结构的一致性

无论是语素组合成词，还是词组合成短语，或是词和短语组成句子，都有主谓、动宾、补充、偏正、联合等几种基本的语法结构关系。如：

语素和语素的组合：地震 、月亮 。

词和词的组合：身体健康 、人民幸福 。

词或短语的组合："火车开动了。""他把任务完成了。"

以上组合的结构关系都是主谓关系。

（三）词的多功能性

现代汉语中，同一类词可以在句子中充当多种成分，词在语法方面呈现出多功能性；反正，同一种句子成分又可以由几类词充当，所以现代汉语的词类和句法成分之间没有简单的对应关系。

（四）量词十分丰富

汉语一开始也是没有专用量词，数词与名词直接结合（岁寒三友；一日不见，如隔三秋），或者借用名词，例如"牛十牛"。后来发展出量词。量词用法复杂，名词不同，量词不同，例如："一个人、一头牛、一张纸、一粒米"，中间的量词就各不相同。使用时若不细心分辨，就可能张冠李戴，误用量词。

第三节　共同语和方言

一、什么是共同语和方言

由前所述，所谓民族共同语（标准语、统一语）是全民族共同成员通用的语言，具有超方言性，方言之间的交际工具就是共同语。共同语是在一种方言的基础上形成的，不是几种方言的杂凑。作为民族共同语的基础的方言叫基础方言，汉民族共同语的基础方言就是北方方言。一种语言的共同语是在某一个方言的基础上形成的，哪一种方言成为基础方言取决于客观的社会经济、政治、文化等各方面的条件。汉民族共同语以北方方言为基础，主要是政治的原因，伦敦方言成为英吉利共同语的基础方言是由于经济的原因，多斯岗方言成为意大利共同语的基础方言主要是文化的原因。

二、现代汉语方言

现代汉语方言可以分成七个区，分布情况大致如下。

（一）北方方言（官话）

现代汉民族共同语的基础方言，以北京话为代表，内部一致性较强。在汉语各方言中它的分布地域最广，使用人口约占汉族部人口的37%。

北方方言可分为四个次方言：

（1）华北、东北方言，分布在京、津两市，河北、河南、山东、辽宁、吉林、黑龙江，还有内蒙古的一部分地区。

（2）西北方言，分布在山西、陕西、甘肃等省和青海、宁夏、内蒙古的一部分地区。新疆汉族使用的语言也属西北方言（3）西南方言，分布在四川、云南、贵州等省及湖北大部分（东南角咸宁地区除外）、广西西北部、湖南西北角等。

（4）江淮方言，分布在安徽省、江苏长江以北地区（徐州、蚌埠一带属华北、东北方言除外），镇江以西九江以东的长江南岸沿江一带。

（二）吴方言（江南话或江浙话）

以苏州话为代表（也有不少认为应以上海话为代表——例如胡本），使用人口约在汉族总人口的7.2%（胡本作 8.4%），分布地域包括上海、江苏省长江以南，镇江以东地区（不包括镇江），南通的小部分，浙江大部分。吴方言内部也有一些分歧现象，如杭州曾做过南宋的都城，杭州地区的吴语就带有浓厚的"官话"色彩。

（三）湘方言（湖南话）

以长沙话为代表，使用人口占汉族总人口的 3.2%（胡本作 5%），分布在湖南省大部分地区（西北角除外）。湘方言内部有新湘和老湘语的差别。新湘语通行在长沙等较大城市，受北方方言的影响较大。

（四）赣方言（江西话）

以南昌话为代表，使用人口占汉族总人口约 3.3%（胡本作 2.4%）分布在江西省大部分地区（东北沿江地带和南部除外），湖北省东南一带也属于这一方言。

（五）客家话

以广东梅县话为代表。使用人口占汉族总人口的 3.6%（胡本作 4%）。客家人分布在广东、福建、台湾、江西、广西、湖南、四川等省，其中以广东东部和北部，福建西部、江西南部和广西东南部为主。客家人从中原迁徙到南方，虽然居住分散，但客家方言仍自成系统，内部差别不太大。四川客家人与广东客家人相隔千山万水，彼此仍可交谈。

（六）闽方言

现代闽方言主要分布区域跨越六省，包括福建和海南的大部分地区，广东东部潮汕地区，雷州半岛部分地区，浙江南部温州地区的一部分，广西的少数地区，台湾省的大多数汉人居住区。使用人口约占汉话总人口的 5.7%（胡本作 4.2%）。

闽方言内部分歧较大，现在一般将其分为五个次方言：闽东、闽南、闽北、闽中、莆仙方言。闽东方言以福州为代表；闽南方言以厦门话为代表；闽北方言以建瓯话为代表；闽中方言以永安话为代表；莆仙方言以莆田话为代表。

（七）粤方言（广东话）

以广州话为代表。使用人口约占汉族总人口的 4%（胡本作 5%）。分布在广东中部，西南和广西东部，南部的百多个县。它也是香港、澳门同胞的主要交际工具。粤方言内部分歧不大，四邑（台山、新会、开平、恩平四县）粤语、柱南粤语等虽都各有一些有别于广州话的语音特色，但仍能用来相互交谈。

客家、闽、粤方言，都随着华侨传布海外。

和民族共同语普通话相比较，各方言之间的差异程度各不相同。大致说来，闽、粤跟普通话差别最大，吴次之，官话内部各次方言与普通话之间的差别最小。客、赣、湘等方言与普通话之间的差别比闽、粤、吴等方言小，比北方言各次方言大。

三、共同语和方言的关系

方言在共同语形成之前，可以是形成共同语的基础，在共同语形成之后，则是共同语的分支或变体。共同语在一种方言的基础上形成以后，其他方言在交际中服从于共同语，但共同语并不排斥其他方言中有用的成分相反，它还要吸收其他方言中有用的成分来丰富自己。例如："搞、晓得、里手、名堂"等就是从四川、湖南方言中吸收过来的；"尴尬、垃圾、货色、懊恼、把戏"等就是从江浙话里吸收进来的，这些方言词，现在都成了普通话里的通用词了。因此，方言是民族共同语的源泉，共同语对方言加以影响和规范。

四、共同语和方言形成的原因

方言是语言的分化造成的，共同语是语言的集中形成的，而语言的分化和集中又受到社会的分裂和统一的影响。

五、方言的发展趋向

(1)社会既未完全分裂，又未达到统一，方言保持自己的特点。社会的不完全分化，就形成地域方言。方言形成以后，如果社会仍然处于不充分统一（或分化）的状态中，方言就一方面保持自己的特点，一方面又服从于自己所属语言的发展趋势，继续作为该语言的方言。几千年封建社会中的汉语方言就是这种情况。

(2)社会完全长期分化，各方言就可能失去约束，不断地扩大自己的特点，并进一步发展成为独立语。如拉丁语，随着古罗马帝国的解体，它的各个方言就发展成今天的意大利语、西班牙语、法语、葡萄牙语、罗马尼亚语等独立的语言。这些从同一种语言分化出来的各种语言，叫亲属语言。英语、德语、荷兰语、瑞典语、丹麦语等共同来自日耳曼语；俄语、保加利亚语、捷克斯洛伐克语、波兰语、塞尔维亚语等共同来自古斯拉夫语；拉丁语、日耳曼语、古斯拉夫语都来自原始印欧语，它们也是亲属语言。

(3)社会高度统一，方言逐渐消磨自己的棱角，趋于统一。

第四节　现代汉语的规范化

现代汉语的规范化是指根据汉语发展的内部规律并结合汉语的习惯用法，确定现代汉语在语音、词汇、语法等方面的标准。

一、现代汉语规范化的必要性

我们之所以进行现代汉语规范化，其意义在于建立统一、明确、共同遵守的标准，以利于正确表达和理解。

而其必要性，则可以归纳为以下几点：

（1）语言的本质在于应用，生命力在于交际行为中沟通信息。语言的社会性。

（2）语言的发展是约定俗成的过程，规范化就是不断的约定俗成。

（3）我国人口众多、需要规范的现代汉语。

（4）多民族国家的官方语言和联合国工作语言，国际交往和外国人学汉语，需要一个标准和规范的汉语。

（5）信息处理、人机对话、信息档案、语音识别与合成等，都需要有一个规范的处理对象、形式，便于计算系统的识别与处理。

（6）网络的发展、网络文化、网络资源的开发建设与利用，也亟需现代汉语的规范化。

二、现代汉语规范化的标准

现代汉语规范化的标准，主要的包括语音、词汇、语法和文字四个方面。具体来说，就是：

（一）语音标准——以北京语音为标

准音为什么以北京语音为标准音？

从辽代开始，辽金元明清前后 800 多年，大体都建都北京（明朝初年一段时间在金陵），北京成为全国的政治、经济、文化的中心。（胡以鲁的《国语学草创》中主张湖北黄陂话为标准音）

应该注意，选择标准音时应选一个地点方言。因为范围太大语音容易出现分歧。

以北京语音为标准音，并不是说，凡是北京语音都是规范的，都能成为民族共同语的标准音。北京语音也是一种方音，它也有自己的方言土语。

如：学一学（xiáo）/什么色儿（shǎir）/淋湿了（lún）/大栅栏（dàzhàlán）/明白（bèi）/我和他（hài）/不知道（bùrdào）/电视台（diànrtái）/你不是每张都有吗？（búr）

异读：从（cóng—cōng）/呆（dāi—dái）/绕（rào—rǎo）

2．词汇标准——以北方话词汇为标准

同样，并不是所有的北方话词汇都是规范的，这主要是因为北方话范围很广，内容也有分歧。

玉米—苞谷、棒子、老玉米。

土豆—马铃薯、洋芋、山药蛋。

太阳—日头。

公鸡—鸡公　母鸡——鸡母。

搜一下（武汉售票员用语）—和普通话有细微差别（从口袋里把东西掏出来）。

《现代汉语词典》：①找寻。②搜查。

程度副词：北京（很、特、贼）——湖北（蛮、才）——南方（好）

方言特有词：

song（用手推，摇晃）——tsou（塞）——duo（端）——t'ou（展开）——k'u（蹲）

（三）语法标准——以典范的现代白话文著作为语法规范

首先，要是典范的现代白话文著作：鲁迅、老舍、曹禺、赵树理、毛泽东。

其次，要是这些典范著作中的一般用例，而不是特殊用例。有些特殊用例，只是语言大师们个人风格的体现，有些并不合语法。

如："他的真，的善，的美"（鲁迅）

方言语法：

⑴ A 的 A 的：吼的吼的（表连续不断）。

普通话：动词——AA 式，ABAB 式；形容词——AA 式，AABB 式，ABB 式，嵌字形式 A 不……

⑵ AA 神——眼珠子翻翻神/走路扭扭神/胯子闪闪神/炉子的火飘飘神/衣服吹得摆摆神/痱子炸炸神。

单音节动词重叠后加"神"表连续不断。

⑶ A 里 A 气——伢里伢气/苕里苕气/流里流气。

⑷ A 流了的——干净流了的/灰流了的/神气流了的/清爽流了的/瞌睡流了的（表程度）

⑸ 把那个公鸡杀了它，把他赶走了它，把他打死它。

⑹ 草把牛吃了/书把他用完了/钱把他用完了/把书把（得）他。

⑺ 把一本书我/给一本书他。

（四）文字的标准

文字是记录语言的书面符号系统。文字规范不仅包括汉字，还包括书面汉语中的一切非汉字符号。

关于汉字规范的标准主要是。

⑴ 以简化字为规范字。

⑵ 整理和淘汰异体字。

⑶ 纠正错别字。

⑷ 反对乱造滥用不规范简化字。

⑸ 关于非汉字符号的规范。

⑹ 字母数字使用法。

⑺ 标点符号使用法等。

第五节　怎样学习现代汉语

一.在把握现代汉语有关内容的基础上熟练掌握各个专题的重点

本课程内容众多，知识点庞杂，而且很多部分实践性很强，因此学习者初一接触，不仅会感觉千头万绪，不知道该如何着手学习，更会感觉把握不了内容，抓不住要点。所以学习这门课程，首先就需要在系统把握课程内容安排的基础上理清有关的学习线索和学习重点，这样才能做到心中有数，掌握学习的主动权。因此学习要注意拟清各个部分的内容结构，便于查看，比如语法部分内容比较多，但很多篇幅是作者阐明自己观点的论证，所以，这样的内容你知道主题，循着作者的思路往下看就可以了。当然我们在学习的同时还要注意学会融会贯通，不是每个问题都可以有现成答案或依靠老师给你归纳答案要点，自己完全可以结合学习体会归纳要点，结合实际融入个人的看法观点。

二.要弄清楚每一个概念的准确含义

现代汉语作为一门学科，必然也有其基础知识、基本概念和基本理论，因而弄清楚每一概念的准确含义是非常重要的；否则，学习就会似是而非，影响基础知识、基本理论的学习和理解。而且概念是构成一门学科的血肉，是学科内容的具体展示，如果不注意有关概念，那么只掌握干巴巴的骨架，内容就很空洞。

怎样才能弄清楚一个概念的准确含义？这没有固定的方法，每个人需要根据自己的学习特点去琢磨，我们在这里只能提出一点参考的意见。首先，要注意教材中对有关概念所下的定义，并且能用这一定义去解释自己所熟悉的现象。其次要注意比较，比较不同概念的差异，注意避免混同，比如词汇部分构词法和造词法所涉及到的一些概念，有些内涵是一致的，只是观察角度不同，有不同的命名，例如"铁路"的结构分析，从构词法角度看是限定式，从造词法角度看是主从式。同样的语言单位，与不同的概念发生联系，看起来复杂，其实只要弄清楚了句子分类的角度，就没有什么疑难问题了。

准确地掌握基本概念的含义，首要的依据自然还是教材。由于篇幅所限，教材并没有就一些概念进行比较分析，这就需要我们在下面多琢磨，注意细抠教材。还要特别注意的是，对有关概念，除了能够加以准确的阐述解释外，我们还要求能够运用实例来加以说明，这主要是要求大家真正理解有关概念，而不是机械地死记硬背概念。按照我们课程的教学要求，理解概念内涵比死记定义更有用，更重要，你可以背不出定义，但你能举出实例，这说明你对概念是理解的。相反，把概念的定义背得滚瓜烂熟，但却不能举出例子说明，这说明你根本就没有真正掌握概念。

三.注意加强实践练习

这也是学习这门课程的重要方法。加强实践对于语言类课程的学习具有十分重要的意义，本课程的有关理论知识，都是围绕我们日常使用的语言来进行的，因此有许多范例分析，不但需要系统的理论学习，同样也要求我们能对有关语言现象进行分析。而在实践性方面，本课程要解决的都是比较实际具体的问题，许多问题是需要实践的，例如汉语拼音正词法基本规则、语音规范、词义分析、语法分析、方言调查等都需要实践练习。本课程还涉及到上百个名词概念，这些名词概念本身其实并不难理解把握，但是一下子接触很多名词概念，还是容易搞混的，需要通过实践练习才能清楚地把它们区别开来。

我们课程的实践：包含两个方面的内容，一个是对有关理论的理解，需要进行书面上的练习分析，或对语言现象作出解释，例如分析音素的发音特点，分析词的结构，分析句子的类型等。还有一种是社会实践，需要结合课程所学理论知识分析自然语言，搜集有关语言使用的材料，例如词汇部分，可以结合固定语的学习搜集当地流行的歇后语、谚语、惯用语等，方言一章中的方言调查，则更需要进行田野调查，深入基层、深入民间、深入里巷调查，了解当地的语音、词汇、语法现状，进而可了解当地的民风民俗文化，这后一种实践，就是本课程知识的实际运用，也是我们课程实用性的体现。

四.充分利用网络资源

随着网络的普及和推广，充分利用网络资源和网络的及时、交互功能进行学习，也成为学习本课程的重要方法之一。网络教育手段的最大优势在于它彻底突破了时空局限性，学生的学习不再受到时空的局限，何时学、何地学，自主权完全在学生手里。学生可以随时上网调阅资料，收看电视，而不必担心学习时间与自己的工作安排的冲突问题。由于很多相关的学习资源都发布在网上，学生随时可以上网查看，因此它充分调动了学生学习的积极性和主动性，使学生的个体自主化学习完全变成了现实。我们的课程也是这样，有许多新的信息、重要的信息，都是通过中央电大网络平台发布出去的，所以大家平时学习要注意上网查看。

利用网络学习本课程，要注意以下两个方面的问题：

1. 注意利用网上资源

在信息发达的今天，网络为我们提供了大量的学习资源，这就需要我们有效充分地去利用它，做一个学习的有心人。

2. 主动参与获取信息

网上提供的学习资源，是我们根据个人教学经验与体会来准备的，学生只能被动接受，因而有其局限性。因此作为学习的个体，我们就需要更多地发挥个人能动性，积极地利用各种渠道去获取知识，这样才能真正地掌握学习的主动权。

总之，充分利用网络的交互功能解决疑难问题，充分利用网上资源指导自己自学，对于学好这门课程无疑是有非常实际的意义的，所以希望大家要特别重视。

最后要提请大家注意的是，这门课程的教学内容看起来比较难，不容易把握，其实它还是没有超出现代汉语的范围，因此只要大家在学习中注意把生活中的各种语言现象与本课程的相关知识结合起来，勤于思考，勤于实践，做到有疑就问，有疑必问，就不难理解和把握有关教学问题，更能够取得理想的成绩。

思考题

1. 现代汉语共同语和方言之间的相互关系是什么？
2. 现代汉语规范化的标准是什么？

第二章 语 音

知识要点

1. 语音及其属性。

2. 语音的基本概念：音节和音素、音位，辅音和元音，声母、韵母、声调，辅音与声母的关系，元音与韵母的关系。

3. 汉语拼音方案与国际音标。

4. 声母。依发音方法分类：塞音、擦音、塞擦音、鼻音、边音；清音、浊音：送气音、不送气音。依发音部位分类：双唇音、唇齿音、舌尖前音、舌尖中音、舌尖后音、舌面音、舌根音。

5. 韵母。单元音韵母，复元音韵母，鼻音尾韵母。四呼。押韵和韵辙。难分辨的韵母辨正。

6. 声调。调值和调类。普通话的声调。古今调类比较。

7. 音节的结构。声母、韵母的配合。拼音。

8. 音变。轻声的性质和作用，轻读的规律。儿化的性质和作用，儿化音变的主要规律。语气词"啊"的音变。

9. 音位。普通话元音音位，辅音音位，声调音位。

10. 语调。停顿，重音，句调。朗读的作用和要求。

11. 语音规范化问题。确立正音标准，推广标准音。

学习目标

1. 掌握语音的属性、基本概念以及汉语拼音方案。

2. 熟练掌握：

(1) 各个语音单位。

(2) 普通话21个声母的发音部位和发音方法。

(3) 舌面单元音韵母的发音。

(4) 普通话的调值。

3. 领会朗读的基本技能和语音的规范化问题。

第一节 语 音 概 说

一、语音及其属性

语音一般是由人的发音器官发出的表达一定意义的声音，是语言符号的物质形式。发音器官的活动部位和活动方式的不同，决定了语音的不同性质。这种性质是语音的生理性质。语音发出以后，同自然界的其他声音一样，表现为声波。声波具有各种声学性质。语音的生理性质和声学性质，都属于自然性质。语音作为语言符号的形式，其功能是区分不同的语言符号。而某种语音能否区分不同的语言符号，不仅仅取决于语音的生理性质和声学性质，更主要的是取决于语言使用者的社会环境。所以，语音的这种区分不同语言符号的功能，就是语音的社会性质，或者说社会功能。

语音具有下列性质：

（一）语音的生理性质

语音是由人类的发音器官发出来的声音，因此，我们可以从生理的角度来考察语音的性质。人类没有专门用作发音的器官，而是使用呼吸器官、消化器官作为自己的发音器官，只有声带专用于发音。

人类的发音器官可以分为三大部分：

1. 肺、支气管、气管

这部分发音器官只起供气和通气作用。肺供气，支气管和气管通气。

2. 喉头和声带

喉头上通咽头，下连气管，起通道作用。声带位于喉头中间，是两片富有弹性的薄膜。两片声带之间的空隙叫声门。从肺部呼出的气流通过声门时，就引起声带振动，发出声音。声带在发音中起重要作用。人们控制声带松紧的变化，可以发出高低不同的声音。

3. 咽腔、口腔和鼻腔

咽腔是气流的通道和共鸣器，上通鼻腔，下通喉头。口腔和鼻腔靠软腭和小舌隔开。软腭和小舌上升时，鼻腔闭塞，口腔畅通，这时发出的音叫口音。软腭和小舌下垂，口腔某部位闭塞，气流只能从鼻腔呼出，这时发出的音叫鼻音。鼻腔一方面是通道，另一方面也用来发音，气流通过鼻腔时摩擦鼻腔四壁而出声。此外，鼻腔也是共鸣器，发口音时，气流虽然不通过鼻腔，但也发生共振，如果鼻腔不通气，音质就受影响。

图 2-1 为发音器官示意图，它有助于我们了解发音器官的各个部位，便于掌握普通话每个音的特点。

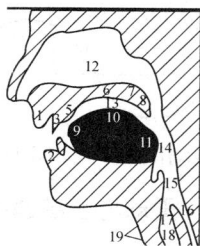

1—上唇；2—下唇；3—上齿；4—下齿；5—齿龈；6—硬腭；7—软腭；8—小舌；9—舌尖；
10—舌面；11—舌根；12—鼻腔；13—口腔；14—咽头；15—会厌；16—食道；
17—气管；18—声带；19—喉头

图 2-1　　发音器官示意图

　　人类无论是说话还是呼吸，无论是发乐音还是噪音，气流都要通过声带。说话时，声门闭合，从肺中呼出的气流冲击声带；呼吸时，声门大开，让气流畅通。图 2-2 为声带活动示意图。

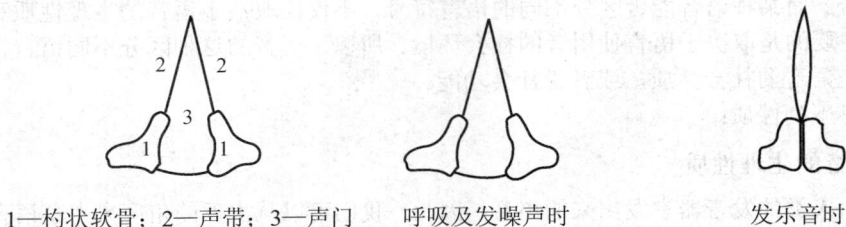

1—杓状软骨；2—声带；3—声门　　　呼吸及发噪声时　　　　　　　发乐音时

图 2-2　　　声带活动示意图HT

（二）语音的物理性质

　　语音同自然界的其他声音一样，产生于物体的振动，因此，语音又具有物理性质。物体受到外力撞击而发生颤动，颤动体振动了周围的空气，就形成了一种疏密相间的音波。音波传播到人们的耳朵里，就成为人们能够用听觉器官感受到的声音。从物理角度看，语音同其他声音一样，具有音高、音强、音长、音色四个要素。

1．音高

　　音高，指声音的高低。声音的高低取决于发音体在一定时间内振动次数的多少。在同一时间内，振动次数多（频率大）的声音高；振动次数少（频率小）的声音低。如图 2-3 显示：时间相同，波幅相同，由于振动的次数不同，出现了音高不同的情况。

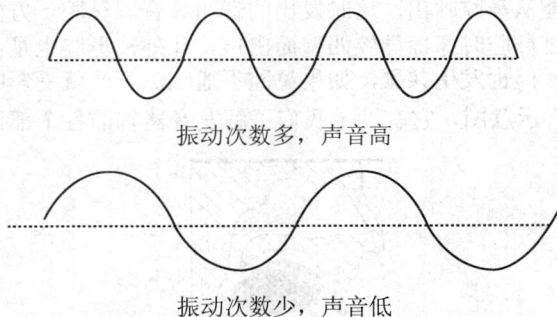

振动次数多，声音高

振动次数少，声音低

图 2-3　　　震动与音高的关系示意图HT

　　语音的高低同人们声带的长短、厚薄有关系。一般说来，女人和孩子的声带较成年男子的声带短些、薄些，发音时，在同一单位时间里，振动次数要多些，所以声音高。成年男子的声带较女人和孩子长些、厚些，发音时，在同一单位时间里，振动的次数少些，所以声音低。同一个人可以发出高低不同的声音，这是由于人们能够控制自己声带的松紧。声带拉紧，声音高；声带放松，声音低。汉语声调高低升降的变化，主要是由"音高"不同形成的。例如：

兵——声音高而平；

强——声音由中升高；

马——声音由半低降低，再升到半高；

壮——声音由高直降到低。

2．音强

音强，指声音的强弱。声音的强弱决定于音波振动幅度（波幅）的大小。音波振动幅度大，声音就强；音波振动幅度小，声音就弱。

声音的强弱同撞击物体时力度的大小有关系。用力大，物体振动的幅度大，声音就强；用力小，物体振动的幅度小，声音就低。普通话里的轻声与重音就是由不同的音强形成的。例如："莲子"与"帘子"中都有"子"，前者要读上声，后者则读轻声。由于两个"子"的音强不同，从听感上就能区别意义：前者有"籽实"之意，意义是实在的；后者意义较虚，属于附加语素。

3．音长

音长，指声音的长短。声音的长短决定于音波持续时间的长短。音波持续的时间长，声音就长；音波持续的时间短，声音就短。

音长也有区别意义的作用，但在普通话中不太明显。方言中多有这种情况。

4．音色

音色，指声音的特色，也可以说是语音的本质，所以又叫做音质。不同的音色是由于音波振动的形式不同形成的，它是一个声音区别于其他声音的基本特征。

音色的不同，大体是由以下三个条件决定的：

⑴，发音体不同。例如锣和鼓都是打击乐器，锣是金属的，鼓是皮面的，由于是不同的发音体，它们有自己的声音特色。语音也一样，声带振动发出的音与声带不振动而由别的器官发出的音，音色就不同。

⑵，发音方法不同。例如二胡和琵琶同是弦乐，二胡是用弓拉，琵琶是用手指弹拨，不同的发音方法，使它们的音色不同。语音也一样，相同器官发出的音，送气和不送气，就形成音色不同的两个音。

⑶，共鸣器的形状不同。例如小提琴和二胡虽然同是用弓弦拉的乐器，由于小提琴的共鸣箱是扁平的，二胡的共鸣箱是圆筒形的，因而演奏时各具特色。语音也一样，口腔闭合一点或张大一点，发出的音是不同的。

任何声音都是音高、音强、音长、音色的统一体，语音也不例外。音色是语音中用来区别意义的最重要的要素，在普通话中，音高的作用也特别重要。

（三）语音的社会性质

声音和意义本来没有必然的联系，用什么样的声音形式表达什么样的意义，这是一个民族的社会成员在漫长的社会发展中约定俗成的。一种语言所用词的音义结合，只有得到该民族全体社会成员的认可才能成立。所以，社会属性是语音的本质特点，也是区别于自然界一切声音的本质特征。

语音的社会性质主要从"地方特征"和"民族特征"两个方面反映出来。由于地域不同，各地发音习惯也不尽相同。例如：某些地区的人把"兰"lán 和"南"nán 混同，这是因为不少方言没有或读不准"n"音。用普通话对照，n 和 l 区别很大：n 是鼻音，l 是边音。再如普通话有些辅音声母有不送气和送气的区别，"波"bō 和"坡"pō 不同，就在于 b 是不送气音，p 是送气音，因而使"波"和"坡"的意义不同。但英语的辅音，就没有送气与不送气的对立，因此两个民族语言系统就不相同。

语音是为交际服务的，什么样的声音代表什么样的意义，而什么样的意义用什么样的声音来表示，并不取决于声音本身，而是与这个社会共同体的历史发展相联系的。因此，语音的社会性质是由语音的社会作用决定的，社会性质是语音的本质属性。

二、语音学及其分支

语音学就是研究语音的学科。它主要研究语音的各种性质，各种语音单位的区别、结构和功能，以及语音的各种变化规律。语音学可以从不同的角度划分出若干分支。

从研究对象的数量来看，语音学可以分为普通语音学和具体语音学。普通语音学研究人类所有语音的普遍特征，及相互之间的异同；具体语音学研究各个具体的语言的语音系统，如汉语语音学、英语语音学等。

从研究对象的时间来看，语音学可分为共时语音学和历时语音学。共时语音学研究某种语言一定时期内的语音系统的面貌，历时语音学研究某种语言不同时期的语音系统的变化。

从研究对象的性质来看，语音学可分为生理语音学、声学语音学和音系学。生理语音学研究语音的生理性质，即研究语音与发音器官的关系；声学语音学研究语音的声学性质，包括计算机语音识别和语音合成；音系学研究语音的社会性质，即根据语音的社会功能来研究某种语言的语音系统。

此外，利用实验仪器和实验手段来研究语音的是实验语音学。

上述语音学的分支是从不同的角度划分的，所以各个分支之间有交叉现象。即使是从同一个角度划分出来的分支，也存在着相互渗透的现象。如生理语音学、声学语音学和音系学三者之间就是相互渗透的，因为语音的三种性质本来就是相互联系的。

三、语音的单位

（一）音节、音素

音节是语音里最自然、听觉上最容易分辨出来的单位。　一般来说，一个汉字就代表一个音节，例如："需要是发明之母"xūyào shì fāmíng zhī mǔ 七个汉字就是七个音节。只有少数儿化的音节，例如："花儿"写做两个汉字，却是一个音节 huār。

音节不是语音的最小单位，音节是由音素组成的。音素是根据语音的自然属性划分出来的最小语音单位。从声学性质来看，音素是从音质角度划分出来的最小语音单位。从生理性质来看，一个发音动作形成一个音素。如摸[mo]包含[m][o]两个发音动作，是两个音素。相同发音动作发出的音就是同一音素，不同发音动作发出的音就是不同音素。如摸一嘛[mo-ma]中，两个[m]发音动作相同，是相同音素，[o][a]发音动作不同，是不同音素。对音素的分析，一般是根据发音动作来描写的。如[μ]的发音动作是：上唇和下唇闭拢，声带振动，气流从鼻腔冲出发音。用语音学术语来说，就是双唇鼻音。

音素一般用国际音标（IPA）标记。国际音标是国际上通行的一种记音符号，由国际语音协会于 1888 年制定并公布，后经多次修改。用国际音标记音，一般用方括号[ ]标明。

音素一般分为元音和辅音两大类。

1. 元音

发音时气流通过咽腔、口腔时不受阻碍而发出的音是元音。元音的不同主要取决于共鸣腔的形状。口腔内的各个发音器官互相配合，就能形成不同形状的共鸣腔，从而形成不同元音。元音可分舌面元音、舌尖元音和卷舌元音三大类。舌面元音又根据舌位的高低、前后和嘴唇的圆展来区分。舌尖元音和卷舌元音是汉语的特点，其他语言一般没有这两种元音。图 2-4 是常见舌面元音的舌位图（圆点左边的为不圆唇音，右边的为圆唇音）。

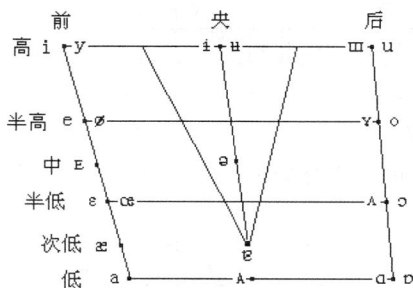

图 2-4　舌面元音的舌位图

2. 辅音

发音时气流通过咽腔、口腔时受到阻碍而发出的音是辅音。辅音的不同主要取决于发音部位和发音方法的不同。发音部位是形成阻碍的部位，发音方法是形成和克服阻碍的方法。根据发音部位，一般可分为：双唇音、唇齿音、齿间音、舌尖前音、舌尖后音、舌叶音、舌面音、舌根音、小舌音、喉音等。根据发音方法，一般可分为：塞音、擦音、塞擦音、鼻音、边音、颤音、闪音及半元音等。此外，还可分为清音（不带音）和浊音（带音），送气音和不送气音等。表 2-1 是常见辅音表。

表 2-1　常见辅音表

发音部位＼发音方法		双唇	唇齿	齿间	舌尖前	舌尖后	舌叶	舌面	舌根	小舌	喉
塞音	清	p			t	ʈ		c	k	q	ʔ
塞音	浊	b			d	ɖ		ɟ	g	ɢ	
鼻音		m	ɱ		n			ȵ	ŋ	ɴ	
擦音	清		f	θ	s	ʂ	ʃ	ɕ	x	χ	h
擦音	浊		v	ð	z	ʐ	ʒ	ʑ		ɣ	ɦ
塞擦音	清				ts	tʂ	tʃ	tɕ			
塞擦音	浊				dz	dʐ	dʒ	dʑ			
边音					l						
颤音					r					ʀ	
闪音					ɾ						
半元音		w,ɥ	ʋ					j(ɥ)	(w)		

（二）声母、韵母、声调

汉语传统音韵学把汉字的字音分为声母、韵母、声调三个部分，这叫音节的三要素。它们的关系如图 2-5 所示。

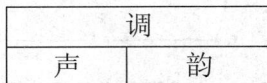

调	
声	韵

图 2-5　声韵调关系图

声母是汉字字音开头的辅音。

韵母是汉字字音中声母后面的部分。元音是韵母的主要成分，韵母中出现的辅音只限于鼻音 n 和 ng 两个，而且只能在元音之后。

声调是贯通整个字音高低升降的调子，这种高低升降的变化是音高的变化。

普通话音节（或字音）的三要素缺一不可，有些音节开头部分没有辅音，叫作"零声母音节"。"零声母"不等于没有声母，例如"阿姨"ā'yí 两个音节都是零声母音节。

四、音位

（一）什么是音位

音位（Phoneme）是语言中能表示语义的单位。根据国际语音学协会的定义，音位是

"某个语言里不加分别的一组相关的声音"。它是具体语言或方言中能够区别意义的最小的语音单位。近年来出版的北京大学叶蜚声、徐通锵著的《语言学纲要》则指出"音位是具体语言中有区别词的语音形式的作用的最小语音单位"。具体地说，音位具有以下基本特点：

⑴音位是属于一个具体的语言的，如汉语音位不同于英语的音位。没有超语言的音位，这也是音位区别于音素的根本所在。

⑵音位具有区别词的语音形式进而区别词的意义的作用，例如 ban（班）和 pan（潘）意义不同，就是因为/b/和/p/区别了两个字的语音，进而使得两个字的意义也得到了区别。

⑶音位是具有区别词的语音形式作用的最小语音单位，所谓"最小的"就是指不能从音位中再分出更小的语音单位。换句话说，"最小的语音单位"就是音素。如 han（韩）和 nan（南）能区别意义，但它们不是最小的单位，不属于音位。而切分出来的/h/和/n/则能起到区别词的语音形式的作用，它们不能再分割，是最小的单位，属于音位。

普通话的音位可以分为元音音位、辅音音位、声调音位（调位）。

其中元音音位和辅音音位是从音质角度归纳出来的，称为音质音位。而声调音位是从音高这种非音质角度归纳出来的，称为非音质音位。非音质音位也叫超音段音位。从音长和音强角度分析出来的音位，也属于非音质音位。

（二）音位与音素的关系

音位和音素既有区别，又有联系。

⑴二者的划分角度不同，音素是从语音的自然属性角度划分出来的最小语音单位；音位是从语音的社会属性角度划分出来的最小语音单位。所以一个最小语音音位，它的身份往往是双重的。如 a，既是音位又是音素。

⑵划分音素的目的是认识语音单位的构成特点，弄清音素与音素的区别，划分音位的目的是认识语音单位的在语言体系中区别意义的功能。

⑶音位的划分离不开音素，要以音素为基础。一个音位可以由一个音素构成，也可以由一组音素构成。

（三）音质音位和非音质音位

音位可分音质音位和非音质音位两类。

音质音位是以音质为语音形式的音位，又叫音段音位。音质音位在任何语言中都是主要的音位。

非音质音位是以音高、音长、音强为语音形式的音位，又叫超音质音位或超音段音位。非音质音位包括调位、时位和重位三种。

调位是用音高变化区别语言符号的音位，也叫声调。如汉语的四种声调，就是用音高变化来区分不同语言符号的，如"疤"[bā]、"拔"[bá]、"靶"[bǎ]、"罢"[bà]。

时位是用音长的不同来区别语言符号的音位。如英语εατ[ɪːτ]（吃）和 it[ɪτ]（它）包含的音素相同，但前者的元音是长元音，后者的元音是短元音。

重位是用音强不同来区别语言符号的音位。如英语 incense（香料[Èinsens]——烧香

[inÈsens]）。

这三种非音质音位往往不是单纯的，常是以一种因素为主，也兼有其他因素。如汉语的四种声调，主要差别是音高，同时音长也有差别。又如英语的重音变化，往往也引起音质的变化，如 present（礼品[Èpreznt]——赠送[priÈzent]）。

（四）音位变体

1. 什么是音位变体

属于同一个音位的不同语音形式，就是这个音位的音位变体。对于音质音位来说，属于同一个音位的不同音质形式（音素），就是音质音位的音位变体。如：前面说的汉语的/a/音位包括[a、A、ɑ、Q]四个不同的音素，就是/a/音位的四个音位变体。对于调位来说，属于同一个调位的不同音高形式就是这个调位的音位变体。

2. 音位变体的类型

音位变体一般又分为条件变体和自由变体两类。

属于同一个音位，只能在不同条件下出现的音位变体，就是音位的条件变体。各条件变体之间是互补关系，不能出现在相同条件下。如汉语/a/音位的四个变体[a、A、ɑ、Q]，就是条件变体。/a/在韵尾[n、i]前（没有韵头）时读[a]，在韵尾[N、u]前读[ɑ]，在韵头[i、y]和韵尾[n]中间读[Q]，没有韵尾时读[A]。

属于同一个音位，可以自由替换的音位变体，就是音位的自由变体。所谓自由替换，就是指各个音位变体可以出现在相同的条件下，可以互相替换而不改变意义。如：兰州话中[n]和[l]可以混读。这些都是自由变体。

第二节　汉语语音系统

一、声母

（一）声母的性质

声母是汉语音节开头的部分，以辅音为主。

普通话共有 22 个辅音，其中 21 个做了声母，它们是 b, p, m, f, d, t, n, l, z, c, s, zh, ch, sh, r, j, q, x, g, k, h。每一个辅音的发出，都要受到发音部位和发音方法两个方面的制约，所以声母的性质决定了发音部位和发音方法。

普通话里还有一些音节是由元音音素开头的，这些音节开头没有辅音做声母，被称为零声母音节。例如："武艺" wǔ yì、"安稳" ān wěn 等，它们都是零声母音节。

（二）声母的分类

1. 按发音部位分类

发音部位是指发音器官阻碍气流的两个部位。普通话 21 个辅音声母共有以下 7 种不同的发音部位。

（1）双唇音 b，p，m：发音时，由上唇和下唇形成阻碍。

（2）唇齿音 f：发音时，由上齿和下唇形成阻碍。

（3）舌尖前音 z，c，s：发音时，舌头平伸，让舌尖与上齿背形成阻碍。

（4）舌尖中音 d，t，n，l：发音时，舌头抵住上齿龈形成阻碍。

（5）舌尖后音 zh，ch，sh，r：发音时，舌尖上翘，与硬腭前部形成阻碍。

（6）舌面音 j，q，x：发音时，舌面前部与硬腭形成阻碍。

（7）舌根音 g，k，h：发音时，舌根与软腭形成阻碍。

2．按发音方法分类

发音方法是指发音器官的接触部位阻碍气流的方式（其中也包括声带没有振动和除去阻碍后有没有一股较强的气流送出）。普通话的 21 个辅音声母共有以下 5 种不同的发音方法。

（1）塞音 b，p，d，t，g，k：发音时，形成阻碍的两个部位完全闭塞，阻住气流，然后猛然放开，使气流爆发成声。

（2）擦音 f，s，sh，r，x，h：发音时，形成阻碍的两个部位接近，形成窄缝，使气流从中通过时摩擦成声。

（3）闭塞音 z，c，zh，ch，j，q：发音时，形成阻碍的两个部位完全闭塞，阻住气流，然后慢慢放开，形成一条窄缝，让气流从窄缝中挤出来。

（4）鼻音 m，n：发音时，口腔通路完全闭塞，让气流从鼻腔出来，发出完全的鼻音。

（5）边音 l：发音时，舌尖上抬与上齿龈形成阻碍，阻塞气流，然后让气流从舌头两边流出。

辅音的发音方法比较复杂，可根据声带振动与否分为清音和浊音，还可根据气流的强弱分为不送气音和送气音。

（1）清音和浊音

发音时，声带不振动的叫清音。普通话 21 个辅音声母有 17 个是清音：b，p，f，z，c，s，d，t，zh，ch，sh，j，q，x，g，k，h。

发音时，声带振动的叫浊音。普通话 21 个辅音声母只有 4 个是浊音：m，n，l，r。

（2）不送气音和送气音，它们只出现在塞音和擦音声母中。

发音时，没有明显气流冲出的叫不送气音，有：b，d，g，j，zh，z。

发音时，有一股较强的气流冲出的叫送气音，有：p，t，k，q，ch，c。

全面认识辅音声母的发音部位和发音方法，可以帮助我们准确地描写每一个辅音的发音特点。普通话 22 个辅音中，只有 1 个后鼻音 ng 不能做声母。

普通话各个声母的发音部位与发音方法见表2-2。

表 2-2　普通话声母表

发音部位 \ 发音方法		塞音 清音		塞擦音 清音		擦音		鼻音	边音
		不送气音	送气音	不送气音	送气音	清音	浊音	浊音	浊音
双唇音	上唇 下唇	b	p					m	
唇齿音	上齿 下唇					f			
舌尖前音	舌尖 上齿背			z	c	s			
舌尖中音	舌尖 上齿龈	d	t					n	l
舌尖后音	舌尖 硬腭前			zh	ch	sh	r		
舌面音	舌面 硬腭			j	q	x			
舌根音	舌根 软腭	g	k			h		(ng)	

下面对声母的发音部位和发音方法逐一描写说明，并举例练习：

b 双唇、不送气、清、塞音　　例如：标兵　奔波　背包　报表　半边　颁布
p 双唇、送气、清、塞音　　　例如：乒乓　偏僻　拼盘　琵琶　澎湃　批判
m 双唇、浊、鼻音　　　　　　例如：美妙　面貌　眉目　命名　买卖　门面
f 唇齿、清、擦音　　　　　　例如：奋发　非法　芬芳　反复　防范　丰富
z 舌尖前、不送气、清、塞擦音　例如：总则　最早　自尊　藏族　祖宗　造字
c 舌尖前、送气、清、塞擦音　例如：参差　层次　从此　残存　粗糙　草丛
s 舌尖前、清、擦音　　　　　例如：琐碎　洒扫　色素　诉讼　松散　思索
d 舌尖中、不送气、清、塞音　例如：电灯　大胆　带动　道德　地点　顶端
t 舌尖中、送气、清、塞音　　例如：探讨　天梯　团体　铁蹄　妥帖　淘汰
n 舌尖中、浊、鼻音　　　　　例如：泥泞　牛奶　农奴　男女　恼怒　能耐
l 舌尖中、浊、边音　　　　　例如：浏览　老路　拉拢　轮流　罗列　料理
zh 舌尖后、不送气、清、塞擦音　例如：茁壮　庄重　挣扎　主张　郑重　真正
h 舌尖后、送气、清、塞擦音　例如：出差　长处　铲除　乘车　驰骋　春潮
sh 舌尖后、清、擦音　　　　　例如：双手　上山　事实　受伤　少数　声势
r 舌尖后、浊、擦音　　　　　例如：仍然　软弱　荣辱　忍让　柔软　容忍
j 舌面、不送气、清、塞擦音　例如：积极　经济　进军　急件　究竟　嘉奖
q 舌面、送气、清、塞擦音　　例如：确切　轻巧　亲戚　前去　请求　弃权

x	舌面、清、擦音	例如：相信	现象	消息	虚心	学习	先行
g	舌根、不送气、清、塞音	例如：巩固	改革	规格	灌溉	骨干	高贵
k	舌根、送气、清、塞音	例如：可口	开阔	刻苦	慷慨	空旷	旷课
h	舌根、清、擦音	例如：含糊	和缓	浩瀚	绘画	欢呼	黄河

二、韵母

（一）韵母的性质

韵母是汉语音节后面的部分。韵母主要由元音构成，因此，韵母与元音的关系很密切，但是韵母并不等于元音。从二者的着眼点来看，元音是就音素本身的性质说的，韵母是就音素在音节里的位置说的。从二者的范围大小来看，韵母范围大，元音范围小，因为韵母的构成成分除了元音外，还包括辅音 n 和 ng。

普通话共有 39 个韵母，它们是 a, o, e, ê, i, u, ü, -i（前），-i（后）er, ia, ua, uo, ie, üe, ai, uai, ei, uei, ao, iao, ou, iou, an, ian, uan, üan, en, in, uen, ün, ang, iang, uang, eng, ing, ueng, ong, iong。

韵母可以由一个元音充当，也可以由两个或三个元音充当，还可以由元音加鼻辅音充当。这样，韵母的构成要比声母复杂得多。构成一个韵母的音素中，开口度最大、声音较响亮的叫韵腹，韵腹前面的音素叫韵头，韵腹后面的音素叫韵尾，例如韵母 iang，a 是韵腹，i 是韵头，ng 是韵尾。韵母只有一个元音音素，这个元音就是韵腹。韵母中可以没有韵头，例如 ao、in，也可以没有韵尾，例如 ia、uo，但必须有韵腹，韵腹是韵母中的主要元音。

（二）韵母的分类

韵母可以从两个角度进行分类。一是按照韵母的内部成分分类，把韵母分为单韵母、复韵母、鼻韵母三类。二是按照传统音韵学，以韵母开头的元音分类，把韵母分为开口呼、齐齿呼、合口呼、撮口呼四类，统称"四呼"。如表 2-3 所示。

表 2-3 普通话韵母表

按口形分	开口呼	齐齿呼	合口呼	撮口呼
单韵母	-i（前、后）	I	u	ü
	A	Ia	ua	
	O		ou	
	E			
	Ê	Ie		üe
	Er			

按口型分	开口呼	齐齿呼	合口呼	撮口呼
复韵母	Ai		uai	
	Ei		uei	
	Ao	Iao		
	Ou	Iou		
鼻韵母	An	Ian	uan	üan
	En	In	uen	ün
	Ang	Iang	uang	
	Eng	Ing	ueng	
			ong	iong

下面先按韵母的内部成分给韵母分类。

1. 单韵母

单韵母是由一个元音音素充当的韵母。普通话共有 10 个单元音（也是基本音），它们是构成韵母的基础。这 10 个单元音都充当了普通话的单韵母，它们是 a，o，e，ê，i，u，ü，-i（前），-i（后），er。

分析、描写元音音素要依据三个条件，即舌面的高低、舌位的前后、唇形的圆展。根据 10 个单元音舌位的不同，又分为舌面元音、舌尖元音、卷舌元音三类。

（1）舌面元音

普通话有 7 个舌面元音。按照分析元音的条件，可以分别描写为：

a 舌面、央、低、不圆唇元音　　　　　例如：发达　大妈　刹那　沙发　打靶　喇叭
o 舌面、后、半高、圆唇元音　　　　　例如：薄膜　磨破　默默　勃勃　婆婆　磨墨
e 舌面、后、半高、不圆唇元音　　　　例如：合格　特色　客车　色泽　割舍　隔热
ê 舌面、前、半低、不圆唇元音　　　　例如：欸
i 舌面、前、高、不圆唇元音　　　　　例如：利益　集体　笔记　毅力　奇迹　地理
u 舌面、后、高、圆唇元音　　　　　　例如：突出　诉苦　嘱咐　服务　鼓舞　读书
ü 舌面、前、高、圆唇元音　　　　　　例如：雨具　区域　旅居　豫剧　絮语　女婿

（2）舌尖元音

普通话有 2 个舌尖元音，它们是由舌尖起节制作用构成的元音。舌尖前元音写作-i（前），只与辅音声母 z、c、s 相拼；舌尖后元音写作-i（后），只与辅音声母 zh、ch、sh、r 相拼。按照分析元音的条件，可以分别描写为：

-i（前）舌尖、前、高、不圆唇元音　　　例如：自私　此次　恣肆　字词　四次
-i（后）舌尖、后、高、不圆唇元音　　　例如：知识　史诗　事实　支持　值日

（3）卷舌元音

普通话只有 1 个卷舌元音 er。发音时，让舌头平放后，舌尖向上卷，形成一个特殊的

元音。这个卷舌音特殊在只能自成音节，而且在汉语中，也只有"而、儿、耳、尔、二"等几个字。它的发音特点可描写为：

er 卷舌、央、中、不圆唇元音　　　　　例如：而　儿　尔　耳　饵　二　贰

2. 复韵母

复韵母是由两个或三个元音音素构成的韵母。普通话共有 13 个复韵母，它们是 ia，ua，uo，ie，üe，ai，uai，ei，uei，ao，iao，ou，iou。

按照复韵母中韵腹所在位置的不同，复韵母又分为前响、后响、中响三类。前响、后响都是由两个元音构成的；中响是由三个元音构成的。

（1）前响复韵母

前响复韵母是指两个元音中前面的元音开口度大、发言清晰响亮的韵母。普通话共有 4 个，它们是：

ai	例如：| 开采	白菜	海带	晒台	买卖	摆开	灾害	爱戴	彩排
ei	例如：| 配备	肥美	黑煤	非得	蓓蕾	狒狒	北飞		
ao	例如：| 高潮	报告	早操	劳保	牢靠	招考	号召	宝刀	吵闹
ou	例如：| 欧洲	守候	口头	收购	漏斗	瘦肉	丑陋	抖擞	后楼

（2）后响复韵母

后响复韵母是指两个元音中后面的元音开口度大、发音清晰响亮的韵母。普通话共有 5 个，它们是：

ia	例如：	加价	家鸭	假牙	夏家	掐下	加压	恰恰
ie	例如：	贴切	结业	铁鞋	节烈	切切		
ua	例如：	花袜	挂花	瓜花	抓蛙	耍滑	挂画	
uo	例如：| 硕果	过错	国货	堕落	懦弱	活捉	剥夺	骆驼	陀螺
üe	例如：	雀跃	决绝	约略	缺雪			

（3）中响复韵母

中响复韵母是指三个元音中中间的元音开口度大、发音清晰响亮的韵母。普通话共有 4 个，它们是：

iao	例如：| 萧条	缥缈	巧妙	逍遥	渺小	笑料	叫嚣	吊桥	苗条
iou	例如：| 悠久	优秀	求救	久留	有求	油球	绣球	牛油	
uai	例如：| 摔坏	乖乖	外踝	怀揣	外快				
uei	例如：| 水位	摧毁	溃退	归队	追随	汇兑	灰堆	回味	鬼祟

3. 鼻韵母

鼻韵母是由一个或两个元音音素加上一个鼻音（n 或 ng）音素构成的韵母。普通话共有 16 个鼻韵母，它们是：an，ian，uan，üan，en，in，uen，ün，ang，iang，uang，eng，ing，ueng，ong，iong。

构成鼻韵母的鼻音有两个："n"是由舌尖与上齿龈形成阻碍发出来的鼻音，叫作"前鼻音"；"ng"是由舌根与软腭形成阻碍发出来的鼻音，叫作"后鼻音"。

（1）前鼻音韵母

前鼻音韵母是指由元音加前鼻音 n 构成的韵母。普通话共有 8 个，它们是：

an	例如：展望	灿烂	肝胆	谈判	汗衫	单干	散漫	繁难 感叹
ian	例如：片面	先天	简便	连绵	艰险	前线	变迁	鲜艳 棉田
uan	例如：婉转	贯穿	专断	转换	酸软	宦官	川湾	专款
üan	例如：源泉	全权	圆圈	全员				
en	例如：认真	本分	振奋	神人	根本	深圳	人参	愤恨
in	例如：信心	拼音	亲近	殷勤	金银	民进	尽心	
uen	例如：昆仑	温顺	春笋	论文	温存	困顿	混沌	馄饨
ün	例如：均匀	逡巡	军训					

（2）后鼻音韵母

后鼻音韵母是指由元音加后鼻音 ng 构成的韵母。普通话共有 8 个，它们是：

ang	例如：厂房	苍茫	帮忙	党章	螳螂	长方	上当	烫伤
iang	例如：响亮	想象	两样	向阳	枪响	洋姜	将相	湘江
uang	例如：矿床	狂妄	状况	装潢	双簧			
eng	例如：丰盛	风声	更正	登程	横生	整风	正逢	猛增 风筝
ing	例如：情形	命令	清醒	轻型	庆幸	兵营	明星	叮咛 姓名
ueng	例如：嗡嗡	蓊蓊	（老）翁	蕹	（菜）瓮（城）			
ong	例如：隆重	工农	从容	空洞	中东	冲动	公共	葱茏 通融
iong	例如：汹涌	穷凶	茕茕	熊熊	炯炯			

下面是按韵母开头的元音分类：

1．开口呼

开口呼韵母是指不由 i、u、ü 单独充当的韵母，和没有 i、u、ü 韵头的韵母。普通话里开口呼的韵母最多，共有 15 个。

2．齐齿呼

齐齿呼韵母是由舌面元音 i 单独充当韵母，和由 i 开头的韵母。普通话里齐齿呼韵母有 9 个。

3．合口呼

合口呼韵母是由 u 单独充当韵母，和由 u 开头的韵母。普通话里合口呼的韵母有 10 个（其中含 ong）。

4．撮口呼

撮口呼韵母是由 ü 单独充当韵母，和由 ü 开头的韵母。普通话里撮口呼韵母最少，只有 5 个（其中含 iong）。

三、声调

（一）声调的性质和作用

声调是指汉语音节高低升降的变化，是音高的变化。例如："普通话" pǔ tōng huà 这三个音节，除了每个音节有声母、韵母两部分外，还有一个贯通整个音节高低升降的调子，这就是声调。

声调在汉语里有区别意义的作用。例如"买稻" mǎi dào 和"卖刀" mài dāo 的声母、韵母相同，但由于声调不同，听起来就是不同的意思，写出来就是不同的词语。同一音节由于声调的变化，也有明显区别意义的作用，例如"da"、"搭、达、打、大"等。

声调虽然与声长、音强不无关系，但是声调的性质主要决定于音高。在一个音节的发音过程中，声带可以自始至终保持一样的松紧度，也可以先松后紧，或先紧后松，也可以松紧相间，这样产生种种不同的变化，就构成了各种不同的声调。

（二）调值和调类

1．调值

为了详细而准确地描写声调的调值，可以采用五度标记法，即把一条四等分直线由低向高标上 1、2、3、4、5，分别表示低、半低、中、半高、高；再在直线的左边用横线、斜线、曲线来表示调值的高低升降。

普通话的阴平调值是，发音时高而平，叫高平调；阳平调值是 35，发音时由中升高，叫中升调；上声调值是 214，发音时由半低降到低，然后再升到半高，叫降升调；去声调值是 51，发音时由高降到低，叫全降调。当然，这里说的高低升降是相对的，不同于乐谱中的绝对音高。

2．调类

调类是声调的分类，是按照声调的实际读法（调值）归纳出来的。调值相同的归为一个调类。普通话有四种基本调值，就有四个调类，调值 5 5 的是阴平调，调值 35 的是阳平调，调值 214 的是上声调，调值 51 的是去声调。在现代汉语方言中，调类最少的只有三类，例如河北滦县话；调类最多的有10类，例如广西博白话。

普通话的调值、调类可用表 2-4 来说明。

表 2-4　普通话的调值、调类

调值	调类	调号	调值说明	例字
55（高平）	阴平	-	起音高高一路平	千 qiān
35（中升）	阳平	´	由中到高往上升	锤 chuí
214（降升）	上声	ˇ	先降后升曲折起	百 bǎi
51（全降）	去声	`	高起猛降到底层	炼 liàn

（三）平仄

平仄，也即平声和仄声，泛指诗文的韵律。平仄是四声二元化的尝试。四声是古代汉语的四种声调。所谓声调，指语音的高低、升降、长短。平仄是在四声基础上，用不完全归纳法归纳出来的，平指平直，仄指曲折。在古代，上声、去声、入声为仄，剩下了的是平声。自元朝周德清后，平分阳阴，仄归上去，逐步形成阴平，阳平归平，上声、去声归仄，入声取消的格局。

四声，这里指的是古代汉语的四种声调。辨别四声，是辨别平仄的基础。据陈寅恪的说法，四声是按印度三声说发展而来，由周颙、沈约等用完全归纳法归纳出四声，后经王融、刘韬、元竞等用不完全归纳法完成四声二元化，就诞生平仄。

古代汉语的声调分平、上（shǎng）、去、入四声。"平"指四声中的平声，包括阴平、阳平二声；"仄"指四声中的仄声，包括上、去、入三声。按传统的说法，平声是平调，上声是升调，去声是降调，入声是短调，明朝释真空的《玉钥匙歌诀》曰：

平声平道莫低昂，上声高呼猛烈强，去声分明哀远道，入声短促急收藏。

简单来说，区别平仄的要诀是"**不平就是仄**"。

在现代汉语四声中，分为阴平、阳平、上声及去声。古代"平声"这个声调在现代汉语中分化为阴平及阳平，即所谓第一声、第二声。古代"上声"这个声调在现代汉语中一部分变为去声，一部分仍是上声。上声是现代汉语拼音的第三声。古代"去声"这个声调在现代汉语中仍是去声，即第四声。古代"入声"这个声调在现代汉语中已经不存在，归到阴平、阳平、上声及去声里去了。

现代汉语四声声调表为：阴平（第一声）、阳平（第二声）、上声（第三声）、去声（第四声）。

例如：

妈　　　麻　　　马　　　骂
（阴平）（阳平）（上声）（去声）

简单说，在现代汉语四声中，第一声、第二声是平声；第三声、第四声是仄声。

古代诗词中讲究押韵与平仄交错，从而使诗句跌宕起伏，错落有致，节奏鲜明，韵律优美，这种声调是汉语构成音乐美的重要条件，具有特殊的表现力的效果。例如：闻一多的《七子之歌——澳门》，前几句是这样的：

你可知 Macau 不是我真姓（仄声），

　　我离开你太久了母亲（平声），

　　但是他们掠去的是我的肉体（仄声），

　　你依然保管我内心的灵魂（平声）。

　　成语作为汉语熟语中的主要成员，它不仅内涵丰富、言简意赅，而且形式整齐、音律和谐，其音乐美的特色，也主要体现在平仄上。例如：

1．平平仄仄式

风调雨顺　　　唉声叹气　　　千锤百炼　　　山盟海誓

兵强马壮　　　胸怀广阔　　　山清水秀　　　光明磊落

2．仄仄平平式

异口同声　　　视死如归　　　破釜沉舟　　　墨守成规

万古长青　　　妙手回春　　　去伪存真　　　耀武扬威

3．其他格式

卓有成效（平仄平仄）　　　　卧薪尝胆（仄平平仄）

引而不发（仄平仄平）　　　　螳臂当车（平仄平仄）

四、音节

（一）音节结构与特点

　　音节是语音的基本结构单位，是依据发音器官肌肉松紧交替而划分出来的最自然、听觉上最容易分辨的语音片段。一般来说，汉语中一个汉字就代表一个音节。音节由声母、韵母、声调三个部分组成，而韵母又分为韵头、韵腹、韵尾，所以汉字音节的构成，包括声母、韵头、韵腹、韵尾、声调五个部分，如表2-5所示。

表2-5 普通话音节结构表

结构　　例字	声母	韵母			声调
		韵头	韵腹	韵尾	
集 jí	J		i		阳平
思 sī	S		-i		阴平
广 guǎng	G	u	a	ng	上声
益 yì	零		i		去声
开 kāi	K		a	i	阴平
拓 tuò	T	u	o		去声
进 jìn	J		i	n	去声
取 qǔ	Q		u		上声

由表 2-5 可以看出汉语音节结构具有以下特点：

（1）汉语音节（字音）中必不可少的是声母（可以是零声母）、韵腹和声调，可以没有韵头或韵尾。

（2）音节最多有 4 个音素，最少也要有 1 个音素，但不能是辅音。

（3）每个音节必须有元音，最少 1 个（韵腹），最多 3 个（分别做韵头、韵腹、韵尾）。

（4）音节中可以没有辅音；在有辅音的音节里，辅音的位置是固定的，只出现在音节的开头或末尾，绝不会出现两个辅音相连的情况。出现在音节末尾的辅音，一定是鼻音 n 或 ng。

（二）普通话声、韵、调的配合关系

1. 声母和韵母的配合

普通话音节中声母和韵母的配合规律，是以声母的发音部位和韵母的"四呼"为主要依据的，超越这种规律的，就不是普通话语音了，如表 2-6 所示。

表 2-6　声母和韵母的配合规律

能否与韵母相拼声母		开口呼	齐齿呼	合口呼	撮口呼
双唇音 b p m		能	能	能（限于 u）	否
唇齿音 f		能	否	能（限于 u）	否
舌尖中音	d t	能	能	能	否
	n l	能	能	能	能
舌根音 g k h 舌尖前音 z c s 舌尖后音 zh ch sh r		能	否	能	否
舌面音 j q x		否	能	否	能
零声母		能	能	能	能

由上表可以看出，普通话声母和韵母的配合有如下特点：

（1）双唇音声母可以同开口呼、齐齿呼、合口呼（只限于 u）韵母相拼，不同的撮口呼韵母相拼。

（2）唇齿音声母可以同开口呼、合口呼（只限于 u）韵母相拼，不同齐齿呼、撮口呼韵母相拼。

（3）舌尖前音、舌尖后音、舌根音三组声母可以同开口呼、合口呼韵母相拼，不同齐齿呼、撮口呼韵母相拼。

（4）舌尖中音声母分为两组：一组 d、t 可以同开口呼、齐齿呼、合口呼韵母相拼，不同撮口呼韵母相拼；另一组 n、l 可以同"四呼"所有韵母相拼。

（5）舌面音声母可以同齐齿呼、撮口呼韵母相拼，不同开口呼、合口呼韵母相拼。

（6）零声母可以同"四呼"所有韵母相拼。

2．声母、韵母、声调的配合

普通话声母、韵母、声调的配合关系规律性不是很强，而且往往要受古今语音演变规律的制约。较为重要的规律有两条：

（1）普通话里的 m、n、l、r 这 4 个浊音声母的阴平字很少，并且只限于口语常用字。例如："妈"mā、"猫"māo、"妞"niū、"蔫"niān、"拉"lā、"溜"liū、"扔"rēng 等。

（2）普通话里 b、d、g、z、zh、j 这 6 个不送气塞音、塞擦音声母，与鼻韵母相拼时，基本上没有阳平字（只有"甭"béng，"哏"gén 极少数字读阳平）；与非鼻韵母相拼时，一般阴、阳、上、去四声都有字，不管声母送气不送气。

（三）音节的拼读

拼读就是拼音，就是按普通话语音的结构规律，将声母和韵母拼合成音节。

掌握了音节的拼读，既可以把声母、韵母拼合成音节，又可以从音节中分析出声母和韵母来。有了这样的拼读能力，不但自己可以查检字典、词典，还可以帮助别人识字。例如：

d-iansh-id-ax-üe

电　视　大　学

diàn shì dà　xué

普通话的 22 个声母比较单纯，韵母比较复杂，拼音时要掌握如下要领：

1．声母要发本音

所谓发本音，是指拼音时辅音声母不用呼读音，也不用字母名称音，而是要用不甚清晰、较轻、较短的本音来发音。只有准确掌握每一个辅音声母的发音部位和发音方法，才有可能发准本音。例如："m"的呼读音是 mo，名称音是 êm，如果拼读"妈妈"声母不用本音，就成了"oamoa"、"êmaêma"了。

2．要坚持两拼法

有个拼音的口诀叫"前音短些后音重，两音相碰猛一冲"。"前音短"是指声母轻些、短些，就是发本音；"后音重"是说拼音时韵母比声母读得重些；"两音相碰猛一冲"是说拼音时，声母和韵母间不能间歇，否则，就不是一个音节了。例如：音节"飘"piāo，如果中间断开读，就可能读成"皮袄"pi-ao。

3．韵母要整体认读

音节中韵母的韵头、韵腹、韵尾也是一个整体，拼读时不可停顿或延长。例如："强"qiáng 要一下读完，不要读成 q-i-a-ng。

4．要读准声调

声调既然在汉语语音中有区别意义的作用，是音节的重要组成部分，那么，拼读时调值不准，意义就会改变，从而影响我们的交际。

（四）音节的拼写

用汉语拼音拼写音节，《汉语拼音方案》已做了明确规定，这里分别说明如下：

1．y 和 w 的用法

y、w 既不是元音，也不是辅音，它们可视为隔音字母，拼写时放在以元音音素 i、u、ü 开头的音节前。

（1）以 i 开头的音节，逢 i、in、ing 加 y，例如：yi、yin、ying；其他的把 i 改为 y，例如：ya、ye、yao、you、yan、yang、yong 等。

（2）以 u 开头的音节，只有 u 要加 w，例如 wu；其他的一律把 u 改为 w，例如：wa、wai、wang、weng 等。

（3）以 ü 开头的音节，一律在 ü 前加 y，同时省写 ü 上的两点，例如 yu、yue、yun 等。

从拼写的角度来看，y、w 作为部分零声母音节的标志，更好认识一些。例如"丹阳"写成 daniang，就会误认为"大娘"，如果正确书写成 dānyáng，就绝对不会认错。

关于 y、w 的用法，可概括成以下几句口诀：

i、u 后面有元音，改换 y、w 不费心。

i、u 后面无元音，添加 y、w 莫沉吟。

如有 ü 母迎头见，加 y 省点记分明。

2．隔音符号的用法

由两个或两个以上音节组成的词语，需要弄清音节间的界限。y 和 w 解决了 i、u、ü 开头的零声母问题，a、o、e 开头的零声母音节在组成词语时，也容易产生误会。例如："档案"dangan，有可能读成"单干"。因此，《汉语拼音方案》规定："a、o、e"开头的音节连接在其他音节后面的时候，如果音节的界限发生混淆，用隔音符号（'）隔开。隔音符号的形状像个逗号，标在易混淆的两个音节的上方。例如"饥饿"ji' e、"深奥"shen' ao 等。

3．韵母 iou、uei、uen 的省写

Iou、uei、uen 三个韵母自成零声母音节时，写做 you、wei、wen；当它们与辅音声母相拼时，就要分别省写韵腹 o 或 e，例如："牛"niú、"晖"huī、"春"chūn 等。

下面的口诀可以帮助记忆：

Iou、uei、uen，变得妙，自成音节换上帽；

若是前面拼声母，中间都要去掉腰。

4．ü 上两点的省写

按照普通话声、韵的配合规律，j、q、x 不同 u 相拼，所以 ü 遇到 j、q、x 一律省去两个点，例如 ju、qu、xu、juan、quan、xun 等。ü 省去两点后，不会和 u 发生混淆，还能够提高书写速度。

5．标调

（d）声调符号要标在音节的主要元音（韵腹）上。

例如"道"dào、"路"lù、"畅"chàng、"通"tōng 等。

（2）iou、uei、uen 三个韵母省写韵腹后，iu、ui 标在后面的元音上，un 标在 u 上。

（3）若声调符号正好标在 i 上时，i 上的点要省写，这样既能够提高书写速度，又显得美观。例如"机器"jīqì。

（4）轻声是普通话的一种变音现象。轻声音节不标调。

例如"我的"wǒ de、"孩子"háizi、"姐姐"jiějie 等。

（5）轻声之外的音变现象，拼写时一般标本调。

例如"领导"lǐngdǎo、"一个"yīgè 中，"领""一"可以读得像阳平，但不标阳平的声调符号。

6．连写和大写

（1）按词连写。在句子中，每一个词作为一个拼写单位。例如：

我们学习现代汉语。

Wǒmen xuéxí xiàndài hànyǔ。

（2）大写字母的用法。有两种情况：

① 句子中头一个词的第一个字母要大写。例如：

我们是电大的学生。

Wǒmen shì diàndà de xuéshēng。

② 专有名词头一个字母（或全部）用大写字母。例如：

北京清华大学

Běijīng Qīnghuá dàxué

BEIJING QINGHUA DAXUE

五、音变

说话或朗读时，要把音节组成词、句连续发出。在连续的语流中，音节之间、音素之间、声调之间相互影响，就会产生语音变化，这就是音变。普通话语音中常见的音变现象有：轻声、变调、儿化、语气词"啊"的变化等。

（一）轻声

普通话的每个音节都有一定的声调，但在一定的语言环境中，有的音节失去原调，变成一种又轻又短的调子，这就是轻声。

轻声是音节连读时产生的一种音变现象，轻声音节总是出现在其他音节后面，或是夹在词语中间，一般不出现在一个词或句子的开头。所有的轻声音节都要失去它原来的调值，但是轻声音节在音的高低上会受前面音节调值的影响而产生差异。一般情况下，前面的音节是上声，后面的轻声就稍高；前面的音节是阴平、阳平或去声，后面的轻声就低。

轻声使普通话语音变得更加丰富，有些轻声还具有区别词义或区分词性的作用。例如：

东西　dōngxi（物体）dōngxī（方向）

厉害　lìhài（名词）lìhai（形容词）

普通话语音有以下几种情况常读轻声：

1．结构助词：的、地、得。例如：我们的、愉快地、写得好等。

2．时态助词：着、了、过。例如：笑着、哭了、学过等。

3．语气助词：吗、吧、啦、呀、嘛、哇、啊等。例如：好吗、去吧、行啦、好啊等。

4．名词或代词的后缀：子、头、们等。例如：桌子、石头、他们等。

5．名词或代词的方位词：上、下、里、边、面等。例如：墙上、地下、家里、左边等。

6．动词或形容词后面的趋向动词：来、去、起来、下去等。例如：进来、出去、站起来、请进来等。

7．某些量词：个、些、封等。例如：一个、有些、写封信等。

8．叠音词的第二个音节和重叠动词的第二、第四个音节。例如：爸爸、看看、讨论讨论、研究研究等。

9．做宾语的人称代词：你、我、他。例如：请你、叫我、找他等。

10．口语中有一批双音节词第二个音节习惯上读轻声。例如：葡萄、玻璃等。

（二）变调

音节连续发出时，有些音节的调值会发生变化，就是变调。普通话主要有上声的变调，"一"、"不"的变调和重叠式形容词的变调。

1．上声的变调

（1）两个上声相连，前面一个上声字变成阳平。例如：很好、理想等。

（2）三个上声字相连，前面两个上声字变成阳平。例如：演讲稿、展览馆等。

（3）三个以上的上声字相连，按词或语气划分为两个或三个字一节，然后按照上述方法变调。例如：我很|了解你。请你|给我|找好手|整理好。

（4）在非上声（阴平、阳平、去声）前变为半上（调值由 214 变为 21）。例如：北方、火车、满足、朗读、宝贵、宇宙等。

（5）声在轻声音节前变成半上或近似阳平。

① 声与本调是阴平、阳平、去声的轻声字相连，变为半上。例如：比方、讲究、枕头、老实、口气、脑袋等。

② 声与本调是上声的轻声字相连，变为近似阳平。例如：打手、小姐等。

③ 声重叠表示亲属称谓的词，变为"半上+轻声"。例如：姥姥、姐姐等。

2．重叠式形容词的变调

重叠式形容词的三种形式，即 AA 式、ABB 式和 AABB 式。

（1）AA 式。一般不变调，例如：快快地、长长的。只有带儿化韵尾时第二个叠字变成阴平，例如：慢慢儿地、暖暖儿的。

（2）ABB 式。后面的两个叠字都变成阴平，例如：热腾腾、甜蜜蜜。

（3）AABB 式。第二个字变轻声，第三、四个字变阴平。例如：漂漂亮亮、明明白白。

上述几种重叠式形容词，如果念得缓慢而又清楚，不变调也可以。至于一部分书面语言中的重叠式形容词，则不能变调。

3．"一"的四种声调

（1）单念，在词句末尾，表示序数、基数或后面跟着别的数词时，读本调阴平。例如：一、 始终如一、第一、一九九五年等。

（2）在去声字前读阳平。例如：一定、一切。

（3）在非去声字（阴平、阳平、上声）前，读去声。例如：一心、一年、一起。

（4）夹在重叠的词中间读轻声。例如：看一看、尝一尝。

4．"不"的三种声调

（1）单念，在词句末尾或去声（阴平、阳平、上声）前读本调去声。例如：不、我决不、不说、不谈、不写。

（2）在去声前读阳平。例如：不错、不看。

（3）夹在词语之间读轻声。例如：信不信、差不多。

（三）儿化

在普通话里，卷舌元音 er 自成音节时，只有"儿、耳、而、饵、尔、二"等几个字。普通话的 er 可以同其他韵母结合起来（写成 r），构成卷舌韵母（儿化韵），这种现象就是儿化。

普通话的韵母除 er、ê 之外，都可以儿化。儿化韵里的 er 不能念成 er，只在前面韵母的元音上附加一个卷舌动作，是那个韵母带上卷舌的声音。例如：歌儿 gēr、花儿 huār 等。

1．儿化的作用

（1）区别词义。例如：头 tóu（脑袋）、头儿 tóur（领头的人）、后门 hòumén（后面的门）、后门儿 hòuménr（非正当途径）。

（2）确定词性。例如：画 huā（动词）、画儿 huār（名词）、破烂 pòlàn（形容词）、破烂儿 pòlànr（名词）。

（3）表示细小、轻微的意思。例如：小脸儿、门缝儿、树枝儿、慢慢儿走、说说贴心话儿。

（4）表示温婉的语感。例如：山歌儿、好玩儿、女孩儿。

2．"儿化韵"的发音变化规律

韵母儿化，大致有两种情况。一种是虽然儿化了，但原韵母不变，只是在发该韵母的同时加上了卷舌动作就可以了。另一种是儿化后，原韵母发生变化，或者丢掉或者增加某些音素，同时加卷舌动作。儿化韵的发音根据韵母卷舌的难易程度发生变化。卷舌顺利则不变，卷舌不便利甚至不能卷舌的，就要有相应的变化。但是儿化韵的拼写，只需在音节末尾加一个 r，不必表示出韵母实际读音的变化。

儿化韵的发音规则：

（1）韵母为 a、o、e、u 的音节，儿化后主要元音基本不变，后面直接加上表示卷舌动作的"r"。例如：号码儿 hǎomǎr、山坡儿 shānpōr、饭盒儿 fànhér、水珠儿 shuǐzhūr

（2）韵母 ia、ua、ao、ou、uo 和 iao、iou 等，儿化后主要元音或韵尾基本不变，直接加"r"。例如：

一下儿 yīxiàr、鲜花儿 xiānhuār、手稿儿 shǒugǎor、封口儿 fēngkǒur、知了儿 zhīliǎor、小牛儿 xiǎoniúr、小说儿 xiǎoshuōr。

（3）韵母 i、ü 儿化后在原韵母之后加上 er、i、ü 仍保留。例如：

小米儿 xiǎomǐr 读作 xiǎomǐer　　　有趣儿 yǒuqùr 读作 yǒuquèr

（4）韵母 -i（前、后）儿化后失去原韵母，加 er。例如：

戏词儿 xìcír 读作 xìcer　　　果汁儿 guǒzhīr 读作 guǒzher

（5）以 i 或 n 为韵尾的韵母，儿化后丢掉韵尾，主要元音后面加 r。例如：

一块儿 yīkuàir 读作 yīkuàr　　　树根儿 shùgēnr 读作 shùgēr

饭馆儿 fànguǎnr 读作 fànguǎr　　　冰棍儿 bīnggùnr 读作 bīnggùr

（6）以 ng 为韵尾的韵母，儿化后丢掉韵尾 ng，主要元音鼻化，同时在鼻化元音后加上 r。例如：

瓜瓤儿 guārángr 读作 guārár　　　板凳儿 bǎndèngr 读作 bǎndèr

（7）韵母 in、ün 儿化后，丢掉韵尾 n，主要元音保留，后面加上 er；韵母 ing 儿化后，丢掉韵尾 ng，主要元音保留，后面另加上鼻化的 er。例如：

手印儿 shǒuyìnr 读作 shǒuyier　　　花裙儿 huāqúnr 读作 huāquer

瓶儿 huāpíngr 读作 huāpier

以上规律是发音方法，书写时不必按实际读音来注意，而一律在原音节后加"r"即可，否则"铁盘儿"和"铁牌儿"就都是"tiepar"了。

（四）语气词"啊"的变化

"啊"用在语句末尾时，由于受前面音节末尾音素的影响，常发生不同的音变现象，主要有以下几种情况：

1. 前面的音素是 a、o、e、ê、i、ü 时，读 ya，可写作"呀"

例如：

（d）她怎么不回家呀？

（2）怎么给我这么多呀？

（3）多漂亮的天鹅呀？

（4）那是谁的鞋呀？

（5）桂林的山真奇呀！

（6）会不会下雨呀！

2. 前面的音素是 u（包括 ao、iao）时，读 wa，可写作"哇"

例如：

（1）她会不会跳舞哇？

（2）这个小朋友真好哇！

（3）花篮做得多精巧哇！

3．前面的音素是 n 时，读 na，可写作"哪"

例如：

（1）投得真准哪！

（2）你是哪里人哪？

4．前面的音素是 ng 时，读 nga

例如：

（1）河水真清啊！

（2）大家唱歌啊！

5．前面的音素是-i（后）、r（er 或儿化韵）时，读 r a

例如：

（1）她真是一位好老师啊！

（2）歌声多么悦耳啊！

（3）多可爱的小狗儿啊！

6．前面的音素是-i（前）时，读[2]a

例如：

（1）要好好练字啊！

（2）你可要三思啊！

六、押韵

　　韵是诗词格律的基本要素之一。诗人在诗词中用韵，叫作押韵。押韵，又作压韵，是指在韵文的创作中，在某些句子的最后一个字，都使用韵母相同或相近的字，使朗诵或咏唱时，产生铿锵和谐的感觉。这些使用了同一韵母字的地方，称为韵脚。因此可以说所谓押韵（也叫压韵、叶韵），就是把相同韵部的字放在规定的位置上。而所谓韵部，就是将相同韵母的字归纳到一类，这种类别即为韵部。

　　同一韵部内的字都为同韵字。押韵是增强诗歌音乐性的重要手段，任何诗歌都要求押韵，古今中外概莫能外，所不同者，只是对于押韵的限制多与少、严与宽的不同而已。押韵的目的是为了声韵的谐和。同类的乐音在同一位置上的重复，这就构成了声音回环的美。这也是诗歌同其他文学体裁的最大分别。近体诗为了使声调和谐、容易记忆，对于押韵十分讲究。

　　古人押韵是依照韵书来的。古人所谓"官韵"，就是朝廷颁布的韵书，如《唐韵》《广韵》《礼部韵略》《佩文诗韵》《诗韵集成》《诗韵合璧》等，这其中以南宋王文郁撰的《新刊韵略》最为流行，即世人所谓之《108 部平水韵》。大体来说这种韵书在唐代和口语还是基本上一致的，仿照韵书押韵，也是较合理的。而宋代以后，语音变化较大，诗人们仍旧依照韵书来押韵，那就变为不合理的了。因此我们需要明白，其实并不值得为迁就押韵而破坏诗句的自然，除非是参加科举，否则即使偶尔一两句出韵，古人也是允许的。

　　古人的诗都是依照韵书来写的。由于岁月久远，今古语音变化较大，再按古人的韵书来写诗，就变得不再合适了，而且弄不好，还会造成别扭的感觉。所以，我们今天写诗只要按照普通话的韵脚来使用就可以了。

　　现代押韵一般不考虑声母、声调和韵头，也不要求韵腹、韵尾完全相同，在韵的归并上，相同、相近的韵母经常可以一起押韵，可归为一个韵。例如：像园中的韭菜，不要割，（e）/让它绿绿地长着（e）/像谷底的泉水，不要断，/让它淡淡地淌着（e）/像枝头的青果，不要摘，/让它静静地挂着（e）/也许，人总有那么一点，/想忘又不能忘，想说又不能说（uo）/像怯光的蝙蝠，/扇翅于黄昏的角落。（uo）e 同 uo 发音相近，可以押韵。

　　要押韵就要懂得用韵的范围，把同韵的，可以相押的字归在一起建立起韵部，就使押韵有了依据。根据现代北京语音的音系归纳韵部，常见的有"十八韵""十三辙"。

　　辙也就是韵的意思，将同韵的字归并在一起，就形成一个一个的韵。宋代的《广韵》分为 206 韵，明清以来的白话讲唱文学则分为"十三辙"，现代人使用的十八韵则是根据黎锦熙等编的《中华新韵》，现在在做诗押韵一般根据现代语音，按十三辙或十八韵押韵，而作旧体诗则要根据古代的韵书来押韵。

　　十三辙的辙名以两个字为名，合辙就是押韵。十八韵是把韵文押韵的范围归纳为十八类，每类用一个同韵字为名。十八韵与十三辙比较起来，十三辙押韵宽泛一些。现代讲押韵，实际上押的是韵部。

七、汉语拼音方案

（一）汉语拼音方案概说

　　汉语拼音（Chinese phonetic alphabets，Chinese Pinyin），是中华人民共和国的汉字注音拉丁化方案，于 1955—1957 年文字改革时被原中国文字改革委员会（现国家语言文字工作委员会）汉语拼音方案委员会研究制定。该拼音方案主要用于汉语普通话读音的标注，作为汉字的一种普通话音标。

　　1958 年 2 月 11 日的全国人民代表大会批准公布汉语拼音方案。1982 年，成为国际标准 ISO 7098（中文罗马字母拼写法）。部分海外华人地区如新加坡在汉语教学中采用汉语拼音。2008 年 9 月，中国台湾地区确定中文译音政策由"通用拼音"改为采用"汉语拼音"，涉及中文英译的部分，都将要求采用汉语拼音，自 2009 年开始执行。汉语拼音是一种辅助汉字读音的工具。

　　《汉语拼音方案》是采用国际通用的拉丁字母，采用音素化的音节结构拼写，且以北京语音为标准音的普通话的一种方案。

　　《汉语拼音方案》包括字母表、声母表、韵母表、声调符号和隔音符号五个部分的内容。字母表规定了字母的形体、名称及排列顺序，共有 26 个字母，其中 25 个字母拼写普通话语音里所有的音节。声母表和韵母表是根据普通话语音结构特点规定的，25 个字母配合成 21 个声母和 39 个韵母。声调符号规定了普通话语音系统中的 4 个调类——阴平、阳平、上声、去声的标调符号和这些符号的使用方法，同时规定轻声音节不标调号。声母表、韵母表和声调符号反映了以北京语音为标准音的普通话语音的基本成分和系统。隔音符号（'）用来隔开音节。

　　《中华人民共和国国家通用语言文字法》第十八条规定："《汉语拼音方案》是中国人名、地名和中文文献罗马字母拼写法的统一规范，并用于汉字不便或不能使用的领域。"根据这套规范写出的符号叫作汉语拼音。

　　汉语拼音也是国际普遍承认的汉语普通话拉丁转写标准。国际标准 ISO 7098（中文罗马字母拼写法）写道："中华人民共和国全国人民代表大会（1958 年 2 月 11 日）正式通过的汉语拼音方案，被用来拼写中文。转写者按中文字的普通话读法记录其读音。"

　　无论中国自己的规范还是国际标准，都明确指出了汉语拼音的性质和地位，即汉语普通话的拉丁拼写法或转写系统，而非汉语正字法或汉语的文字系统。汉语拼音字母只是对方案所用拉丁字母个体的称谓，并不意味着汉语拼音是一种拼音文字（全音素文字）。

　　在中国古代，由于没有标准的汉语拼音方案，人们在教学生字时，常使用两个常见的字进行反切或直拼出这个生字的读音。这个方法显然太烦琐，不易读准。由于古代没有标准的拼音方案，致使很多汉字古代的读音与现在的读音完全不同，这对中华民族的兴起起到了一定的阻碍作用。　1610　年，法国有个传教士叫金尼格莱来到了中国，他是个中国通。他在 1626 年写了一本《西中儒耳目资》的书中，首次准确地用拉丁拼音字母记录了汉字的读音。他在中国期间结识了韩云、王征等人，并在他们的帮助下，并在利玛窦等传教士汉语注音的西书《西字奇迹》基础上，编写了中国第一部拉丁化拼音字字汇。

　　我国实行汉语言拼音方案的目的有三：一是汉字注音；二是推广普通话；三是进行拼音文字的试验工作。现在拼音字母已经普遍用于字典、词典的注音，用于各种产品的型号标记，用于辞书和百科全书的条目排列顺序，用于书刊的索引，用于视觉通信和无线电报，用于聋人的手指字母。1977 年联合国地名标准化会议采用拼音字母作为拼写中国地名的国际标准。1982 年国际标准化组织采用拼音字母作为拼写汉语的国际标准。中国对外书报文件和出国护照中的汉语人名地名一律用汉语拼音字母书写。

　　汉语拼音对普及识字以及初等教育起了很大的作用，同时它也为汉语与其他语言的比较提供了一个非常重要的工具。同过去其他的汉语拉丁化的规则相比，它的规律比较简单，发音更规范于普通话的发音。它系统地体现了普通话发音的规则。

　　随着计算机的普及，汉语拼音也是一种非常常用的中文输入法。

（二）汉语拼音正词法

　　汉语拼音方案只规定了普通话音节的拼写规则，它并没有规定词、句子的拼写规则。从这点说它是不完备的，还需要有正词法规则加以补充。汉语拼音正词法规定了用汉语拼音方案拼写现代汉语的规则。1996 年 1 月 22 日，国家技术监督局批准、发布中华人民共和国国家标准《汉语拼音正词法基本规则》（GB/T 16159—1996）。"本标准规定了用《汉语拼音方案》拼写现代汉语的规则。内容包括分词连写法、成语拼写法、外来词拼写法、人名地名拼写法、标调法、移行规则等。为了适应特殊的需要，同时提出一些可供技术处理的变通方式。本标准适用于文教、出版、信息处理及其他部门，作为用《汉语拼音方案》拼写现代汉语的统一规范。"

　　学习正词法首先要建立一个观念，就是用汉语拼音拼写词和句子的时候，一定要将已经成词的进行连写，不要按音节（也就是按汉字）分写，也不要全连成一长串。例如"新闻联播"，可以有三种拼法：

(1)分词连写：xī nwén liá n3ō

(2)按汉字分写：xī n wén liá n 3ō

(3)全部连写：xī nwénliá nbō

只有第一种写法符合正词法的规定。

《汉语拼音正词法基本规则》的主要规定有：

(1)拼写普通话基本以词为书写单位。例如：rén（人）、pǎ o（跑）、péngyou（朋友）、yuèdú（阅读）、dà nshì（但是）、fē ichá ng（非常）、dià nshì jī （电视机）。

(2)表示一个整体概念的双音节和三音节结构，连写。例如：

gā ngtiě （钢铁）、hóngqí（红旗）、duìbuqǐ （对不起）、chī dRxiāo（吃得消）。

(3)四音节以上表示一个整体概念的名称，按词（或语节）分开写，不能按词（或语节）划分的，全都连写。例如：

wúfèng gāngguǎn（无缝钢管）、Zhōnghuá Rénmín Gònghéguó（中华人民共和国）、hóngshízìhuì（红十字会）。

第三节　语音的规范

一、现代汉语规范化与推广普通话

（一）现代汉语规范化及其意义

现代汉语方言众多，大致可划分为北方方言、吴方言、湘方言、赣方言、客家话、闽方言、粤方言七种，各方言之间差别很大，给交际带来不便，因此必须进行规范，以利于运用。所谓规范，是指正确、统一的标准。从大的方面来说，现代汉语的规范已经明确了，即语音以北京语音为标准，语汇以北方话为基础方言，语法以典范的现代白话文著作为规范。

以北京语音为标准，是指以北京语音系统为标准，《汉语拼音方案》描述的就是北京语音声母、韵母、声调的情况。但是，北京话不等于普通话，因为地道的北京话包括了一些方音土语，与普通话有差异。

基础方言是民族共同语的基础。汉民族共同语的基础是北方话。民族共同语在发展过程中，必然不断吸收其他方言中有用的成分，使共同语更加丰富、发达。

普通话语法以典范的现代白话文为规范，"白话文"包括早期白话（宋元以来）和现代白话，语法的标准应该重视加工了的语言。典范的白话文著作是指有影响的、经过考验的、为广大群众所认可的书面语。

现代汉语规范化的意义可以从下面几个方面来认识：

(1)现代汉语规范化是我国政治、经济、文化发展的需要。我国方言较多，而且差别较大，在新时期建设中，各地区之间交际交流频繁，语言的不规范会给人们带来诸多不便，只有统一规范的语言，才便于交际、交流。

(2)现代汉语只有规范化才能与我国现代科学技术的发展要求相适应。在人、机对话中，为了让机器听懂人的话，就必须使用规范的语言，否则就会造成混乱。

(3)现代汉语规范化有利于国际交流。随着我国国际地位的日益提高和对外交流的增多，世界上已有越来越多的人开始了汉语的学习和研究。只有规范化的汉语，才能更好地让国际友人学习和掌握。

（二）推广普通话是我国的基本语文政策

规范不普及，就失去了规范的意义，因此要大力推广普通话，这是我国现代化建设的需要，是对外开放政策的需要，是各族人民团结的需要，也是现代汉语发展的必然要求。推广普通话，是我国一项长期性的语文政策，是一件非常有意义的工作。国家制定"大力提倡，重点推行，逐步普及"的"推普"方针，非常符合我国的实际情况。

1955 年国家召开了现代汉语规范问题学术会议，经国务院多次研究确定了现代汉民族共同语的规范化标准，并把规范化的工作作为一项基本的语文政策，大力向全国推广。

在经济建设的新时期，推广普通话已成为现代化建设的迫切需要。1982 年将"国家推广全国通用的普通话"纳入中华人民共和国宪法，这充分说明了"推普"工作的紧迫性和重要性。

1986 年 1 月召开的全国语言文字工作会议指出，当前语言文字工作的主要任务是：做好现代汉语规范化工作，大力推广和积极普及普通话。同时指出，普通话应发挥下列几个方面的作用：第一，各级各类学校采用普通话，普通话成为教学语言；第二，各级各类机关进行工作时一般使用普通话，普通话成为工作语言；第三，广播（包括县以上的广播电台、站）、电视、电影、话剧使用普通话，普通话成为宣传语言；第四，不同方言区的人在公共场合的交往基本使用普通话，普通话成为交际语言。

推广普通话，首先要重视的是语音规范，因为方言差别所造成的隔阂，主要就表现在语音方面。除此之外，也须注重语汇和语法的规范。

二、方音辨正

（一）声母辨正

1. 分辨 n—l

现代汉语的不少方言混淆了普通话的鼻音 n 和边音 l，这种现象叫作"鼻边不分"。例如：四川、湖北、湖南、江西、安徽、厦门、南京等地，有的只会读其中的一个，有的两个随意使用，不加区分。根据上述情况，各方言区学习普通话，大体须掌握如下规律：

（1）西南地区（以重庆、武汉为代表）的人，要将自己方言读 n 声母的"蓝、李、鲁、流、旅"等字，改读成 l 声母。

（2）湘、赣、闽方言区（以长沙、南昌、厦门为代表）的人，要将自己方言读 l 声母的"难、努、你、女"等字，改读成 n 声母。

2．分辨 z、c、s—zh、ch、sh

普通话语音 z、c、s 是平舌音（发音时舌头放平），zh、ch、sh 是翘舌音（发音时舌尖上翘与硬腭前部形成阻碍）。多数方言区的人不会发翘舌音，只能发平舌音，或两组声母混同。

根据上述情况，各方言区学习普通话，大体掌握如下规律：

（1）吴、湘、客家、赣以及西南方言区的人，要从自己方言读 z、c、s 声母的字中，分出普通话应读 zh、ch、sh 的字来，例如"知、痴、诗、竹、初、疏"等。

（2）粤方言区的人要把"资、雌、私、租、粗、苏"以及"知、痴、诗、竹、初、疏"等字的声母分别读成 z、c、s 和 zh、ch、sh。

（3）闽方言区的人要把"知、竹"等字的 d 声母读成 zh 声母，把"知、痴、诗、竹、初、疏"等字的 c、s 声母，改读成 ch、sh 声母。

3．分辨 f—h

普通话中的 f 和 h 的发音方法相同，但发音部位不同。f 是唇和齿的摩擦音，h 是舌根和软腭的摩擦音。发 f 音时，下唇要主动接近上齿，强调摩擦成声，必须克服先开唇后送气或唇齿咬得太紧的毛病。

根据上述情况，各方言区学习普通话，大体须掌握如下规律：

（1）北方方言区（主要是西南、东北、华北等地区）以及湘、粤、客家、赣方言区的人，要从自己方言读 f 声母的字中，分出普通话应读 h 声母的字来，例如"会、花、呼"等。

（2）闽方言区的人要把"翻、夫"等读成 h 声母的字，改读 f 声母。

4．分辨不送气音和送气音

普通话里，声母 b、d、g、j、zh、z 是不送气音，相对的 p、t、k、q、ch、c 是送气音。有些方言区的人不会发送气音，也有些方言区的人虽会发送气音，但方言中的不送气音和送气音是混乱的。例如以江、浙为代表的方言中有古"浊音"，于是把一部分普通话该读送气音的字，读成了不送气而颤动声带的"浊音"了。如"陪、台、葵、才、床"等字，声母都是送气的，苏州话、长沙话都念成了不送气的浊音。

5．纠正尖音

"尖音"是与"团音"相对而言的，它是指声母 z、c、s 与 i、ü 或以 i、ü 开头的韵母相拼而形成的音节，这在普通话中是没有的。普通话中只有团音，是指声母 j、q、x 与 i、ü 或以 i、ü 开头的韵母相拼而形成的音节。汉语大部分方言都有尖音，尤以 z、c、s 与以 i 开头的韵母相拼最为常见。为纠正尖音，不妨采取如下办法：

（1）有针对性地练习舌头的灵活性，控制舌面的能力。先将舌尖抵住下齿背，上齿缘接舌叶，然后让舌前部逐渐隆起，上齿缘沿舌头的中纵线而后刮，口腔好像被撑开，直至不能再张开；然后将舌尖抵住下齿背，用舌面去顶硬腭，把口腔撑开。反复练习，发出舌面音 j、q、x。

（2）反复认读 j、q、x 与以 i 开头的韵母相拼的音节，如"想象、现象、积极、季节、气节、嬉戏、急切、求救、绣球、前线、进校"等音节。

（3）排除外来语音的干扰，如学习了英语，容易见到 x 读[s]音。

（二）韵母辨正

1．分辨 n—ng

普通话韵母里有 16 个鼻韵母，以-n 做韵尾的叫前鼻音韵母；以-ng 做韵尾的叫后鼻音韵母。不少方言对这两类鼻韵母的区分有困难，大多数方言区的人只会发前鼻音，也有少数方言区只会发后鼻音或出现前、后鼻音混淆的情况。西南地区、吴、湘、客家及赣方言区的人尤其明显，需要注意两个方面：

（1）把普通话分别读作 en、eng 两个韵母的字，都读成 en 韵母的。在学习普通话时，要从方言读作 en 韵母的字中，分出普通话应读 eng 韵母的字来，如"沉"是 en，"成"是 eng。

（2）把普通话分别读作 in、ing 两个韵母的字，都读成 in 韵母的，在学习普通话时，要从方言读作 in 韵母的字中，分出普通话应读 ing 韵母的字来，如"新"是 in，"星"是 ing。

2．分辨 i—ü

普通话中 i 和 ü 是两个不同的高元音，作为韵母，它们有区别意义的作用。但是不少方言区的人不会发 ü 音，把 ü 读作 i，除湘、粤、赣和客家话是这样，北方方言区中云南、贵州、山西的部分地区也有这种情况。

在普通话里，以 i 开头的韵母叫齐齿呼，以 ü 开头的韵母叫撮口呼，两类韵母是不可混淆的。因为撮口呼少于齐口呼。分辨 i 和 ü，要记撮口呼的"代表字"："吕、虑、居、局、句、具、娟、卷、厥、决、匀、君、俊、区、取、全、于、虚、胥、宣、玄、旬、寻、语、俞、原、云"等。

3．分辨 o—ou—uo—u

方言区的人学习普通话，学会这四个韵母的发音很关键，必须将其严格区别开来。

（1）o、u 是单韵母，ou、uo 是复韵母。

复韵母的发音与单韵母不同。单韵母发音时，舌、唇、口的开闭，在整个发音过程中没有什么变化；而复韵母在发音过程中，舌、唇、口的开闭程度都是有变化的。

例如单发 o 音，是舌面后、半高、圆唇元音，如果嘴唇稍向里拢，口稍闭，就发成 ou 音了；单发 u 音，是舌面后、高、圆唇元音，如果嘴唇稍向外扩，口稍开，就发成 uo 音了。

（2）o 和 u 都是圆唇元音，但舌位高低不同。

普通话发 u 时，舌位比较高，舌根比较靠近软腭，唇形比较小。所以，从开口度来看，u 是合口呼，o 是开口呼。

（3）ou 是前响复韵母，uo 是后响复韵母。

普通话复韵母中各个成分的响度、强弱、长短是不同的。其中，韵腹是主要元音，声音相对韵头、韵尾响亮、清晰，读起来也重一些。ou 是前响复韵母，所以发 ou 时，先发 o，然后舌位稍稍抬高，让 u 轻短、含混些；发 uo 时，u 读得短些，后面的 o 响度和开口度大一些。

（三）声调辨正

普通话与各方言之间声调方面的差别较大，情况也较复杂。尽管如此，由于汉语声调"同出一源"，还是有对应规律可循的。

方言区的人想学好普通话声调，首先需要学会归纳本方言的调值，然后将相应的调类去对照普通话调类。

方言与普通话声调的关系，不外乎四种情况：

（1），调类相同，调值也相同。例如"天"，在武汉话和普通话里都属阴平，都读 55 调值。

（2），调类相同，调值不同。例如"天"，在天津话和普通话里都属阴平，但是天津话读 11 调值，普通话读 55 调值。

（3），调类不同，调值相同。例如"马"，在石家庄话里属上声，但读 55 调值，而"妈"，在普通话里属阴平，也读 55 调值。

（4），调类不同，调值也不同。例如"快"，在武汉话里属上声，但读 42 调值，而普通话属去声，读 51 调值。

基于此，声调辨正可从下列方法入手：

1．改变方言调值

方言调值跟普通话调值有同有异，即使是北方方言区，不少地方虽然调类与普通话相同，调值也有差异。

以普通话四个声调为标准，我们找出一些例字，与各方言进行对照、纠正。

阴平 55 调：诗、钢、知、专
阳平 35 调：时、穷、陈、床
上声 214 调：领、导、展、览
去声 51 调：放、纵、试、盖

2．合并调类

普通话四个调类，只有平声分为阴、阳两类，而六个或六个以上调类的方言区，诸如湘、赣、粤等方言，去声也分阴、阳两类。例如将"盖、正、占、汉"归一类，将"共、阵、暂、汗"归一类。这些方言区的人，在学习普通话时，应把这两类去声合并成一类，把调值读作全降调 51。

更多调类的方言区，也应按合并的方法，弄清调值后，与普通话调类对照。一般来说，北方方言区内，各地区间的调类差别不大，差别较大的是调值。

3．记入声字

古入声字在普通话里已经分别派入阴、阳、上、去四个声调里，可是有五类或五类以上声调的方言区，却保留了入声。一些北方方言的地区，如太原，虽然有四个调类，却是平、上、去、入，也保留了入声。学习普通话调类，如果记住古入声字在普通话里的读法，有利于掌握古今调类的对应规律。

古今调类的对应规律比较复杂，但有一条是简明易记的，这就是方言中鼻音声母 m、n、ng，边音声母 l，浊擦音声母 r，以及零声母的入声字，在普通话中都读去声。例如：

m　末沫茉漠墨没寞（mò）；密蜜秘（mì）；木沐目苜幕牧睦（mù）；麦脉（mài）；灭蔑（miè）。

n　纳钠捺呐（nà）；逆溺匿（nì）；聂镊镍孽（niè）；诺（nuò）；虐疟（nüè）。

l　乐（lè）；力历立粒笠栗砾沥（lì）；鹿辘录碌陆戮（lù）；律率绿（lǜ）；肋（lèi）；烙酪（lào）；列烈裂猎劣（liè）；六（liù）；落洛络骆（luo）；略掠（lüè）。

r　热（rè）；日（rì）；肉（ròu）；入褥（rù）；弱若（ruò）。

亦邑役疫逸翼忆亿抑轶（yì）；物勿（wù）；育域浴欲吁玉狱（yù）；轧（yà）；页业叶谒（yè）；乐钥（yuè）；袜（wà）；握沃（wò）；悦阅月粤越跃乐（yuè）；扼鄂恶鳄遏（è）（"扼"等五个字，有的方言声母是 ng）。

这几个声母中，有几个字是例外的：

m　抹（mā）布；抹（mǒ）杀；转弯抹（mò）角；隔膜（mó）。

n　捏（niē）泥人。

l　拉（lā）动；勒（lēi）紧；捋（luō）袖子。

r　辱（rǔ）。

零　一（yī）；乙（yǐ）；屋（wu）；鸭压押（yā）；噎（yè）；挖（wā）；约（yuē）；额（é）。

绝大多数入声字，主要分布在单韵母 a、o、e、i、u、ü、-i（后）和复韵母 ia、ie、üe、uo 里面，其他复韵母中极少，鼻韵母里根本没有。因此，只要记住上述 11 个韵母的入声字，同时记一个与它同音的非入声字，例如"十石拾识食实蚀"与"时"同音、"麦脉"与"卖"同音、"百柏"与"摆"同音等，就会逐渐读准调值，掌握其规律。

三、语调

（一）语调的平升曲降

语音的高低升降在音节中表现为声调，在句子中则表现为语调。语调通常可以表示句子的不同语气。例如：

你一定来。（平调，表陈述）

你一定来啊！（高调，表祈使）

你一定来吗？（升调，表疑问）

啊，你终于来啦！（降调，表感叹）

说话总得有语调，但人们用语调表示语气，往往比以上情况更要复杂得多。它既需要语速、重音的协同作用，又要和某些语法手段相配合。因此，我们只能大体上把语调分为下列一些主要的类型。

1．平调

所谓平调，是指语句没有明显的高低变化，平直而舒缓的语调。常用于表示叙述或情绪冷静、气氛严肃的场合。例如：

① 有时天边有黑云，而且云层很厚。
② 人们怀着无比崇敬的心情，缓缓地离开了烈士墓地。

2．升调

所谓升调，是指由平逐渐升高，句末明显上扬的语调。常用于表示疑问、反问、申斥或激昂、欢快等情绪。例如：

① "你为什么光喊加把劲而自己的手却放在衣袋里呢？"华盛顿问下士。"你问我？难道你看不出我是这里的下士吗？"
② 为祖国再铸辉煌！

3．曲折调

所谓曲折调，是指先升后降或先降后升的语调。常用来表示意外、惊讶、嘲讽等情态。例如：

① 她的婚事怎么又吹了？
② 我的"公主"，你还让我们活吗？

4．降调

所谓降调，是指先高（或平）然后降下来的语调。常用于命令、请求或肯定、感叹等语气。例如：

① 别吵了！求你们以后别再来了！
② 那空气是多么新鲜，那熟悉的故乡的苍山又是多么的青翠啊！

（二）重音

重音是指进行言语活动时需要强调突出的某个音节、词或短语重读的现象。它是体现语句目的的一种手段。重音的位置恰当，才能使语意表达得更清晰、准确，感情色彩更加鲜明、生动。应该说，重音在语句中的位置没有固定的格式，只能在深刻理解和感受作品内容的基础上，才能确定重音的位置。

按其性质，重音大体有如下两个方面：

1．语法重音

语法重音与语法结构有关，是根据语法结构特点而重读，又可叫"结构重音"。

（1）谓语比主语稍重，例如：

① 燕子去了，有再来的时候；杨柳去了，有再青的时候；桃花谢了，有再开的时候。

② 燕窝之所以贵重，除其营养价值外，还在于其少，更在于其难采。

（2）宾语比述语稍重，例如：

① ……从此西红柿才法定为蔬菜，成为人们餐桌上的第一佳肴。

② 信赖，往往能创造出美好的境界。

（3）定语、状语、补语等修饰语比中心语稍重，例如：

① 这就是被誉为"世界民居奇葩"、世上独一无二的神话般的山区建筑模式的客家人民居。（定语）

② 会不会是他已经表达出来了而我却未能察觉？（状语）

③ 树叶儿都绿得发亮，小草儿也青得逼你的眼。（补语）

（4）疑问代词和指示代词稍重，例如：

① "谁来主宰命运？""我们自己！"

② 你在胡说些什么呀！

③ 你到底要去哪儿呀？

④ 那样做可真不行。

（5）偏正复句中的关联词语，特别是指明语句的关键意思的关联词语稍重，例如：

① 如果电锯出了故障，那么他就只能束手待毙了。

② 虽没有"难于上青天"的险恶，却也有踏空了滚到拒马河里洗澡的风险。

2．逻辑重音

逻辑重音的情况比较复杂，它取决于上下文之间的逻辑关系、说话人的心理倾向以及感情色彩、语句的修辞效果等多重因素，由于说话人的着重点不同，重音的位置也不同，所以又叫"强调重音"。

准确地找出重音，切忌割裂句子，断章取义。如果在一整篇文章中去认识重音，就必须综合考虑重音的作用，让语音效果准确鲜明地表达出来。例如：一篇小品文《生活琐记》：

女友生得华丽。

华丽的意思不仅仅是指服饰，女友似乎天生就长着一张荣华富贵的脸，天生娇贵。

女友自鸣得意。

于是，便刻意打扮，胭脂粉黛，每天一个新面孔，大有目不暇接之感。然而，周围之同伴个个都被男孩追求，甜甜蜜蜜地生活着。独她形单影只，无人问津。

女友顿生疑惑，是她不美，还是缺少气质？不得而知。

于是，问及一先生。答曰："此女追求华丽，用金钱装饰，是高消费者，无钱谁养得起？可望不可及也。"

女友苦笑："美也不对，丑也不是，如何活？"对曰："平平淡淡，朴素自然才是真实。"

文中第一句"华丽"，在第二句中又出现"华丽"就不一定用重音；第二自然段中第一个"天生"可以强调，第二个"天生"就不一定用重音。可见，使用重音既要服从语法结构的需要，又要符合表述者的潜在意识，不可一概而论。

重音的实质是音强，但不是简单的加重音量。突出重音的方法很多，诸如：

（1）弱中加强：利用音量的大小对比突出语意。如：很早很早以前，猫并不吃老鼠。

（2）低中见高：利用声音频率的高低对比突出语意。如：树叶儿都绿得发亮，小草也青得逼你的眼。

（3）快中显慢：利用语速的变化来突出重音。例如：从此，西红柿才法定为蔬菜，成为人们餐桌上的▎第一佳肴。

（4）连中有停：运用停顿来突出重音。停顿或在重音前，或在重音后，或在重音前后都停，突出语意。例如：父亲的话▎深深地▎印在我的心上。

（5）实中转虚：这是重中显轻的一种方法，使用这种方法需要有特定的语境，或由于思想感情、意境的烘托，或突出动作的轻巧、环境的寂静、情思的深沉等。如：风|轻悄悄的，草|软绵绵的。

（6）一字一顿：利用必要的顿挫，给人留下深刻的印象。例如：如今我离去了，小河被我远远地抛在故乡，可我将永远地思念你，小河。

总之，重音有其明确性，如果一句话听不出重音来，那么这句话的目的就会削弱。

（三）停顿

停顿是指进行言语活动时，在词语或句子之间的间歇。一句话由于语法结构或生理、心理、修辞、逻辑等需要，词语或语句之间的间歇是不可缺少的。有了停顿，才可以把所要表达的内容表达得更清楚、更明白，让听者有一个思考、领会的时间。停顿按其性质，又可分为语法停顿和逻辑停顿。

1．语法停顿

语法停顿指为反映句子、句群等结构关系而做的停顿。标点符号是语法停顿的主要标志，段落也可以看作语法停顿的标志。

一般来说，顿号后的停顿最短，逗号后的停顿长一点，分号和冒号后的停顿再长一点，句号、问号、叹号是表达句终语调的，停顿更长一些。但停顿时间的长短不是绝对的，要根据内容表达的需要来准确、恰当地掌握。例如：有这样一则电视广告，画面上女儿从远处向正在农田里干活的妈妈走来。

女儿：妈，爸呢？（表情急切）

妈妈：病了！（表情忧郁）

女儿：还是老毛病？

妈妈：腰腿疼又犯了。（表情沉重）

女儿：我给他带来了 xx 药酒。（母女释然）

几句简短的对话，一幅平常的画面，中心议题突出了。对话中虽然每个短句都用了表示句终语调的标点符号，但为了表现母女感情的真挚，都不可停顿过长。

2．逻辑停顿

逻辑停顿是指出于语意、观点、情感的需要所做的停顿。例如：

邓小平教育理论‖是改革开放和社会主义现代化建设时期|社会主义教育事业新鲜经验的‖科学概括。‖‖(《邓小平教育理论学习纲要》)

这个句子很长,论述缜密,但是出于表达的需要,宣读时必须把长句断开。根据逻辑表达的需要,中间停顿三次(|表示稍顿,‖表示停顿稍长,‖‖表示停顿较长),可以使听(读)者更加明了。

此外,还要注意诗歌的停顿。由于诗歌语句结构比较特殊,朗读时,其停顿与一般语句的语法停顿或逻辑停顿都不一样。

诗歌的停顿,又叫"音步"或"节拍",其节奏主要就表现在停顿和语速上。旧体五言诗的三个节拍是二二一;七言诗的三个节拍是二二三。例如王之涣的《登鹳雀楼》:

白日|依山|尽,‖
黄河|入海|流。‖‖
欲穷|千里|目,‖
更上|一层|楼。‖‖

又如于谦的《石灰吟》:

千锤|万凿|出深山,‖
烈火|焚烧|若等闲。‖‖
粉骨|碎身|浑不怕,‖
只留|清白|在人间。‖‖

现代诗的节拍停顿,一般也是两个音节一拍或三个音节一拍,有时也需根据诗歌的内容和语意的关系而定。例如:孙明月的《唱一支摇篮曲给妈妈》:

月儿|悄悄|挂树梢,‖
风不|吹来|草不摇。‖
窗前的|鲜花,‖房后的|小鸟,‖
我心爱的|小宝宝,‖妈妈|摇你|睡着了。‖‖
明天|太阳|当空照,‖
妈妈的|宝宝|长高了。‖
满山的|黄金,遍地的|财宝,‖
万里江山|你要|建设好。|‖‖

第四节 朗 读

一、朗读的作用

汉语是我们的母语,汉语言文学是中华民族几千年来沉淀下来的优秀文化的结晶,有着丰富的内涵和深邃的人文精神。语文教学就是母语教学,语文教学具有得天独厚的优势。而语文基本功训练中关键的是培养语感,可语感的培养与朗读又密切相关,因为语感的培养主要是基于对语言文字的感觉及其引起的身心反应而实现的语言模式的内化。其基本途径有两个：一是现实的语言交际活动；二是典范的文章作品的朗读。

朗读是语文教学的重要任务，是传统教学的法宝，也是我国几千年传统的语文学习的方法。"读书百遍，其义自见"说的是朗读与理解的关系。"读书破万卷，下笔如有神"则是形象地说明了读书量的积累会产生质的飞跃。朗读又是一种对作品进行再创造，把书面语言转化为有声语言的表达艺术。

（1），朗读是用形象化的口语表达文章的思想感情的艺术手段。其一，通过语言技巧的运用和语音的多种变化，把文章中的人、事、意境、作者的思想感情和趣味，绘声绘色地表达出来，也能使字里行间潜在的含义溢于言表，还可以把书面文字难以表达或者根本无法表达的隐情妙趣抒发出来。其二是有助于加深对文章思想内容的理解。朗读是把握教材内容的一种手段，学习语文的一扇窗口。其三，通过朗读可以看到作者的神思匠心及文章的要义，对于文章的妙处只有通过反复朗读才能体会到，对于各种语文知识、技能的获得也只有靠反复的朗读，在不断的语言感受中才能领悟到。

（2），朗读是培养说话能力和写作能力的有效方法。朗读有助于提高口头表达能力。读书时就把辨形释义、正音、识字有机结合起来，便能积累词汇，熟悉句型，洗练语言，规范口语，能培养正确、流利、清晰、富于表情的说话习惯。不仅如此，还利于提高书面表达能力。因为"读"是前提，"读"是接受信息，而写作是对信息进行处理加工。如果没有信息，处理信息就无从谈起。背过的东西，写文章时若要用到它，便能召之即来，呼之欲出。前人所说"劳于读书，逸于作文"，正缘于此。

（3），朗读能加强记忆，有益于健康。记忆是人脑的一种特殊功能，是人类储存知识的一种重要方式，朗读能加深记忆，巩固记忆，能呼唤人们的感知和想象，起到联想记忆的作用。通过音韵调的变化可以产生一系列的声音形象，并使之牢牢印入人们的脑海之中。总之，朗读可以通过视觉、声觉、听觉等器官的协调活动，把知识信息输送到人脑的储存区域，从而起到增强记忆和加强健康的作用。

（4），朗读是一种重要的教学方式。前面已经讲了，文章是作者描写现实、反映生活、抒发感情、寄托理想的物质载体。作者叙述一件事情，描写一个人物，说明一个问题，论述一个道理，都是被一定的道义和社会责任感所驱使，为一定的道德理想、生存欲望所启动的。因此，在作者的匠心妙笔之下，无不饱蘸着酣畅淋漓、强烈鲜明的爱憎感情。朗读作品是一种感化、熏陶，读好一篇文章会心荡神驰，情思横溢，如饮甘露，清新豪爽，给人以无穷无尽的力量。特别是青少年时期，从朗读活动中得到的宝贵教益，对一个人树立远大理想，坚定生活信念，振奋进取精神，激发斗争意志，都会产生巨大的作用。综上所述，朗读是语文的基本功。

二、朗读的基本要求

（一）用普通话语音朗读

普通话朗读是一门学问。它除了要求朗读者忠于作品原貌，不添字、漏字、改字外，还要求朗读时在声母、韵母、声调、轻声、儿化、音变以及语句的表达方式等方面都符合普通话语音的规范。朗读一篇作品，如果连普通话都读不准确，甚至读错了，那就会影响听众对原文的理解，甚至会闹笑话。而要使自己的朗读符合普通话的语音规范，就必须在以下几方面下功夫：

1．注意普通话和自己方言在语音上的差异。普通话和方言在语音上的差异，大多数的情况是有规律的。这种规律又有大的规律和小的规律，而规律之中往往又包含一些例外，这些都要靠自己去总结。单是总结还不够，还要多查字典和词典，要加强记忆，反复练习。在练习中，不仅要注意声韵调方面的差异，还要注意轻声词和儿化韵的学习。

2．注意多音字的读音。一字多音是容易产生误读的重要原因之一，我们必须十分注意。多音字可以从两个方面去注意学习。第一类是意义不相同的多音字，要着重弄清它的各个不同的意义，从各个不同的意义去记住它的不同的读音。第二类是意义相同的多音字，要着重弄清它的不同的使用场合。这类多音字大多数情况是一个音使用场合"宽"，一个音使用场合"窄"，只要记住"窄"的就行。

3．注意由字形相近或由偏旁类推引起的误读。由于字形相近而甲字张冠李戴地读成乙字，这种误读十分常见。由偏旁本身的读音或者由偏旁组成的较常用的字的读音，去类推一个生字的读音而引起的误读，也很常见。所谓"秀才认字读半边"，闹出笑话，就是指的这种误读。

4．注意异读词的读音。普通话词汇中，有一部分词（或词中的语素），意义相同或基本相同，但在习惯上有两个或几个不同的读法，这些被称为"异读词"。为了使这些读音规范，国家于 20 世纪 50 年代就组织了"普通话审音委员会"对普通话异读词的读音进行了审定。历经几十年，几易其稿。1985 年，国家公布了《普通话异读词审音表》，要求全国文教、出版、广播及其他部门、行业所涉及的普通话异读词的读音、标音，均以这个新的审音表为准。在使用《审音表》的时候，最好是对照着工具书（如《新华字典》《现代汉语词典》等）来看。先看某个字的全部读音、义项和用例，然后再看审音表中的读音和用例。比较以后，如发现两者有不合之处，一律以审音表为准。这样就达到了读音规范的目的。

5．把握作品的基调。作品的基调是指作品的基本情调，即作品的总的态度感情，总的色彩和分量。任何一篇作品，都会有一个统一完整的基调。朗读作品必须把握住作品的基调，因为作品的基调是一个整体概念，是层次、段落、语句中具体思想感情的综合表露。要把握好基调，必须深入分析、理解作品的思想内容，力求从作品的体裁、作品的主题、作品的结构、作品的语言，以及综合各种要素而形成的风格等方面入手，进行认真、充分和有效地解析。只有在此基础上，朗读者才能产生出真实的感情，鲜明的态度，产生出内在的、急于要表达的律动。只有经历这样一个复杂的过程，作品的思想才能成为朗读者的思想，作品的感情才能成为朗读者的感情，作品的语言表达才能成为朗读者要说的话。也只有经历这样一个复杂的过程，朗读者才能从作品思想内容出发，把握住基调。无论读什么作品，这"案上的工作"都不能少。

三、朗读的基本技巧

（一）停顿

朗读时，有些句子较短，按书面标点停顿就可以。有些句子较长，结构也较复杂，句中虽没有标点符号，但为了表达清楚意思，中途也可以做一些短暂的停顿。但如果停顿不当就会破坏句子的结构，这就叫读破句。朗读测试中忌读破句，应试者要格外注意。正确的停顿有以下几种类型：

1. 标点符号停顿。标点符号是书面语言的停顿符号，也是朗读作品时语言停顿的重要依据。标点符号的停顿规律一般是：句号、问号、感叹号、省略号停顿略长于分号、破折号、连接号；分号、破折号、连接号的停顿时间又长于逗号、冒号；逗号、冒号的停顿时间又长于顿号、间隔号。另外，在作品的段落之间，停顿的时间要比一般的句号时间长些。以上停顿，也不是绝对的。有时为表达感情的需要，在没有标点的地方也可以停顿，在有标点的地方也可以不停顿。

2. 语法停顿。语法停顿是句子中间的自然停顿。它往往是为了强调、突出句子中主语、谓语、宾语、定语、状语或补语而做的短暂停顿。学习语法有助于我们在朗读中正确地停顿断句，不读破句，正确地表达作品的思想内容。

3. 感情停顿。感情停顿不受书面标点和句子语法关系的制约，完全是根据感情或心理的需要而做的停顿处理。它受感情支配，根据感情的需要决定停与不停。它的特点是声断而情不断，也就是声断情连。

（二）重音

重音是指那些在表情达意上起重要作用的字、词或短语在朗读时要加以强调的技巧。重音是通过声音的强调来突出意义的，能给色彩鲜明、形象生动的词增加分量。重音有以下几种情况：

1. 语法重音。语法重音是按语言习惯自然重读的音节。这些重读的音节大都是按照平时的语言规律确定的。一般来说，语法重音不带特别强调的色彩。

2. 强调重音。强调重音不受语法制约，它是根据语句所要表达的重点决定的，它受朗读者的意愿制约，在句子中的位置是不固定的。强调重音的作用在于揭示语言的内在涵意。由于表达目的不同，强调重音就会落在不同的词语上，所揭示的含义也就不相同，表达的效果也不一样。

3. 感情重音。感情重音可以使朗读的作品色彩丰富，充满生气，有较强的感染力。感情重音大部分出现在表现内心节奏强烈、情绪激动的情况之下。

（三）语速

朗读者在朗读时，适当掌握朗读语速的快慢，可以制造作品的情绪和气氛，增强语言的表达效果。朗读的速度决定于作品的内容和体裁，其中内容是主要的。

1. 根据内容掌握语速。朗读时的语速须与作品的情境相适应，根据作品的思想内容、故事情节、人物个性、环境背景、感情语气、语言特色来处理。当然，语速的快慢在一篇作品中并不是一成不变的，它要根据具体的内容有所变化。

2．根据体裁掌握语速。国家《普通话水平测试大纲》在选编朗读测试材料时，为了保证作品难易程度和评分标准的一致性，所选的 50 篇作品，几乎都是记叙文。记叙文有记事、记言。一般说，记事要读得快些，记言要读得慢些。

（四）语调

语调指语句里声音高低升降的变化，其中以结尾的升降变化最为重要，一般是和句子的语气紧密结合的。朗读者在进行朗读时，如能注意语调的升降变化，语音就有了动听的腔调，听起来便具有音乐美，也就能够更细致地表达不同的思想感情。语调变化多端，主要有以下几种：

1．高升调。高升调多在疑问句、反诘句、短促的命令句，或者是表示愤怒、紧张、警告、号召的句子里使用。朗读时，注意前低后高、语气上扬。

2．降抑调。降抑调一般用在感叹句、祈使句或表示坚决、自信、赞扬、祝愿等感情的句子里。表达沉痛、悲愤的感情，一般也用这种语调。朗读时，注意调子逐渐由高降低，末字低而短。

3．平直调。平直调一般多用在叙述、说明或表示迟疑、思索、冷淡、追忆、悼念等的句子里。朗读时始终平直舒缓，没有显著的高低变化。

4．曲折调。曲折调用于表示特殊的感情，如讽刺、讥笑、夸张、强调、双关、特别惊异等句子里。朗读时由高而低后又高，把句子中某些特殊的音节特别加重加高或拖长，形成一种升降曲折的变化。

思考题

1．声母发音的常见错误有哪些？

2．汉语拼音方案的主要内容是什么？

第三章　文　　字

知识要点

1. 汉字的产生、特点和作用。
2. 汉字的形体演变：汉字形体的划分、演变阶段、演变特点以及汉字结构简化的方式。
3. 汉字的构造单位为笔画、偏旁。汉字的构造方式包括象形、指事、会意、形声。
4. 汉字的整理和标准化。笔画的简化与字数的精简。汉字标准化：定量、定形、定音、定序。
5. 掌握规范汉字。纠正错别字。
6. 汉字的检字法。

学习目标

1. 领会：汉字的整理和标准化问题。
2. 掌握：汉字的检字法。
3. 熟练掌握：汉字的结构方式与汉字形体的演变阶段与特点。

第一节　汉语文字概说

一、记录语言的符号——文字

所谓文字，就是记录语言的书写符号系统，是人类交往交流中最重要的辅助性交际工具。任何一种文字，都是代表有声语言的，它们以人类的语言为基础，依赖语言的产生而产生，随着语言的发展而不断地处于变化发展之中。文字不仅使语言得以流传与保存，而且完善和扩大了语言的交际效用。因此可以说，文字的主要特点就是它是人类有声语言的代用品，并有效地突破了语言的时空局限性，有效地承载了人类的文明。

文字在人类社会发展中具有举足轻重的作用，文字对语言的丰富和发展也起了一定的作用。另外，随着自身的发展，文字作为人类最重要的辅助性交际工具，发挥了越来越大的作用。文字甚至比有声语言更便于人们接受所表达的内容，在现代社会和生活中人们借助文字通常比借助有声语言所获得的信息更多。

文字起源于图画。世界上所有的自源文字都起源于图画。而不同的文明，不同的语言，根据其不同的发展历史和文化语言传统，又造就了不同的文字，因此现今的世界也就产生了几千种不同的文字。文字是记录语言的书写符号系统，是在语言的基础上产生的。其用"字形"通过"读音"和语言的语素或者词产生联系。不同的文字的区别就是"形、音、义"关系的不同,也就是说,文字记录语言的方式不同,就产生不同的文字体系。文字的特点要受语言特点的制约。而根据索绪尔关于世界上文字的分类,这些文字又大体可以分为两类:

(1)表音文字,也叫拼音文字,它的目的是要把词中一连串连续的声音摹写出来。表音文字有时是音节的,有时是字母的,即以言语中不能再缩减的要素为基础。这种文字记录音素或者是音素文字,例如英文;或者是音节文字,例如日本的假名。这种表音文字的基本单位即是字母。

(2)语素文字,也叫表意文字。表意文字一个词只用一个符号表示,而这个符号不取决于词赖以构成的声音。这个符号和整个词发生关系,因此也就间接地和它所表达的观念发生关系。这种文字通过语素来记录语素,其基本单位是字,最典型的代表即为汉字和古埃及的楔形文字。

文字作为记录语言的符号,克服了有声语言的局限性,承载了人类辉煌的历史文明,有效地促进了社会、经济、文化的发展。其作用主要有:

(1)拓展了语言的交际职能。文字的出现克服了有声语言的时空局限性,有效地保留了口头语言,让一发即逝的语言可以"传于异地,留于异时",打破了人类交流的时空界限,有效地拓展了语言的交际职能。

(2)记录了人类的文化活动。文字通过书面语能更好地记录人类的文化活动。在没有文字以前,人类的文化活动过程主要是通过传说和史诗来传诵的,那时每一个文化群体或部落的文化活动都由一些专门唱史诗或传说的人来传承。如果会唱史诗的人都去世了,文化记录也就中断了。而文字的出现则为记录人类文化活动提供了更好的手段。如果说语言使人类摆脱了动物的本能生活方式,那么文字则使人类由原始蒙昧状态进入了文明状态。

(3)提升了人类的思维能力。文字不但记录了人类的思维智力活动,使这种思维智力活动有了表象,更通过各种方式得到了传播和交流,从而有效地促进了人类思维能力的提高,开发了人类大脑的潜力,并促进了不同文明文化之间的相互交流和融合,使人类的文明出现了质的飞跃。

二、中华文明的积淀——汉字

(一)汉字的起源

汉字是以汉语为基础而产生的记录汉语的书写符号系统。汉语言出现之后,我们的祖先在长期的社会实践和不断的文明交流中创造了汉字,汉字是世界上使用时间最久、空间最广、人数最多的文字之一,汉字的创制和应用不仅推进了中华文化的发展,而且对世界文化的发展产生了深远的影响。对于汉字的起源,一般存在四种猜测:一是认为汉字起源于结绳,即认为汉字是在上古时期结绳记事的启示下创制而成的。二是认为汉字始于八卦,即认为汉字来源于易卦的卦象。三是认为汉字源于图画,即认为文字是在图画的基础上产生的。四则是说仓颉造字,即认为文字是仓颉创造的。

当前我们所能看到的有关汉字起源的文献记载,最早来自周秦的典籍,而且大都是传说，有的还带有神话色彩。这些传说并非汉字起源历史面貌的详尽写实，可以证实汉字历史面貌的文物与文献还不够系统和充分。因此，对汉字的起源的各种说法，或多或少存在一些问题。而根据最新的考古挖掘，我们则可以大致地描述出汉字的历史起源。

大约在距今 6000 年的半坡遗址等地方，已经出现刻划符号，共达 50 多种。它们整齐规范，并且有一定的规律性，具备了简单文字的特征，学者们认为这可能是汉字的萌芽。

汉字形成为系统的文字是公元前 16 世纪的商朝。考古证实，在商朝早期，中国文明已发展到相当高的水平，其主要特征之一就是甲骨文的出现。甲骨文是刻在龟甲和兽骨上的古老文字。在商代，国王在做任何事情之前都要进行占卜，甲骨就是占卜时的用具。

甲骨在使用之前，要先经过加工。首先把甲骨上的血肉除净，接着锯削磨平。然后，在甲的内面或兽骨的反面用刀具钻凿凹缺。这些凹缺的排列是有序的。占卜的人或者叫巫师，把自己的名字、占卜的日期、要问的问题都刻在甲骨上，然后用火炷烧甲骨上的凹缺。这些凹缺因受热出现的裂纹就称为"兆"。巫师对这些裂纹的走向加以分析，得出占卜的结果，并把占卜是否应验也刻到甲骨上。经过占卜应验之后，这些刻有卜辞的甲骨就成为一种官方档案保存下来。

目前，考古学者共发掘甲骨 16 万余片。其中有的完整，有的只是没有文字记载的碎块。据统计，所有这些甲骨上的各种文字总计为 4000 多个，其中经过学者们考证研究的约有3000 个，在 3000 字里面，学者们释读一致的是 1000 多字。其余的或者不可释读，或者学者们分歧严重。尽管如此，通过这1000多字，人们已经可以大致了解有关商朝政治、经济、文化等各个方面的情况了。甲骨文是一种成熟而系统的文字，为后世的汉字发展奠定了基础。此后，汉字逐渐又经历了铜铭文（金文）、小篆、隶书、楷书等形式，并一直沿用至今。

（二）汉字的特点

作为一种语素文字，汉字主要具有以下特点：

1．从书写形式看，汉字是平面型方块体汉字。汉字的笔画有秩序地分布在一个平面型的方框里，这是汉字从外观上看最明显的特点；音素文字的字母在构词时是呈鱼贯式线性排列的。

2．汉字的形音义之间原本存在一定的理据。汉字尤其是古代汉字的形音义之间原本存在着一定的联系。传统上认为汉字是表意文字，是形音义统一的，汉字有见形知义的特点。不过，随着汉字的发展，古代汉字在经过隶变、楷化之后，字形显义功能已经不是很明显，许多字的形音义之间的理据要经过一定的分析以后才能看出，而且相当一部分字的字义跟字形之间已经失去了联系。

3．汉字记录的语音单位是汉语的音节。汉字和音节之间并不是一一对应的，一个音节往往对应多个汉字（同音字），有的汉字也可能对应多个音节（多音字）。可见汉字从文字体制上不同于音节文字，而这一点就保证了汉字长期稳定的发展。

4．汉字记录汉语不实行分词连写。一个汉字就是一个语素，因而在汉语的书面语中分别语素是较为容易的，分别词就较为困难些。

5. 汉字具有一定的超时空性。汉字跟语音的关系并不密切，跟意义的关系较为密切，这就使得汉字具有一定的超时空性。汉字的这一特点，就时间来说，对于继承和传播中国古代文化遗产是有利的；就空间来说，汉字在一定程度上具有了超方言的特点。

6. 从汉字自身来看，汉字数量多，字形结构复杂。

（三）汉字的功能

汉字，是记录汉语的文字系统，并仍然或曾经在日语和朝鲜语、越南语中使用。汉字是世界上最古老的文字之一，拥有 4500 年以上的历史。从形体构造而言，以义构形、以形索义的构字特点及规律，使汉字字符既具有形象、象征性，又兼具高度抽象的符号功能。作为中国文化的特殊载体，汉字成为汉字文化圈共同的文字基础。狭义地说，它是汉族的文字；广义地言，它是汉字文化圈共同的文字。汉字是承载文化的重要工具。不同的方言都使用汉字作为共同书写体系，因而汉字在历史上对中华文明的传播更起到了重要作用，并成为东南亚文化圈形成的内在纽带。正是由于汉字的传播和借用，越南、朝鲜、日本等邻国在文化精神、思维方式、道德观念等方面不但受到汉文化的深刻影响，更在汉字的基础上创造并发展出了本国的文字，为推动整个东南亚文化圈的文明发展而作出了巨大的贡献。

1. 汉字的社会功能

汉字是世界上出现最早的文字之一，也是于当今世界上使用最广泛的文字之一。汉字曾是东亚世界的通用文字，是构成东亚汉文化圈的要素之一，而且是其中最基本的要素。它曾在历史上发生过极大影响，而且其影响到现在也都还绵延不绝。中国境内各民族、朝鲜半岛、日本、越南等，都曾以它为正式甚至唯一的书写系统。汉字不但记载了中华民族灿烂的科技文化成果，为人类跨时空的交流提供了便利，更在传承的过程中被邻国借用和参考，形成了汉字特有的汉字文化圈。

首先，汉字记载了中华文明灿烂的文化和科技成果。数千年来，汉字为书写中华文化、传承中华文明发挥了巨大的作用。史学典籍的出现，能够使大量的历史经验、资料史实得以记载流传下来，因而汉字在历史上对中华文明的传播起到了重要作用，并成为东南亚文化圈形成的内在纽带。目前的汉字体系分为繁体字和简体字，前者用于中国台湾、香港、澳门和北美的华人圈中，后者用于中国大陆和新加坡以及东南亚的华人社区。通常说来，两种汉字书写系统虽然有差异，但其中常用汉字的个体差异还不到 25%。

其次，汉字为人们日常生活中的交际交往提供了巨大的便利。文字作为一种特殊的语言交流工具本身就具有超时空限制的特点，而汉字作为一种超时空和超方言的文字系统更是为整个华人文化圈的语言交流与文化融合提供了巨大的方便。一方面，汉字超越了时空和地域的界限；另一方面，它则跨越了不同方言系统的阻碍，帮助了不同方言区的人们顺利地进行书面的交际交流。在此基础上，汉字则通过自己的统一性不断地强化了中华民族同文同根的民族意识和爱国意识，增进了民族团结，维护了国家统一。

再次，汉字促进和保持了汉语的规范化和统一性。由于汉语的方言众多，语音分歧很大，所以其分化为各个独立的文字语言体系的可能性也是巨大的。而自从大一统的秦朝实施"车同轨，书同文"以来，汉字这种统一、通用的书面语便发挥了强大的规范和统一汉语的功能，不但使汉语没有分化和异化，更为汉语语言的加工提炼提供了有力的环境，对汉民族共同语的形成和发展，产生了积极的影响。

最后，汉字文化向周边的辐射与传播，形成了特有的汉字文化圈。

汉字成为东亚世界的通用文字，与儒教（中国周边地区对于儒学的称呼）、佛教等的传播密切相关，其情形正如基督教传播对拉丁文所起的作用一样。在朝鲜半岛、日本和越南，汉字都随着《诗》《书》传入而传入。随着东亚各国传统教育制度的确立，儒教经典成了东亚各国的通用教科书。这样的历史延续了一二千年，学习汉字的历史便也同步延伸。当然，后来还得加上佛教乃至道教的作用。而即使是在今天，东亚各国所使用的佛经，也都依然是中古时翻译过来的汉文佛经，除了读音的区别，其他毫无二致。

在使用汉字的同时，有些民族或迟或早的也创制了自己的文字。在创制自己的文字时，汉字往往会成为参照的样本。而使用汉字与创制本民族文字之间，很多民族都经历过一个阶段，即利用汉字来表达本民族语，或借其音，或借其义，或音义同借。

汉字也曾经比各民族文字都更高级，更时髦。在古代的朝鲜半岛，汉字级别最高，"乡扎""吏读"次之，"谚文"再次之。古代日本人写文章，善用假名的，不如善用"真名"的，"真名"就是汉字；男人多用汉字，女子多用假名，文字等级暗示性别差异。明代时的琉球国也曾是这样，上等子弟读中国书，下等子弟读日本书，汉字比和字（假名）高级。越南的汉文学作品，远多于"字喃"文学作品。

进入近代以后，由于西风东渐，也由于中国积弱，在东亚各国，汉字的地位普遍的都受到了空前的挑战。但近年来，随着中国走向伟大复兴，汉字在东亚各国重新受到重视。而且我们也坚信，辉煌的汉字还必将为我们的生活和交流提供更多的方便，创造更多的精神财富。

2. 汉字的文化功能

汉字历史悠久，是世界上唯一未曾中断使用而延续至今的表意文字系统。作为一种书面语言交际符号，汉字从诞生之日起，便始终伴随着汉民族的文化发展进程，在履行语言交际职能的同时，又以其独特的表意特征和内部构成形式，承载了极其丰富的历史文化内涵。汉字的结构是点画成文，合文为字，组装灵活，变化多样。这种结构模式，使汉字有效地发挥了其独特的文化功能。

汉字的文化功能，有广义的与狭义的两种认识。就广义来讲，汉字是为了记录语言以消除其交际中的时空障碍而创制的，其语言交际的基本功能，以及一切功能都可以视为其文化功能。传统的汉字研究，所关注的主要是汉字的语言交际功能，其研究已有深厚的传统和积累，而对汉字语言功能以外的文化功能却重视得很不够。因此从狭义的角度看，汉字的文化功能应侧重研究其语言交际以外的文化功能。而这种所谓的文化功能大致则可以划分为两个方面：一是文化信息的蕴涵；二是文化现象的塑造。前者发轫于汉字的创制，后者则与汉字的使用相联系。

其实，汉字在各个文化领域都会产生能动的作用和积极的影响，而这种作用和影响又决不会仅限于其语言交际的范围之内。这样，汉字文化功能的发挥就会在各个文化领域中都形成自己的一方独特的天地。因此,汉字除了具有各种文字的共同功能之外,还有不同于其他文字的一些特殊功能,文化功能就是特殊功能中的一种。特殊功能来源于汉字的特殊结构。由于汉字形体结构的特点,以及受拆解字体风气的影响,人们在利用汉字进行交际的实践中,发现了汉字在文学艺术、民俗游艺等众多领域中的特殊创造价值,从而引发出种种具体的文化现象。其体裁丰富,形式多样,构思奇巧,具有突出的民族特色。在这其中,最主要的包括:

(1)汉字与字谜。字谜跟汉字的字形或字音或字义直接相关。同其他文字相比,汉字为谜语开辟了广阔的天地。它风趣幽默,别具一格。字谜的谜面和谜底之间关系多种多样,有的更是综合利用了字形、字音、字义间的关系。

(2)汉字与诗歌。汉字与诗歌的关系,主要在于汉字对诗歌形式的影响。中国的古典诗歌,除了词和曲以外,多数是句子长短整齐的,古体诗和近体诗大多数都是五言或七言。要求诗句长短整齐,即在每一句诗中都包含同样的字数,以至后来成了某些体裁的固定规矩。例如律诗、绝句。近体诗除了字数和押韵更加严格以外,最重要的特点是要求平仄对仗。近体诗的平仄和对仗也与汉字有关,有时候诗人利用汉字一字多音多义的现象,来协调诗句的平仄。

(3)汉字与书法、篆刻。书法和篆刻是汉字特有的艺术形式,汉字为书法、篆刻提供了广阔的内容,书法、篆刻则使古老的汉字长出了艺术的翅膀。文字为书法、篆刻提供了基地,书法、篆刻又美化了文字。因此,在我国汉字的形体上,负载着深厚的美的积淀,这是汉字的高度艺术和高度文明的表现。

(4)汉字与对联。对联既是汉语的艺术,更是汉字的艺术。它是我国人民喜闻乐见的民族文学形式之一。对联使用范围广,深入到社会生活的各个方面,有多种不同的用途。种类多样,载体多样,针对不同的对象、要求,写法亦多样。可以说,对联已成为集诗、书、印装(雕刻装修)为一体的汉字文化特有的综合艺术品,是一朵雅俗共赏的奇葩。

(5)汉字与名字。我国古代姓、氏、名、字的享有权和个人的身份、地位、家族、职业等都有着密切的关联。因此,在使用汉字作为姓、氏、名、字的记录符号时,都有许多的讲究。这样就形成了中国特有的一种和文字有关的姓氏名字文化。

(四)汉字与汉语的关系

文字是记录语言的书写符号系统,是最重要的辅助性交际工具。文字是在语言的基础上产生的,语言是第一性的,文字是第二性的,文字依附于语言而存在。因此,任何一种文字都必须适应它所记录的语言的特点,准确地记录语言,才能不断地得到丰富和发展。而汉语作为世界上使用时间最长、使用范围最广的一种语言,成为中华民族和整个亚太文化圈的文化载体,其最主要的也是由于汉字适应了汉语的特点,能够较好地记录汉语的缘故。汉字对于汉语具有巨大的适应性和包容性。

1. 汉字适应记录汉语词汇。我国古代的汉语构词以单音节的词根为基础,单音节是汉语语素的基本形式。汉语词在古代以单音节为主,一个音节就是一个汉字,毫无疑问,在古代汉语中汉字完全能够适应记录汉语词汇。现代汉语中,汉语词汇以双音节词为主,汉字也适应记录汉语词汇，因为双音节词往往是以古代的单音节词作为构词要素而组成的。这样构词，人们就可以根据已知的单个汉字，按一定的语法结构及语法层次来学习和掌握汉语。

2. 汉字适应于汉语非形态的特点。汉语在语法结构上有别于西方形态词汇，它的主要语法手段是词序和虚词。有形态变化的语言的语法意义是通过词形变化体现出来的，它用字母的增减变化来显示不同的语法意义。例如：英语名词有单复数之分；而汉语，则是以音节传递信息，因此作为记录它的符号，只要是能反应出整个音节就行，而不必反应音节的构成情况，不必用因素来表示，而汉语恰好是代表音节的（一般一个汉字就是一个音节），因此汉字适应记录汉语，适宜表达汉语的各种语法意义。

3. 汉字适应于汉语的四声表意。汉语的音节、声母、韵母、声调是一个整体，因而声调是汉语音节结构中不可缺少的一个组成部分。汉语的每一个音节一般都具有声调，它的主要作用是分辨词义。而汉字是代表音节的，一般一个汉字就是一个音节，因此汉字就刚好能满足汉语这种四声表意的要求，音随意转，记录汉语。所以说，用汉字来记录有声调的汉语是必然的。

4. 汉字适应于汉语方言复杂的特点。汉字的表意作用一方面使汉字与语音长期分家，但另一方面，汉字的表意性使得汉字能适应汉语方言复杂的特点。汉字在书面上具有普遍共通性，尽管各方言语音不一样，但表达意思都是相同的，因此使用汉字的各方言区基本上都可以"察字见意"，即通过汉字来顺利的进行交流交际。汉字弥补了汉语因为方言严重分歧而带来的交际困难，同时汉字还以这种超方言的独立作用维系了中华民族几千年言语异声的统一，传承了中华民族的灿烂文明。

当然，由于汉字字形与语音联系不大，因此汉字不能完善地记录现代汉语语音，如一些乡音多义字、轻声儿话音等变音现象，汉字字形反映不出来。一些拟声词、口语词无相应的汉字对照。且由于汉字不实行连写，所以有时候脱离了上下文，就难以分清某一语言单位是一个还是两个词。而且由于汉字中的一些歧义，所以文言不一的现象是汉语文字中的正常现象。而重音、快读造成的音变现象，拼音文字的词形也是无法明确地表示的。

总之，汉字与汉语既有统一性，也有矛盾性，但一致性是主要的，汉字是能够比较完善地记录汉语的。而随着汉语的不断发展，汉字也将得到进一步的完善。

第二节　汉字形体发展演变

一、汉字形体的划分

汉字的书写外形，简称"字体"，经过了将近6000年的演变发展，汉字的字体经历了漫长的演变过程。从比较成熟的甲骨文算起，也有3 000多年的历史。从甲骨文产生至今，汉字字体发展经历了古文字和今文字两大阶段。古文字阶段可分为甲骨文、金文、大篆、小篆等四个阶段，今文字阶段可以分为隶书、草书、楷书、行书等几个阶段。

（一）甲骨文

甲骨文主要记录商代王室贵族有关占卜活动的内容，因为是刻在龟甲和兽骨上面的，所以人们称之为甲骨文。甲骨文是我们现在所见的最早的成批成体系的较为成熟的文字，也是 3000 多年前殷商时代通行的文字。又因是 1899 年在河南安阳附近的小屯村商朝遗址中被发现的，所以又叫殷墟文字。

甲骨文的主要特点是字形由细瘦的线条构成，多直笔，而拐弯处多是方笔，棱角分明，外形参差不齐，字的大小也不统一。这是因为甲骨文一般是用刀刻的，而且龟甲和兽骨质地坚硬，所以，甲骨文又称殷契、契文。而且甲骨文的形体结构也还没有完全定型，一个字怎么去写，还没有固定下来，所以甲骨文的书写中还保留着浓重的描画物象的色彩。

甲骨文的内容主要是商代王室占卜的记录，刻在龟甲和兽骨上的文字也就是卜辞。大量的甲骨文的发现，是研究汉字发展与古代汉字文化的珍贵史料。

（二）金文

金文又叫钟鼎文，它是西周及春秋时代浇铸在青铜器——钟鼎和武器等青铜物品上面的文字，因浇筑或刻在青铜器上而得名金文，又因青铜器以钟鼎为最多，所以，金文又称钟鼎文，其文辞被称为铭文。金文主要流行于西周时代。

由于金文是浇铸而成的，所以具有肥大厚实、丰满圆浑的风格。金文是甲骨文的直接继承，属于殷商文字体系。但由于其大多数是用模型浇铸的，先在模子上刻字，刻不好的话还可以修改，所以在结构和形体上，金文线条更趋于整齐、匀称、方正，字形圆长，线条肥粗而自然，体式雍容，图画特征减少，文字的符号性增强，呈现出一种朴实雄浑的风格。但是异体字依然较多，且此时的金文的字体结构仍然不曾定型，笔画可多可少，写法可横可竖，方向可正可反，偏旁可左可右，仍保留了一部分描写物象的色彩。金文主要记录的是统治者祭祀、分封诸侯、征伐及器主的功绩等内容。

（三）大篆

篆书有大篆和小篆之分。大篆又有广义和狭义之分。广义的大篆包括小篆，它是指先秦时期的所有文字，包括甲骨文、金文、籀文、春秋战国时代通行于六国的其他文字。狭义的大篆专指春秋战国时秦国的文字。狭义的大篆一般以籀文和石鼓文为代表。籀文传说是《史籀篇》里的字，石鼓文因刻在鼓形石上而得名。《说文》中保留了籀文 225 个，是许慎依据所见到的《史籀》九篇集入的，是我们今天研究大篆的主要资料。大篆的真迹，一般认为是石鼓文。

石鼓文具有遒劲凝重的风格，字体结构整齐，笔画匀圆，并有横竖行笔，形体趋于方正。大篆在相当程度上保留了西周后期文字的风格，只是略有改变，笔画更加工整匀称而已。大篆笔势圆整，线条比金文均匀，线条化达到完成的程度，无明显的粗细不均的现象。形体结构比金文工整，开始摆脱象形的拘束，打下了方块字的基础，同一器物上几乎没有异体字。字体繁复，偏旁常有重叠，书写不便。

（四）小篆

小篆是秦始皇统一六国后采用的标准字体，字形上比大篆简化了许多，笔画比大篆简单，结构上也更加匀称、整齐，线条略带弧形，偏旁也较为固定，减少了异体，字形进一步区域定型化。秦始皇统一六国后，实行"书同文"的政策，以秦国流行的大篆作为整理汉字的基础，省改大篆的笔画和结构，使之更加简易、规范，从而使原来纷繁复杂的汉字字体统一起来，有了共同的标准，这种统一的字体就是小篆。小篆是我国历史上第一次汉字规范化的产物，在汉字发展史上具有十分重要的地位。小篆的通行，结束了从甲骨文以来一千余年汉字形体纷繁、写法多样的混乱局面。

小篆以泰山刻石为代表，其具有曲折婉转的风格。小篆在大篆圆转的基础上进行加工，起笔和收笔大都是浑圆，转角处都带有弧形，曲折引长而划一，线条更加匀称圆转，遒劲丰腴。

小篆是汉字第一次规范化的字体，小篆的诞生标志着汉字的统一，对汉字的规范化和符号化起到了重要的作用。不过小篆的通行时间不长，汉代就已经不常用了，但是两千多年以来，印章一直用小篆镌刻，篆刻是我国的传统艺术之一。

（五）隶书

秦代有两次文字改革，一是统一文字，即由大篆改为小篆；二是使用了较之小篆笔迹要潦草一些的隶书。这是一个里程碑，从此文字的发展摆脱了象形性。隶书是出现于战国，形成于秦代，在民间广泛流传的一种字体。秦代的一些下层办事人员，为了省时、快速，在抄写东西时不完全按照小篆的笔画、结构来书写汉字，从而逐渐形成了一种新字体。因为这种字体多为下层官吏、徒隶等使用，所以被称为隶书。在秦代，隶书只对小篆起辅助作用，正式场合仍然要用小篆。而到了汉代，隶书终于发展成为一种全新的汉字字体，并取代了小篆成为通用字体——汉隶。汉隶又叫今隶，相对的秦隶又称为古隶。

隶书的诞生在汉字发展史上占据重要地位，它是汉字发展史上的一个转折点，是古今文字的分水岭。隶书变古汉字的曲折线条为方折，变弧形为直线，从而形成笔画，这就突破了古代汉字的基本体式，变汉字为扁方形字体。其改造了小篆的偏旁，使汉字进一步变成纯粹符号性质的文字，大大降低了汉字的繁难程度，奠定了楷书的基础。

隶书的主要特点是点画转写线条，笔势飞扬成波势。隶书完全打破了小篆的结构，形成了点、横、竖、撇、捺等基本笔画，笔画讲究波势挑法；结构匀称、棱角分明，字形扁方，整齐美观；图画性完全消失，字体完全符号化。

（六）草书

草书是汉代为提高书写速度而在隶书的基础上形成的一种字体。据说草书得名于打草稿，"草"有"草率""潦草"之意。草书主要运用于日常书写，正式场合，如公文、布告等，仍然要用隶书。草书一般分为章草、今草、狂草三种。章草形成于东汉初年，其特点是：笔画相连，但字字独立，辨认容易。今草产生于东汉末年，其特点是笔画相连，而且字字相连，书写十分潦草，有时一个字只保留一点轮廓，许多不同的偏旁，如竹字头、心字底、四点底，都写成一个形状，辨认十分困难。狂草产生于唐代，是在今草的基础上发展起来的，其特点是：书法家任意挥洒，随意增减笔画，字如龙飞凤舞，一般人很难辨认。由于草书实在难以辨认，所以便逐渐的失去了文字的使用价值，以至到现在只能作为汉字特有的一种书法艺术而存在了。

7. 楷书

东汉中期，一种新的名为"楷隶"的方正字体出现，汉字的形体从而开始了由隶书到楷书的过渡。楷书又叫正书、真书，是出现于东汉、成熟并通行于魏晋、且一直沿用至今的一种标准字体。"楷"是楷模的意思，意即楷书可以作为书写的楷模。楷书继承了隶书结构上的特点，同时吸收了草书笔画简单的优点。楷书的主要特点：去掉了隶书的波势挑法，笔画十分平直，字形比较方正，结构显得紧凑，字的笔画大大减少。楷书保留了隶书的偏旁系统和基本结构，且字形方正，容易书写，从而使汉字完全变为由笔画组成的方块形符号。

8. 行书

行书大约是在东汉末年以后今草和楷书盛行时出现的一种字体，是介于今草和楷书之间的一种字体，是楷书的草化或草书的楷化。行书的书写比楷书灵活流畅，辨认比任意挥洒的草书容易，因此，运用十分广泛，具有较高的使用价值。行书现在已成为与楷书印刷体相对的一种字体——手写体，具有与楷书同等重要的作用，人们日常书写，一般都使用行书。

二、汉字形体演变阶段

根据上面所论述的汉字的形体演变的过程，则汉字的字体演变主要可以归纳为五个阶段。这五个阶段，即声、形、象、数、理。

1. "声"是任何一种语言的必要组成部分。在遥远漫长的太古时代，人类从本能的"哭声、笑声……"或模仿大自然的"鸟鸣、虫叫、兽吼、风声、雷声、雨声……"中逐渐分化出具有一定意义、代表一定事物的"声音"，这就是语音的进化。例如："ma、ba"用于代表"妈、爸"可能是从哭声"啊……"中分化出来。语音进化到现代，已是一个十分复杂的系统，汉语中大约有 $4×400=1\ 600$ 种声音。语音的分化必定有其自身一定的规律，这从现代语言中可以找出一些线索。例如：

"鹅、鸡、鸭、猫……"等家禽和家畜可能是依据其叫声而定其名的。"哈、喔、嘘、哎唷……"等声音是直接表示人类在不同情绪下的自然发声。"五→午"、"苗→渺"、"木→冒"……音相通，意相联。

2. "形"是语言的第二个重要组成部分，但不是必要的。在远古时代，人类主要面临的是生存和种族延续问题。在与大自然和猛兽毒蛇等的斗争过程中，有时需要用"形"或"画"来表示事物。例如：远出狩猎，为了不至于迷失道路，可能在岩石上或树干上做一些标记。人类在狩猎时，也会注意观察野兽的足迹，以辨别出野兽的特性。另外，人类也可能出于对神秘大自然的崇拜或对美的事物的追求，在岩洞壁上，画上"日、月、人、山、木、水、动物、祖先……"等图像。

《说文解字》说，"黄帝的史官仓颉看见鸟兽的脚印，明白可以用形来区分事理，开始创造文字。"、"图画"经过一个简化过程，取事物的主要特征，便开始了"文字"的进化过程。拼音文字是由原始图像向表示声音的字母方向发展，以语音作为主体。汉字由原始图像向"象、数、理"方向发展，用不同的图像来表示各种各样的意思。

3. "象"是创造汉字和《易》说理预事的主要方法。"日、月"等属于象形文字，是造字的基本部件。这些基本部件相互组合，产生各种各样的"象"，创造出更多的字。基本部件和字还可以进行更高层次的组合，产生用于表示各种事物、各种意念的诸多文字。

如："明→日月"、"易→日勿→日月"，"旦→日一"（下边的"一"表示"地"，与"☰"卦三阳爻象"天、人、地"相通）。这些字还可以组成更多的字，如："盟→明皿"、"踢→𧾷易"、"湿→氵显"、"但→亻旦"……造字和易理在这里完全相通，即所谓的"取象生理"的模糊思维和"阴阳互动"的二分原理。

4. "数"的概念是人类在长期进化过程中逐渐形成的。人类首先掌握的概念可能是"无"和"有"。没水喝会渴，没东西吃就会饿。"有→𠂇月"字中"𠂇"表示手，"月"表示肉。"有"字原意是"手下有肉"，有肉吃就不会挨饿。"有"进一步分化形成"一、二、三、多"等数的概念。

"数"向易符方向演变，逐渐从文字中分离，形成八卦，并在历史上的夏、商、周时期形成《易经》（《连山》《归藏》《周易》）。例如：奇数（一、三、五、七、九）和偶数（二、四、六、八、十）是两组不同性质的数。若奇数属阳，偶数则属阴。在《河图》和《洛书》中以"黑、白"或"实心、空心"分别表示。《易经》中用"阳爻、阴爻"表示，一长横为阳爻，两个短横为阴爻，每卦由三爻组成。《易经》中由乾、坤、震、巽、坎、离、艮、兑八卦组合成的六十四卦皆由八卦两两相重组成。

研究"数"的加减乘除为算术。研究"数"的"象"，并且以"象"说"理"，这是演绎《易经》了。汉字中，字根重叠现象比比皆是，这是"数理"在造字中的具体表现。例如：唱→口昌（"唱"，从口、昌声），哭→吅犬（"哭"，从吅、狱省声），噪→口喿→口品木（"喿→品木"，表示树上有许多小鸟在唧唧喳喳地叫，"品"三口，评头品足。）

5. "理"是"象、数"的扩展。汉字外延的演变主要是通过"理"来扩大的，即相"象"的事物，"理"也相通。例如："明"本意是明亮，延伸出"眼睛看得清楚、心里明白、事情变得明显……"等。

上述汉字演变的五个阶段"音、形、象、数、理"，本质上也是创造汉字的五种基本方法。兹举一例说明："猫→犭苗→犭艹田"字，"犭、艹、田"都属于象形，猫叫声"miǎo"，所以，"猫"声定为"māo"，造字时声部用"苗"字表示。"苗→艹田"，音通"渺"，意为"田中渺小之草"。猫可能是在神农氏农业耕种时期，才被人驯养用于对付损害农作物和粮食的老鼠的。定十二生肖可能要早于这个时期，这也许是猫没被收录的原因。汉字造字时，若两个重叠就表示多。"艹→屮屮"表示草多，这是汉字造字中"数"的概念。

"苗"本意小苗，"苗"字也延伸为"可培育的人才"，因小孩、小苗相像，理便相通。这样，"苗"字外延就扩大了，这是"理"的例子。从"猫"字的解剖中，可以看到"声、形、象、数、理"五种基本造字方法的综合运用，并能看到汉字演变的历史沿革。

三、汉字形体演变特点

由此，我们可以概括出汉字形体的演变特点为以下几个方面：

1．笔画线条化

笔画有一个形成过程。从甲骨文到篆字的古文字阶段，笔画逐渐形成直笔和圆转两种。隶变以后逐渐形成笔画匀称、线条统一的楷体字的笔画系统。

2．字形符号化

汉字历史上曾经有过六书，把字形和字义联系起来，以便于分析和理解汉字的读音和意义。由于其每个组成部分都有其由来和理性，因此通过分析就可以找出字形演变的来龙去脉，从而发现意义的根据。

而随着汉字的发展演变，这种理性逐渐被破坏和丧失。最大的一次字形系统演变是从篆书到隶书的"隶变"，它从根本上打破了古代汉字的理据性。近现代汉字特别是经过了简化的现代汉字，已经彻底打破了楷书所继承的微弱的理据性，从而使汉字符号系统彻底地符号化了。

3．结构规范化

经过长期的发展演变，汉字逐渐由不规范变得整齐规范、大小一致、造型美观。这种规范是自印刷术发明以来，在长期的历史实践中逐渐形成的。解放后经过字形的整理，改变了老宋体，确定了现代汉字的结构体系。中文信息处理的汉字点阵字模技术以及相应国家标准的制定和实施，通过电脑激光照排技术的的推动，更是把汉字规范化的结构普及到千家万户、世界各地。

4．字集标准化

标准化是信息革命带给汉字的新特点。由于计算机中文信息处理技术的应用发展，促进了汉字"形、音、义、用"各方面的标准化。其中，最主要的就是字符集的标准化。这其中比较重要的是《信息处理交换用汉字编码字符集基本集》，与之相关的有《现代汉语常用汉字表》《现代汉语通用汉字表》《印刷通用汉字表》等。

四、汉字结构的简化

汉字从甲骨文、金文变为篆书，再变为隶书、楷书，其总的趋势就是从繁到简。隶书是篆书的简化，草书、行书又是隶书的简化，而简体字正是楷书的简化。楷书在魏晋时开始出现。汉字发展到楷书以后，字体就基本上稳定了。汉字内部的变化，最主要的是笔画的简化。

在中国长期的封建社会中，冗余度很高的传统汉字被定为规范字，在占人口总数百分之几的官吏和士大夫阶层中使用。而群众中的应用文字，包括账簿、契约、书信、通俗文学等则大量使用自造的简体字。

中华人民共和国成立后，国家对文字改革极为重视，简化汉字成为文字改革工作的一部分。1964 年 5 月，中国文字改革委员会编辑出版了《简化字总表》。1977 年 12 月 20 日，中国文字改革委员会发表了《第二次汉字简化方案（草案）》，草案包括两个字表。第一表有简化字 248 字，自公布之日起在出版物上试用。第二表有简化字 605 字，征求群众意见。另外有简化偏旁 61 个。1986 年 6 月，国务院批准废止这个草案。

我国汉字简化的方法大致有以下几种：

（1）代替法：用现有的笔画少的字代替笔画多的繁体字。谷（穀）、丑（醜）、后（後）、只（隻）、干（乾、幹、榦）。这类简化字可以分为同音代替、异音代替、特殊代替字三类。

（2）草书楷化法：采用历史上已经形成书写习惯的草书或行书的写法，变换成楷书的笔法，从而形成简化字的方法。如：导（導）、联（聯）、实（實）、图（圖）、杂（雜）、斋（齋）、当（當）、会（會）、贝（貝）、娄（婁）。

（3）特征法：指采用繁体字的具有特征作用的部分作为简化字的简化方法，如开（開）、医（醫）、巩（鞏）、儿（兒）、号（號）、夸（誇）、恳（懇）。

（4）轮廓法：指删除繁体字内部的烦琐部分，保留繁体字的轮廓作为简化字的简化方法。如：疟（瘧）、虏（虜）、齿（齒）、伞（傘）。

（5）会意法：指采用构字部件之间的联系来简化汉字的方法。如：众双（衆雙）。

（6）符号法：指采用没有具体意义的简单符号代替繁体字的一个构件的简化汉字的方法。如"双"表示重叠的意思，可以称作有理符号，如挽（攙）谗（讒）、轰（轟）聂（聶）；"又、不、×"所组成的字在音义形上都没有联系，可以称作物理符号，如邓观欢艰（鄧觀歡艱）、怀坏环还（懷壞環還）、赵风冈区（趙風岡區）。

（7）偏旁类推法：指运用已经简化的繁体字或偏旁去类推简化含有该繁体字或偏旁的繁体字。

（8）形声法：指采用简化形声字的形旁、声旁或新造形声字的方法来简化汉字。

其中形旁、声旁都简化的有 9 个，护（護）、惊（驚）、让（讓）、认（認）、响（響）、钥（鑰）、证（證）、钟（鐘）、钻（鑽）；形旁声旁都简化的有 1 个，肮（骯）；其他都是简化声旁：帮（幫）、补（補）、迁（遷）、尝（嘗）、递（遞）、沟（溝）。

简体字相对于繁体字而言，是在繁体字的基础上形成的笔画少、结构简单的汉字。绝大部分简体字的读音、意义与繁体字相同。但是也有少部分简体字与繁体字在意义用法上不完全对应，尤其是同音替代的简体字，往往代表了几个原来不同的字。如果在一些特殊场合需要使用繁体字时，注意不要机械地繁简对应，以免弄错。例如"后"的本来意义是指君王、皇后、太后，后来人们又用它代替同音的繁体字"後"，因此，如果需要使用繁体字，只有"前后"、"落后"这类词语可用繁体字"後"，"皇后"、"太后"、"母后"一类词语中的"后"不能使用繁体字。

第三节　汉字的构造

一、现代汉字的层次

现代汉字可以分为三个层次：笔画——部件——字。

例如："日"由竖、横折、横、横四个笔画组合而成，"月"由撇、横折钩、横、横四个笔画组合而成。"明"由"日"和"月"两个部件组合而成。字是记录语言的使用单位，笔画和部件是构字单位。下面就来进行具体的论述：

（一）笔画

所谓笔画，是构成汉字字形的点和线，是字形结构的最小单位。书写正楷字时，从起笔到落笔，这样书写出来的单位，就是一个一个的笔画。除了像"一"、"乙"这样少数几个汉字是由 1 画构成的之外，绝大多数汉字都由好几画构成，例如"山"、"三"、"工"由 3 画构成，"毛"、"手"、"王"由 4 画构成，"都"、"郭"、"部"由 10 画构成；少数汉字也有 20 多画的，如"矗"、"攘"、"爨"等。据统计，现代常用汉字平均笔画是 10 画左右，大部分汉字的笔画是在 6～12 画之间。

各种笔画都有一定的形状，叫做笔形。点、横、竖、撇、捺是构成汉字形体的最基本的 5 种笔形，汉字"术"中的 5 个笔画，可以作为这 5 种笔形的代表。由于基本笔形运笔方向的改变和相互联系，又产生了提、折、钩 3 种笔形，这 3 种笔形可用"刁"字作为代表。点、横、竖、撇、捺、提、折、钩是构成现代汉字的 8 种主要笔形。8 种主要笔形在具体运用中又衍生出许多变化笔形，例如钩有横钩、竖钩、斜钩、弯钩、卧钩等，例如"买"、"了"、"弋"、"心"字中的钩，笔形就各不相同。

（二）偏旁

绝大部分汉字，从结构上看可以分析出两个以上的基本构成单位，这种构字的基本单位叫偏旁。偏旁由笔画构成，是比笔画大的构字单位。例如"恩"、"鸣"、"需"、"穿"等字，都是由两个偏旁构成的。各个偏旁都有一定的名称，在字中的位置一般也是比较固定的。为了便于述说，根据偏旁在字中的位置的不同，人们还给各个部位的偏旁定出了不同的名称：在上叫头，如草字头（花、苗）、宝盖头（家、安）；在下叫底，如心字底（态、怨）、皿字底（孟、盅）；在左右的叫旁，如竖心旁（情、恨）、单人旁（仁、们）、双人旁（徘、行）、提手旁（拉、推）、立刀旁（刘、剃）等。

现代汉字的偏旁，最初本身也是一个一个的字，有些今天依然独立成字，如"恩"中的"因"、"心"，"贡"中的"工"、"贝"等都是成字偏旁。其他又如"火、水、心、手、日、月、山、土、木、目"等也都是成字的独立偏旁。

由于汉字字体的发展演变，有些偏旁形体发生了很大的变化，已不能独立成字，只是作为构字要素而存在于汉字系统中。例如"水"、"心"、"手"在下列几组汉字中，分别变成了三点水、竖心旁、提手旁：

浪、涛、泅、涌、澎、湃、河、江、渴

怪、怅、惨、惋、惯、愤、慌、快、愧

抗、扣、抢、投、抛、抄、抱、抢、打

根据偏旁在字中的意义作用，现代汉字的偏旁可分为表义偏旁、表音偏旁、记号偏旁三种。

表义偏旁：表义偏旁是表示字义特征、类属的偏旁，它表示一个汉字所属的类别的意义，而不是表示具体的意义。例如：

① 鸳、鸯、鹂、鸪、鹈、鹕

② 岭、峰、峨、岗、峦、岩

③ 鲤、鲫、鲥、鳜、鲢、鲈

第①组汉字中的偏旁是"鸟"，表示这些字的意义属于鸟类；第②组汉字中的偏旁是"山"，表示这些字的意义与山有关；第③组中的偏旁是"鱼"，说明这些汉字代表的意义与鱼有关。

表音偏旁：表音偏旁是汉字中表示字音的偏旁。例如：

① 妈、码、玛、蚂、犸、吗、骂

② 湖、糊、蝴、葫、瑚、猢、鹕

③ 领、零、铃、龄、玲、羚、囹

第①组汉字中的表音偏旁是"马"，第②组汉字的表音偏旁是"胡"，第③组汉字中的表音偏旁是"令"。借助这些表音偏旁，这三组汉字与音节 ma、hu、ling 的联系便有了形式上的标志，学习者通过这些表音偏旁，可以比较容易地推出一系列汉字的读音。

从现代汉字的角度看，有些表音偏旁已经失去了表音的作用，但从它们在字中的地位看、从来源看仍然是表音偏旁，如"治"、"怡"中的"台"。

记号偏旁：记号偏旁是汉字中与字音和字义没有任何关系的偏旁，它们的主要作用是区别字形。记号偏旁是汉字在发展演变过程中改造原来的表音偏旁或表义偏旁而形成的，这些偏旁笔画结构比原来的偏旁要简单得多，与字音字义毫无联系，例如：

① 歡、漢、嘆、艱、觀、權、僅、對、戲、鷄、鄧、鳳、雙、樹、轟、聶

② 欢、汉、叹、艰、观、权、仅、对、戏、鸡、邓、凤、双、树、轰、聂

上面两组汉字，第①组是繁体字，第②组是相对应的简体字。繁体字中的一些复杂的偏旁，原来在字中的作用各不相同，简化后，都用"又"代替，这里的偏旁"又"既不表示字音，也不表示字义，同字音、字义没有一点联系，纯粹是一个区别字形的符号，就是记号偏旁。

现代汉字的偏旁约有 1 000 多个，常用的约有 500 个，其中不少能独立成字。所以现代汉字虽然数量庞大，结构复杂，但如果掌握了一些基本的构字偏旁，学习汉字相对就比较容易了。常用偏旁的数量十分有限，而构字频率相当高，掌握了常用偏旁，对识字、用字、检字都有重要意义。

（三）偏旁和部首

从偏旁构字的角度看，汉字的构成并不是杂乱无章的，而是有一定规律的。有些汉字，由于字义上相关联，构字时常用同一个偏旁来表示，像提手旁、木字旁、口字旁、三点水、草字头等偏旁，都统率着上百个汉字。现代汉字字典编纂者根据汉字结构的这个特点，把一组汉字共有的偏旁提出来做标目，以便排列和查检汉字，这个用作标目的偏旁就是部首。例如：凡是有偏旁"木"的汉字排在一起，作为一部，将"木"排在一部之首，如果要查找"桉、柳、桔、树"等字，只要找到了"木"，就可以在这部中进一步查找了。

部首和偏旁不是一回事，偏旁是汉字结构单位名称，部首是字典排列汉字的依据。部首绝大多数是偏旁，但是偏旁不一定是部首，部首包含在偏旁之中，只是偏旁的一部分，二者不能等同。例如："灯、炒、炸、炬"等字都有两个偏旁，但只有"火"是部首；而"丁、少、乍、巨"只是偏旁，不是部首。有些部首如"一"、"丨"、"丿"不是偏旁。现代汉字常用部首约有200多个，而偏旁却有1 000多个，可见，偏旁的范围要比部首大得多。

二、汉字的结构方式

六书是传统的汉字分析方法，它主要包括象形、指事、会意、形声、假借、转注几种。

所谓象形，是用线条把事物的外部轮廓描摹出来的造字方法。如：人、木、止、刀等字。

指事是在象形字的基础上增加指示性符号，或用抽象的符号来指点意义所在的造字方法。如刃、本、末、三等字。

会意是把两个或两个以上的已有的字组合起来表示一个新字的造字方法。如休、看、苗、采；从、众、林、步等字。

形声是用表示字义的符号和表示字音的符号组合起来构成一个新字的造字方法。如：想、涨、龄、功、仁、草等字。形声字的结构有以下几种：左形右声：城、镁、理、牲等；右形左声：功、鸠、顶、甥等；上形下声：芝、筐、字、窍等；下形上声：盒、贷、愿、想等；外形内声：阁、固、裹、衢等；内形外声：闻、闷、辩、辨等；形居一角：颖、疆、荆、修等；声居一角：旗、徒、旌、爬等。

假借是语言里有某个词，没有书写该词的字，就用一个同音字代替的造字方法。例如："来"字本来是麦子的意思，用来代替来去的"来"。

转注的含义，人们有不同的看法，这其中有的侧重字形，有的侧重字音，有的侧重字义。例如：考、老。

而现代，人们把汉字的结构方式主要归纳为以下几点：

（一）象形

象形是比照实物形体模拟描画成字的方式，所造的汉字具有十分明显的图画特征。例如：

伞：像一把伞撑开的形状。

山：像绵延起伏的山峰形状。

人：像一个侧面站立的人的形状。

羊：像突出双角的羊头的形状。

雨：像空中落雨的形状。

木：像一棵树的形状。

象形是一种最古老、最原始的构字方法，许多民族在最初造字时都使用过这种方式。这种造字方式虽然简单但却有很大的局限，因为客观事物既多又复杂，任何一种文字符号的数量都是有限的，不可能每个事物都用一个符号表示，也不可能都可以描画成字；同时，语言中有许多概念，如思想感情、行为方式等，根本就无形可象。所以汉字系统中象形字比较少，自汉代以后几乎就没有出现新的象形字。

（二）指事

指事是用抽象的符号构字，或者在象形字的基础上附加指示性的符号来构造新字的方式。例如：

一：用一条横线表示。

三：用三条横线表示。

本：在象形字"木"字的下部加指事符号，表示这个字的意义是"树根"。

刃：在象形字"刀"上加一点，表示一点之处就是这个字的意义。

寸：在象形字"手"的基础上加一符号，表示人手腕边按到脉的地方，即所谓寸口。

末：在象形字"木"的上部加一指事符号，表示树梢。

指事造字法虽然比象形进了一步，但是局限性也比较大，因为许多事物不是用简单的指示性符号就能表示出来，所造的字也就满足不了日益发展的社会的用字需要。

（三）会意

会意就是用两个或两个以上的象形字或指事字作为偏旁，组合成一个新字的方式。原来的象形字、指事字作为新造字的构成要素，其意义与新造字的意义有某种联系，可以意会。例如：

吠：从口从犬，表示狗叫。

林：用两个"木"字构成，表示树木多就是"林"。

从：两人一前一后，表示跟从。

休：从人从木，人靠在树上，表示休息。

益：从水从皿，表示溢出，这是"溢"的本字。

烦：从火从页（页是人头形），表示发热头痛。

会意方式可以造出表示抽象意义的字，选用偏旁可以用相同的符号，也可以用不同的符号；构字方式可以左右并列，也可以上下重叠。这种造字方式比象形、指事无疑要优越得多。

（四）形声

形声就是用已有的汉字充当形旁或声旁来构成新字的方式。形旁和声旁都是原有的字，用作形旁的那个字，表示新造字的意义类属；用作声旁的那个字，表示新造字的读音。例如"柑"字，其中的象形字"木"是形旁，表示"柑"字的意义同"木"有关；"甘"是声旁，表示"柑"字的读音与"甘"相同。又如：

姨：从女夷声	糕：从米羔声
案：从木安声	岭：从山令声
牦：从牛毛声	蜘：从虫知声
坊：从土方声	喑：从口音声

形声造字法同象形、指事、会意相比，具有先进性和科学性。因为象形、指事、会意三种方法所造出来的汉字，字形结构只与所记录的语素或词的意义相联系，没有考虑到读音；形声结构方式则考虑到了语言的声音和意义两个要素，所创造的形声字，既能表示字的意义，又能表示字的读音，无疑具有很大的优越性。

形声字的出现，打破了以往汉字不表字音的局限，是汉字发展史上的一大飞跃。它使汉字由过去的纯粹表义过渡到音义兼表阶段，创造了全新的汉字结构模式，强化了文字的符号特征。形声字将语素的读音、意义巧妙地统一于一体，为人们的识读、运用带来了极大的方便。正因为形声这种结构方式的先进性、优越性，所以其发展成为汉字的主要结构方式。后来许多新字，几乎都用形声方式创造，甚至原有的非形声字，出于强调音义或分化字义的需要，有的也加上形旁，变成了形声字。例如"益——溢"、"莫——暮"、"羞——馐"等。

三、独体字和合体字

（一）独体字

独体字是以笔画为直接单位构成的汉字，它是一个囫囵的整体，切分不开，例如"人、山、手、毛、水、土、本、甘"等字。

笔画与笔画组合成独体字，有下列几种组合关系：

1. 离散关系：即笔画与笔画之间有一定的间距，互不接触，例如"八、二、儿、川、心、六"等字。

2. 连接关系：即笔画与笔画互相连接，例如"人、工、入、上、下、正、丁、月、几、己、韭"等字。

3. 交叉关系：即笔画与笔画之间互相交叉，例如"十、卅、丈、夫、井、车、力"等字。

4. 综合关系：即离散、连接、交叉等多种关系综合在一起，一个汉字包括好几种笔画组合关系，例如"巾、长、本、无、手、牛、士、毛"等字。

不少形近字的区别，主要是由笔画组合关系的不同来体现的，例如"八"与"人"是离散与连接的区别，"午"和"牛"是一笔交叉和多笔交叉的区别。 其他又如"九——

几"、"天——夫"、"刀——力"、"开——井"等字。

独体字的笔画形状及笔画组合，往往是因字而异，学习时只能一个一个死记，不能类推。初学汉字的人感到汉字难学，与此不无关系。独体字在整个汉字系统中数量并不是很多，但所占的地位十分重要，它们不仅作为一个独立的字从古使用至今，而且绝大部分同时又都是合体字的构成部件，作为偏旁构成合体字，构字能力极强，把它们看做是汉字系统的核心一点也不过分。例如以"木"为偏旁构成的现代常用汉字就有 400 多个，其他如"口、人、日、土、王、月、马、车、贝、火、心、石、目、田、虫、米、雨"等，构字频度都相当高。掌握了这些常用的独体字，进而学习其他汉字也就不难了。从这个角度看，汉字又有易学的一面。

（二）合体字

合体字是以偏旁为直接单位构成的汉字，在汉字系统中占大多数。

合体字由偏旁组合而成，因此内部结构可以进一步分析，例如"赶"由"走"、"干"构成，"烧"由"火"、"尧"构成，"呼"由"口"、"乎"组成。构成合体字的偏旁，最初和字音、字义都有一定的联系，后来由于字义的发展，语音的变化，字形的演变，这种联系就不大容易看出来了，有的甚至毫无联系可言。如"取"字，是用手（又）割取耳朵，古代对战死者割取耳朵作为记功的凭证，现在表示拿、获得的意思，与"耳"就没有什么关系了；又如"羞"从"羊"，表示这个字的意义同"羊"有关，本义是"珍馐"，但现在表示"羞涩"之意，本义用"馐"字代替，所以从现代字义考察，无论如何也看不出它们之间有什么联系了。

偏旁与偏旁组成合体字，其组合方式有下列几种情况：

1．左右结构：即偏旁左右并列构成汉字。这类合体字最多，约占汉字的 60%以上。例如"深、推、杭、理、肝、线、难、彬"等字。

2．上下结构：即偏旁上下重叠构成汉字，这类合体字也不少，约占汉字的 20%左右，例如"思、盅、家、它、草、篱、意、冀"等字。

3．内外结构：即构字偏旁在方位上有内外之分，可分全包围和半包围两种情况。全包围是一个偏旁把另一个偏旁围在中间，例如"国、团、圆、囡"等字。半包围是一个偏旁从上、下、左、右的某两边或三边把另一个偏旁围住，例如："同、闷、幽、区、凶、厅、病、氧、边、起、司、建"等字。

另外还有"品"字形结构，如"聂、轰、森、众、鑫、淼、磊"等字。

以上这些基本模式还可以互相拼合，综合多种结构方式，组成更为复杂的类型，例如"燥"字从整体看是左右结构，右边又是上下结构，其上面部分又是一个品字结构。如果一个合体字用一个结构本身已经十分复杂的结构成分充当构字偏旁，那么这个合体字的结构就更加复杂，层层往下分析，就可以看到多种组合方式。例如"礴"，第一层是左右结构，第二层是上下结构，第三层是左右结构，第四层是上下结构。又如"凰"、"蹼"、"飙"、"籀"、"罐"、"蠛"等字，都包含了两种以上的结构模式。

了解合体字的这些构字模式，以及各种模式内的一些差别，有助于写好汉字。例如：

同样是上下结构的汉字，"恩"字两个偏旁上下空间相等，"烈"字上宽下窄，"安"字上窄下宽，"冀"字中的田要写得窄一些。如果不注意偏旁的这些比例关系，写出来的字就不好看。

第四节 形 声 字

一、形声字的构成

汉字绝大部分都是合体字，由两个以上的偏旁构成。有些合体字的偏旁只与字义发生联系，与字音没有关系，这样的字是会意字，例如"众、灶、涉、安、家、囚、臭、尖、尘"等字；有些合体字的偏旁，一部分与字义发生联系，一部分与字音发生联系，这样的字就是形声字，例如"虾、烤、裳、吐、杆、氨、理、忘"等字。

形声字中与字义发生联系的偏旁叫形旁，前面例字中的偏旁"虫、火、衣、口、木、气、王（玉）、心"就是形旁；与字音发生联系的偏旁叫声旁，如例字中的偏旁"下、考、尚、土、干、安、里、亡"就是声旁。形声字就是由表示字义的形旁和表示字音的声旁构成的汉字。

一个形旁或声旁可以同多个汉字发生联系，充当多个汉字的偏旁，这样既提高了偏旁（许多同时又是字）的使用率，使得汉字更加系统化，又便于使用者迅速领会字义，掌握字音，正确运用。例如用"鸟"做形旁的汉字，意义都同鸟有关，如"鹕、鹏、鹈、鹃、鹂、鹭、鸽"等字；用"胡"做声旁的字，读音都同"胡"相同，如"糊、瑚、湖、蝴、葫、猢、煳、鹕"等字。

同象形字、指事字、会意字相比较，形声字的优点是显而易见的，它可以因形见义，据形知音，把文字的表义和表音两种功能有机地融合为一体，记录语言更具科学性、合理性，既适应了汉语分化同音字、同音词的需要，也适应了汉语方言分歧大、语音差别大的状况。所以，形声字一出现，就得到了迅速发展。甲骨文中，形声字所占的比例还非常少，金文中则呈现出发展趋势，到了汉代，形声字已成为汉字系统里的主流。据统计，东汉许慎编纂的《说文解字》收录汉字 9 353 个，其中的形声字就占了 82%；南宋郑樵对 23 000 多个汉字进行了统计分析，形声字占 90%；现代 7 000 个通用汉字中，形声字也占到了 80% 以上。

由上面的统计可见，现代汉字系统以形声字为主。这众多的形声字，都是由数量有限的形旁和声旁组合而成的。据有关资料统计，构成现代形声字的形旁约有 250 个，声旁约有 1 300 个。这些形旁、声旁互相配合，就构成了汉字的形声字系统。

形旁和声旁的搭配方式是多种多样的，主要有以下 6 种：

左形右声，如：清、松、城、渔、狸、情、描、帽、纺

左声右形，如：功、领、救、战、郊、放、鸭、飘、歌

上形下声，如：露、花、岗、草、笠、芳、窥、景、箱

上声下形，如：烈、忘、警、恭、剪、堡、帛、贷、盒

　　内形外声，如：闻、闷、辫、辩、问

　　外形内声，如：圆、阁、衷、病、赶、厅、近

　　在各种组合的形声字中，左形右声的类型最多，几乎占现代常用形声字的 80%，其次是左声右形类，约占 6%，其余几种结构的形声字就比较少了。一些常用的形旁，在形声字中的位置都有一定的规律，例如单人旁、木字旁、竖心旁、绞丝旁、衣字旁、示字旁等形旁一般都在字的左边，立刀旁、戈字旁、鸟字旁、欠字旁等形旁一般都在字的右边，草字头、竹字头、宝盖头、雨字头等形旁都在字的上面，心字底、四点底（火字的变形）、皿字底等形旁都在字的下面。这种结构从秦汉时的篆书发展为隶书后就已经固定下来了。

二、形声字形旁和声旁的作用

（一）形旁的作用

1. 提示字义

　　形旁最突出的作用是提示字义。不过，形旁并不是表示字的确切意义，而是表示字的类属意义，它的作用是从视觉上给人提供一个关于字义的信息，缩小理解字义的联想范围。比如看到"鹂、鹕、鹏"中的形旁"鸟"，就联想到鸟类意义；看到"牦、牺、犁、牲、犊"中的形旁"牛"，就联想到这类字义同牛有关；看到"打、拉、推、拓、抢、扔"这类字中的提手形旁，就知道字义与手的动作有关。

　　形旁和字义的联系有下面三种情况：

　　（1）相同相近关系。即形旁同字的意义相同或相近，例如形旁"父"与所构造的形声字"爸、爹、爷"，形旁"白"与"皎、皑、皙、皓"，形旁"舟"与"船、舸、舢"等。不过这类形声字所占的比例较少。

　　（2）属种关系。即形旁表示上位概念、属概念，所构成的各个汉字是下位概念、种概念。这类形声字比较多。例如：

　　木——杨、柳、柿、桃、枫、槐、榆、桉、楠

　　鱼——鲤、鲫、鲢、鱿、鲟、鲥、鲳、鳅、鳊

　　鸟——鸠、鸦、鸽、鹤、鹂、鹏、鹑、鸥、鹃

　　（3）相关关系。 即形旁与所构成的汉字意义同形旁有某种关联。例如"江、河、海、洋、激、流、波、浪、涛、汹、涌、澎"从"氵"（三点水为"水"的变形），"惭、愧、恼、恨、愉、快、怖、怯、恐、志、恩、思、怨、愁、想、悲"从"心"（竖心旁为"心"字的变形），"坡、垃、圾、坯、坊、坎、场、坟、坑、城、堡、堂"等从"土"，形旁与字义都是相关关系。

　　形旁与字义的种种联系，使形声字从构形上透露出了字义信息，为人们联想并进而理解字义提供了某种暗示条件，这对于人们辨认字义具有积极的意义。例如：看到"资、贫、贷、货、贸、费、赏、财、赐、赊、贱"等，通过形旁"贝"，人们就联想到财物、经济；看到"说、话、议、论、记、谈、训"等，通过 讠字旁（言的变形），就联想到说话、言论。不过，形旁提供的字义信息，是十分有限的，相当概括、模糊，字义的确切理解，

还有赖于声旁的协助。

2．区别同音字

形声字中不少字是由同一个声旁构成的，而且读音也相同，构成了同音字，形旁就成为字形上区别这些同音字的重要手段。例如"簧、磺、潢、璜、蟥、癀"都念 huáng，"莱、崃、徕、涞、铼"都念 lái，"刚、纲、钢、岗"都念 gāng，这些字虽然读音相同，但是由于形旁不同，提供的字义信息不一样，因此，在书面上可以很容易地把这些同音字区别开。

利用形声字不同形旁的区别，可以把一些书写上容易混淆的形近字区别开，避免写错别字。例如"蒿"是草字头，字义与草有关，"篙"是竹字头，字义同竹有关；"挂"是提手旁，字义同手的动作有关，"桂"是木字旁，字义与树木有关。

（二）声旁的作用

1．指示字音

声旁指示字音的作用在于，它能从视觉上给人提供一个字音信息，使人通过声旁的提示，与语音中的某个音节挂上钩，并进而把字音确定下来。认识了某个声旁，有时能类推出一系列字的读音。例如：

西（xī）：硒、牺、舾、粞、栖
希（xī）：稀、烯、郗、唏、欷
眉（méi）：嵋、猸、湄、楣、镅、鹛、媚（mèi）
唐（táng）：糖、塘、搪、溏、瑭、螗、醣

2．区别字形

声旁区别字形的作用有两个方面。

第一，区别同类字。许多汉字由于意义方面的关联，选用同一个形旁构字，结果构成了同一义类的同类字。这种情况在汉字系统中十分普遍，有些形旁可以统率数十以至数百个汉字，这些同一义类的汉字，就要依靠声旁来区别。例如"江、河、波、浪、泅、涌"的形旁都是"水"，"打、拉、抱、抢、按、抓"的形旁都是"手"，但是由于声旁的提示作用，便使这些字与语言中念某个音节的语素联系起来，这样就使字义变得清晰、明确了，并使同类字区别开来。

第二，区别形近字。有些形声字，形体上近似，容易混淆，不过由于声旁读音不同，可以把形似字区别开。例如用"仑"做声旁的字，一般都读 lun 音，如"抡（lūn），轮、伦、沦、囵（lún），论（lùn）"；用"仓"做声旁的汉字，一般都念 cang 音，如"苍、沧、伧、舱（cāng）"，有的韵母念 iang 或 uang，如"枪、抢、呛、创、疮、怆"等字，这样像"抡"与"抢"、"沦"与"沧"、"伦"与"伧"等字，由于读音不同，就容易区别开了。又如"未"念 wèi，"末"念 mò，所以"味、妹、昧、魅"等字与"抹、沫、茉、秣"等字因为读音不同，就可以很容易区别开，其中的偏旁也就不会写错了。

3. 类推字音，纠正方音

汉语方言众多，与普通话差别较大，普通话中的一些声母、韵母在许多方音中常常混淆，如平舌翘舌音不分、鼻音边音声母不分、前后鼻音韵母相混等。学习普通话，可以利用形声字声旁表音的特点，来类推一系列字的普通话读音，从而取得事半功倍的效果。例如"至"念卷舌音声母，所以凡是以"至"做声旁的字，如"侄、室、桎、蛭"等字也都念卷舌音。又如：

支（卷舌音）：枝、肢、忮、吱、翅、豉
子（平舌音）：字、籽、孜、仔
中（卷舌音）：种、钟、肿、盅、忠、衷、舯、仲
宗（平舌音）：棕、综、踪、鬃、粽、淙、琮
申（前鼻韵）：伸、神、审、绅、砷、沺、胂、珅
生（后鼻韵）：胜、甥、牲、鲑、笙、星、性、姓
奴（鼻音声母）：怒、努、弩、胬、孥、砮、驽
卢（边音声母）：颅、垆、泸、栌、轳、胪、舻、鲈

形旁和声旁是相互作用的。一方面，形旁确定义类，把同音字区别开；另一方面，声旁确定字音，使同类字得以区别。这两个方面共同作用，把字与语素紧密联系起来，从而使字义得以明确。

三、形声字形旁和声旁的局限

（一）形旁表义模糊

从形旁与字义相联系的三种情况看，形旁与字义相同、相近的形声字极少，绝大部分形声字形旁与声旁是属种关系、相关关系。因此，形旁只表示字的概括的、模糊的意义，并不表示字的确切意义。同样一个形旁，在不同的字中意义相差很远。例如"推"、"拉"、"拦"、"挡"，都以"手"（变形为提手旁）做形旁，如果不看声旁，仅凭形旁是不可能弄清它们的确切含义的。又如以"木"为偏旁的字，主要有以下几个方面的意义：

表示树木的名称：柏、松、榆、桐、枞、桉、槐、橙。
表示树木的部位：根、杆、枝、梢、权、桠。
表示是木制品：橱、棍、棒、椅、柜、案、棋、梳、棺。
其他内容：枯、槁、榨、栽、校、村。

由于古今观念的不同，加之字义的引申发展，现代形声字形旁与字义的联系已越来越少，有些根本就看不出联系了。例如"镜"从"金"（变形为金字旁），"骗、验、骄、驱、驻"从"马"，"奸、嫉、妒、妄、妖、婪、嫌"从"女"，"纪、红、纠、经、终、级"从"丝"（变形为绞丝旁）。这些字，从现代汉字的角度看，其中的形旁实际上已成了纯粹的字形区别符号，与字义无关。如果不结合汉民族的历史文化加以考察，就很难看出这几组形声字的意义与形旁有什么联系。

（二）声旁表音不一定准确

形声字刚刚创造出来的时候，声旁表音一般都比较准确。在语言的发展过程中，由于声旁与字音的发展变化不一致，因而声旁表音就不很准确了。现代形声字声旁表音的情况比较复杂，多种多样。就全体形声字声旁与字音的联系看，归纳起来，现代形声字声旁与字音的联系主要有表音准确、基本准确、不表字音三种情况。

1．表音准确

声旁能准确表示字的读音，声旁与字音的声、韵、调完全相同。例如：

胡（hú）：湖、糊、蝴、葫、猢、煳。

皇（huáng）：凰、惶、蝗、煌、隍、徨、湟、遑。

曼（màn）：慢、漫、蔓、谩、墁、幔、缦、熳、鳗。

录（lù）：禄、渌、逯、碌。

2．表音基本准确

形旁与字音的声母、韵母相同。例如：

马（mǎ）：妈（mā），吗（má），吗、犸、玛、码、蚂（mǎ），祃、杩、蚂、骂（mà），吗（ma）。

廷（tíng）：蜓、庭、莛、霆（tíng）挺、艇、梃、蜓、铤（tǐng）。

高（gāo）：搞、稿、篙、镐、缟、藁、槁（gǎo）。

可（kě）：苛、柯、坷、岢、轲、钶（kē）。

3．不表字音

这类形声字，声旁的读音和字音相差很远，有的声母相同，有的韵母相同，有的声母韵母都不同，有的仅声调相同，声旁已完全失去了表音作用，只是区别字形的一个符号。例如：

工（gōng）：　缸、肛、扛（gāng），扛（káng），空（kōng），红、虹（hóng）
　　　　　　　讧（hòng），江、豇（jiāng），项（xiàng），邛（qióng）。

少（shào）：　沙、砂、纱（shā），秒、杪、眇（miǎo），妙（miào），抄、钞（chāo），
　　　　　　　吵、炒（chǎo），耖（chào）。

声旁不表字音的形声字最多，约占现代形声字的60%。声旁与字音声、韵、调完全相同的形声字，据统计只占现代形声字的20%多一点。汉语是有声调的语言，声调具有区别意义的作用，因此，声旁只是声母、韵母与字音相同，声调不同，严格说应算不表字音的形声字。由此可见，现代形声字中，声旁表音率相当低。

我们常常见到念"白字"的现象，主要根源就在于现代形声字的声旁表音不准确。学习汉字，如果盲目利用声旁类推字音，就有可能出错，例如"愎、酗、玷、龋"等字，很多人按声旁类推字音，结果造成误读。

（三）形旁、声旁难以辨认

形旁、声旁难以辨认主要表现在以下三个方面：

第一，形旁、声旁的位置不固定。形声字中形旁和声旁的配合方式是灵活多样的，位置往往因字而异，并不固定。同样的偏旁组合方式，可能是左形右声，也可能是左声右形；可能是上形下声，也可能是上声下形；可能是内形外声，也可能是内声外形；或者是形旁、声旁居于一角。因此，形旁和声旁从位置上就不好区别。例如形旁"木"，在"根、柜、枞、桃"等字中位于左边，在"柴、架、棠、梨"等字中位于下边。又如声旁"占"，在"站、沾、粘、拈"等字中位于右边，在"战、觇"中位于左边，在"苫"字中位于下边，在"毡"字中位于一角。这样，要在位置上把形旁和声旁区别开就比较困难。

第二，形旁和声旁没有明确分工。形声字系统中的形旁和声旁，不是专门的表音、表义符号，没有明确的分工。同一个偏旁，在构字时，既可以做形旁，又可以做声旁，而在哪些字中做形旁，哪些字中做声旁，既无位置上的区别，也没有形态上的标志，因此辨认起来也颇不容易。例如"门"，在"们、闷、扪、钔、闽、闻、问"等字中是声旁，在"闺、阔、阙、阎、闵、阐"等字中却又是形旁。

第三，形旁、声旁变形。形声字基本上是由一形一声构成的，为了适应方块汉字的特点，保持汉字结构的平衡，作为构字偏旁，形旁和声旁在构成新字时，形体往往要发生一些变化，或者省略形旁、声旁的某些结构成分，或者把形旁、声旁的结构打乱另行安排，加之字体的演变发展，使得形旁和声旁的形体变化更大，以至于难以区分辨认了。例如"哀"、"口"，"衣"声；"衷"从"衣"，"中"声。又如"贼"，猛一看似乎是从"贝"从"戎"，实际却是从"戈"，"则"声。类似这样的字，即使形旁和声旁表音、表义都比较准确，也因为它们难以辨认而发挥不了作用。

形旁、声旁的这些情况，使得现代形声字能因形见义、据形知音的就比较少了，削弱了现代形声字的表音、表义功能，这在一定程度上影响到我们更好地使用现代汉字。

第五节　汉字书写规范

一、汉字的书写规则

1. 先横后竖：十、于、丰、干、丁等。含上述字或部件的字，如木、芋、艳、刊、花、羊等，也是如此。

2. 先撇后捺：人、八、入、木、等。含上述字或部件的字，如大、分、树、艾等，也是如此。由于汉字中没有捺起笔的字，所以撇与捺不论是相交、相离、相接，书写时都是先撇后捺。

3. 先上后下：二、丁、立、李、昌、亨等。部分独体字和上下结构、上中下结构的字一般遵从此规则。

4. 先左后右：一些独体字、左右结构、左中右结构的字，大部分是从左到右。如川、州、旧、构、部、树、衍、樊（上部）等。

5．先外后内：汉字的部分独体字和包围结构的字，绝大多数是先外后内。如月、母、同、凤、凡、用、叉、厅、历、虬、氢、勉、毯、赴、旭等。

6．先中间后两边：小、水、办、承、业、率、兜、燕等。这里要注意的是"火"和"肃"，它们的笔顺不是先中间后两边，而是相反。此外，"脊（脊）"也是如此。

7．先进入后关门（即先外后内再封口）：一般是全包围结构的部件和字，先写上面三框，再写框内部分，最后封口。如回、田、目、国、圆、面、囟、卤等。

除了上面的基本规则外，还有一些补充规则，而这些规则也更应该受到重视。因为基本的东西人们往往都能掌握，但却常常在一些细节上失误。这些补充规则有时是推行汉字笔顺规范的难点甚至是关键。

补充规则有：

8．后写右上点：汉字中一些带有右上点的字或部件，一般后写右上点。如犬、术、戊、书、发、尤、求、代、械、找等。

9．后写内部点：内部点是字主形内部的点，一般后写。如叉、凡、为、勺、瓦、丽、兔、雨、势、玉等。但有些字如义、丹、母、戍、卵、逐等例外，必须加以注意。

10．先右后左：一些特殊的偏旁，如立刀旁，不是先左后右，而是先右后左。含有这些部件的字如陈、阳、陂、郊、都、耶、即、叩等，也是如此。

11．先内后外："下包上"结构的字，先写上内，后写外。如凶、凼、幽、山、凼等。含包围结构的字，一律先写右上。如延、廷、建、过、远等。

从医字框和司字框的包围结构的字与部件笔顺较为特殊，既非先内后外，也非先外后内，而是内外交错进行。医字框属左、下包围结构，先写上内，后写左下。如匹、医、匡、匾等。司字框属上、右下包围结构，先写上内，后写右下。如可。

12．先撇后折：有撇、折组成的部件和字，多数先写撇，后写折。如匕、儿、几、九等。含上面的部件或字的字，如老、旨、句、甸、欠、饭、月、用、同、内、凤、狐、貜、倪、元、机、旭等都是如此。

但有些部件和字例外，要先写折后写撇。如刀、力、乃、万、皮、女、方、虎、发等，含上述字或部件的字，也是如此。这些字须特别留心，不能与先撇后折混淆。

13．先竖后横：竖笔笔末与横笔相接时，最后一个横笔与竖笔相接时，先竖后横，如土、工、共等。横笔笔首与竖笔相接，先竖后横，如占字头。长竖与短横相接，先竖后横，如北字旁、和非字旁。含这些部件的字都是如此。另外一些特殊的字要记住：丑、贯、里、垂。

以上的这些基本的笔顺规则，用一首口诀来概括即为：

从上到下为主，从左到右为辅。上下左右俱全，根据层次分组；

横竖交叉先横，撇捺交叉先撇；中间突出先中①，右上有点后补②；

上包下时先外③，下包上时先内④；三框首横末折⑤，大口最后封底⑥；

分歧遵照《规范》，做到流畅美观。

注：

① 中间突出的字，如"山"、"小"、"办"、"水"、"承"等。

② 上有点的字，如"犬"、"尤"、"戈"、"龙"、"成"等。

③ 上包下的字，如"冈"、"同"、"网"、"周"等。

④ 下包上的字，如"凶"、"画"、"函"、"幽"等。

⑤ "三框"也叫"医字框"，如"区"、"匹"、"巨"、"匠"等。

⑥ "大口"即大口框，如"四"、"回"、"园"、"国"等。

以上 13 条规则是汉字笔顺的常见规则，但还不能覆盖所有规则。其实，较为复杂的汉字的笔顺往往是这些规则的综合运用，如"赢"字就包含先上后下、先左后右、先外后内、先撇后捺、后写内部点等规则。汉字是复杂的平面文字，每个字都有其独特的形体特征，掌握了这些规则并不一定就能正确书写全部汉字的笔顺。这就需要在书写过程中不断记忆、琢磨和钻研，特别是一些笔顺特殊、结构复杂的汉字，尤其要注意。只要不断地练习和实践，相信每个汉字的笔顺都不难掌握。

二、汉字的书写规律

（一）汉字的书写规律

方块汉字真美丽，书写规律在变笔。捺在左内缩成点，左边底横要变提，
月字当底撇变竖，左竖弯钩变竖提，西四当头不拐弯，雨字当头短而齐，
小可几羽在上钩收起。要想举一能反三，请把规律记心理。

只有熟练掌握了汉字的书写规律，写字时才能举一反三，触类旁通，不至于"想一笔，写一笔"，从而提高书写的速度。汉字的书写规律概括起来主要有以下两方面：

1. 笔画的书写规律。

汉字书写的基本笔画有点、横、竖、撇、捺、钩、折、提等 8 种。每个汉字都是由基本笔画组成的，因此写好笔画是写好汉字的基础。在笔画的学习过程中，首先要体会笔画的形状，领悟起笔、行笔和收笔，以及运笔的轻重、缓急和提按的要领，从而掌握好每个基本笔画的规范写法。笔画的书写规律包括运笔的规律及变化的规律。

（1）运笔的规律。楷书的笔画形状各异，但书写每一个笔画都要有三个基本步骤，即下笔（或重或轻）——行笔（轻一些，线条或直或弯）——收笔（或顿笔或轻提出尖）。书写任何笔画都离不开这三个基本步骤，只是用力部位不同而已。

（2）变化的规律。汉字笔画富于变化，比如撇画，在"人"字中写成斜撇，在"月"字中写成竖撇，而在"千"字中就要写成短撇。这些笔画在不同汉字中又有一定的变化，如短撇，在字头出现时，笔画形态较平，如"反、禾、后"等字；而在字的左上部出现时，笔画形态较斜，如"生、失、朱"等字。在书写的过程中，我们要根据实际的情况具体的来观察、比较、分析和揣摩笔画的各种变化规律。

2. 结构的处理规律。

汉字字数繁多，字形各异，但其中也有一定的规律。以下是三条正楷字结构的处理规律：

（1）横平竖直。汉字中，横画和竖画占的比重最大，要求写得正，写得稳。正和稳的具体表现就是横要平，竖要直。这里所讲的"横平"，不是绝对的水平，而是视觉上的平稳，书写时略呈左低右高的斜势。竖直有两种基本要求：只有单一的竖画，要求正且直；有对称的两竖画，是短竖的，可以呈上开下合之势，是长竖的，可以基本并行。

（2）间距匀称。在汉字中，有许多笔画是连续平等排列的，一画与一画之间的距离要保持均匀，不能忽大忽小、忽紧忽松，如"曹"字，有七个横画，横画间隔的空隙就要均匀。

（3）主次有别。这一规律有两方面的意思：一是突出主笔。一个字中往往有一笔是主要的。一般来讲，主笔所处的部位往往是字的顶盖、横腰、底托和垂中线。突出了这一笔，字就显得平稳，富有神采。如"鱼"字，最后一横是主笔，书写时就要写得长一点。二是突出主体。一个字由两个或几个部分并合的，其中有一部分处于主导部位，其他部分则要收缩、容让，这样才能突出重点，稳定字形。如"眼"字，"艮"是全字的主体，而"目"旁就要写得紧缩。

（二）汉字书写运笔、笔顺、间架的变化规律

1．基本笔画运笔规律

点：从左向右下方，约45度，由轻到重顿笔写成。

横：下笔轻轻一点（顿一下），顺势向右轻轻运笔，收笔向右下方稍按（短横不必顿挫）。

竖：下笔倾斜一点，顺势向下，由重到轻，缓缓运笔，收笔轻轻提起（垂露竖末笔顿笔）。

撇：下笔轻轻一点，顺势向下，略带弧度，轻轻撇出，轻轻提笔。

捺：起笔轻，逐渐用力，到捺脚处按顿，然后将笔轻轻提起。

提：下笔向右下方一点，然后向右上方轻轻挑出。

折：起笔一点，向右略向上横行运笔，折角处上抬按顿向下。

2．基本笔画异体规律

（1）点。

侧点或斜点（丶）。凡在字的上方或字中间的单点，一般都写做侧点，如"主、文、字、宇、州、义、叉"等；两点或三点并列时，首点为侧点，如"平、兴、益、来"等（"添、小"除外）。

垂点。凡"冖、宀"左边的点均为垂点；四点并列时，打头的点为垂点，如"点、热、烈、照"等。

撇点。一般两点或三点横列时，收尾的点为撇点，如"半、来、善、学"等字右边的点（"添、小"除外）。

提点。凡"冫、氵"收尾的点均为提点，"水"的演变体左边的第二点亦为提点。

长点。凡与撇交叉的点均为长点，如"风、网、杀、丸"等。

（2）横。分长横和短横。两横并列时，一般上横是短横，如"二、半、平、来"等；三横并列时，一二两横是短横，如："三、主、寿"等。

（3）竖。分垂露竖和悬针竖。在字旁的长竖一般是垂露竖，如"界、悟、外、收"等；在字中的长竖一般是悬针竖，如"半、中、丰、巾"等。

（4）撇。

斜撇。凡单人旁、双人旁，几撇相连或与捺及长点交叉、对称时，写作斜撇，如"仁、行、六、网、合、彩"等。

平撇。凡独体字或上下结构的合体字，其顶部首笔是撇时，一般为平撇，如"千、乏、兵、系、秀"等字的首笔画；与直撇顶端相连的撇也写作平撇，如"反、爪、质"等。

直（竖）撇。撇凡能独占一边或上下贯通时，写作直撇，如"儿、风、夫、吏、爽"等字中的撇。

3. 基本笔画变化规律

（1）"横"的变化。

"横"笔的变化只有一种情况，即由"横"变"提"。具体地说，就是某些末笔为"横"或下部含有"横"的字或笔画组合，再充当某字的部件，而这个部件又处于某字（或其部件）的左边或左下角时，它的末笔"横"，就需要改成"提"。常见的有：

部件	例　字	部件	例　字
工	巧、项、式、试、到、颈	土	圩、地、址、卦、疆
子	孔、孙、荪、逊、敦、墩	马	驭、驹、驱、骤、驰
王	玎、玖、玛、玩、斑、碧	堇	觐、勤、槿
止	武、此、些、路、赋、斌	鱼	鲜、鱿、鳞、鲤、鲸
正	政	业	邺
且	助、睢、锄	生	甥
丘	邱	立	站、飒、靖、竣、竭
耳	取、娶、耻、耶、耽、耿	至	到、倒、致、郅
血	衅	豆	豉、橱、豌、豇
里	野、墅	金	潋、蔹、敛、剑
直	矗	车	轧、轮、载、辙、辑
黑	默、黔、黜、點、黯、黝	牛	牧、牡、牲、牺、犊

（2）"竖"和"竖钩"的变化.

① "竖"变"竖撇"。

当"半、辛、羊、丰"等字充当另一字的左旁时，它们的末笔"竖"需要改成"竖撇"。例如：

部件	例　字	部件	例　字
半	判、叛	羊	羚、翔
辛	辣、辩、辨、辫、	丰	邦、绑、帮、梆

② "竖钩"变"竖撇"。

当"手"充当另一字（或部件）的左旁时，它的末笔"竖钩"需要改成"竖撇"。例如：拜、掰、湃。

③ "竖钩"变"竖"。

当"小"或"可"充当某字的部件时，若它的下部还有其他部件或笔画的话，它的末笔"竖钩"的"钩"需要去掉。例如：

小：少、尘、穆；　可：哥、歌。

（3）"撇"的变化。

当"月"充当某字（或部件）的"字底"时，它的第一笔"竖撇"需要改成"竖"。例如：有、青、请、清、情、晴。值得注意的是："月"处在字或部件的其他部位上时，它的第一笔并不改变，如：朋、鹏、棚、阴、荫、明、盟、萌、赢、霸。

（4）"捺"的变化。

含"捺"的字充当其他字的部件时，有以下几种变化：

① 充当某字（或部件）的左旁时，一般需要变"捺"为"点"，个别的需要变成"竖"。例如：

部件	例　字	部件	例　字	部件	例　字
人	从、纵	木	林、棼、霖	米	粮、糠
仓	创、伧	火	灯	人	任、仁、仍、俱
文	刘	禾	种	矢	疑、肄、矫
又	劝、鸡、难	夫	规、替	衣	初、衬、衫、褴、褛

② 充当包围结构字的"字心"或上中下、左中右结构字的字腰时，字心或字腰下部的"捺"，一般也要变为"点"；字心上部的字头也含捺时，则将字头的"捺"变为"点"。例如：

部件	例字	部件	例字	部件	例字
人	囚、闪、曷	木	闲、栽、困	文	斑、闵
矢	医	保	褒	禾	菌
大	达	失	迭	尺	迟
艮	退	豕	逐、遂	反	返
衣	裁	米	迷、谜、粥	米	糜

类似的例子还有"逮、遏、逡、邀、赵、趣、逊、趈、邀"等。

③ "木"充当"亲、杂、杀、余、条、茶"等字的字底时，也需要变"捺"为"点"。

④ 两个含"捺"的字组成上（中）下结构的字时，需要避重"捺"，即只留一个"捺"，其他的变成"点"。具体规则是：

含"捺"的字头覆盖含"捺"的字底时，留上变下，例如：食、奏、秦、癸。

含"捺"的字底"撇"、"捺"对称，比较舒展，且托起含捺的字头时，留下变上，例如：类、灸、焚、桑、樊、棼、楚、炎、裘、聚、娈、棻、鳌、癸、煲、馨、爻。

上中下结构的字的中部有捺时，保留中部的，改变其他的，例如：黍、餐、黎、滕、寨、暴。

⑤ 三个含"捺"的字组成品字形结构的字时，可以保留字头和右下角的"捺"，例如：众、森、淼。

⑥ 不需避重"捺"的情况。

左下框含有"平捺"，字心上部所含的"捺"，可以不避重"捺"，如：途、逢、逢、透、趁；例外是"遴、透"。

字头是"撇"、"捺"对称的"人、入"或含有"人、入"的部件，字底是"米、水、衣"等时，也不用避重"捺"，如：籴、氽、汆、衾。

包围结构的字中，字心的上部含"捺"时，也不必避重捺。如：囵、图、圈、阁。

上中下结构的字，中部无捺时，两头的捺都可以保留，如：鏊。

（5）"折"的变化。

"折"是所有带拐折的笔画的总称，需要变化的主要有以下几种：

① "横折钩"变"横折"，涉及到两个部件。

当"羽"充当某字（或部件）的字头时，它的两个"横折钩"都需要去掉"钩"，变成"横折"，如：翠、翟、谬、缪、廖。

当"甫"充当某字（或部件）的字头时，它的第三笔"横折钩"中的"钩"要去掉，变成"横折"，如：博、傅、敷。

② "横折弯钩"变"横折弯"或"横折提"，涉及到两个部件。

当"几"充当某字（或部件）的字头时，它的"横折弯钩"需要改成"横折弯"，如：朵、设、股。

当"几"充当某部件的字底时，如果它的右边还有其他部件，它的"横折弯钩"需要改成"横折提"，如：颓、微、薇。

当"九"充当某字（或部件）的左旁时，它的"横折弯钩"需要改成"横折提"，如：鸠。

③ "竖弯钩"或"竖折"变"竖提"。

当末笔是"竖弯钩"的字（或部件），充当某字的左旁或部件的左旁时，或处在其他部位上但右边还有其他部件时，其末笔一般都要变成"竖提"，例如：

部件	例字	部件	例字
七	切、沏、窃	几	颓
己	改、凯	元	顽
电	鹌	此	雌
九	鸠	先	攒、赞、瓒
克	兢	毛	橇、撬
屯	顿	匕	比、顷、倾、毕、庀、鹿
光	辉、耀		

注：当"仑、巳"充当左旁或左旁的部件且右边还有其他部件时，其末笔"竖弯钩"，不能变成"竖提"。有的字库中把"创、饯、巽、撰、馔"等字中"仑、巳"的末笔弄成了"竖提"，是不规范的。另外，"疑"字左上角的"匕"，也不能把末笔"竖弯钩"变成"竖提"，因为"匕"在"疑"字中是左旁的上部，而不是字头的左部。

当底部含有"竖折"的字或部件充当某字的左旁时，一般都要改成"竖提"，例如：

部件	例字	部件	例字
山	屿、屹、峪	缶	缸、缺、鹐
齿	龄、龈、龊		

（6）其他变化现象。

① 缩短笔画的长度，即当某字或部件充当其他字（或部件）的部件时，其笔画的长度都必须随着字型的紧缩而缩短，这是不言而喻的。我们所谓缩短笔画的长度，并不是指这种大家共同的缩短，而是专指个别笔画单独的缩短。主要有：

a.当"女"、"舟"充当其他字的左旁，或右边还有其他部件时，它们各自的"横"的长度都要单独缩短，如：女：奶、奴、妇；舟：船、舰、艄、舸。

b.当"身"充当某字的左旁，或它的右边还有其他部件时，它的末笔"撇"需要单独缩短，例如：射、躬、躺。

② 同时改变两种以上笔形。

a.当"艮"、"良"充当字或部件的左旁时，它们的最后两笔"撇"、"捺"，要改成"点"，如：艮：即、既、卿；良：郎、朗、椰、螂、嘟。

b.当"雨"充当某字或部件的字头时，它的第二笔和第三笔要同时改变笔形，即第二笔由"竖"改为"点"，第三笔由"横折钩"改成"横钩"，如：雪、雷、需。

4．笔顺变化规律

（1）点在左上先点，如"头、为、斗"等；点在右上或字里后点，如"犬、戈、凡、叉"等。

（2）先横后竖的字做左旁时，为了与右边呼应，要先竖后横，如"牛、车"等。

（4）有些字左右对称，为了要定好中位，按先中间后两边的顺序写，如"凸、兜"等；有些字要先两边后中间，如"奥、爽"等（此以国家语言文字工作委员会、中华人民共和国新闻出版署 1997 年 4 月 7 日《关于发布〈现代汉语通用字笔顺规范〉的联合通知》为准）。

5．间架结构规律

（1）左边偏旁或部件短，偏上不偏下，如"唱、吩、明、峰"等；右边偏旁或部件短，偏下不偏上，如"打、知、妇、细"等。

（2）上盖稍长，罩住下方；底横要长，托住上方；上下相同，上小下大才像样。如"会、富、穿，至、孟、监（'垂'除外），吕、炎、串"等。

（3）左耳小，右耳大，单耳向下拉。如"队、陈，都、邦，印、即"等。

（4）横长则撇短，如"布、右、有"等；横短则撇长，如"左、龙、灰"等；横长竖短则撇捺收，横短竖长则撇捺放，如"杂、杀、术、朱、本"等。

（5）有中竖的字，笔画要正直，如"甲、平、午"等；有中横的字，中横要长，如"喜、安、意、类"等。

（6）左右有竖的，左竖收右竖伸，如"日、固、临、界"；上下有横，上横短下横长，如"二、天、正、亚（'末'除外）"。

（7）三包框的字，下缺、右缺向里收，如"同、用，臣、医"等；上缺、左缺向外出，如"凶、幽、司、匐"等。

（8）上中下结构的字要写肥一点，如"翼、冀、雯、蕊"等；左中右结构的字要写得瘦一点，如"嫩、渺、徽"等；全包围的字要写得略小点，如"国、回、圆、图"等。

其实汉字书写还有许多规律，诸如哪些偏旁、部件要写窄些，哪些要写宽些（左右结构的字）；哪些要写高些，哪些要写矮些（上下结构的字）等等，在这里就不再一一论述。

三、规范汉字书写训练方案应遵循的几条原则

如何设计切实可行的训练方案，是落实规范汉字书写训练的关键。多年来，通过在实践教学中对此进行一定的研究，笔者初步总结出了设计书写训练方案应该遵循的几条原则：

1．统一性原则

所谓统一性原则，就是规范汉字书写训练的设计要与提高日常实用书写水平相统一，把"练"与"用"有机地结合在一起，要尽可能避免脱离实用的书写训练。好的训练方案设计应该使写字的人不但在书写质量上有所长进，而且在书写速度上有所提高，以满足日常快速书写的需要。

2．阶段性原则

规范汉字书写训练，应该多次反复，但每次反复都不是简单重复，而要在训练的内容和要求上有所侧重，有所提高。这就是书写训练的阶段性原则。书写训练的要求要从易到

难，由浅入深，避难求易，即使是同一内容的几次反复训练，也要循序渐进，在要求上逐步提高，形成一定的坡度。

3．针对性原则

同一个内容，可以从不同角度设计出不同的训练方案。哪些练习是合理的，哪些练习是不合理的。那些根据实际需要设计出来的练习，就是好练习，反之，就不是好练习。这就是针对性原则。

4．整体性原则

汉字是由笔画、部件（偏旁）组合而成的。要用它们组成和谐统一的方块字，必须考虑到汉字的整体。如果在书写训练时忽视了汉字的整体与部分的关系，只是一笔一画地生拼硬凑，就必然会顾此失彼，从而导致结构散乱，并直接影响书写速度。只有以整体观来把握书写的内在联系，才能逐步纠正拼凑笔画的错误书写习惯，并为从楷书到行书的过渡打下良好的基础。

第六节　汉字的检字法

汉字的检字法就是查检汉字的方法。由于汉字结构的复杂多样，使得汉字的查检也变得十分困难。而由于语言的不断发展，有关汉字的工具书的收字数量也在不断被刷新。且由于汉字系统是开放性的，所以在未来汉字使用过程中，还将有多少汉字涌现出来，谁也说不清楚，但新的记录随时可能产生，这是不言而喻的。

这样浩如烟海的汉字，要在其中找到所需要了解的汉字，没有一定的查检方法，简直是寸步难行。为了解决汉字的查检问题，我国的语言文字工作者，对此早就开始了不懈的探索，发明了多种多样的汉字检字法。汉字检字法成为一门专门的学科，几千年来为人们所研究，这在其他文字体系中是绝无仅有的。

一、汉字检字法的发展历史

中国汉代以前尚未出现正规的检字法。当时的字书均按汉字的意义排列。东汉许慎编著的《说文解字》首创部首检字法。梁代顾野王编《玉篇》，辽代僧人行均编《龙龛手鉴》，北宋司马光等编《类编》，金代韩孝彦编《四声篇海》，明代梅膺祚编《字汇》，先后对部首法进行了改进。直至清代《康熙字典》以及近现代《中华大字典》、《辞源》、《辞海》等都以部首法作为主要检字法。在部首检字法盛行时，人们又根据汉语的声韵调关系编列排检汉字，其中以三国魏李登的《声类》为最早，当时的声韵调都是用汉字来代替的。

尔后又出现一种作为辅助部首检字法的笔画法，并在此基础上产生依汉字起笔分类，以及将笔画、笔形相结合的检字法。

近代西方文化输入中国后，受西文字典及其排序方法的影响，曾出版了多种以罗马字拼音编制的字典。20 世纪20～30 年代新检字法蓬勃发展，先后出现了高梦旦的改良部首方案、林玉堂的汉字索引制、杜定友的汉字形位排检法、沈祖荣和胡庆生的 12 种笔画检字法、王云五的四角号码法等。据蒋一前《中国检字法沿革史略》统计，至 1933 年为止共有检字法 77 种。

1958 年以后，由于汉语拼音方案公布，遂产生多种汉语拼音排检法。1961 年 11 月，由文化部、教育部、中国文字改革委员会、中国科学院语言研究所联合组成汉字查字法整理工作组，于 1964 年 4 月提出 4 种标准草案推荐使用，即改良部首查字法、四角号码查字法、笔形查字法、拼音字母查字法。

80 年代，汉字排检法研究与电子计算机技术相结合，已研制出各种汉字信息处理方法及汉字编码技术。汉字排检法已有数百种，但其中多数因使用不便而被淘汰；即使较为通用的几种也是优劣并存，须在实践中不断完善。汉字排检法可分为三种类型：义序排检法、形序排检法和音序排检法。

二、几种常用的检字法

目前我国通行的汉字检字法，主要有部首法、汉语拼音字母顺序法、四角号码检字法、笔画笔形法。

（一）部首检字法

汉字检字法不是一开始就有的，而是汉字发展到一定阶段的产物，是伴随着人们用字的需要而产生的。在我国汉代以前，字书都没有检字方法，所收录的字或词都是按意义来排列的。到了东汉末年，许慎著《说文解字》一书，首创部首检字法，他将 9 353 个汉字按其结构特点分为五百四十部排列，每个汉字都可以在某个部首中找到自己的位置。这样，原来要从上万个汉字中查找一个汉字，而且没有任何规律，现在，只需要查找 540 个部首就可以了，而且部首的排列还是有规律的。因此自从部首检字法发明以后，查检汉字就不再是困难的事情了。

部首检字法的发明在中国文化史上是一件大事，具有十分重大的意义，它为我国字词典的编撰开辟了一条新路，也给人们学习、使用汉字带来了极大的方便。部首检字法从产生之日起就受到世人的重视，得到了广泛的运用。后世之人在运用的同时，又不断根据汉字的变化对旧部首加以改造，使之更加完善。

（二）音序检字法

在部首检字法开始盛行的时候，我国古代的学者在长期的探索中发现并归纳出了汉语的四声，认识并离析出了汉字字音（音节）的内部结构成分——声母和韵母。随着认识的不断加深，人们又根据汉语的声韵调关系将汉字组织起来编成字典，供作诗词的人选择使用汉字，于是，利用声韵调来排列查检汉字遂成为一种重要的检字方法。最早以字音来排列汉字的字书是魏李登的《声类》。后来，在 20 世纪 20 年代，汉字改革运动中，人们创造了注音字母，所以新中国成立以前，许多字词典又是按照注音字母顺序排列汉字的，这种方法在我国台湾省至今还一直沿用。新中国成立不久，我国政府公布了以拉丁字母为基础构成的汉语拼音方案，因此我们现在使用的字词典，其正文内容大多是以汉语拼音字母顺序来排列汉字的，从此，按汉字读音来查检汉字的方法进入了一个科学的阶段。

（三）四角号码检字法

号码检字的方法历史比较短，其中影响最大的首推四角号码检字法。四角号码检字法是二十世纪二十年代才发明的，发明者是王云五先生，后来又有三角号码法、五角号码法等等。四角号码检字法完全抛开了汉字的字音、字义，对汉字的构形上的解释也与传统分析汉字的方式大相径庭，是一种全新的检字法。从理论上看，四角号码排列汉字从 0000 开始，至 9999 结束，可以排列一万个汉字而不重复，所以用四角号码排列汉字，同码的汉字比较少，查检有一定方便之处，比较适用于大型的字词典。如果使用熟练，查检速度相当快捷，例如"轿"的号码是 4252，查检时直接翻到正文 4252 处即可，没有分析部首查找部首再检字的烦琐。只要平时经常使用，尤其是熟悉一些常用偏旁的代码，查检起来就更加便捷了。例如"病"的四角号码是 0012，其外框占据三方，号码是 001－，右下角根据具体的汉字确定号码，例如"疲"是 0014，"痰"是 0018，"癌"是 0017，"痂"是 0015，"痴"是 0016。又如"广"的号码是 0020，右下角以外的三个角的号码是 002，依此类推我们可以直接看右下角笔形确定"广字框"汉字的四角号码，例如"庄"是 0021，"序"是 0022，"廉"是 0023，"府"是 0024，"库"是 0025，"唐"是 0026，"庆"是 0028，"床"是 0029。

（四）笔画检字法

笔画检字法又称笔数法、笔画查字法，是中文类工具书常用的检字法之一。如《辞海》《中国神话传说词典》就使用了笔画检字法。

笔画检字法是按汉字笔画多少为排列顺序，笔画数少的在前，笔画数多的在后；笔画数相同的，再以起笔按横（一）、竖（丨）、撇（丿）、点（丶）、折（一）为序排列。

笔画检字法单独作为一本工具书的检字法的比较少见，一般把它作为一个备选检字法，附在其中，以供其他检字法无法检索出汉字时，用它来帮助检字。笔画检字法的标准也不是那样容易掌握的。由于汉字的书写习惯不同，一些汉字的笔顺先后也往往因人而异，例如"有、右"之类的汉字，有人先写横，有人先写撇，排列汉字标准就不好定。又如"火、必、臼、凸、凹、及、米、犹"等字，都有笔顺不一致的问题，排列和查检之间就容易产生矛盾。

近二十年来，随着计算机的普及，汉字输入机器问题已越来越受到社会的关注，引起人们的重视，人们又发明了许多用于计算机汉字输入输出的检字法，如拼音汉字转换法、五笔字型输入法等等，归结起来有音码法、形码法、音形结合法。

三、现行检字法的局限

汉字是属于平面型的文字，字形结构不表音，因此笔画和部件的组合排列就不像拼音文字那样有序。目前通行的多种汉字检字法，是以单个汉字的读音、结构、笔形等方面的特点作为依据来排列汉字顺序的，如音序检字法将字音居于主要地位，不考虑字的形体结构；部首检字法不考虑字的读音而把汉字结构要素的一致性放在第一位，如凡是结构中有"木"偏旁的就归为一类；四角号码检字法则是既不考虑字的读音，也不看字的偏旁，而是假定每个汉字都有四个角，因而只考虑汉字四角的局部特征的一致性，据此取号并按四位数码的大小排列先后顺序；笔画检字法是根据单字笔画数量的多少和笔画的先后顺序来排列查检汉字的。这几种检字方法，各有所侧重，因此各有优劣。和拼音文字的检字法相比，汉字现行检字法存在的不足主要有以下几个方面。

第一，不自然，人为因素太多。现行的汉字检字法，好些已经超出了汉字自身的构形特点，而显得很不自然。例如拼音字母顺序检字法，按字音排列汉字顺序，应该说是最科学的了，但是汉字本身不是拼音文字，拼音形式是汉字字形以外的成分，如果事先不知道所要查检的汉字的读音，就无法查检这个汉字。实际上，很多查检汉字的人在大多数情况下是要查阅汉字的读音，这样一来拼音检字法就无用武之地了。而且使用汉语拼音字母顺序法查检汉字，要求使用者必须熟悉普通话语音，熟练掌握汉语拼音方案的有关规则，否则就无法使用。对我国南方方言区的人而言，使用这种检字法就要困难一些。

第二，查字步骤烦琐。由于汉字结构的复杂，加上一些查字法不是直接就汉字的结构因素来安排字序，结果导致了汉字检字法查检汉字的手续烦琐，步骤很多。例如部首检字法，要顺利查找到汉字必须经过从确定部首、确定部首笔画数一直到找到该字等十几个步骤。音序检字法的查检手续也有近十道。笔画顺序检字法查检起来也是非常麻烦的，因为汉字的笔画大多是在六至十五画之间，同笔画数的汉字相当多，查找起来也非易事。

第三，标准难以掌握。汉字各种各样的检字法，由于设计者对汉字结构的分类有不同的认识，这样使用者往往就难以使用查字法查检到汉字，虽然大部分汉字的查检没有问题，但少部分汉字的查检就可能引人误入歧途。比如部首检字法，是我们传统的查字法，一般而言，按部首查检汉字，似乎是比较简单的事情，然而实际上部首的确定确相当困难，因为，首先，汉字充当部首的偏旁，在功能上并不是单一的，在这个字中是部首，在另一个汉字中可能就不是部首，这就往往令人难以断定。其次，在位置上，部首在汉字中的位置不是固定的，或上或下，或左或右，或内或外，或居于一角，或断为两截，这样就更增加了确定部首的难度。

第四，不尽合理。部首检字法为了方便人们查检汉字，近年来作了一些改革，主要就是多开门的方法，对一些汉字采用归入几个部首的折中方法来处理，即一个汉字中的几个偏旁都可以充当部首，那么这个汉字就归入几个部首，在每一个部首中都可以查找到这个汉字，例如"相"归入"木"和"目"部，"党、堂、省"等归入"小"部同时又分别归入"儿、土、目"部，这样处理的好处是，使用者只要判断出其中一个部首就可以查找到这个汉字了。但部首法并没有始终如一地坚持这一原则，有时候纯粹根据字的构成成分来确定部首；有时候又从部首与字义的联系角度来制定一个字的部首。因此，碰到一个字，使用者就不知道到底应该按哪条原则确定部首，这无疑又增加了查字的难度。

四、汉字检字法的革新

同拼音文字相比，汉字的结构规律性很差，所以排列与查检汉字就比线性文字繁难得多。加之汉语方言众多，读音不统一，因此排检汉字就很难找到简便而又快捷的方法。正因为如此，千百年来，许多学者都致力于汉字字序法的研究，从古到今发明的检字法，多得不计其数，总数超过了世界上其他文字字序法的总和。但至今为止，还没有哪一种方案是被公认为最行之有效的，因为它们总有这样那样的局限或不足，非常不自然。

在二十世纪三十年代，我国一些研究检字法的专家学者，曾经议定完美的汉字排检法的三条标准：

第一，简易。检字法的简易又表现在三个具体的方面，那就是：①简单；②自然；③普及。就是说检字法规则不复杂，简便易用，而且是很自然的，少人为的主观的东西，符合客观实际，符合客观标准，而且这种检字法应该是属于大众的，大众易于接受和乐于使用的，而不是学者们孤芳自赏的阳春白雪。

第二，准确。检字法的准确包括两个含义，那就是：①一贯；②无例外。就是说检字法处理汉字的字序遵循同一条原则，比如部首，这个字多开门，那个字也是多开门；又如四角号码，笔形用过作零，那就所有的笔形用过后都作零，规则是一贯的，而且规则能查检所有的汉字，没有例外，也不需要其他规则来补充。

第三，便捷。检字法的便捷具体包括三个方面的内容：①便当；②直接；③迅速。就是说，使用这种完美的检字法查检汉字，方便而又迅速，直截了当，不要曲折拐弯，让人一看就明白，一查就会，而且速度还很快捷。

根据这三大标准来决定完善的排检汉字的方法，则产生下列三个很自然的方式：字形和笔形的分别和类别要简易、准确、便当；条例的制定要简易、准确、便当；方法的运用要简易、准确、便捷。以上完美检字法的标准的方方面面，归结起来就是四个字：易学易用。然而汉字检字法问题的根源在于汉字自身，因此在现行汉字基础上要设计出一种"易学易用"的完美的检字法方案来，这是很困难的，甚至是不可能的。

第七节　汉语文字的规范化

一、现代汉字标准化的含义

现代汉字标准化，就是在对现代汉语用字进行全面、系统、科学整理的基础上，使现代通用汉字做到"四定"，即定量、定形、定音、定序，使当前汉字的使用数量、汉字的形体、汉字的读音、汉字的查检统一起来，以利于运用。

汉字是辅助汉语交际的最重要的工具，为了便于人们更好的学习、使用汉字，提高汉字的使用效率，有利于汉字工作的自动化、现代化，就必须对形、音、义关系复杂的汉字进行整理，建立统一的规范、标准。实现现代汉字的标准化，是当前我国语言文字工作的主要任务之一。

二、现代汉字标准化的内容

1. 定量。定量就是确定现代汉语用字的数量。

1994 年中华书局和中国友谊出版公司联合出版的《中华字海》收字 86 000 多个，这说明，汉字发展到今天，已积累了 86 000 多个不同的形体。这么多的汉字，一个人一辈子也是学不完的。实际上，记录现代汉语也不需要这么多的汉字。一个人要掌握多少汉字才能满足需要，这就必须进行有关的统计工作，确定现代汉语使用汉字的数量。

1988 年 1 月，国家语言文字工作委员会和国家教育委员会联合公布了《现代汉语常用字表》，收字 3 500 个。1988 年 3 月，国家语言文字工作委员会和新闻出版署联合公布了《现代汉语通用字表》，收入 7 000 个汉字，其中包括了《现代汉语常用字表》中的 3 500 个汉字。这两个字表基本上反映了现代汉语用字情况。由此可见，一般人掌握 3 000～3 500 个汉字，就基本上可以解决日常用字问题。

2. 定形。定形就是规定现代汉字的统一形体，确定现代汉语用字的标准形体，使每个汉字都有明确的形体规范。

汉字在发展过程中出现了繁体字、简体字、或体字、异体字、俗体字等不同的形体，繁简并存、多体并存给学习和使用汉字带来了极大的障碍。1951 年 1 月，文化部和文字改革委员会公布了《第一批异体字整理表》，废除了 1 055 个异体字；1956 年，国务院又公布了《简化汉字方案》。

1964 年文字改革委员会编辑出版了《简化字总表》，收入 2236 个简体字（1986 年重新发表时略有调整）。

1965 年 1 月，文化部和文字改革委员会公布了《印刷通用汉字字形表》，作为一般书刊等出版物汉字印刷字形的标准。表中规定了 6 196 个汉字的标准印刷体，对汉字的笔画数目、笔画形状、笔画顺序、结构方式都作了说明，建立了印刷用汉字的字形规范，使印刷体与手写体基本达到一致。

1988 年 3 月，国家语言文字工作委员会和新闻出版署联合公布了《现代汉语通用字表》，收入 7 000 个汉字，不但规定了现代汉语通用汉字的数量，而且规定了每个汉字的规范形体，包括笔画数和笔形。所以，《现代汉语通用字表》是一个规范汉字字形的字表。

3. 定音。定音就是规定每个汉字的标准读音。

现代汉字中有不少表示同一个语素的字有多种读音，形成异读。如"亚"可以读 yà，也可以读 yǎ；"室"可以读 shì，也可以读 shǐ。这种一字多音的现象，造成了使用上的不方便，因此必须从多种读音中确定一种读音作为标准字音，消除多种字音并存的现象。

1956 年，中国科学院成立了普通话审音委员会，对 1 800 多条异读词和 190 多个地名的读音进行了审议，并在 1957 年至 1962 年期间分三次发表了《普通话异读词审音表初稿》，1963 年出版了《普通话异读词三次审音总表初稿》。

根据使用情况和语言的发展，采取约定俗成、承认现实的态度，国家语言文字工作委员会、国家教育委员会、广播电影电视部组织了对《普通话异读词三次审音总表初稿》的修订，并于 1985 年正式公布了《普通话异读词审音表》，要求各个部门、各个行业在涉及普通话异读词的读音、标音时，要以此表为准。《普通话异读词审音表》统一了异读词的读音，为现代汉字的字音规范提供了明确的依据。

4. 定序。定序就是确定现代汉字的排列顺序，规定标准的检字方法。

字典、词典的编纂，目录、索引的编制，图书、档案资料的检索，计算机汉字的输入，都需要汉字有统一的排列顺序和排检方法，因此，确定现代汉字排列顺序的标准，意义非常重大。

三、现代汉字的规范化

上面谈到的现代汉字的标准，也即"四定"。按照标准的要求，我们要自觉养成正确使用汉字的良好习惯，掌握汉字的用字规范，不使用不合汉字规范的字，不随意乱造简化字，不写别字，避免误读。下面分两点来谈。

（一）纠正错字和别字

错字和别字统称错别字。错字是指字的笔画、偏旁、结构部位等写得不合标准的字。别字是指把一个字误写为另一个字，把甲字写成了乙字，这个乙字就是别字。

1. 错字和别字的类型

错别字的产生，主观上的原因是对正字法认识不足，不重视汉字的笔画结构，认为多一画少一画关系不大，因而草率从事，所以写错了。客观原因则是汉字数量众多，结构复杂，区别细微，比较难认、难记、难写，因此运用中就难免出错。了解错别字的类型，有助于纠正错别字。

常见错字的类型主要有以下几种：

（1）因增减笔画而致错

类，下面的"大"易多写一点，误写为"犬"。

浇，"尧"的上面易多写一点，误写为"戈"。

预，左边的"予"易多写一撇，误写为"矛"。

初，左边的"衤"易少写一点，误写为"礻"。

底，里面的"氐"易少写一点，误写为"氏"。

冷，右边的"令"易少写一点，误写为"今"。

（2）写错偏旁

切，左边的偏旁"七"易误写为"土"。

创，左边的偏旁"仓"易误写为"仑"。

却，右边的偏旁"卩"易误写为"阝"。

协，左边的偏旁"十"易误写为"忄"。

（3）偏旁移位致错

峰，左右结构，易误写为上下结构。

甜，舌在左边，易误写在右边。

（4）受前后字偏旁影响而致错

狭隘，误写成"狭猫"。

辉煌，误写为"辉煐"。

模糊，误写为"糢糊"。

（5）乱造汉字

常见别字的类型主要有以下几种（列在前面的是别字）：

（1）因字形相近而写成别字

贬眼——眨眼　　忘想——妄想　　冶金——冶金　　床第——床笫

驰聘——驰骋　　班马——斑马　　针灸——针灸　　草管——草菅

（2）因字音、字义相同或相近而写成别字

朗颂——朗诵　　供献——贡献　　布暑——部署　　专研——钻研

漫延——蔓延　　秘蜜——秘密　　典形——典型　　笔划——笔画

（3）受前后字偏旁影响而写成别字

粉粹——粉碎　　清淅——清晰　　恣态——姿态　　纯结——纯洁

编缉——编辑　　枪枝——枪支　　滋沫——滋味　　煅炼——锻炼

（4）因不理解字义而写成别字

原形必露——原形毕露　　阴谋鬼计——阴谋诡计　　再接再励——再接再厉

一口同声——异口同声　　破斧沉舟——破釜沉舟　　滥芋充数——滥竽充数

此外，国家有关部门宣布废除的繁体字、异体字，都是汉字规范化的对象，一般情况下是不允许使用的。

2．纠正错别字的方法

首先，在主观上要充分认识到错别字的严重危害性，错别字破坏了语言文字作为交际工具的功能，容易造成信息传递的混乱，引起误解，从而影响人们的正常交际。因此，要把纠正错别字当作一项大事来对待。

其次，根据汉字的结构特征，对那些结构相似、容易写错的汉字需要进行重点辨析。汉字是形、音、义的统一体，运用汉字出现错字、别字都与这三方面有关系。纠正错别字应从这三方面入手：

（1）注意字形。一是要注意形体相近的偏旁部首。汉字的偏旁部首有许多形体极为近似，稍不注意就会写错。例如：

讠——冫　　辶——廴　　衤——礻　　卩——阝　　幺——纟　　户——尸

这一类近似的偏旁，可把它们分组排列，进行比较，然后组字，加深印象。还可以采取记少不记多的方法。如从"辶"和"廴"的字有人分不清，其实从"廴"偏旁的字常用的只有"建、延、廷"三个，只要记住三个基本字，其余的多数字自然就是从"辶"了。

二是要记清字的笔画。例如：切，是四画；迎，是七画。笔画记住了，"七"就不会写成"土"；"卬"就不会写成"卯"。再如：

未——末　　己——已——巳　　戊——戍——戌——戎——戒

这些字的细微差别仅仅在笔画的长短和点横的差别上，要重点记忆才行。

（2）注意字音。一是利用字音分析形声字的声旁。有些形声字，声旁近似，但读音不同，我们可以利用这一点来区别声旁近似的字。例如：

叚 jiǎ 假、葭、蝦、暇、遐、瑕

段 duàn 锻、煅、椴、缎

今 jīn 矜、衿、妗、琴、衾、吟、贪、岑、含

令 lìng 零、岭、龄、铃、领、蛉、翎、瓴、囹、聆、玲、羚（邻、怜例外，为前鼻音）

二是读准字音。有些字是由于读错了字音而随着就把字写成了别字，纠正这类别字，首先就要读准字音。例如：

同仇敌忾 kài（不读气）　　　如火如荼 tú（不读茶）　　　病入膏肓 huāng（不读盲）

毋庸赘 zhuì（不读熬）言　　　狙 jū（不读阻）击敌人　　　入场券 quàn（不读卷）

一蹴 cù（不读就）而就　　　侥 jiǎo（不读尧）幸生还　　　赤裸裸 luǒ（不读果）

（3）注意字义。不少错别字是由于对一些词语，尤其是成语中的字义理解有误而产生的，了解这些字义，对纠正错别字很有帮助。例如：

原形毕露　毕，都，皆。不是"必"。

不胫而走　胫，小腿。不是"径"。

墨守成规　墨，墨子。不是"默"。

川流不息　川，河流。不是"穿"。

轻歌曼舞　曼，柔美。不是"慢"。

此外，还可以利用形声字的形旁与字义相联系的特点来纠正错别字。例如提手旁，多表示与手有关的动作；木字旁多表示与树木有关的事物。了解了这些特点，下列这些形体近似的字就不会写错了：

扎　扛　扦　扑　技　抖　抗　抄　折　拍　按　挂　挡　捎

札　杠　杆　朴　枝　料　杭　杪　析　柏　桉　桂　档　梢

（二）避免误读

误读就是没有遵守语音规范，把汉字的音读错了。汉字不是拼音文字，不能见形知音。此外，汉字数量多，形体近似的字多，现代形声字声旁能准确表音的比较少，这些都是造成误读的重要原因。下面从字形、字音、语音规范三个方面说明怎样才能避免误读。

1. 因字形方面的原因造成误读。这又包括类推误读和形近误读两个方面。

（1）类推误读。指按声旁类推字音造成的误读。现代形声字声旁与字音的联系有表音准确、表音不太准确、不表字音三种情况，而一个偏旁（或字）用做一系列形声字的声旁，这三种情况都有可能存在，哪些声旁表音准确，在哪些字中表音准确，没有任何规律可言，难以确定。在这种情况下，如果按照经验去类推一个形声字的读音，就可能造成误读。例如"旨"在"指、脂"等常用字中表音准确或基本准确，但"造诣"中的"诣"，应该读 yì，很多人根据经验按"指、肢"的情况类推，把它读成 zhǐ，结果造成了误读。又如"益"在"溢、缢"中表音准确，但"狭隘"中的"隘"不能类推读 yì，应该读 ài。下面再举一

些例子（每组前面的是正确读音）：

袂（mèi）——jué（决）　　　涸（hé）——gù（崮）

唾（tuò）——chuí（垂）　　裸（luǒ）——guǒ（菓）

挟（xié）——jiá（荚）　　　觑（qù）——xū（虚）

抨（pēng）——píng（评）　脍（kuài）——huì（烩）

（2）形近误读。汉字数量众多，不少汉字笔画、偏旁或结构差别不大，整个字形非常相似，这样的字往往容易造成误读。例如"羸弱"的"羸"与"输赢"的"赢"形体极为相似，于是就有人误读为 yíng，实际上应该读 léi。下面再举一些例子（每组前面的是正确读音）：

恃（shì）——chí（持）　　茶（tú）——chá（茶）

瞠（chēng）——táng（膛）育（huāng）——máng（盲）

戌（xū）——róng（戎）　　穑（sè）——qiáng（墙）

恬（tián）——guǎ（刮）　　栗（lì）——sù（粟）

2．因多音字造成误读。现代常用汉字中，多音字约占 10%。多音字与字义密切相关，字义不同，功能不同，使用场合不同，字音往往就不一样。例如"血"，口语读 xiě，书面语读 xuè。又如"强"，表示健壮、强大一类意义读 qiáng，表示迫使一类意义读 qiǎng，表示固执一类意义时读 jiàng。如果不了解多音字的这些情况，使用中就容易造成误读。下面再举一些例子（字后括号中的是正确读音）：

难（nàn）民——nán　　　番（pān）禺——fān

冠（guān）状——guàn　　莘莘（shēn）——xīn

纶（guān）巾——lún　　　弄（lòng）堂——nòng

3．不了解语音规范造成误读。有些字，过去有多种读音，现在经过规范化整理，废除了异读音，只保留一种读音，如果仍按照过去的情况读音，就可能造成误读。例如"械"原来有两种读音 xiè、jiè，现在统读为 xiè。有些人不了解语音规范，仍然读 jiè，结果就读错了。还有一些字，单念是一种音，构成词后或在句子中要念轻声，如果仍按本音读，也不符合普通话语音规范。

下面再举一些例子（字后括号中的是正确读音）：

呆（dāi）板——dái　　　事迹（jì）——jī

亚（yà）洲——yǎ　　　　作（zuò）料——zuó

质（zhì）量——zhǐ　　　围绕（rào）——rǎo

室（shì）内——shǐ　　　消息（xi）——xī

思考题

1．汉字的造字方法有哪些？

2．汉字的形体包括哪几种？汉字形体的发展在其演变过程中经历了哪些阶段？其演化的特点是什么？

第四章 语 汇

知识要点

1. 语汇。语汇的单位：语素、词、固定短语。
2. 语素。语素是语言中最小的音义结合体，确定语素的方法——替代法。
3. 词和词的构成。词是最小的能够独立运用的语言单位。单纯词和合成词。合成词有复合式、附加式、重叠式三种类型。
4. 词义的性质。
5. 词义的分解。义项是词的理性意义的分项说明。单义词和多义词。多义词义项间的关系。
6. 词义的聚合——语义场。语义场就是通过不同词之间的对比，根据它们词义的共同特点或关系划分出来的类。语义场的种类：类属义场、顺序义场、关系义场、同义义场、反义义场等。
7. 现代汉语词汇的组成：基本词、一般词。古语词、外来词、行业词语、隐语。基本词汇的特点：稳固性、能产性、全民常用性。
8. 熟语：成语、惯用语、歇后语。成语的特点：意义的整体性，结构的凝固性。成语的来源和构造。成语的作用和运用。成语和惯用语的区别。歇后语：喻意的，谐音的。歇后语的运用。
9. 词汇的发展变化：新词的产生，旧词的逐渐消失和变化，词的语音形式的变化。词义的发展变化及其原因。词义变化的途径：词义的扩大、词义的缩小、词义的转移。
10. 词汇规范化的原则。词汇规范化的工作：方言词的规范，外来词的规范，古语词的规范，新词的规范。

学习目标

1. 领会：词汇的规范化问题
2. 掌握：词汇的含义与构成、词义的内容以及派生。
3. 熟练掌握：语素的辨认、词与短语的区分、合成词结构方式的分析、同义词的辨析、词义的演变、词义分析、词汇的规范。

第一节 汉语语汇概说

一、什么是语汇

（一）语汇的概念

语汇是一种语言中的所有语词（包括语素、词、熟语等）的总汇，有时也用来指语言某一特定范围内的所有的语素、词和熟语的总汇。特定范围可以指一种方言、语言或方言的某一断代，也可以是指一个人、一本书、一篇文章等。如：汉语词汇、湘方言词汇、现代汉语语汇、古代汉语语汇、鲁迅的语汇、老舍《骆驼祥子》的语汇、毛泽东《在延安文艺座谈会上的讲话》的语汇等等。根据某一种标准划分的语素、词、固定短语的集合也可以称之为语汇，例如：基本语汇、非基本语汇、外来语汇等。总之，词汇只能是许多语素、词、熟语的总和，而不能是一个语素、一个词、一个熟语。

（二）语汇的性质

语汇具有系统性的特点。

1. 各语汇成分相互联系

各语汇成分之间并不是互不关联的一盘散沙，而是在内容、形式、构造、功能等各方面具有各种联系，从而构成一个完整的系统。语汇成分之间的联系多种多样，常见的有以下几种：

（1）意义方面的联系，即各语汇在意义方面存在着内在的联系。例如："赞扬—赞美、边界—边疆"是同义联系；"好—坏、高大—矮小"是反义联系；"水果—枇杷、电器—冰箱"是上下义联系；"黄种人—白种人—黑种人、金—木—水—火—土、东—南—西—北"是类义联系。

（2）功能方面的联系。例如："毛茸茸—亮晶晶、呢—吗、打—杀"等之间都是具有同类功能的联系。

（3）结构方面的联系。例如："边防—边疆—边境—边塞—边卡—边际、讲演—演讲、论辩—辩论"等都是具有一个或几个相同语素的同素联系；"国家—窗户、推迟—压垮、布匹—房间"等都是内部结构规则相同的同构联系。

（4）语音方面的联系。例如："裁剪—剪裁、地狱—地域、剂量—计量"等是具有同音联系的语汇。

（5）同源方面的联系。例如："旷—广、空—孔、改—更"等语汇具有同源联系。

语汇成分的联系既错综复杂，又井然有序，语汇系统的每一个成分发生变化，都可能会带来相关相应的变化。例如"臭"本身指的是感知与嗅觉器官，也即鼻子的一种气味，"味"原本指的是感知于味觉器官，也即舌头所感知的味道，但后来"臭"的语义范围缩小之后，变成了专指不好闻的气味，与之关系密切的"味"的语义范围则相应扩大，泛指可以尝可以嗅的一切的气味和味道。

2. 语汇成分受到共同规律的支配和制约

各语汇成分都要受到语汇总体规则的支配和制约。汉语的语汇在音节数目、结构方式上面都有自身独特的特点，外来词汇进入汉语语汇系统都必须经过民族化的改造，从而使自身适应这种特点。例如英语的 jacket 进入汉语变成了"夹克"，语音形式上带了声调，去掉了辅音尾 t；意义上也相应的发生了一些变化，jacket 在英语语汇中一般指的是"短上衣、坎肩"之类的，而在汉语语汇中一般的只是指"夹克衫"，因为汉语中已经有了"短袖衫、坎肩"一类的词汇。对外来词的民族化改造过程，典型地反映了汉语语汇的系统性特点。

3．汉语语汇是分层次的

汉语语汇的成分大致可以划分为语素、词、固定短语三个层次。语素是语汇的最小层级，是构词材料。词是高于语素的一个层级，是语汇的基础层级，数量最大，使用价值最高。固定短语是以词和语素作为基础而构成的。这三个层级互有联系而又各有特点。

二、语汇的单位

（一）语素

1．什么是语素

语法单位有大有小，最大的语法单位是句子，比句子小的语法单位，依次是短语、词、语素。人类的语言是有声音、有意义的，是语音和语义的结合体，这便是语法单位基本的特点。语素是最小的语法单位，也就是最小的语音、语义结合体。

我们来看下边这个句子：

他坐在沙发里看书。

这是一个较大的语法单位，我们把它尽量小地切分，就成了：

他｜坐｜在｜沙发｜里｜看｜书

切下来的每个部分都有意义，都不能再切分了，是一个个的语素了。这里的"沙发"只是一个语素，是英文 sofa 的译音，表达一个意义，所以不能再切分。

由此可见语素有两个特点：一是最小、不能再分割了；一是有意义。

普通话里的单音节词不超过 1 400 个，而语素远比这个数目大。为什么呢？因为一个音节要代表许多个不同的意义。例如 xīn 这个音节，就可以表示"辛（辛苦）、新（新人）、心（心脏）、锌（锌矿）、薪（薪金）、芯（灯芯）、馨（馨香）、欣（欣喜）"等几个语素。由于汉字不是拼音文字，xīn 这个音节就分别写成了不同的形式，替我们作了分析语素的工作。可是，并不能说，汉字的一个字就是一个语素，汉字的形、音、义和语素的关系，除了上面所说的一个音节代表几个语素，可以分别用几个汉字表示之外，还有如下的一些情况。

一个汉字代表几个不同的语素，读同一个音。例如："副"（fù）这个字就可以代表三个语素："副①"，表示第二的，次级的意思，如"副主任"、"副食"；"副②"，表示相称，如"名不副实"；"副③"，表示某种事物的计量单位，如"一副手套"、"一副担架"。

一个音节只表示一个语素，写成一个汉字。例如：shuí—谁，zěn—怎，wá—娃，sēng—僧，hén—痕，cè—恻。这种情况的例子比较少。

一个语素可以用不同的汉字表示。例如："搜集"的"搜"可以写成"蒐"，这就是所谓异体字。

几个不同的音节，表示不同的语素，却写成同一个汉字。例如：chā—差（差别），chà—差（差劲），chāi—差（差使），cī—差（参差）。

一个音节，写成一个汉字，可以包含两个语素。例如："俩（liǎ）"、"仨（sā）"念起来虽然只有一个音节，但实际上都包含了两个语素，"俩"即"两个"；"仨"即"三个"。

有的汉字本身没有意义，不代表任何语素。例如：葡、萄、蜈、蚣……

有的汉字在某个场合下代表语素，在某个场合下又不代表语素。例如："沙、发、巧、克、力、马、达"分别都是语素；而在"沙发"、"巧克力"、"马达"中，它们只作为一个音节的符号，都不是语素了。

语素的识别通常采用"替代法"，例如：

人民：人口、人马、人权、人生……

农民：市民、公民、股民……

这里的"人"和"民"都能在原来的意义上被别的词的语素替换，所以说，"人民"这个词包含"人"和"民"两个语素。

采用替代法需要注意的是：能双向替代的是两个语素，如上面的"人民"；只能单向替代的不是两个语素，如"蝴蝶"中的"蝴"虽然可以用其他语素来进行替换而成为"粉蝶"、"彩蝶"等，但是"蝶"本身却不能为别的已知语素来进行替换，也即"蝶"只能和"蝴"组合成"蝴蝶"，因此"蝴蝶"只是一个语素。

替代前与替代后共同语素的意义要保持基本一致，例如"马达"如果按照下面的方式进行替代便是错误的：

马：马鞍、马车、马蹄

达：传达、表达、抵达

"马达"是 motor 的音译形式，这里的"马"和"达"同"马鞍"和"传达"中的"马"和"达"在意义上已经不存在任何联系，也就是说，"马达"这个词之中的的"马"和"达"都不能为别的已知语素所替代，所以"马达"也只能是一个语素。

从古至今，汉语的单音节语素就在语素总数中占绝对优势，因此，单音节形式是汉语语素的一个重要特点。

2. 语素的分类

（1）按照音节来进行划分，语素可以分成单音节语素、双音节语素和多音节语素。分别举例如下：

① 单音节语素：如土、人、水、风、子、民、大、海等。

② 双音节语素，组成该语素的两个音节合起来才有意思，分开来没有与该语素有关的意义。双音节语素主要包括联绵字、外来词和专用名词。

A.双声，声母相同的联绵字。如琵琶、乒乓、澎湃、鞑靼、尴尬、荆棘、蜘蛛、踯躅、踌躇、仿佛、瓜葛、忐忑、淘汰、饕餮、倜傥、含糊、慷慨、叮当、蹊跷、玲珑、犹豫等。

B.叠韵，韵母相同的联绵字。如从容、葱茏、葫芦、糊涂、匍匐、灿烂、蜿蜒、苍茫、朦胧、苍莽、邋遢、啰嗦、怂恿、螳螂、桫椤、倥侗、蜻蜓、轰隆、当啷、惝恍、魍魉、缥缈、飘渺、耷拉等。

C.非双声叠韵联绵字。如蜈蚣、蓊郁、珊瑚、疙瘩、蚯蚓、惺忪、铃铛、奚落、褡裢、茉莉、蚂螂、窟窿、伉俪、蝴蝶、笊篱、蹦达、蟪蛄、狡狯、狡猾、蛤蚧、蛤蜊、牡丹、磅礴、提溜等。

D.外来词，由汉语以外的其他语种音译过来的词语。如干部、涤纶、甲克（夹克）、的士、巴士、尼龙、吉普、坦克、芭蕾、哒爹、踢踏等。

E.专用名词，主要是地名、人和事物名称。如纽约、巴黎、北京、苏轼、李白、孔子、萝卜、菠菜、番茄、红薯等。

③ 多音节语素，主要是拟声词、专用名词和音译外来词。如：喜马拉雅、珠穆朗玛、安迪斯、法兰克福、奥林匹克、白兰地、凡士林、噼里啪啦、淅淅沥沥、马克思主义、中华人民共和国等。

（2）按照意义来进行划分，语素根据表义的多少可以分为单义语素和多义语素。只有一个意义的语素是单义语素，例如“沙发、奥林匹克、砰”。有两个或两个以上意义的语素是多义语素，例如“恨”，有“仇恨”、“冤仇”、“懊悔和遗憾”三个意义。汉语中的多义语素是较为活跃的语素。

（3）按照功能来进行划分，语素可以划分为成词语素和不成词语素。单音节语素有的能独立运用，因而能独立成词，如“人、跑、我、拉、红……”这样的语素称之为“成词语素”；有的则不能独立运用，因而不能单独成词，如“民、们、机……”这样的语素称之为“不成词语素”。不能单独成词的语素，它永远不可能是词；能单独成词的语素，不能保证它在任何时候，任何场合都是词，例如“人民”里的“人”就不是词，它在这里是以语素的形式出现的，是“人民”这个词的组成成分，不能拆开，当中也不能插入其他成分。

有一种值得注意的情况，少数的语素，不仅不能独立成词，就是跟别的语素组合时位置往往也是固定的。例如：第一、老大、阿毛、剪子、画儿、石头、我们。里面的“第、老、阿、子、儿、头、们”的位置，或前或后是固定了的，不能变换。我们称这样的语素为附加成分，也有人称它们为词缀。这种附加成分的意义虽然不那么明显，但它眼前面讲到的“葡、萄、蜈、蚣”之类不同，前者有不大明确的意义，后者没有任何意义。

能独立成词的语素，词和语素的外延是重合的，一个语素一个词，这样的词叫单纯词，由一个语素形成，其构造简单，无需深究。不能独立成词的语素，可以和别的语素结合构成一个词，这就是我们所说的合成词。关于合成词的构造关系，这里试列举几种。

① 两个语素按一定的关系组合成词，这种组合方式叫复合式。它又可以分为六种形式：

A.两个语素之间的关系是平等的，不分主次，它们之间是联合关系。例如：

朋友 语言 斗争 伟大 勇猛 刚才

是非 开关 东西 迟早 反正 彼此

B.两个语素有主次之分，它们之间是偏正关系，前一个语素是描写或限制后一个语素的。例如：

火车 铁路 优点 重视 雪白 只要

石器　花芯　善意　豪情　前门　飞船

C.两个语素之间有一种支配关系，前一个语素表示一种行为动作，后一个语素表示受这个行为动作支配、影响的事物。例如：

革命　带头　动员　有限　干事　绑腿

守旧　安心　知己　失信　认输　鼓掌

D.后一个语素是对前一个语素加以陈述说明的，它们之间是陈述关系。例如：

地震　冬至　心疼　年轻　性急　胆怯

日出　心慌　口渴　民用　自愿　体重

E.后一个语素是补充说明前一个语素所表示的行为动作的结果，它们之间是补充关系。例如：

说明　提高　看见　推广　降低　认清

打败　缩小　改正　打倒　证明　揭露

F.前一个语素表示事物，后一个语素指明这种事物的计量单位，它们之间的关系比较特别。例如：

船只　纸张　人口　房间　枪支　书本

车辆　马匹　灯盏　布匹　米粒　花朵

② 一个表示具体词汇意义的语素跟一个附加成分组合成词。例如：

子：刷子　梳子　钳子　夹子　剪子

儿：画儿　棍儿　盖儿　圈儿

头：馒头　石头　后头　甜头　苦头

们：我们　你们　他们　咱们

第：第一　第二　第十

③ 用重复语素的方法组合成词，这种组合方式叫重叠式。例如：

妈妈　渐渐　常常　刚刚　慢慢　想想

汉语中大部分词是由两个语素构成的，有的词包含的语素则不止两个。例如"拖拉机"、"图书馆"、"人生观"、"电气化"、"典型性"、"小伙子"等等，这样的词，先由前两个语素组成一个词，再加上一个语素。

（4）按照位置来进行划分，语素可以划分成定位语素和不定位语素。定位语素指的是在合成词中的位置只有一种，有的只能出现在别的语素的前面，如虚语素的"老"、"初"，有的只能出现的别的语素的后面，例如虚语素的"头"、"者"，不定位语素指的是语素在合成词中的位置不固定，可以出现在别的语素后面，也可以出现别的语素的前面，如"人"在"工人"、"铁人"等词之中出现在后面，而在"人口"、"人们"等词中出现在前面。合成词中的定位语素又称之为词缀，不定位语素又称为词根。

3．语素和字、词的关系

（1）语素和字的关系

语素是意义单位，字是书写单位，现代汉语中的语素与字具有三种关联模式。

一个汉字代表一个语素。现代汉语中的语素大多是单音节的，汉字与单音节语素一般构成对应关系，如：山、大、观、子、田、大、间、很、吗、残、务等。

几个汉字代表一个语素。有时候，一个语素可能用几个汉字表示，例如：彷徨、参差、蜘蛛、猩猩、勃勃、扑通、哗啦、的士、白兰地、歇斯底里等。

一个汉字代表几个不同的语素。例如"花"可能代表"花木"，也可以代表"花费"。

（2）语素和词的关系

语素和词的关系如表 4-1 所示：

表 4-1　语素和词关系

语素	词
1．语言中最小的音义结合的单位。	1．语言中能独立运用的最小的音义结合体。
2．是构词的单位。 ① 成词语素，既能单独成词，也能同别的语素结合成词。 ② 不成词语素，单独不能成词，要同别的语素组合成词。	2．是造句单位。 ① 词是比语素高一级的语言单位，是造句单位。 ② 词可以由一个语素构成，也可以由多个语素构成。
3．只有在同别的语素相结合构成词或自身是成词语素时，语音形式才独立完整。汉语语素绝大部分是单音节的。	3．有固定的语音形式，在词的末尾可以有语音停顿，词内部语素之间没有停顿。现代汉语的词，双音节占绝对优势。

当主要涉及单音节语素和单音节词的区分问题时，二者在形式上完全一致，例如"电"、"春"、"月"、"书"，它们都是词，又都是语素，因为无论什么词，都必须是由语素构成的，离不开语素这个构成材料。那么这里怎么区别词和语素呢？这主要是观察角度的不同。如果我们着眼于最小的语音语义结合体，那么像上述语言单位就是语素；如果我们着眼于最小的能独立充当句子成分的单位，那么像上述的语言单位就是词。例如"春"，在"春在哪里？春在我们心中"，春是词，是由成词语素构成的，在"春天在哪里？春天在我们心中"，"春"就不是词，而是构成词的材料，也就是语素。语素和词不都是无法分别的，大部分词是双音节形式，而语素大部分是单音节形式，而单音节形式中的语素，只有成词语素与词存在不同观察角度的问题，不成词语素则没有这个问题，比如"伟"、"样"，就只能是语素，而不是词。

词和语素的功能有很大不同，音节形式上也有显著不同，区别并不困难。不过也要注意，汉语语素非常活跃，在很多情况下常常可以独立成词使用，这是因为从语素的历史看，它们在古代汉语中基本上与词是一致的，在现代汉语中，虽然语素和词有所分工，但并没有截然分明的界限。比如"月亮"的"月"，我们现在只说"月亮"，所以"月"应该是语素，但在"月出惊山鸟"、"山高月小"中，"月"无疑又是词了。可见，单纯从形式上看，这些单位到底是词还是语素是不容易说清楚的，一定要注意观察角度，从不同角度看，可以归入到不同的类别中去，但这也并不抹杀它们各自的特点。

（二）词

1．什么是词

词是语言中最小的可以独立运用的音义结合体，是造句单位。任何词都是音义结合体，其意义有的是概念意义，有的是语法意义，如："语言和文字"中的"语言"、"文字"所表示的意义是概念意义，"和"的作用是连接，表现的是语法意义。任何词都能独立运用，要么可单说，独立成句，要么可单独充当句子成分，要么用在别的词当中或附着于别的词语，起连接、引介等作用。词不能再分割，分割之后就不能独立运用，或不能保持原义。

下面四种情况都属最小的独立运用的单位："天"、"刚"无法再分，"蟋蟀"、"迪斯科"分割之后不成词，"思路"、"虽然"分割之后，其中一部分不可独立成词，"火车"、"小说"分割之后虽都可以独立成词，但表达的已不是原来的概念。

随着汉语的发展，有些语言单位原来是可以独立运用的单位，后来变得不能独立运用了，如：古汉语的"学"、"习"是可单用的，《论语》"学而时习之，不亦悦乎"，"习"即"温习"。"习"在古汉语中是词，现代汉语中不算一个词，只是构成词的一个语素。古汉语的一些语素，有的还保留在成语当中，如"习以为常"、"习非成是"。

根据构成词的语素的多少，可以把词分为单纯词和合成词两类。单纯词由一个语素构成，合成词由两个或两个以上语素构成。

2．词和短语的区分

词是最小的独立造句单位，短语是大于词的造句单位，是词的组合。

一般来说，词和短语的分辨是清楚的。但有的短语和词较难分辨，比如：

东西：dōngxī/dōngxi　　　　　　是非：shìfēi/shìfei
红花：红色的花/药材　　　煎饼：吃了两个煎饼（"煎"重读）/他在煎饼（"饼"重读）

区分词和短语的方法常用"扩展法"，例如："大学生"不能扩展成"大的学生"，"白菜"不能扩展成"白色的菜"，可知"大学生"和"白菜"是词，不是短语；"开车"可以扩展为"开着车"，"牛羊"可以扩展为"牛和羊"，"他的"可以扩展为"他和我的"，可知"开车"、"牛羊"和"他的"是短语，不是词。

具体地说，运用扩展法识别一个语言片段（如 AB）是词还是短语，可以依据下边三个原则：

第一，如 AB 可以扩展，则 A 和 B 都是词，AB 是自由组合成的短语。如"白布"。
第二，如果 AB 不可以扩展，则 A 和 B 是构词成分，AB 是词。如"白菜"。
第三，如果 AB 经常不扩展，但有时也可以扩展，则 AB 具有双重性，是处于词和短语之间的过渡性语法单位，没有扩展时是词，扩展后是短语，如"鞠躬"是词，"鞠一个躬"是短语。这种现象也称"离合词"。

运用扩展法要注意：

（1）扩展后结构要同型。如"读书"扩展为"读马列的书"都是属于动宾结构，如果扩展为"读的书"，则变为偏正结构了。

（2）扩展后基本意义不变。如"新家"扩展为"新的家"意义没有改变，但如果将"新娘"扩展为"新的娘"，扩展后意义发生了改变。

（3）带有词缀成分的是词，不是短语。如"现实主义者"、"人民性"分别带有词缀"者"、"性"，所以都是词，不是短语。

（三）固定短语

固定短语指结构比较固定的惯用的短语。固定短语在结构上具有固定性，构成固定短语的词及其次序一般都不能变动。固定短语在意义上具有整体性，组成固定短语的各词往往不能再作字面上的个别解释。固定短语是相对于自由短语而言的，自由短语在使用时常常是临时组合、成分可以变更，固定短语在结构上相当于一个短语，运用上却总是整体使用，不能随便更动其中的成分，作用相当于一个词。由于总是定型使用，所以固定短语也属于语汇成员。

固定短语包含三大类：

（1）结构对称的习惯语。如"你一言我一语"、"东一榔头西一棒槌"等。这类习惯语多用作状语来修饰动词，表示动作行为的方式。如"大家你一句我一句地说开了。"、"他深一脚浅一脚地在雪地上走着。"

（2）四字熟语，包括四字构成的成语和习惯用语。如"一丝一毫"、"年富力强"、"喜笑颜开"等。这类固定短语的语法功能比较多样和灵活，以每一个短语接近某类词而定，但又未必具有该类词的全部的语法功能。如"喜笑颜开"接近动词，故它可以充当谓语等，但它不能带宾语。

（3）专有名词。这类固定短语具有名词的语法功能。专名短语即用于专门名称的短语，主要是一些国家、机关、单位等的名称和科技用语。如：中华人民共和国、全国人民代表大会、北京大学、激光照排系统。较长的专名短语往往有缩略形式，如：中国、人大。

三、语汇的规范化

（一）词汇的发展

词汇的发展主要表现在新词不断地产生，旧词逐渐地消亡；同时，词的语义内容和词的语音形式也在不断地发生变化。

1．语汇发展演变的原因

（1）社会的发展

社会的变革、旧事物的消亡、新事物的产生，都会在语汇中得到反映。例如"奴隶"、"地主"、"皇帝"、"嫔妃"、"佃户"、"姨太太"、"资本家"、"工会"、"党委"、"特区"、"独联体"、"联合国"等，这些词语的兴衰消长，都是社会制度变革和不同历史时代的变迁在语汇中的反映。"印刷"、"火药"、"汽船"、"钱庄"、"车间"、"火车"、"信用卡"、"电焊"、"按揭"、"VCD"、"克隆"、"因特网"等，这些词语都是在当时的生产力和科学技术发展水平下的产物，没有这些新事物的出现，也就没有这些词的产生。

（2）认识的深化

人类社会发展的一个突出表现就是人们认识能力的不断提高，人们对客观世界认识的不断深化。客观世界不断被认识，会产生新词，例如"病毒"、"抗体"、"原子"、"纳米"、"染色体"等；抽象词语的产生也与思维能力的提高有关，如"规律"、"世界观"、"觉悟"、"灵感"等。观念的变化也可以带来语汇的变化，旧时用以称呼妻子的"内人"、"糟糠"等词反映出男尊女卑的封建观念，随着男女平等观念的深入人心，已经不再使用了；"老板"的感情色彩经过褒义—贬义—褒义的演变过程，反映的也是人们观念上的变化。

（3）语言内部的自我调整

当某个语汇成员随着社会发展而发生变化时，可能影响到它的整体平衡关系，使其他相关成员发生相应的连锁变化，从而在各部分之间建立起一种新的平衡关系。如"江"原来特指长江，后来，词义扩大为大河的统称，在经过一段时间的义项并存后，产生了后来的"长江"一词，而且"江"的词义扩大后又与相应的语素构成了更多的下位词，如"珠江"、"岷江"、"雅鲁藏布江"等。语汇系统的这种自我调适能力，保证了词与词、词义与词义之间的协同关系，使得语汇系统不会因一个要素的改变而瓦解，保持相对的稳定和有序。

2．语汇成员的发展演变

（1）新词的产生

新词数量的持续增加是语汇发展的普遍规律。《尔雅》收词3 600条，《辞海》（修订本）收词91 706条，《汉语大词典》的收词则多达375 000条，它们的收词数量可能都没有反映当时社会语言语汇的全貌，但是从这几个悬殊很大的数字上可以明显看出，从古代汉语到现代汉语，汉语语汇是极大地丰富发展了，词的数量已经成百倍地增多起来。

新词产生的途径是多方面的：

① 新事物产生新词语

社会制度的变更会导致新词的出现。例如：

隶　臣　妾　童　仆　民

朕　宰相　庶民　衙门　太监　科举　状元

洋务　学堂　鸦片　殖民地

土改　计划经济　人民公社　阶级斗争　一国两制　精神文明

社会的重大变动也会带来一批新词。例如：

红卫兵　最高指示　串联　喷气式　白专　四旧　四大（大鸣、大放、大字报、大辩论）

个体户　特区　外企　融资　入关

社会生产力的提高和科技水平的进步带来大批的新词。例如：

网　弓　矢　鱼　兔　鹿　射　渔（**渔猎文明**）

黍 稻 麦 糜 麻 耕 犁 井 畴 丝（**农耕文明**）

螺丝 齿轮 机车 工人 银行 煤气 发动机（**工业文明**）

计算机 上网 传呼 终端 光盘 多媒体 数码相机（**信息时代**）

人们思维能力、思想意识的变化，也会在语汇上得到反映。例如：

忠 仁 孝 悌 中庸 天时 地利

民主 人文 人本 人权 平等 自由 博爱

扫盲 普九 大跃进 公有制 按劳分配 与时俱进 黄金周

② 已有事物产生新词

反映某种事物的概念已经存在，但反映这一概念的词改换了形式，即概念换了名称。有些词是在内部调节过程中逐渐被替换的，如"走"最初的意义是现在的"跑"，"跑"这个词产生以后，逐渐代替了"走"的概念。再如"冠—帽"、"舟—船"、"足—脚"、"口—嘴"等。

有的是出于避讳，如在唐代以前，"世"表示辈分的层次，"代"表示朝代的更替，但由于要避讳唐王李世民的名字，"世"的概念被"代"取代，以后逐渐稳固下来，现在我们说"几代人"而不说"几世人"。再如"筷子"在古代叫"箸"，因为渔民们很忌讳它的谐音"住"（意味着抛锚），所以改"箸"为"筷"，与"快"谐音，"筷子"就替代了"箸"。

有些新词则是由于观念和情感的变化。如"残疾"代替了"残废"、"首长"代替了"长官"，"厨师"代替了"厨子"，"邮递员"代替了"邮差"等。目前，还有许多词正在向这一方向转化，如"傻子—弱智—智障"等。

③ 词义演变产生新词

词义在演变过程中带来义项的增多，人们往往会用一个新词来表示其中的一个义项。如"匠"本是"木匠"义（《说文》："匠，木工也；从工，斤所以作器也。"），到汉代已用于一般手工业工人，如"木匠"、"土匠"、"瓦匠"等，那么原有的本义就独立出一个新词"木匠"。"生"，是生长和生育的意思，后来又演变出"生存"、"生产"、"生命"等义项，为了便于区别，就出现了"生育"、"生活"、"生存"、"生命"、"产生"、"发生"等新词。"击"在古代是敲（敲击乐器）和打（打击敌人）的通称，后来由于词义的分化，产生了分别代表各自意义的新词"敲"和"打"。

④ 短语简缩成词

几个经常搭配的词构成的短语逐渐凝固为一个新词。例如在古代，"一扉曰户，两扉曰门"，"门"和"户"经常在一起使用，逐渐产生了新词"门户"。"道路"、"国家"、"久远"、"宝贵"、"变革"、"始终"、"日夜"等词都是。偏正结构、动宾结构、主谓结构等形式的短语也可以简缩为词，如"夜市"、"本钱"、"得罪"、"如意"、"日食"等。

⑤ 吸收方言或其他语言的词

一些方言语汇通过较大范围的推广之后进入了普通话，如"老公"、"埋汰"、"尴尬"、"搞"、"晓得"、"掂量"、"抖搂"、"大大咧咧"等。

汉语吸收外语词也有一个"为我所用"的汉化过程，或音译、或意译为汉语语音形式，或音译意译兼而有之，如"佛"、"阿弥陀佛"、"弥勒佛"、"菩萨"、"罗汉"、"魔"、

"罗刹"、"夜叉"、"阎罗"、"地狱"、"和尚"、"僧"、"瑜伽"、"忏悔"、"结果"、"世界"、"报应"、"红尘"、"超脱"、"顿悟"等是从佛教用语中吸收而来的，"逻辑（logic）"、"乌托邦（utopia）"、"图腾（totem）"、"雷达（radar）"、"麦克风（microphone）"、"拖拉机（трактор）"、"歇斯底里（hysteria）"、"维他命（vitamin）"、"幽默（humour）"、"奥林匹克运动会（the Olympic Games）"、"酒吧（bar）"、"摩登（modern）"等是普通外语词的汉化。

少数民族的语言也是汉语的外来词源，例如从藏语中吸收了"哈达"、"喇嘛"等词，从满语中吸收了"额娘"、"格格"等词，从朝语中吸收了"金达莱"、"阿妈妮"等词，但总的来说，数量有限。

（2）旧词的隐匿

引起旧词隐匿的原因一般有以下几种：

① 事物消失。在无文字的语言里，某事物消失了，代表它的词也随之消失；有文字的语言可保存在文献中。例如"巡抚"、"乡试"、"丫鬟"、"书童"、"姨太太"、"童养媳"、"宪兵"、"租界"、"保长"、"红卫兵"、"工宣队"、"忆苦饭"、"面的"等。

② 事物名称的改变。如"眼"、"眼睛"代替了"目"，"鞋"代替了"履"，"害怕"代替了"惧"，"睡觉"代替了"寝"，"工资"代替了"薪水"，"演员"代替了"戏子"等。

③ 社会生活的改变。在畜牧业生产还占有重要地位的上古时期，人们对牲畜种类的区分非常细致，以"牛"为例，有"牯"（母牛）、"特"（公牛）、"犉"（rún 黄毛黑唇的牛）、"犙"（sān 三岁的牛）、"牭"（sì 四岁的牛）等。后来随着畜牧业在人们生活中的地位和作用的减弱，这些名称逐渐的简化和概括，渐渐地都用"牛"一词指称了，原来的词则逐渐消亡。个别的词如"特"虽然现在还被应用着，但它的意义已完全改变了。

④ 人们认识的发展。如"邮差"、"老妈子"、"长官"、"伙夫"等词，由于表现了旧时的社会等级观念而被现在的语汇系统弃用。

⑤ 语汇系统的调整与规范。等义词用处不大，人们对它调整规范的结果是一个被保留，另一个或几个被逐渐淘汰。有的外来词后来又出现完全汉化的词，原来音译的形式也逐渐被淘汰，如现在通用"电话"、"连衣裙"、"青霉素"等，而"德律风"、"布拉吉"、"盘尼西林"已经不再使用。

3. 词义的发展变化

（1）义项的增减

增加。一个词在基本义基础上派生出其他义项，必然导致单义词变成多义词，或是多义词内部义项增多。如"缺口"的基本义是物体上缺掉一块而形成的空隙，后来又派生一个意思，指经费、物资等短缺的部分，由一个义项增加到两个义项，也就由单义词变成了多义词。

减少。一般是在某一个新义项派生出来并与原有义项并存一段时间后，原来的义项逐渐被放弃，最终造成义项的减少。如"丈人"一词的原始义一般是指年老之人，后来专指岳父；"臭"原有两个含义：一是泛指一般气味，一是单指恶臭，现代汉语中只剩下后一个义项了。

（2）词义的扩大、缩小和转移

扩大是指词义所指称的客观事物的范围发生了由小到大的变化。例如"肉"原来只是指"鸟兽之肉"，后来指一切动物的肉。

缩小是指词义所指称的客观事物的范围发生了由大到小的变化。例如"臭"原义指气味，后来内涵缩小，特指与"香"相对的恶腐之气。

转移是指词义所指称的客观事物发生了新旧更替的变化。例如"脚"原指小腿，现在则指人或动物腿的最下端接触地面的部分，由指称一种事物改变为指称另一种事物。

（3）感情色彩的变化

词义感情色彩的变化较为复杂：一是由褒义转变为贬义。例如"小姐"。二是由贬义转化为褒义。例如"骄傲"原是贬义词，而在现代汉语中增加了"豪迈"、"得意"的新义，同时带有了褒贬两种不同的感情色彩。三是由中性义转化为褒义或贬义。例如"牺牲"在古代是祭祀用的供品的通称，是中性词，现在的"牺牲"指为了正义的目的而舍弃自己的生命，带有鲜明的褒义色彩；"卑鄙"在古代指地位低下，现在指人的行为或品质恶劣，是贬义词。四是由褒义或贬义转化为中性义。例如"余幼好此奇服兮"（《涉江》）中的"奇"是美好、漂亮的意思，含褒义，现在是中性词。

（二）语汇规范化和规范化的原则

语汇的规范化通常指普通话词语的规范。语汇规范化有利于语言的健康和纯洁，有利于语言的学习和运用。

不规范的并不一定都是错误的，对错问题与规范问题有联系但不相等，如果使用的词语只有方言才用而普通话不用，那是不合规范，但不等于用错了；有些词语只在小范围内使用（如行业词），如果用到了更大的范围，那也不是对错的问题。

词汇规范化工作有两个方面，一是维护词语的既有规范，一是对普通话从方言词、古语词或其他语言新吸取进来的成分进行规范。

维护词语的既有规范，简单说来，就是避免用错已有的词语或生造词语。它涉及词汇的各个方面，而生造词语、词义误解误用、同义词选用不当、成语误用等现象可以说都是词汇规范的重点。

词汇规范的另一个重点便是对从其他语言或语言变体中吸收的词语进行规范。在这方面应该考虑掌握以下三个主要原则：

第一是必要性，一个词在普通话语汇中确有存在的必要，在表达上是必不可少的，这样的词就是有生命力的，规范的。

第二是普遍性，即要考虑尽可能选用社会普遍使用的词语。

第三是明确性，就是要注意选用意义明确的、容易为人们理解和接受的词语。

第四是发展性，语汇规范的标准也同样处于不断的发展变化之中，这是由语言发展的特点决定的。

（三）语汇规范化的内容

1．古语词的规范

古语词的吸收是丰富现代汉语语汇的一个重要途径。我们应该吸收那些具有表现力或适应特殊场合需要的古语词，如"逝世"、"哀悼"、"呼吁"、"秀才"、"状元"之类，尽量不用那些已经完全丧失了生命力的词语。

2．外来词的规范

外来词的规范要注意：一是不要滥用。滥用外来词有损于语言的纯洁。能用汉语固有的语素组成词并把意思表达得准确清楚的，就不用外来词，比如用"连衣裙"，不用"布拉吉"；用"小提琴"，不用"凡亚铃、梵阿铃"。二是统一外来词的汉语书写形式，采用通用式。比如用"迪斯科"，不用"的士科"。三是吸收外来词尽量用意译方式。除了人名、地名、国名，以及不用音译就不能准确表达原义的要用音译方式，其他的则应尽量采用更接近民族习惯的意译，以便于理解记忆。如用"维生素"，不用"维他命"；用"话筒"不用"麦克风"等。

3．方言词的规范

对方言词的吸收和规范应坚持必要性原则，现代汉语语汇中已有相应的词语，就没有必要再从方言中吸收同样意思的词。例如："今天"在方言里有"今儿个"、"今旦"等说法，现代汉语语汇没有必要把这些方言词都吸收进来。那些只在方言区有的事物及表示这些事物的词，如广东、广西的"剑麻"、"荔枝"、"芒果"，西部地区的"青稞"、"牦牛"等，不是规范对象。

文学作品中为了刻画人物、描绘环境，适当地在人物对话中使用少量的方言词是允许的，但要防止毫无必要地滥用方言词语，特别是那些流行地区狭窄、容易产生误解或歧义的词语。

4．新造词的规范

有些所谓的"新词"，意义含混，不为广大群众所接受，实际上是"生造词"，它们是语汇规范化的对象。例如：

当工人的宿望，算是砸锅了。

坐5路汽车的人特别多，每次坐这趟车，都让人挤站得难受。

小琴的脸是那么白丽。

"宿望"、"挤站"、"白丽"都是生造词。

5．词语缩略形式的规范

在缩略语中也有很多生造现象，例如把"英雄业绩"缩略为"雄业"，"熟练技巧"缩略为"熟巧"，"严格执法"缩略为"严执"等。使用缩略语应避免产生歧义，即便是符合缩略语结构规律的，只要还没有广为人知，在行文中第一次出现时，也最好加以说明。

6. 异形词的规范

异形词指汉语书面语中并存并用的同音、同义而书写形式不同的词语。例如：笔画—笔划、成分—成份、订婚—定婚、服罪—伏罪、糊涂—胡涂、人才—人材、书简—书柬、折中—折衷，等。国家教育部和国家语言文字工作委员会于2001年12月发布了经语言文字规范（标准）审定委员会审订的《第一批异形词整理表》，该表根据"积极稳妥、循序渐进、区别对待、分批整理"的方针，选取了书面语中经常使用、公众的取舍倾向化较明显的338组异形词（包括词和固定短语），给出了每组异形词的推荐使用词形，每组异形词破折号前为选取的推荐词形。

（三）解释词语的原则

解释词语的原则主要是：观点要正确、表达要确切、语言要通俗。解释词语的方法有五种：一是给词语下定义；二是先分析构成成分的意义，后综合讲解；三是整体解释，说明转义；四是比较词义，讲清用法；五是引用例句或结合作品，深入讲解词的意义和用法。

第二节　词 的 构 造

词的构造可以从语音形式和内部结构两方面来分析。根据语音形式，词可以分为单音词和复音词；根据内部结构，词可以分为单纯词和合成词。

一、词的理据

词的理据指的是用什么声音表达什么意义所依据的理由。一般地说，复合词不少是有理据的，例如"企鹅"是因为其所指称的事物站立昂首的样子像人踮脚企盼一样。又如人们把妇女穿的一种长袍称之为"旗袍"，因为清代满族的军队组织和户口编制以旗的颜色区分，旗分八色，人们于是称满族人为旗人。旗人妇女穿着的长袍，被称为旗袍。

现代汉语词的理据主要有如下类型：

（一）摹声

摹声是以模拟客观世界事物的声音作为造词的依据。有两种情况：

一是单纯模拟事物的声音，主要起描绘声音的作用，这类词的语音形式与事物现实的声音相似，主要是拟声词。例如："呜呜（风声）"、"嘀嗒（雨声）"、"汪汪（狗叫声）"、"潺潺（水流声）"、"丁当（物体撞击声）"等；叹词实际上也是摹声，如"哎哟"、"啊"、"唉"等。

一是不单纯模拟和描写声音，而是指称发出这种声音的事物。例如："布谷"、"知了"、"蝈蝈"、"鸡"、"鸭"、"猫"等。

（二）摹状

摹状是以描绘客观事物的性状为造词的依据。任何事物或现象都往往具有多方面的性状特征，人们可以选取其中一方面的性状特征作为词的理据。例如："红豆"、"绿茶"

是根据事物的颜色命名的，"垂柳"、"金钱豹"是根据事物的形态命名的，"酸菜"、"甜点"是根据事物的性质命名的，"铣床"、"转椅"是根据事物的性能命名的，"南非（在非洲南部）"、"河北（在黄河以北）"是根据事物的方所命名的。根据事物的性状特征造词最能反映词所指称的事物的属性，其理据性尤为明显。

（三）译音

译音是以外民族语言中的词的声音作为造词的理据。例如："巧克力（英 chocolate）"、"莫斯科（俄 Mockba）"、"吉普（英 jeep）"、"坦克（英 tank）"、"摩托（英 motor）"、"的士（英 tex）"等。这类词与摹声型不同，我们不能根据其声音直接去推知它们所指称的事物。

（四）分化

分化是指以一个词的分化为造词的理据。例如"权"、"钗"与"叉"有渊源关系，从语义上看，它们是从"叉"分化出来的。《说文》："叉，手指相错也。"又："权，枝也。"段玉裁注："枝如手指相错之形，故从叉。"《释名·释首饰》："钗，叉也，象叉之形，因名之也。"

（五）典故

汉语诗文用典的风气很盛，许多典故被辗转袭用而成词，所以一些词的理据性要到形成词的典故中去探求。例如："赋闲"，晋朝潘岳辞官家居，作《闲居赋》，后称没有职业在家闲着为赋闲；"袒护"，《史记·吕后本纪》记载：汉高祖死后，吕后当权，培植吕姓势力，吕后死，太尉周勃夺吕氏兵权，在军中说："拥护吕氏的右袒（露出右臂），拥护刘氏的左袒。"军中都左袒。后来因此称偏心支持一方为袒护。其他如"推敲"、"负荆"、"杜撰"等，典故就是它们的理据。

二、基本词和一般词

（一）什么是基本语汇

基本语汇是基本词的总汇，基本词反映人类对自然界、人类本身和社会生活的一些最基本的概念，它们使用率最高，生命力最强，意义最明确，为全民所共同理解。基本语汇与语音、语法一起构成语言的基础，反映语言的基本面貌。无论是孩童习得母语，还是学习一种外语，基本语汇都是他们首先接触到和必须掌握的语言成分。基本词在数量上比一般词少得多，但却非常重要，与人们的生活有着密不可分的关系。例如：

表示自然界事物的：风 雷 天 地 水 火 树 花 河 春
表示生产劳动、生活资料的：网 刀 粮 肉 布 碗 盆 车 灯 牛
表示亲属关系的：父 母 兄 弟 姐 妹 子 孙
表示基本动作行为的：走 坐 说 看 开 吃 睡 打
表示事物基本性质的：大 小 厚 薄 轻 重 好 坏

表示人体器官、部位的：头 口 手 脚 背 胃 心 肝

表示方位的：前 后 左 右 上 下 东 西

表示数量的：个 十 百 二 三 斤 两 尺

表示人称和指代关系的：你 我 他 这 那 谁

（二）基本语汇的特点

1．全民性

全民性是说基本语汇流行地域非常广，使用频率非常高，是最常用的。基本语汇不受文化层次、行业、地域、阶层等限制。一个人可能因为文化程度较低而不懂或不用"令尊"、"参差"等文言词，可能因为"隔行如隔山"的缘故而不懂或不用"花刀"、"白案"等烹饪行业词，可能因为地域差异而不懂或不用"埋汰"、"邋遢"等方言词，可能因为信息封闭而不懂"克隆"或"比基尼"等新词和外来词，但他不可能不用基本语汇中的基本词。基本语汇是全民族的所有成员普遍使用和经常使用的语汇成分，因此，它的使用范围之广，使用频率之高，是一般语汇所不能及的。

2．稳固性

基本语汇有很强的稳固性，基本语汇中的词在千百年中为不同时代的社会服务，反映人类思维中最基本的概念和关系。很多基本词从甲骨文时代到现在一直在为汉族人很好地提供服务，没有变化，如"一"、"二"、"牛"、"马"、"手"、"家"、"天"、"地"、"山"、"水"、"上"、"下"、"左"、"右"、"大"、"小"等，这些基本词还会被继续使用下去。

基本语汇的这种稳固性是因它所标志的事物和概念的稳定性决定的。当然，说它具有稳固性，也不是说一定是一成不变的，有的基本词到现在已经变成复合词中的一个语素了，如"眉"、"耳"、"鼻"、"舌"。

3．能产性

因为基本语汇具有全民性和稳固性，其意义已经为世世代代的人们所熟悉，反映的也是生活中最必需、最重要的概念，因此，在创制新词时，人们就会习惯于用这些常见的、易于理解的、不易变化的基本语汇造出新的双音词和多音词，基本语汇是构成新词新语的基本材料。在汉语中，基本语汇的这种极强的构词能力得到了充分的体现。例如"天"这个基本词就构成了"天才"、"天空"、"天平"、"天气"、"天然"、"天生"、"天堂"、"天文"、"天下"、"天性"、"今天"、"明天"、"冬天"、"夏天"、"白天"、"半天"等一系列双音节合成词。这其中，"天然"又可以进一步构成"天然气"、"天然丝"、"天然免疫"、"天然橡胶"等多音节合成词。据不完全统计，由基本词"大"构成的词近400个，由基本词"心"构成的词也有400个左右。

能产性是就整个基本语汇而言的，能产性强的一般是基本语汇中的核心部分，并不是基本语汇中的每一个词都具有能产性，代词、名词中的亲属关系词、表程度范围的副词、关联词、语气词等的能产性就很弱，很少构成复合词。

（三）根词

词汇的核心是基本词汇，基本词汇的核心则是根词。它们是基本词汇中构成新词能力很强的词，如"天"、"地"、"山"、"水"、"人"、"大"……等都是根词。

为了进一步理解根词，需要区分两组概念：根词和基本词；根词和词根。

1．根词和基本词

基本词中，有许多构词能力很强，它们本身是可以独立运用的词，同时又经常充当构成合成词的语素，这些基本词是根词。

如"一"是一个独立的词，是造句单位，也可以作为语素构成几百个合成词和固定结构，如：一般、一边、一并、一带、一旦、一定、一度、一概、一贯、一流、一律、一切、一起、一瞬、一向、一样、一直、一致、万一、专一、唯一、统一……

一把手、一刹那、一场空、一次性、一刀切、一锅粥（形容混乱的现象）、一锅煮、一口气、一揽子、一盘棋（比喻整体或全局）、一条龙、一言堂……

一板一眼、一本正经、一笔勾销、一步登天、一唱一和、一尘不染、一筹莫展、一刀两断、一帆风顺、一鼓作气、一见如故、一劳永逸、一马当先、一马平川、一穷二白、一丘之貉、一事无成、一知半解、网开一面、九死一生、昙花一现……

可见，根词和基本词的区别在于：

根词的构词能力特别强。根词一定属于基本词。而基本词，并不是每一个都有很强的构词能力，比如基本词中的代词和虚词等，构词能力并不强。

2．根词和词根

因为根词具有构词能力强这一特点，所以与构词法中说到的词根有了联系。

（1）当根词不是作为一个可以独立运用的词，而是作为一个语素，同其他语素构成合成词时，它就成为词根了。如"天"：

"解放区的天，是明朗的天。"句中的"天"是一个词，是根词。

在"天"、"天空"、"天气"、"天使"、"天涯"、"春天"等词中，"天"是构词成分，是语素，是词根。

（2）而词根，不一定同时又可以是根词，它的情况较为复杂。

有的词根是不成词语素，即使它有很强的构词能力，但是它只是语素，不是词，当然也就不是根词。如"民"，可以构成很多合成词，如"民主"、"民族"、"民乐"、"民心"、"农民"、"人民"、"居民"等，但不能独立成词，所以在现代汉语中不是根词。

有的词根，虽然可以独立成词，是成词语素，但构词能力不强，没有普遍性，也不能成为根词。

有的词根，既可以是词根，也可以独立成词，而且构词能力强，有普遍性，当它独立成词时就是根词了。如前面所说的"天"。

（3）根词和词根是不同性质的概念

根词是词，它是就这些词与词汇系统的关系说的，是与基本词及一般词相对而言的。根词是基本词汇的核心部分。

词根是语素。只是就合成词的内部构造说的，与词缀相对而言的。词根是合成词中的核心部分。

（四）什么是一般语汇

基本语汇以外的词和固定短语的总汇称一般语汇。与基本语汇相比，一般语汇使用的范围比较窄，使用的频率也比较低，从总体上讲，在稳固性和构词能力等方面也比基本语汇弱得多。一般语汇的特点是：一方面，它在反映社会的变化和发展方面是非常敏感的，人们正是通过一般语汇"善变"的特性，才明显地感受到时代的发展和变化。另一方面，相对于基本语汇而言，一般语汇来源很广，可以是新造的，可以是古代的，可以是本民族某地方的，可以是外来的，可以是行业的，它有着丰富的内容和表现方式。要想更好地掌握和运用语言，说明复杂的事物，表达细致的感情，仅仅掌握基本语汇是远远不够的，还必须认真学习和掌握好语言的一般语汇。只有这样，才能顺利完成交际，才能充分感受和发挥语言的魅力。

实际上，每个人掌握的一般语汇都是不一样的，人们总是习惯于掌握和使用与自己的生活、工作环境以及文化素养关系密切的那部分非基本词，例如足球界人士经常使用"射门"、"越位"、"点球"、"前锋"、"角球"、"黄牌"等词语，而医务工作者则掌握很多诸如"化疗"、"、高压仓"、"造影"、"甘油三脂"等医疗词语，这也正是每个行业、每个人的语言都有各自的风格与特点的一个原因。

（五）基本语汇和一般语汇的关系

基本语汇和一般语汇的关系是核心与外围的关系，但基本语汇和一般语汇的界线不是一成不变的。一般语汇中有的词，经过长时间的使用，逐渐的具有了普遍性和稳固性，就可以转化为基本词，进入到基本语汇中去，例如"电子"本来是非基本词，现在已经被普遍使用并具有了稳固性，并以此为语素创造了大量新词语，如"电子词典"、"电子秤"、"电子商务"、"电子邮件"等，因此"电子"有了向基本语汇转化的倾向。基本语汇中的个别词，也可能因为丧失了普遍性和稳固性而进入一般语汇，例如"君"、"臣"在封建社会一直是汉语的基本词，现在则因为社会制度的变化退出基本语汇队伍，进入到一般语汇中。

（六）一般语汇的构成

1．新造词

新造词的产生，是由于社会制度、生产方式、文化、科学等发展的结果。新造词是非基本语汇中的一个重要成员，与其他一般语汇不同的地方在于：新造词总是以反映新概念、新事物、新面貌的目的而出现的。当新概念、新事物随着时间的推移不再新的时候，代表该事物的词也就不再是新造词，新造词是以一定的时代为标记的，"五四"前后产生的新词现在已经不看成是新词了，文革期间产生了"红卫兵"、"文攻武卫"、"忠字舞"等新词，现在也成了历史词。近些年常有新词新语词典出版，也总有一部分前些年产生的新词退出使用。

这20多年来，社会发展速度快，新事物、新现象、新概念多，新造词也不断出现，如：

倒爷　白领　万元户　空嫂　第三者　的哥　打工妹　打工仔　钟点工　小金库
奖金税　净菜　手机　鼠标　随身听　微软　硬件　软件　网络　主页　网吧　网虫
黑客　格式化　千年虫　克隆　双休日　下岗　入世　速递　传销　专卖店　超市　纯
平　小康　休闲　房改　打的　买单　面膜　安乐死　炒作　双规　纯净水　三栖明星
氧吧　大腕　蹦极　蹦迪　灰色收入　绿色食品　盗版　猎头　性骚扰　托儿　211工程
防盗门

新造词主要是利用原有的语素根据需要而创制的，如"保送"、"认购"、"手机"、
"健身操"、"电子信箱"，也有一部分是由港台转借或从外语翻译而来的，如"激光"、
"买单"、"发烧友"、"比基尼"。

有的词新增加了词义，如"水分"、"包装"、"菜单"、"窗口"，这些属于词义
的扩大，不是新造词。

新词的创造应该考虑社会基础（包括社会需要和社会心理），也要考虑构词规则，如
"网吧"、"网友"、"网民"、"网虫"、"网迷"、"上网"就既能满足新事物指称
和交际的需要，符合人们求新求美求简的心理，又符合汉语的构词规则，易于理解和接受。

新造词不等于生造词，如果将两个语素生硬拼凑在一起是不会得到承认的，如"跨裂"；
如果随意改变原有的语序而形成新的词也不会得到认可，如"会理、抖颤"。使用生造词
不能达到传情达意的目的，对语言也是一种污染。

2．古语词

古语语汇包括文言词和历史词。文言词是指在古汉语中产生的、仅在现代汉语的书面
语中继续使用的词。如一些虚词，还有一些产生于古代的词语，它所表示的事物现象或概
念，在今天的现实生活中依然存在，只不过在现代汉语中已经被通俗易懂的词语代替了，
原有的词只在现代汉语的书面语中使用，这样的词就成为文言词。例如：

之（的）、何（怎么样/什么样）、且（尚且/而且）、乎（吗）、羸弱（瘦弱）、谋
面（见面）、式微（衰落）、狼藉（乱七八糟）、囹圄（监狱）。

有些单音节的文言词被现代汉语词语取代之后，不能再作为词单独使用，成为不成词
语素。如"惧"被现代汉语"害怕"取代，"惧"不再作为词使用，只能和其他语素构成
"恐惧"、"惧怕"、"惧内"等双音节词。这样的文言词还有"首（头）"、"冠（帽
子）"、"足（脚）"、"履（鞋）"、"目（眼睛）"等。

现代汉语中吸收适量的文言词，可以使语言表达言简意赅、凝练匀称、庄重文雅，如
公共场所的"请勿吸烟"、"严禁赌博"、"闲人免入"等，如果换成现代口语的说法，
显得很别扭，也不庄重严肃，起不到警示作用。再如在对别人的称谓前加上"贵"、"令"、
"贤"、"尊"，在自我称谓前加上"愚"、"鄙"、"家"，便显得文雅谦逊。

历史词指表示历史上存在过的或神话传说中出现过的一些事物和现象的词。历史词所
反映的事物和概念现在已经不存在了，现在一般交际中不会用到这些词，只有在特定的语
境中涉及这些历史事物和概念或者为了达到一定的修辞效果时，才会使用它。在历史题材
的文艺作品和学术论著中，历史词的使用比较集中。例如：

裹脚　黄包车　巡捕　租界　科举　进士　翰林　驿站　太监
诸侯　员外　妾　驸马　红卫兵　私塾　县令　上朝　凌迟

有些历史词现在可以用于修辞，起到比喻的作用，例如"独生子女简直就是家里的小皇帝。"、"皇帝的女儿——不愁嫁。"、"钦差大臣"满天飞。

3．方言词

方言词有两个含义，一是指用方音表现的，在某地方言范围内使用的词，二是指普通话中有方言色彩的词，即从某地方言中吸收到普通话里用普通话标准音，成为全社会通用的词。从普通话的角度看，其语汇以北方方言为基础，在发展的过程中也从其他方言中吸收了不少有用的成分，这些吸收进来的有用成分是现代汉语语汇的重要组成部分。从方言的角度看，方言中的方言词，只有一小部分由于小说、电影、电视剧、流行歌曲、广告等的传播，可能慢慢地进入普通话之中，为广大群众所了解。例如：

够戗　老玉米　搞　唠嗑　埋汰　瘪三　磕巴
煲　名堂　磨蹭　炒鱿鱼　估摸　窗棂　摆谱

方言中表义形象生动特殊或表现力特殊而普通话又没有相应词来表现的方言词，最容易进入普通话中。例如"二流子"、"尴尬"、"垃圾"就是从方言中吸收的有特殊意义的词，而"搞"相对于"做"，"窝囊"相对于"无能"，后者更具有形象色彩，富有表现力，已吸收到普通话语汇中。

总之，方言词的吸收可以丰富共同语的语汇，恰如其分地使用方言词，也可以使表达更生动、更具有个性色彩。从各方言吸收到普通话中的方言词在汉语词典中常标明〈方〉的字样。

4．外来词

从外族语言中借用的词叫外来词。例如"法兰西"、"巴尔干"、"模特儿"、"幽默"、"浪漫"、"景气"、"取缔"等。外来词是不同民族在交往过程中，把对方语言的语汇成分吸收到本族语言中来的结果。一般情况下，一种语言在吸收外族语言的语汇时，都要在原来外语语汇的基础上，经过一些改造，它和外语词虽有联系，但并不等同。

汉语吸收外来词的历史很久，从汉朝和魏晋时期就有外来词引入，比如"佛"借自梵文的"buddha"，"站"借自蒙古语的"jam"。更多的外来词是近代和现代吸收的结果，比较多的是从西方语言中吸收，也有从东方语言如日语中吸收的。到二十世纪八十年代，中国实行改革开放以后，外来词大量涌现，其数量之多，涉及范围之广，形成方式之多样化，都是空前的。汉语外来词按其吸收方式可分为以下几类：

① 音译
用汉语的语音形式模仿外语词的发音而形成的外来词。例如：

麦克风（microphone）　扑克（poker）　苏打（soda）
卡通（cartoon）　苏维埃（Совет）　沙发（sofa）

② 半音半义
把整个外语词分成两半，一半用音译，一半用意译的方式翻译而成的外来词。例如：

romanticism：浪漫主义　　chauvinism：沙文主义　　Marxism：马克思主义
ice-cream：冰淇淋　　Cambridge：剑桥　　neon-lamp：霓虹灯

③ 音译加注

音译整个外语词之后，在其前后再添加一个注明类名的汉语语素形成的外来词。例如"卡车"的"卡"是 car 的音译，"车"是后加上去的。下列词中加线的语素都是汉语类名语素：

芭蕾<u>舞</u>　　　沙丁<u>鱼</u>　　　派克<u>笔</u>　　　高尔夫<u>球</u>　　　法兰<u>绒</u>

摩托<u>车</u>　　酒<u>吧</u>　　　加农<u>炮</u>　　　卡宾<u>枪</u>　　　啤<u>酒</u>

④ 音义兼译

在按照外语词的声音对译成汉语时，特意选用与原词意义相关的汉字。例如：

基因　　幽默　　逻辑　　俱乐部　　可口可乐

香波　　苦力　　芒果　　维他命　　模特儿

⑤ 借形

汉语外来词的借形方式有两类：字母式借形；汉字式借形。

字母式借形词指直接借用西文字母或将其与汉语语素相组合形成的词，这种词也叫字母词。

直接借用的字母词有的是借来一个词，比如 E-mail（电子邮件）在 mail 前加一个定性字母 E；更多的是借外文缩略语词，如：

DVD（数字激光视盘）　UFO（不明飞行物）　　MBA（工商管理硕士）

CBD（中央商务区）　　CEO（首席执行官）　　WTO（世界贸易组织）

DNA（脱氧核糖核酸）　OA（办公自动化）　　 APEC（亚太经济合作组织）

BBS（电子公告牌系统）MTV（音乐电视）　　　ABS（汽车防抱死制动系统）

SOS（紧急呼救信号）　CPU（中央处理器）　　MP3（一种常见的数字音频压缩格式）

WC（盥洗室）　　　　 IT（信息技术）　　　　CD（激光唱盘）

西文字母与汉语语素结合成词的如：

AA 制　B 超　 e 化　 PC 机　 T 恤衫　 三 K 党　 ATM 机　 三 C 革命

pH 值　 A 股　 X 光　 IP 卡　 T 细胞　 IP 电话　 C^3I 系统　 三 S 研究

受外来字母词的影响，把汉语词用汉语拼音缩写的方式简化，也会形成字母词，如：HSK（汉语水平考试）；通过比喻的方式也可能形成字母词，如：T 型台（呈 T 形的表演台）。

汉字式借形词是一种特殊的外来词，指的是从日语中转借来的汉字词语。这有两种情况，一种是古代汉语就有的词在日语中赋予了新义，如：

革命　　文明　　具体　　宪法　　主义　　古典　　演绎　　想象　　乐观

另一种是日语中直接利用汉语材料创造的，这类词数量相当可观，直到现在还有少量日语词被汉语吸收，如：

景气　　金融　　引渡　　体操　　客观　　主观　　内在　　能动　　取缔

物质　　政党　　共产　　组合　　元素　　直接　　间接　　资本　　放送

细胞　　人气　　原理　　写真　　系统　　料理　　集团　　经验　　场合

信号　　战线　　有机　　手续

　　使用外来词要注意：

　　第一，一个外来词可能有多个并存的音译形式，应根据普遍性原则，选用通行较广的一个。下面的外来词前面一个更具有普遍性：巧克力—朱古力、瑜珈—逾迦、迪斯科—的士高、色拉—沙拉、歇斯底里—歇私德里、悉尼—雪梨、新西兰—纽西兰、司汤达—司丹达尔、里根—列根。

　　第二，一个外来词可能两种方式（如音译与义译）并存，甚至三种方式（如借形、音译、义译）并存，应视情况，有时宜义译优先，使语言通俗易懂；有时可从俗，用普遍流行的那一个，因为在不同的场合不同的地点可能作不同的选择才得体。下面的外来词在目前是多个方式并存的：克隆—无性繁殖、E-mail—伊妹儿—电子邮件、APEC—艾佩克—亚太经合组织、雷射—激光、秀—表演。

5. 行业词

　　行业词是各种行业或学科中使用的专用词，是由于社会分工不同造成的。例如：

对立　　统一　　理性　　感性　　实践　　唯物　　唯心（哲学）
门诊　　处方　　针灸　　注射　　化疗　　气胸　　穿刺（医学）
货源　　库存　　款式　　抢手　　淡季　　盘点　　脱销（商业）
切削　　模具　　冷焊　　刨床　　铣刀　　车刀　　热处理（工业）
点射　　射程　　反潜　　续航　　防化　　登陆　　导弹防御系统（军事）
负数　　函数　　系数　　小数　　微分　　通分　　二次方程　（数学）
化合　　分解　　氧气　　电解　　硫酸　　溶解　　干馏（化学）
电流　　电荷　　电阻　　电磁场　变压器　透镜　　折射（物理学）
备课　　课时　　学分制　课程表　多媒体教室（教育）
信贷　　利息　　结帐　　核算　　销售　　货币　　利率（金融学）
题材　　形象　　情节　　旋律　　蒙太奇　概念化　现实主义（文学艺术）

　　行业词虽然是某个专业或行业集团的专门用语，不具有什么感情色彩，但是随着科学知识的普及、行业与社会生活关系的密切，某些行业用语逐渐具有了全民性，引申出新的意义，从而成为全民熟悉的词语。例如"资本"一词有两个义项：①用来生产或经营以求牟利的生产资料和货币；②比喻牟取利益的凭借。其中义项②是由义项①发展出来的新义。又如"麻痹"、"感染"、"折扣"、"折射"、"副作用"、"水平"、"扬弃"、"尖兵"等都是在专业概念之后产生了新义。

　　另有一种现象类似于行业词，那就是某些社会秘密集团内部成员间所创造和使用的、故意不让局外人了解的一些特殊用语，一般称之为隐语，也称秘密语或黑话。例如：

平台——扒窃隐语，即上衣下兜　　　查户口——扒窃隐语，即入室盗窃
住医院——犯罪团伙隐语，即被捕　黄货——地下社会隐语，即黄金
一条——地下交易隐语，即一百元

　　隐语的表现形式一般是广为人知的普通词语，只不过在某集团内部被重新约定为特殊的意义。如果隐语失去了隐密性，就会等同于或转化为普通语汇。这是语言运用问题（只是临时赋予词语以约定的意义），不是语汇构成问题。

三、单音词和复音词

语言同其他事物一样，是不断发展变化的。就汉语来说，它既有历史的继承性，又有时代的差别性。前者使古今汉语一脉相承，后者使古今汉语产生了差异。

汉语在发展过程中，它的各组成部分的发展速度是不均衡的。其中语法发展缓慢，具有极大的稳固性。词汇的变化最显著，尤其是词义，几乎处在经常的变动之中。生产的发展，科技的进步，文化的繁荣，习俗的改变，社会制度的更迭以及人们对客观事物的认识不断深化，这一切词汇都反映的最为敏锐。于是不断就有新词、新义的产生和旧词、旧义的消亡。汉语词汇的这种新陈代谢，使古今词汇和古今词义逐渐的产生了差异。

古今词汇差异主要有两个方面的问题：一是在词的构成上，古代汉语是以单音节词为主，现代汉语是以复音节词为主，古今词汇存在质的差异。二是在词的存废和词义的变化上。

（一）单音词

所谓单音词，是指一个音节代表一个词，在书面语里是一个汉字记录一个词。古代汉语以单音词为主，复音词居少数；现代汉语以复音词为主，双音词居多数。这不单是音节多少的问题，将口语与书面语分别开来，用单音节词作为书面语言词汇的主体，是古人高明的创造。其一，文章使用的字少，但信息量大。即使按照现代经济学的观点来衡量，古代汉语也高出一筹。其二，更重要的是利于艺术创作。古文的艺术性有很多讲究，比如韵律的变化，遣词造句的变化等。传诵至今的王安石的《读孟尝君传》仅有 88 个字，但读来却是抑扬顿挫，回肠荡气：

世皆称孟尝君能得士，士以故归之。而卒赖其力，以脱于虎豹之秦。嗟乎！孟尝君特鸡鸣狗盗之雄耳，岂足以言得士？不然，擅齐之强，得一士焉，宜可以南面而制秦，尚取鸡鸣狗盗之力哉！鸡鸣狗盗之出其门，此士之所以不至也。

再如遣词造句的变化，单音节词有很多同义、近义词，因此为遣词造句提供了很大的方便。例如李斯《谏逐客书》：

昔穆公求士，西取由余於戎，东得百里奚於宛，迎蹇叔於宋，求丕豹，公孙支於晋。此五子者，不产於秦，而穆公用之，并国二十，遂霸西戎。孝公用商鞅之法，移风易俗，民以殷盛，国以富，百姓乐用，诸侯亲服。获楚魏之师，举地千里，至今治强。惠王用张仪之计，拔三川之地，西并巴蜀，北收上郡，南取汉中。包九夷，制鄢郢，东据成皋之险，割膏腴之壤，遂散六国之从，使之西面事秦，功施到今。

这段文章中的"取"、"得"、"迎"、"求"、"拔"、"并"、"收"、"取"等都是用近义词，气势也极具变化，如果翻译成现代汉语的复音词，艺术性就大为逊色了。

对阅读古文来说，牢牢记住古代汉语单音节词占优势的特点，目的是为了避免对文章中出现的貌似现代汉语复音词的误解，即一些词在现代汉语中是一个词，在古代汉语中却是两个词。例如：

（1）民可以乐成，不可与虑始。（《西门豹治邺》）"可以"是两个词，能愿动词"可"

与表对象的介词"以"。

——老百姓可以与他们一起为成功而快乐，不能和他们一起考虑事业的创始。

（2）滕君，则诚贤君也。虽然，未闻道也。（《许行》）"虽然"是两个词，"虽"相当于现代的"虽然"，"然"是指示代词"这样"。

——滕君倒确实是贤明的君主，即使如此，也没有听说过道。

（3）先帝在时，每与臣论此事，未尝不叹息痛恨於桓、灵也。（《出师表》）"痛"指"痛心"，"恨"指"遗憾"。

——先帝在世时，每次和我谈论这些事，没有一次不对桓帝、灵帝感到痛心和遗憾。

（4）（吴普）年九十余，耳目聪明，齿牙完坚。（《华佗传》）"聪"指"耳聪"，即"听力好"，"明"指"眼明"，即是指"眼力好"。

—— 吴普九十多岁了，耳不聋，眼不花，牙齿齐整牢固。

（5）两家子弟材智下，不能通知二父志。（《张中丞传后叙》）"通"指"透彻"，"知"是"了解"。

——（许远、张巡）两家的孩子才能智力低下，不能透彻地了解他们父亲的志向。

一定要有深刻的"古代汉语词汇是单音节占多数"的观念，在遇到与现代汉语一样的复音词时，先要分开来理解，否则就很容易产生误解。

古代汉语单音词占优势，一词多义的现象比较突出。由于义项多，含意宽泛，所以在词义的理解上或者翻译上有一定的难度。在翻译成现代汉语时，要把古代单音词译成相对应的现代复音词。例如"族"字：

（1）宫之奇以其族行。（《左传·僖公五年》）族：宗族，家族。

（2）毋妄言，族矣！（《史记·项羽本纪》）族：灭族。

（3）虽然，每至于族，吾见其难为，怵然为戒。（庖丁解牛）族：会聚，聚结。

（4）木族生为灌。（《尔雅·释木》）族：丛聚。

（5）族庖月更刀，折也。（《庖丁解牛》）族：一般。

上面的"族"字译成一组相对应的复音词。把古代单音词译成现代复音词是有规律可循的，关键是掌握它们之间的对应关系，大体有三种情况：

第一，将单音词变成另外的复音词。

擐（huàn）甲执兵，固即死也。（《齐晋鞌之战》）

"擐"变成"披上"，"执"变成"拿起"，"固"变成"本来"，"即"变成"走向"。

第二，在单音词前后增添相关词素，构成新的复音词。

台上弹人，而观其辟丸也。（《晋灵公不君》）

"观"成为"观看"，"辟"成为"躲避"，"丸"成为"弹丸"。

第三，在单音词前后添加词头词尾。

（1）虎求百兽而食之。（《战国策·楚策一》）

（2）日光下澈，影布石上。（《小石潭记》）

（3）吾妻之美我者，私我也。（《邹忌讽齐王纳谏》）

"虎"成为"老虎"，"石"成为"石头"，"妻"成为"妻子"。

（二）复音词

具有两个或几个音节的词是复音词。古代汉语单音词占多数，不等于复音词很少，就其绝对量来说，还是相当可观的，而且与日俱增。根据词的组合情况，古代汉语复音词可以分为两类：一类是单纯复音词；另一类是合成复音词。

1．单纯复音词

所谓单纯复音词，从音节上说，它属于复音词，而就结构上说，它又是只具有一个词素的单纯词。记录单纯复音词的文字，只表示音节，与意义无关。古代汉语单纯复音词有如下几类：

（1）迭音词

古人称"重言"。它是重迭两个相同音节而成的双音词。多数是描绘状貌的形容词或模拟声音的象声词。

A．描绘状貌

① 大隧之中，其乐也融融。（《郑伯克段于鄢》）

② 衔远山，吞长江，浩浩汤汤，横无际涯。（《岳阳楼记》）

"融融"表和乐，"浩浩汤汤"形容水势浩大。

B．摹拟声音

① 关关雎鸠，在河之洲。（《诗经·周南·关雎》）

② 坎坎伐檀兮，置之河之干兮。（《诗经·周南·伐檀》）

③ 车辚辚，马萧萧，行人弓箭各在腰。（《兵车行》）

④ 渐闻水声潺潺，而泻出于两峰之间者，酿泉也。（《醉翁亭记》）

"关关"是鸟鸣，"坎坎"为伐木声，"辚辚"拟车响，"萧萧"状马鸣，"潺潺"形容流水声。

应该注意：迭音词与词的迭用是不同的，它们不属于同一范畴。迭音词和写它的单字意义无关，而词的迭用却和单字原来的意义有关。例如：

① 旦日，卒中往往语，皆指目陈胜。（《史记·陈涉世家》）

② 家家习为俗，人人迷不悟。（《买花》）

"往往"表示常常，"家家"、"人人"表示每一家、每一人。

（2）联绵词

联绵词又称联绵字，古人称"连语"或"谜语"。它是由两个字组成的双音单纯词，在词的结构上具有不可分割的特点。书写联绵词的每个字，只是充当一个音节，字义与联绵词的意义无关。

根据联绵词两个音节之间的关系，可以分为双声联绵词或迭韵联绵词等几种形式。例如：

① 为之四顾，为之踌躇满志。（《庖丁解牛》）踌躇：从容自得的样子。

② 适莽苍者，三飡（餐）而反，腹犹果然。（《北冥有鱼》）莽苍：郊野之色。

③ 芳草鲜美，落英缤纷。（《桃花源记》）缤纷：繁多交杂的样子。

"踌躇"是双声联绵词，"莽苍"是迭韵联绵词，"缤纷"是双声兼迭韵联绵词。确定联绵词是否双声或迭韵，不是依据今音，而是以古音为标准的。

在单纯复音词中，还有一种音译外来词。汉代以后，随着中国同外域在经济、文化等领域的交流不断发展，古代汉语里逐渐吸收了一些外来词。用以对译外来词的汉字，只是充当一个音节，与字义无关，同样不能拆开来理解。例如：

葡萄　琵琶　浮屠　罗汉　琉璃　袈裟　天竺

联绵词的两个字，只代表两个音节，与合成的复音词不同，注意不要把联绵词拆开理解。如《庄子·秋水》"于是焉河伯始旋其面目，望洋向若而叹"中的"望洋"，误解为望着海洋。其实"望洋"是联绵字，它又写作"望阳"、"望羊"、"盳羊"等，是指目光呆滞，精神迷惘的样子。而且就"洋"字来说，上古汉语里绝无"海洋"的意思，如果照字面解释，"望阳"是望着太阳，诸如此类，势必造成误解误读。所以解释联绵字，切忌望文生义。

2．合成复音词

复合词是由两个或几个词素按照一定的构词方式组合而成的。复合词可以从不同角度进行分类。从语义的角度可以分为同义复词、偏义复词和转义复词等；从语法的角度可以分为并列式、偏正式、主谓式、动宾式和附加式等。下面重点介绍同义复词和偏义复词。

（1）同义复词

同义复词是由两个意义相同或相近的词素构成的。它的成词经历了漫长的凝结过程，最初是同义词的临时组合，具有很大的游动性，各单音词尚能独立运用。逐渐凝结成词后，就结成一个相对稳定的整体，其意义也已不是原来单音词意义的简单相加，而是以一个词素的意义为主，另一个词素起辅助作用。例如：

① 不忘恭敬，民之主也。（《晋灵公不君》）"恭'"和"敬"作为单音词时，"恭"指外表有礼貌，"敬"指内心严肃不苟且。合成以后不必再加区分。

② 齐王闻之，君臣恐惧。（《冯谖客孟尝君》）"恐"和"惧"单用时，"恐"指因受外界刺激而引起的害怕，"惧"指内心的慌惑。

复合词的形成经过了一个长期凝结的过程，最初阶段结合并不稳固，常常合而又分，以"乏困"、"恭敬"为例：

① 行李之往来，共其乏困。（《烛之武退秦师》）

② 盖文帝之时，无盐铁之利而民富，今有之而百姓困乏。（《盐铁论·非鞅》）

③ 不忘恭敬，民之主也。（《晋灵公不君》）

④ 其行己也恭，其事上也敬。（《论语·公冶长》）

"乏困"指缺少衣食财物，可以颠倒词素，说成"困乏"。"恭敬"指端庄而有礼貌，在特定语言环境下又还原为单音词。这些情况说明同义复词处在凝结过程中。判断是单音词，还是复合词，主要有两条标准：一是从词义看，由单音词组合的复合词，具有指物的单一性，如果拆开，词义就发生了变化；二是从结构看，组合体两个音节结合紧密，不能随意插入别的成分。因此，要避免以古释今，把已经凝结的同义复词还原为单音词。如

《孟子·公孙丑上》："尊贤使能，俊杰在位。"、"俊杰"指才智出众的人，已经凝结成复合词，没有必要再拆开解释。所以切忌把已经凝结成复合词的再还原为单音词。

（2）偏义复词

偏义复词是由两个意义相反或相互对举的词素组合而成的，其中一个词素的意义成为该复合词的意义，另一个词素只起陪衬作用。如：

（1）此三子者，皆布衣之士也，怀怒未发，休祲（jìn）降于天。（《唐雎不辱使命》）

休祲：指不祥的征兆。休，吉兆；祲，凶兆。这里偏用"祲"义，"休"起陪衬作用。

（2）一旦有缓急，宁足恃乎！（《汉书·袁盎晁错传》）

缓急：指紧急而严重的情势。这里偏用"急"义，"缓"起陪衬作用。

（3）明于治乱，娴于辞令。（《史记·屈原列传》）

治乱：指治理国家。这里偏用"治"义，"乱"起陪衬作用。

（4）无羽毛以御寒暑。（《列子·杨朱》）

寒暑：指寒冷。这里偏用"寒"义，"暑"起陪衬作用。

偏义复词多数是由反义词构成的，但也有由相关的词构成的。例如：

（1）今有一人入园圃，窃其桃李（《墨子·非攻》）

"园圃"是相近词，分别是"种树的、种菜的地方"，此处只取"园"之意。

（2）以先国家之急而后私仇也（《廉颇蔺相如列传》）

"国家"是相关词，此处只取"国"之意。

总的来说，偏义复词从词的结构形式看，都是并列关系。

同义复词指的是意思相同的两个（或两个以上）词连用，表示同一个意思的复合词。如"于是行旅不至，人物无资"中的"行"、"旅"，都是"来往的旅客"的意思。

此外，复合词的结构还有偏正式、主谓式、动宾式和附加式等。例如：

偏正式：天子　诸侯

主谓式：夏至　霜降

动宾式：将军　稽首

附加式：有夏　铿尔　欣然　婉如

古代汉语复合词中主谓式和动宾式比并列式和偏正式要少得多，现代汉语里这种复合词则日益丰富起来，它标志着汉语构词形式在不断的发展。了解复合词的构词形式，会有助于正确区分单音词和复音词，深入分析词义。而双音节词在复音词中占优势，这体现了现代汉语语汇发展的趋势。

四、单纯词和合成词

上一节重点论述了古代汉语中的单音词与复音词，下面笔者将重点论述一下现代汉语中的单纯词与合成词。

（一）单纯词

单纯词是由一个语素构成的词。多数单纯词是由一个音节构成的。还有一部分单纯词是多音节形式。常见的主要有以下几种：

1．联绵词

联绵词是由两个连缀成义的音节构成的，只有这两个音节连缀在一起才能表达一个概念。联绵词按其声韵的特点，可以分为三种：

（1）双声

这种联绵词的两个音节声母相同。例如：

枇杷　仿佛　吩咐　坎坷　忐忑　玲珑
参差　崎岖　澎湃　忸怩　荏苒　踌躇

（2）叠韵

这种联绵词的两个音节韵母或韵母中的韵腹、韵尾相同。例如：

徘徊　傀儡　窈窕　馄饨　灿烂　蹉跎
依稀　蜻蜓　从容　螳螂　怂恿　妖娆

（3）非双声叠韵

这种联绵词的两个音节声母和韵母都不相同。例如：

芙蓉　垃圾　狼狈　蝼蛄　妯娌　蜈蚣
鸳鸯　蝴蝶　马虎　疮痍　犹豫　牺牲

2．叠音词

叠音词是由两个相同音节重叠而成的，其中任何一个音节都只表示读音而不具有单独的意义，只有两个音节重叠在一起才能独立地表达意义。例如：

蛐蛐　奶奶　太太　猩猩　姥姥　蝈蝈
孜孜　津津　侃侃　喋喋　翩翩　皑皑

3．译音词

译音词是用发音相同或相近的音节来记录其他民族语言中的词，其中任何一个音节本身没有独立的意义。例如：

摩登　休克　咖啡　苏打　坦克　伦敦
沙龙　柠檬　巧克力　莎士比亚　罗马尼亚

4．拟声词

拟声词是用汉字读音摹拟客观事物声音的词。例如：

丁当　哗啦　扑通　咕咚　嘎吱　刺溜
毕毕剥剥　稀里哗啦　劈里啪拉　唧唧喳喳

（二）合成词

合成词是由两个或两个以上的语素构成的词。合成词在现代汉语语汇中占大多数，而且结构复杂。

1. 词根和词缀

构成合成词的语素分为两大类，一是词根，一是词缀。二者性质不同：词根有实在的意义，能自由出现在合成词的不同位置。如：

话：话语　　话题　　话锋　　讲话　　会话　　土话
捕：捕获　　捕捉　　捕捞　　逮捕　　追捕　　缉捕
勇：勇气　　勇敢　　勇猛　　英勇　　神勇　　兵勇

"话"、"捕"、"勇"是构成上述所举合成词的词根，它们都有实在的意义，且能自由出现在合成词前面或后面的位置上。词缀一般没有实在的意义，在合成词中的位置也相对固定。例如：

老：老师　　老乡　　老鼠　　老三
头：甜头　　苦头　　想头　　看头
子：椅子　　瞎子　　胖子　　勺子

"老"、"头"、"子"是构成上述所举合成词的词缀，它们都没有实在的意义，且在合成词中的位置是不自由的，"老"只能出现在合成词前面的位置上，我们称之为前缀，"头"、"子"只能出现在合成词后面的位置上，我们称之为后缀。

在现代汉语中，词根和词缀有时形式相同，容易混淆，我们需要特别加以分辨。例如：

	词　根		词　缀	
老	老汉	老调	老乡	老虎
子	男子	棋子	桌子	旗子
儿	健儿	婴儿	花儿	活儿
头	船头	烟头	石头	甜头

2. 合成词的构成方式

根据合成词中词根与词缀组合的不同情况，合成词的构成方式主要有三类：

（1）复合法

复合法是由两个或两个以上不同的词根构成的合成词，这类合成词称之为复合词。根据词根与词根之间的各种不同结构关系，复合词主要有以下几种：

①联合式　这类复合词中的几个词根地位平等，无主次之分，在意义上相同相近相关或相反相对，例如：

A　珍宝　　朋友　　教授　　道路　　评论　　编辑
　　离别　　制造　　美丽　　孤独　　刚才　　稍微
B　领袖　　骨肉　　耳目　　江山　　皮毛　　笔墨
　　分寸　　印刷　　穿戴　　唇齿　　权衡　　洒扫
C　反正　　旦夕　　早晚　　始终　　得失　　收发
　　优劣　　呼吸　　是非　　买卖　　出纳　　纵横
D　国家　　窗户　　睡觉　　人物　　女儿　　恩怨

质量　好歹　忘记　动静　利害　干净

A 组复合词中两个词根的意义相同或相近；B 组复合词中两个词根的意义相关联，并且融合构成新的抽象意义；C 组复合词中两个词根的意义相反或相对；D 组复合词可称为"偏义词"。在这种复合词中，只有一个词根的意义在起作用，另一个词根的意义已经淡化，只起陪衬作用，整个词的意义只偏重于一个词根。如"恩怨"词义偏重于"怨"，"动静"的词义偏重于"动"。

①偏正式。这类复合词中的几个词根之间存在着修饰与被修饰、限制与被限制的关系，前一个词根是修饰、限制性的，后一词根是中心。例如：

A　黑板　电灯　绿豆　雄鸡　农业　现状
　　内科　皮鞋　国旗　京剧　谎言　钢笔
B　微笑　公审　前进　包抄　牢记　飞跑
　　雪白　漆黑　狂热　冰凉　血红　笔直

A 组的中心词根是名词性语素，这类复合词也称定中式；B 组的中心词根是动词性和形容词性语素，这类复合词是状中式。

②主谓式。这类复合词中的几个词根之间存在着陈述与被陈述的关系，前一词根是被陈述的主体，后一词根表说明。例如：

海啸　便秘　蝉蜕　冬至　日食（名词）
嘴硬　年轻　手软　面熟　性急（形容词）
气馁　公祭　齿冷　肩负　意料（动词）

③述宾式。这类复合词中的几个词根之间存在着支配与被支配的关系，前一词根表动作行为，后一词根表动作行为所支配、关涉的对象。例如：

司机　知己　立秋　掌柜　扶手（名词）
出众　夺目　称心　吃力　动人（形容词）
破产　投资　平反　送行　关心（动词）

④补充式。这类复合词中的几个词根之间存在着补充与被补充的关系，前一词根是中心，后一词根从结果、程度等方面进行补充说明。例如：

提高　阐明　改正　证实　推动　夸大
记住　治安　冲淡　扭转　揭穿　促进
减少　鼓动　割裂　解脱　摧毁　磨灭

⑤还有一类词，也属补充式复合词。例如：

人口　枪枝　书本　船只　事件　纸张
车辆　布匹　花朵　房间　稿件　银两

这类复合词的前一词根表事物，后一词根表计量单位，是从数量方面进行补充说明。

复合词的内部构成方式比较复杂，我们要注意辨别词根与词根之间的结构关系。例如："跳棋"和"跳水"，二者在结构形式上都是动词性语素+名词性语素。但二者的构成方式不一样："跳棋"中的"跳"与"棋"之间是修饰与被修饰关系，属偏正式复合词；"跳水"中的"跳"与"水"之间是动作行为与关涉对象之间的关系，属述宾式复合词。

（2）派生法

派生法是由词根和词缀组合构成的合成词，这类合成词我们称之为派生词。根据词根和词缀组合位置的不同情况，派生词可分为两大类：

①在词根前附加词缀构成，即"词缀+词根"的方式。例如：

老：老师　　老虎　　老鹰　　老大

阿：阿Q　　阿爸　　阿姨　　阿飞

初：初二　　初五

前缀"老"附加于表称谓、排行次序、动物的词根前，构成指称事物的名词；"阿"主要是附加在某些表亲属名称、姓名或排行的词根前，构成指称人的名词；"初"主要附加于数字前，表示次序，分别构成序数词和时间名词。

②在词根后附加词缀构成派生词，即"词根+词缀"的方式。现代汉语中后缀较多，而且呈增长趋势。例如：

子：凳子　　裙子　　瘦子　　疯子　　瞎子

儿：话儿　　亮儿　　盖儿　　花儿　　粒儿

头：盼头　　木头　　念头　　干头　　苦头

者：作者　　读者　　记者　　学者　　弱者

员：船员　　社员　　团员　　学员　　演员

家：画家　　行家　　专家　　冤家　　艺术家

手：旗手　　舵手　　水手　　扒手　　猎手

师：医师　　厨师　　拳师　　巫师　　画师

性：党性　　严肃性　原则性　艺术性　积极性

化：绿化　　美化　　钙化　　自动化　现代化

然：泰然　　坦然　　巍然　　突然　　哗然

现代汉语中，后缀"子"、"儿"、"头"附加在动词性、形容词性词根后，它们是名词的一种形态标志。有些带后缀"儿"的指事物的名词，往往会有"小"或喜爱等意味。以"者"、"员"、"家"、"手"、"师"为后缀的词通常是指人的名词，它们在合成词中起添加某些概括的意义的作用，如"者"、"员"表示"……的人"，"手"表示"擅长……的人"，"家"、"师"表示"……方面有专门学识和技艺的人"。"化"主要依附于名词性、形容词性词根后构成动词，表示"转变成某种性质或状态"这种概括的意义。"然"是构成形容词和副词的标志，作为词缀，"然"概括地表示某种状态。

现代汉语中还有一些叠音后缀，例如：

乎乎：胖乎乎　圆乎乎　热乎乎

溜溜：酸溜溜　光溜溜　灰溜溜

生生：活生生　脆生生　怯生生

滋滋：美滋滋　乐滋滋　甜滋滋

烘烘：热烘烘　臭烘烘　闹烘烘

这些叠音后缀是形容词的标志，它们本身没有实在的意义，主要是加强词根的意义和感情色彩，使形容词更加生动形象，增强口语色彩。

词缀应具备三个主要条件：一是定位，即在合成词中的位置是固定的；二是意义必须虚化，有明确实义的不是词缀；三是要有较强的构词能力，具有标志词性的作用。具备这三个条件的词缀可以说是"典型词缀"。

（3）重叠法

重叠法是由两个相同的词根重叠构成的合成词，这类合成词我们称之为重叠词。例如：

哥哥 爸爸 爷爷 妹妹 姐姐 星星

叔叔 舅舅 伯伯 偏偏 仅仅 刚刚

重叠词与叠音词性质不同：重叠词中的语素是成词语素，可以单用，且整个重叠词的意义就是单个构成语素的意义，如"星星"的"星"可以单用，且"星星"的意义与"星"的意义相同；叠音词中，每一个音节都没有独立的意义，且整个叠音词的意义不能由单个音节来表示，如"猩猩"中的"猩"不能单用，没有任何意义，"奶奶"中的"奶"尽管能单用且有意义，但"奶奶"这个词的意义与"奶"的意义并无关联。

（三）多语素合成词的结构层次

由两个语素构成的合成词，它们结构简单，只有一层结构关系。现代汉语中还有很多合成词是由三个或三个以上语素构成的，它们有两个或两个以上的层次。第一层的结构关系决定它们的构成类型。例如：

电话机：这是一个偏正式复合词，"电话"修饰"机"，"电"修饰"话"。

无产阶级性：这是派生词，"性"作为后缀附加在"无产阶级"后，"无产"修饰"阶级"，"无"支配"产"，"阶"和"级"并列。

五、词的缩略形式

缩略形式是指把一个结构较长的固定短语在形式上进行缩减省略而形成的结构较简短的语言单位，又称"简称"或"紧缩词"。例如："世界妇女大会"缩略为"世妇会"，"奥林匹克运动会"缩略为"奥运会"，"中国共产主义青年团中央委员会"缩略为"团中央"。缩略形式是为适应社会发展和满足人们经济有效地使用语言的需求而产生的。

现代汉语的缩略形式，按其成分组合情况的不同，一般可以分为以下两大类：

（一）提取式

从原固定短语中选取有代表性的语素组合成缩略形式。常见的有：

1. 提取原固定短语中每个词或部分词的一个语素组合成缩略形式。例如：

A 政治委员——政委　　　　　电化教学——电教
　 等待就业——待业　　　　　当面考试——面试
B 师范学院——师院　　　　　扫除文盲——扫盲
　 人民警察——民警　　　　　历史地理——史地

C　全国运动会——全运会　　教学研究室——教研室

少年先锋队——少先队　　文艺工作团——文工团

D　人民政治协商会议——政协　中国左翼作家联盟——左联

文学艺术界联合会——文联

A 组的缩略形式是提取各个词的前一个语素或后一个语素组合形成的；B 组的缩略形式是提取前一词的前语素和后一词的后语素或提取前一词的后语素和后一词的前语素组合形成的；C 组的缩略形式是提取前一词的前语素和后一词的头尾两语素组合形成的；D 组的缩略形式是提取部分词的代表性语素组合形成的。

2．提取原固定短语中的各个词的一个语素和各个词的共同语素组合成缩略形式。例如：

中年青年——中青年　　工业农业——工农业

离休退休——离退休　　出境入境——出入境

陆军、海军、空军——陆海空军

高档、中档、低档——高中低档

3．提取原固定短语中的一个词形成缩略形式。例如：

中国人民解放军——解放军

清华大学——清华　　　人民公社——公社

（二）标数式

用数字概括和标明原固定短语中各词所指称的性质相同或相关的事物。

1．取原固定短语中各词的共同语素，然后标数。例如：

初伏、中伏、末伏——三伏

开口呼、合口呼、齐齿呼、撮口呼——四呼

百花齐放、百家争鸣——双百

工业现代化、农业现代化、国防现代化、科学技术现代化——四化

2．概括出原固定短语中各词所指称事物的共同属性，然后标数。例如：

象形、指事、会意、形声、转注、假借——六书

稻、黍、高粱、麦、豆——五谷

诗、书、礼、易、春秋——五经

金、银、铜、铁、锡——五金

立春、春分、立夏、夏至、立秋、秋分、立冬、冬至——八节

现代汉语中缩略方式多种多样，我们以上所列举的是人们经常使用的一些方式。有些缩略形式经过人们的长期、广泛地使用，其形式和内容联系紧密，已经定型为词的形式，例如"五官、旅游、科技、政委、文娱、劳模"等。

第三节 词 义

一、词义的性质

词的声音是词的形式。词的意义是词的内容，是客观事物或现象在人们头脑中的概括反映。例如"词典"一词，其语音形式是"cí diǎn"，其意义是"收集语汇加以解释供人检查参考的工具书"，这个词义就反映了人们对"词典"这种事物的特点——收集语汇加以解释供人检查参考的认识。

词包含形式和内容两个方面。词的形式即词音（听觉形象）；词的内容即词义，词义即词所负载的信息。词义与词音的结合是一种约定俗成，但有个别例外（如"蟋蟀"、"知了"、"咩"等）。词音与词义相辅相成，正如一页纸的两面，无法割裂。

词义基于人们对客观事物和现象的认识。在对客观事物和现象作了观察、分析、综合和抽象概括之后，人们形成了某种概念，然后再以一定的语音形式加以固定，于是形成了词义。

（一）词义具有客观性

词义是客观事物或现象在人们头脑中的反映，词义的存在以客观对象的存在为前提，因而词义具有客观性。例如"缸"的意义是"盛东西的器物，一般底小口大，用陶瓷、搪瓷、玻璃等烧制而成"，这个词义的存在，是以"缸"这种器物的存在为前提的，没有这种器物，就不会有这种词义。在我们的史籍中没有"汽车"、"电话"、"计算机"、"飞机"等词，就是因为当时客观上并不存在相应的事物，所以就没有表示这些事物的词，也就更谈不上有这些词的词义了。即使只表示虚构概念的词义，如"上帝"、"魔鬼"、"妖精"、"菩萨"等，都有一定的客观依据，这些词的意义的形成，是人们对外界事物的原始、愚昧或虚幻、歪曲的认识的结果。

但是，词义的理解也离不开人的主观认识。由于人们的年龄、经历、文化素养等各因素的不同，对词的理解的程度也会有差异。如对"天空"、"地震"、"月蚀"等事物现象的认识，科学家和一般人的认识就有所不同。此外，词所标志的客观事物没有发生变化，但随着人的认识能力的提高，代表这个事物的词义会相应发生很大变化。例如对"人"一词的释义先后有以下几种：

人　天地之性最贵者也。（《说文解字》）

人　能制造工具并使用工具进行劳动的高等动物。（《现代汉语词典》）

由于人们对"人"的认识的不断深化，"人"一词的意义也发生了改变。

词义的客观性为不同的人们使用同一语言达到相互理解提供了客观依据，它是词义的主要方面，而人们对词义的主观认识依附于词义的客观性，是词义的次要方面。

（二）词义具有概括性

词义是人脑对客观事物或现象的反映，这种反映不是对具体事物的直观描摹，而是具有概括性，即词义所反映的往往是整类事物或现象的一般属性，而不是个别的客观事物或现象的具体属性。例如"床"的意义是"供人躺在上面睡觉的家具"，这个词义概括了包括木床、铁床、沙发床、弹簧床等在内的不同形状、不同质料的床的共同属性，而舍弃了上面所举各种床所特有的属性。再如："拥护"是指一切"表示赞许并全力支持"这样的行为，而不是指某一个具体的人对某一具体事物的行为；"聪明"是指所有"智力发达，记忆和理解力强"的人，而不是指哪一个这样的人。即使是专有名词的词义，也具有概括性。例如"北京"一词的词义就概括了各个时期北京的一些共同的特征。

词义的概括性特征可以使人们用有限的词去反映千差万别的无限的具体事物和现象，从而使社会集体成员之间的相互交际成为可能。但在具体的话语、文章中，词有具体的实指功能，也就是说概括性的词能够指称具体的事物和现象。例如"前面走来一个人"中的"人"，不是泛指一切人，而是具体地指说话人所看见的某一个人。

（三）词义具有模糊性

词义的模糊性主要指词义的界限不清楚。如"上午"、"中午"、"下午"即是。有时即使是具有明确内涵的词义，在实际应用中仍不免模糊。

词义的模糊性源于客观事物的模糊性和人们思维的模糊性。"模糊语言"、"模糊数学"和"模糊逻辑"均是由此而来。模糊与精确是相对而言，互为前提的。

（四）词义具有民族性

词义与民族的文化传统、思维方式、心理特征紧密相关。如"太阳光（白光）"，汉族认为是七种色彩，而俄罗斯则认为有五色。又如：在亲属关系的称谓方面，汉语的血缘观念、性别意识、长幼序次似乎更为明显。词义的附加色彩同样显示出民族性的一面，如"红"、"猫"与"鼠"、"龟"等。

二、词义的构成

词义一般由两个部分构成，一是理性意义，一是色彩意义。理性意义是词义的核心部分，色彩意义是附加在理性意义之上的，有感情色彩、语体色彩、形象色彩和文化色彩之分。

（一）理性意义

理性意义也称概念意义，是客观事物和现象的本质属性在人脑中的概括反映，一般与概念有关。例如：

工本　　制造物品所用的成本
爱好　　对某种事物具有浓厚的兴趣

和气　　态度温和

黑钱　　指以贪污受贿或敲诈勒索等非法手段得来的钱

理性意义的作用在于反映词与所指对象的对应关系。例如"黑钱"的指称对象是"以贪污受贿或敲诈勒索等手段得来的钱"，那么"工钱"、"月钱"、"赏钱"、"本钱"等都不属"黑钱"的理性意义范围。一个词能指称几种不同的对象，就有几种不同的理性意义。例如"无赖"一词，既可指称某种品行，又可指称某一类型的人，因而"无赖"一词有两个理性意义：一是指"放刁撒泼，蛮不讲理"，一是指"游手好闲、品行不端的人"。另一方面，如果一个词的指称范围发生变化，词的理性意义也会发生变化。例如"硬件"一词，原只指计算机系统中的某一组成部分，后来人们借用"硬件"指称一些设施，因此"硬件"一词出现了一个新的理性意义，即指"生产、科研、经营等过程中的机器设备、物质材料等"。

理性意义是人脑对客观事物和现象的概括反映。一般来说，理性意义包括通用意义和专门意义两种。通用意义是全体社会成员共同使用的理性意义，是人们在日常生活中对事物的不断认识基础上产生的。专门意义一般是具备某种专门知识的人使用的理性意义，是人们在专门领域内的科学实验和研究基础上产生的，例如：一般人对"乙醇"的理解只限于"酒的主要成分"，也称"酒精"，这个意义是"乙醇"一词的通用意义，但对于化学领域中的专业人员来说，他们对"乙醇"意义内容的理解是"有机化合物，醇的一种，分子式为 C_2H_5OH，无色可燃液体，有特殊气味，溶于水。由含糖物质发酵分馏而得，也可用乙烯制取。是制造合成橡胶、塑料、染料等的原料，也是化学工业上常用的溶剂，并有杀菌作用，可用于消毒、清洁、防腐"。

（二）色彩意义

色彩意义是依附于词的理性意义而存在的词义内容，一般不能脱离词的理性意义而独立存在。词的色彩意义主要包括以下几种：

1. 感情色彩

词的感情色彩意义是人们在表达对事物的概括认识的同时所反映的对该事物的一种主观评价。最常见的感情色彩意义有两类，即褒义色彩和贬义色彩。有些词表明了人们对所反映的事物的肯定、赞扬、喜爱、尊重等感情态度，这就是词的褒义色彩，这些词可以叫做褒义词。例如：

英明　　崇高　　顽强　　鼓励　　聪明　　优秀

雄伟　　公正　　健康　　拼搏　　俊杰　　豪迈

英雄　　烈士　　模范　　真理　　慈祥　　贡献

有些词表明了人们对所反映的事物的否定、憎恶、鄙弃等感情态度，这就是词的贬义色彩，这些词可以叫做贬义词。例如：

粗劣　　凶残　　赃款　　贿赂　　叛徒　　暴君

巴结　　阿谀　　猖狂　　卑鄙　　叫嚣　　走狗

懒惰　　虚伪　　勾结　　行径　　狡猾　　嘴脸

语言中的词并不都有感情色彩，大多数词既没有褒义色彩，又没有贬义色彩，我们称之为中性词。例如：

外甥　　赶集　　肝肠　　河流　　缓慢　　火气
尖锐　　将养　　金属　　久远　　开始　　旷远
离休　　辽阔　　掠视　　暖和　　配备　　偏僻

感情色彩意义一般总是附着在特定的理性意义之上的，例如"嘴脸"的贬义色彩就是附加在"面貌"这一理性意义之上的，不能独立存在；"团结"是指为做有价值或正义的事而结合在一起，这一词的褒义色彩就是附加在"结合"这一理性意义上的。语言中，偶尔也有感情色彩意义独立存在的，比如专门表示感情意义的少数叹词"呸、哼、啊"等。

另外，词的感情色彩意义在特定的语言环境中有时会发生变化，例如：

有几个"慈祥"的老板到菜场去收集一些菜叶，用盐一浸，这就是他们难得的佳肴。（夏衍《包身工》）

"慈祥"、"佳肴"本带有褒义色彩，但在上述例句中，两词都带有明显的贬义色彩，这种临时的贬义色彩只是一种语用意义，不是词本身固有的语汇意义。

2．语体色彩

语体色彩是指词由于经常用于特定场合或特定文体中而形成的某种语言表现风格。最常见的语体色彩是口语色彩和书面语色彩，词（字）典里一般分别标作〈口〉、〈书〉。具有口语色彩的词称为口语词，常用于日常谈话，具有平易、自然的风格。例如：

庄稼　　打听　　小气　　丫头　　财迷　　折腾
压根儿　溜达　　聊天　　抽筋儿　日子　　脑壳儿
虫牙　　吹牛　　吃香　　干脆　　毛手毛脚

具有书面语色彩的词称为书面语词，常用于书面写作，如政论文、应用文、科技文、文学作品等，书面语词具有庄重、文雅的风格。例如：

头颅　　妖娆　　神往　　新月　　邂逅　　浩瀚
临床　　伏特　　光年　　予以　　特此　　兹
政体　　公民　　专政　　审核　　依稀　　圆周

词的语体色彩是固定依附在词的理性意义之上的，而不是在具体的语言环境中临时产生的。口语词不会因为写在书面上而失去其口语色彩，书面语词也不会因为说在口头上而失去其书面语色彩。具有语体色彩的词的运用，要注意和各自的语体搭配，做到贴切合体。我们日常说话具有轻松、自然、随意的特点，如果使用书面语词，就会使人感到生疏；反之，书面语言，特别是政府文告、法律条文、外交文件等，一般要求庄重严肃，如果随意使用口语词，同样是不得体的，甚至给人一种轻浮之感。

3．形象色彩

语言中的一些词能使人联想起该词所指称的事物的形态、颜色、声音等生动具体的形象，这些词的理性意义上就依附有形象色彩。例如：

反映形态：云海　猫头鹰　灯笼花　马尾松　八字胡　十字路口　美人鱼　花果山

反映动态：垂柳　摊牌　上钩　失足　翻飞　迎春花　穿山甲

反映颜色：碧空　苍山　朱栏　绿茶　彩霞　雪白　黑豆　翠柳

反映声音：轰隆　哗啦　叮当　噼里啪啦

4．文化色彩

语言中的一些词蕴含着丰富的历史文化内涵，能使人们联想到与词义相关的典故、诗文或民俗，这就是词义的文化色彩。例如："负荆"源出于《史记·廉颇蔺相如列传》，后用来表示认错赔礼。"桑梓"语出《诗经·小雅·小弁》"维桑与梓，必恭敬止"，意思是说家乡的桑树和梓树是父母种的，对它要表示敬意，后人用来比喻故乡。"梨园"为戏院或戏剧界的别称，这是因为传说唐玄宗曾教乐工、宫女在梨园演习音乐舞蹈。"龙"是我国古代传说中的神异动物，封建时代用龙作为帝王的象征，所以"龙"成为尊贵、吉祥的象征。这些词都能使人联想到丰富的文化背景。

三、单义词和多义词

（一）单义词

一个词如果只有一个意义，就是单义词。例如：

马　　　羊　　　内科　　卵生　　梧桐

桌子　　骆驼　　电灯　　李白　　中国　　长沙

一般来说，科技术语、专有名词和表草木、鸟兽、器物及其他常见事物的名称的词语都是单义词。单义词的意义明确、固定，不会产生歧义。

（二）多义词

一个词如果有几个相互关联的意义，就是多义词。例如：

赶　①追：赶先进。②加快行动，使不误时间：赶任务。③去/到（某处）：赶庙会。④驾御：赶大车。⑤遇到（某种情况）：赶上一场雨。

多义词都是由单义词演变发展而来的。一个词最初总是单义的，由于社会的发展和人们交际的需要，人们对词义的区分越来越细，语音形式又是有限的，因此人们习惯用原有的语音形式来指称与原有的事物或概念有一定相似或相关之处的新事物或新概念，不再另造新词，这样原来的单义词就变成多义词了。现代汉语中多义词占大多数。

多义词的几个意义可以分为基本义和引申义两类。基本义是使用频率高、应用范围广的意义，其他的意义都是推演发展而来的引申义。如"包袱"指包衣物用的布，引申为影响思想或行动的负担。

引申义的引申角度：

（1）借代引申　例如"编辑"原义是指行为，引申指执行编辑的人；"丝竹"原指丝弦和竹子，引申为琴、瑟、箫、笛等乐器的总称，这些乐器都是以丝弦或竹子为材料的。

（2）通感引申　如"苦"，原指味觉上的像胆汁或黄连的味道，跟"甘"相对，引申指心理感觉上的痛苦、难受；"痛"原指肉体上因疾病创伤等引起的难受的感觉，引申指心理感觉上的痛苦、悲伤；"尖"原指末端细小、尖锐，属视觉感觉，引申指声音高而细，也指耳、目、鼻灵敏，这些属听觉、嗅觉上的感觉；"长"原指空间上的两点之间距离大，跟"短"相对，引申指时间上的长久；"深"原指空间上的从上到下或从外到内的距离大，跟"浅"相对，是一种具体的感觉，引申指感情深厚、关系密切，这是一种抽象的感觉。

（3）比喻引申

形状相似　如"眼"原指人或动物的视觉器官，引申为指小洞、窟窿；"网"原指用绳线等结成的捕鱼捉鸟的器具，引申为指形状像网的东西（如"蜘蛛网"）。

功用相似　如"杠杆"原指能绕着固定点转动的杆，引申义指起平衡或调控作用的事物或力量；"暗礁"原指海洋、江河中不露出水面的礁石，是航行的障碍，引申义指事情在进行中遇到的潜在的障碍。

性质相似　如"黑暗"原指没有光，引申义指现象、事物落后腐败；"培养"原指以适宜的条件使生物等繁殖，引申义指按照一定的目的长期地教育和训练；"金玉"原泛指珍宝，引申义指华美贵重。

结果相似　如"流产"原指胎儿未满 28 周就产出，引申义指事情在酝酿或进行中遭到挫折而不能实现；"腐蚀"原指通过化学作用使物体逐渐损坏，引申义指使人在坏的思想、行为、环境等因素的影响下逐渐变质堕落。

借代引申、通感引申和比喻引申与修辞上的借代、通感和比喻用法有着本质的不同。借代引申义、通感引申义和比喻引申义是经过人们长期广泛的运用而固定在词义之中的，是词义的有机组成部分，具有全民性。而修辞上的借代、通感和比喻用法是临时性的，不能离开特定的语言环境。

第四节　词义的分解与聚合

一、词义的分解

词义是一个系统，要全面、深入地认识和理解词义，就必须对之进行分解。

（一）什么是义项

义项是词的理性意义的分项说明。一般而言，词的一个理性意义即为一个义项。除了单义词外，语言中的其他词都是多义词，都有两个或两个以上的义项。词的义项来自实际的语境，词在语境中表现出多少种意义即意味着它有多少个义项。词在语境中表现出的是显性意义，在词典中表现出的则为隐性意义，二者不完全等同。

词的义项并非固定不变，必须随着社会的变化和语言自身的发展而不断调整，或增或减。就一个词而言，词的各义项是彼此相关的互补关系。在特定的语境里，词的若干个义项只能有一个显性化。否则，就可能导致歧义（出于修辞目的的则为"双关"）。例如：

1．水流到了地下。

2．他教国语。

3．将！秘书长！从全局来看，你输了，你完了，你交枪吧。（《八一风暴》）

4．这是我的先生。

（二）义项的分类

按照词的义项在共时和历时词义系统中的地位和作用，义项可分为以下三类：

1．本义：词的原始意义，一般只指最早的文献意义。

2．基本义：最常用、最核心的义项。

注意：本义与基本义的关系有时可以等同（如"圆"、"亮"、"苦"等），有时则不一致（如"兵"、"汤"等）。

3．转义：由基本义直接或间接转化而来。词的转义主要由引申和比喻两种途径产生。

引申义：即在本义或基本义的基础上推演发展出来的意义。引申义强调的是相关性。例如：

口：户口——人口（口粮）——一口（量词，用于某些物品、家畜及人等）

笔杆子：笔的手抓部分——笔——能写文章的人

引申义有近引申义和远引申义之分。例如：

兵——兵器——战士——军队（例：不战而屈人之兵）——战争（例：兵无常势，水无常形）

比喻义：即借用词的一个义项来喻指与之无关的事物。比喻义是词的比喻用法固定下来的意义，它源自事物之间的相似性。例如：

"口"的比喻义有：①关隘：西口、腊子口；②容器与外界的相通之处：瓶口；③出入通行的地方：路口。

其他例如"皮毛"、"浪潮"、"下海"等。

比喻义和一般的由比喻手法而临时产生的修辞义不同。比喻义已成为多义词中固定的引申义，即使离开了一定的语境仍保留该义，记录在词典中。而比喻手法产生的修辞义则是临时的，离开了那个语境，该义就消失了。如"近视、结晶、帽子、后台、傀儡、包袱"都有比喻义，都是固定义；而像"鲜花"一词只有在"姑娘好比鲜花"这类句子中才有"姑娘"的修辞义，用的是临时的比喻用法。

（三）多义词和同音词

1．多义词

多义词是相对于单义词而言的。只有一个意义的词叫单义词，如科学术语、专有名词和常见事物的名称等。同时存在几个互有联系的意义的词就是多义词。

具有多个相关的固定义的词是多义词。它在词典中有多个义项，义项之间互相联系。如：

铁：本义是指一种金属，又用来比喻"确定不移"，如"铁的纪律"。它所包含的这两个义项虽然互不相同，但又互相联系。

浅：本义指深度小，引申有"短暂"（如"相处日浅"）、"淡薄"（"浅颜色"）等意义。包含的义项虽互不相同，但也是互相联系的。

闹：喧哗（闹哄哄）、扰乱（大闹天宫）、发泄（闹情绪）、发生灾祸（闹病）、从事（闹革命）。

汉语中，单音节的多义词，往往义项很多，如《现代汉语词典》中，"红"有5个义项，"一"有9个义项，"打"有25个义项。而多音节的多义词，一般只有两三个义项。例如：

包袱：①包衣服等东西所用的布；②包裹；③精神负担；④曲艺界所谓的笑料。

现代汉语中，多义词多于单义词。

多义词的产生与社会生活的发展、人类思想认识的精密化有关。多义词的产生具有积极的意义，丰富了词的内涵，扩大了词的使用范围。

如前所述，在具体的语境中，多义词一般表现为单一意义。

2．同音词

两个以上声、韵、调都相同的词是同音词。但像"夫人"与"妇人"、"资产"与"自产"都应排除在外。

同音词约占汉语词汇总量的10%，其最大的特点是语音相同而语义无关。

同音词的类别有同音同形和同音异形两种。

同音同形。例如：：黑人：黑色人种　黑人：没有户口的人

生气：不愉快　生气：生命力、活力

仪表：人的外表　　仪表：测定温度、气压或电量等的仪器

同音异形：占有——战友　著名——注明　蜜蜂——密封（全异）

会议——会意　战士——战事　加法——家法（半异）

同音词的积极作用——构成"谐音双关"。例如：

高山唱歌远闻声，三姐唱歌久闻名。

二十七钱摆三注，九文九文又九文。（电影《刘三姐》）

暖瓶挂在飞机上——高水瓶（水平）

旗杆上绑鸡毛——好大的掸子（胆子）

孔夫子搬家——尽是书（输）

谐音双关既能"意在言外"，又能"含而不露"，有风趣幽默之效，所以相声、快板书、小品等曲艺作品中较多使用。

同音词的消极作用：

（1）混淆视听，妨碍理解。例如：她喜欢听越（粤）剧；期中（终）考试开始了；这个人有点娇（骄）气。

（2）易导致错别字。例如：在——再、长——常、励——厉、戴——带、做——作。

（二）义素

1．义素

义素是构成词义的最小意义单位，即词义的构成要素。义素又称语义成分或语义特征。义素能够帮助我们找到事物之间的共同特征和区别特征。一组词所具有的共同特征和区别特征分别称为共同义素和区别义素。例如：

鞋：+物品　+穿在脚上　−有筒　+着地

靴子：+物品　+穿在脚上　+有筒　+着地

袜子：+物品　+穿在脚上　+有筒　−着地

试分析：公羊　母羊　羊羔

2．义素分析法

（1）确定对象：分析的对象必须相关、接近，必须处于一个共同的语义场。

（2）比较分析：找出共同特征和区别特征

（3）显示结果：义素用[ ]标记，以"＋"、"－"来表示对立的义素。

3．义素分析的运用

（1）辨析同义词。

（2）揭示词语搭配的内部关系：喝茶——喝饭、喝茶——吸茶。

（3）显示事物之间的区别。

二、词义的聚合

词汇是一个系统，系统内的词语有种种的联系，可能是意义上的，也可能是形式上的。意义上的联系构成各种语义场，语义场里面的词从不同角度观察，又有上下义、类义、同义、反义等的联系；形式上的联系表现为听觉上的同音或视觉上的同文。

（一）语义场

1．语义场的性质

不同的词之间具有共同的语义特征，人们按照这种共同语义特征和联系把词分成一个个的类，这就是词义的聚合类，每一个聚合类就是一个语义场。换言之，语义场就是根据词义的共同特点或关系划分出来的类。比如"祖父、父母、兄弟、姐妹、叔伯、舅舅、姑、姨"等，关系性质相同，有一个共同的"亲属"语义特征，可以概括为亲属类的词，属语义场中的"亲属场"，又如"牛、马、猪、羊"等表示豢养动物的词都有一个共同的"家畜"语义特征，便又组成语义场中的"家畜场"。

2．语义场与上下义词

（1）语义场的不同层次

　　语义场的纵向联系体现为根据语义概括的范围，语义场有大有小，每个场下面可能分成若干"子场"，由场到子场，形成一个有序的集合，相对于子场而言，上一层次的也称作"母场"。从母场到子场，体现了语义场的层次结构。如亲属场下的子场：男性亲属场/女性亲属场，直系亲属场/旁系亲属场。

　　有的词可以兼属于不同层次的语义场，例如：

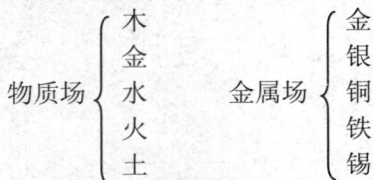

$$
物质场\begin{cases}木\\金\\水\\火\\土\end{cases}\qquad 金属场\begin{cases}金\\银\\铜\\铁\\锡\end{cases}
$$

　　左位的"金"是物质场（母场）中的词，指金属，右位的"金"是金属场（子场）中的词，指金属中的黄金，这种义项的区别，是由所属的语义场表现的。

　　（2）上下义词

　　母场与子场也是一种上位与下位的关系，母场中的词与子场中的词称上下义词，也叫上下位词，指的是词语之间在意义范围大小上形成的类属联系，如"动物"与"牛"、"马"、"猪"就是上下义词，"动物"意义范围大，是上位词，"牛"、"马"、"猪"意义范围小，是下位词。

　　一个词在不同关系上可以有不同的下位词。"工人"的下位词总起来说是从行业上区分的，但着眼点不同就有不同的下位词，如果着眼于性别和年龄，则"工人"与"男工、女工"构成上下位词，如果着眼于工作的时间特点，"工人"与"短工、零工、临时工、固定工"构成上下位词。

　　上下位关系是复杂的。"动物"对于"牛、马、猪"来说，是上位词，但对于"生物"这个词来说，又是下位词。"牛"对于"动物"来说是下位词，但对于"水牛、黄牛、牦牛"这些词来说，又是上位词。词的上下位关系的层次性与语义场的层次性是一致的。

　　根据词的上下位关系的层次性，可以把上下义词分为两种类型：直接上下义词和间接上下义词。

　　直接上下义词指相邻层次上的词，间接上下义词指相隔层次上的词。例如："人"包括"农民、工人、商人"，"工人"又可以包括"瓦工、木工、花匠"，"人"和"工人"是直接上下义词，"人"和"木工"是间接上下义词。

　　上下义词的关系反映了词在意义上相互隶属的关系，可以叫做的纵向关系。词的同义、反义关系可以叫做词的横向关系。了解词的纵向关系和横向关系，能更全面地理解词的意义联系。在语言运用中，往往利用上下义词的纵向关系，构成这样的表达方式：

　　下位词　　是　××××　的　　上位词
　　鱼　　　　是　营养丰富　的　　食物

　　其中，"鱼"对"食物"来说是下位词，"食物"对"鱼"来说是上位词，"营养丰富"是说明"鱼"的性质特征的。这种表达方式广泛用来说明解释各种事物和现象，帮助人们认识下位词所表示的东西属于何种类别的事物现象（上位词表示），有什么样的性质特征（上位词的修饰语表示）。例如：

唐朝是中国历史上经济文化都有很大发展的朝代。

芒果是一种热带的水果。

词典也常用这种表达方式来解释词义。如：

钢笔：笔头用金属制成的笔。

通红：很红，十分红。

花墙：上半砌成镂空花样的墙。

用这种方式解释词义，要挑选恰当的上位词，对事物现象特征的说明要准确，抓住要点。

3. 语义场与类义词

（1）语义场的相同层次

语义场的横向联系体现为同一层级的词语在语义上相互制约、相互依存。比如同一层级的"水"与"火"既有相同语义特征，又有不同语义特征，因为共同特征而聚合为一类，因为不同特征而区别为同一类中的两个个体。再如表示同胞关系的语义场"哥哥、弟弟、姐姐、妹妹"，词与词之间在语义上也是相互制约、相互依存的，没有"哥哥、姐姐"，也就无所谓"弟弟、妹妹"。所以，语义场中词的共同义素表明各词义之间的联系，不同义素表示各词义之间的对立。

（2）类义词

类义词是具有共同语义特征或者共同属于一个较大意义类别的一组词。如"桌子、椅子、板凳"同属家具类，"锅、碗、瓢、盆"同属厨具类，"红、黄、蓝、白、黑"同属颜色类，"纸、笔、墨、砚"同属于文具类。

由于多义词的存在，类义词的构成往往有着相对的关系。一个词的不同义项可以与不同的词构成类义关系。例如："打"在一种意义上与"拍"构成一组类义词，而在另一种意义上又可以与"骂"构成一组类义词，"拍打"的"打"与"打骂"的"打"分别使用了"打"的不同义项。

词和词的类义联系，有的比较密切，有的比较疏远，如"父亲、母亲"是关系最密切的类义词，它们只有一个义素不同，其他义素都相同，"母亲"和"阿姨"也有类义关系，它们都表示人际关系，而且都有辈分大的共同特征，即都属长辈，但相比之下，这种类义关系就比较疏远了。

如果说上下义词是语义场成员纵的联系，那么类义词就是语义场成员横的联系。

以类相聚的类义词，具有共同的义素，知道某一类义词的共同义素，对准确解释词语的意义有帮助。词典的释义往往要说明某个词使用的场合和范围，例如：

婀娜：姿态柔软而美好。

妩媚：女子、花木等姿态美好可爱。

洒脱：形容姿态自然、无拘无束。

"姿态"是这三个词共同具有的语义成分，表明这三个词是同一类词，而且是在形容"姿态"这个范围内运用。

类义词连续使用，往往可以增强语言的感染力。例如：

夺铜牌夺银牌夺金牌冲出亚洲争宝座

重德育重智育重体育振兴中华造人才（《迎春征联集萃》）

"铜牌、银牌、金牌"是类义词，"德育、智育、体育"是类义词。

类义词在诗歌中用来构成对偶的句式，在古代律诗中尤为常见。例如：

青山横北郭，白水绕东城。

此地一为别，孤蓬万里征。

浮云游子意，落日故人情。

挥手自兹去，萧萧斑马鸣。（李白《送友人》）

"青山"和"白水"，"东"与"北"，"城"与"郭"，"浮云"和"落日"，"游子"和"故人"，都是互为相对的类义词。

（二）同义义场和同义词

1. 同义义场

意义相同或相近的词组成的语义场叫做同义义场，义场中的各个词叫做同义词。

2. 同义词

（1）同义词的类型

同义词指意义相同或相近的一组词。可以分为两类：

① 等义词　也叫绝对同义词，指的是理性义完全相同、附加义略有不同的几个词。这类词可互相代替，语言中数量不多。例如：

士兵—兵士　　　演讲—讲演　　　代替—替代

觉察—察觉　　　水泥—洋灰、水门汀　　　青霉素—盘尼西林

② 近义词　也叫相对同义词，指的是理性义有所差异、附加义也有不同的几个词。这类同义词数量很多，使用中有着积极意义和作用，是词汇学和修辞学研究的重要对象。例如：

表扬—表彰　　悲伤—悲哀　　锋利—锐利　　思念—想念—怀念

反映—反应　　权利—权力　　改革—改良　　清除—根除—铲除

近义词之间常有如下形式方面的特点和联系：

语音相同。

如：年轻—年青，必需—必须，企求—乞求，发愤—发奋，功夫—工夫，反映—反应，做—作。

语素相同而次序不同。

如：灵魂—魂灵，代替—替代，健康—康健，粮食—食粮。

各词有相同语素也有不同语素。

如：保护—庇护—维护，成果—结果—后果，例如—比如：显露—披露—裸露—表露—透露，错误—失误，延误—耽误，愚昧—愚蠢。

当然，也有各词语素都不相同的，

如：仿佛—好像，干脆—索性，鲁莽—冒失，劳累—疲倦，卓越—杰出，广泛—普遍。

（2）同义词的产生

① 古语词的沿用，与现代普通话用词形成了同义词。例如：

赠—送　　诞辰—生日　　取—拿　　逝世—死　　措施—办法

② 方言词的吸收，与共同语用词形成同义词。例如：

搞—做—干　　玉米—包米—包谷—棒子　　太阳—日头

③ 专业词的使用，与普通口头用词形成同义词。例如：

牙床—齿龈　　水银—汞　　痨病—肺结核　　稀释—冲淡

④ 外来词的吸收，与本族用词形成同义词。例如：

维他命—维生素　　麦克风—话筒　　马达—发动机

水门汀—水泥　　　梵阿铃—小提琴

（3）同义词辨析

同义词大多是为了准确地反映事物之间的细微差别，贴切而细致地表达人们对客观事物的态度、感情，或者为适应各种语体风格的需要，不断创造出来的。因此，掌握和运用好同义词，可以使思想表达得更为精确、严密，使语言更加鲜明、多样、生动、有力。

掌握运用同义词，固然要把握其相同点，但关键还在于能辨析同义词之间的细微差别。辨析同义词，必须结合语言实际，掌握充分材料，明确其意义和用法之"大同"，分辨其意义和用法之"小异"，即找出同义词的"共性"和"个性"。辨析大致可从以下几方面入手。

① 理性意义的辨析

语义侧重　有些同义词的差别在于语义侧重点不同。比如"幻想—空想—梦想"，都有主观的不切实际的想象或想法的意思，但"幻想"侧重于虚幻，"空想"侧重于凭空，"梦想"侧重于梦寐以求、急迫。又如"精细—精致—精巧—精美"中的"精细"着重指细密、细致，"精致"着重指别致、新奇，"精巧"着重指巧妙、玲珑，"精美"着重指美好、漂亮。

程度轻重　有些同义词的差别在于词义的轻重程度不同。如"损坏—毁坏"所表示的是破坏行为，而"损坏"的语意轻些，"毁坏"的语意重些。其他如：

改革—改良　　嗜好—爱好　　相当—非常—万分—极其—最

绝密—机密—秘密　　哀求—恳求—祈求—请求　　优异—优秀—优良

范围大小　有的同义词所指对象的范围大小有区别。例如"边境"与"边疆"都是指远离内地接近国境的地区，但"边疆"指靠近边界的领土，范围较大，"边境"指临近边界的地方，范围较小。其他如：

时代—时期　　局面—场面　　事件—事变—事故　　灾难—灾荒—饥荒

家族—亲属—家属—家眷　　战争—战役　　性质—品质

个体与集体　"信"和"信件"指的是相同性质的事物，但"信"往往是具体的个别的信，而"信件"是集合的很多的信。其他如：

书—书籍　　　人—人类　　　山—山脉　　　枪—枪支
湖—湖泊　　　马—马匹　　　纸—纸张　　　花儿—花朵

② 色彩意义的辨析

感情色彩　有些同义词的基本意义相同，但感情色彩不同。有的是肯定或赞许，带有喜悦的感情，有的是否定或贬斥，带有憎恶的感情，前者叫褒义词，后者叫贬义词。有的词无所谓褒贬，是中性。例如"鼓舞—鼓动—煽动"，"鼓舞"是指某件事或某个人的高尚品质对人的感染、激发，使人振奋起来，是褒义词；"煽动"杂是挑动，指使他人做坏事，是贬义词；"鼓动"指激发推动，无所谓褒贬，是中性词。类似的例子如：

褒义—贬义	中性—贬义	褒义—中性	褒义—中性—贬义
果断—武断	手段—伎俩	瞻仰—观看	诱导—引诱—诱惑
顽强—顽固	比较—比附	光辉—光线	团结—结合—勾结
充满—充斥	排除—排斥	温馨—温暖	领袖—首领—头子

语体色彩　现代汉语的语体从不同的角度可以有不同的类，同义词在语体色彩上的差别也各式各样。

口语和书面语的不同。例如：

吓唬—恐吓　　　怎么—如何　　　剃头—理发　　　溜达—散步
闺女—女儿　　　今儿个—今天　　生日—诞辰　　　死—逝世
走—步行　　　　信—函　　　　　爸爸—父亲　　　在—于

普通用语和特殊用语的不同。例如：

飞—飞翔　　　　半夜—子夜　　　心—心灵　　　　光亮—晶莹
静—寂静　　　　寂寞—寂寥　　　好—美好　　　　好意—美意

以上是普通用语和文艺作品用语的例子。

给—给予　　　　办法—措施　　　现在—兹　　　　私下—擅自

以上是普通用语和公文用语的例子。

盐—氯化钠　　　脑袋—头部　　　脸—面部　　　　月球—月亮

以上是普通用语和科技用语的例子。

爬行—匍匐　　　扔—投掷　　　　趴下—俯伏　　　早上—拂晓

以上是普通用语和军事用语的例子。

③ 功能意义的辨析

搭配对象　"改进"和"改善"都有改变原来某一不好的状态并使之有所进步的意思，但"改进"一般与"工作、方法、技术"等词搭配，"改善"则常与"生活、关系、条件"等词搭配。类似例子如：

交换—意见　礼物　资料　　　　担负—责任　使命　任务
交流—思想　经验　物资　　　　担任—职务　工作
转移—视线　阵地　目标　　　　侵占—土地　财产　领土
转变—作风　立场　态度　　　　侵犯—主权　利益　权益

　　词的搭配关系比较复杂：词义有的抽象，有的具体，使用时有对上对下、对人对物等多方面的差别，应该广泛收集事例，借助有关的工具书深入细致地进行思考、比较和分析。而且这种搭配上的区别并不都是固定不变的。随着事物的发展，原来不能搭配在一起的一些词语，也可能变成可以搭配的。

　　词性和造句　"反应"和"反映"，都指一事物受另一事物的影响而产生相应的活动。但"反映"本指光线景象的反照，它的引申义是从某一事物的现象里看出某些情形，是动词，有时用作名词；"反应"原指有机体受到刺激而引起的相应的活动，或化学上所说的两种物质发生作用而产生一种新物质的过程，它的引申义是指因受外界影响而产生的意见、态度或行动，是名词。"必须"和"必需"都表示一定要，但"必须"是副词，只能作状语，修饰动词，"必需"是动词，可带宾语。

　　词性不同，句法功能也就不同。有的词，虽然词性相同，句法功能也不一致。如"重要"和"主要"都是形容词，意义相近，前者既可用作述语也可用作定语，后者只作定语。"摇动"和"动摇"都是动词，但前者可插入"得/不"，后者不能插入"得/不"。

　　（4）同义词的作用

　　① 细致区分，表达严密。例如：

　　我们主张先把本民族的东西搞通，吸收外国的东西要加溶化，要使它们不知不觉地和我们本民族的文化溶合在一起。这种溶合是化学的化合，不是物理的混合，不是把中国的东西和外国的东西"焊接"在一起。（周恩来：《在文艺工作座谈会和故事片创作会议上的讲话》）

　　在这段话中，作者选用"溶化、溶合、化合、混合、焊接"（依上下文而形成的临时性同义词，或叫条件同义词）五个意义上有联系但又有区别的同义词，精确而严密地阐明"溶化"是这样的，不是那样的。

　　② 语体得当，风格鲜明。例如：

　　人民解放军所到之处，深望各界人民予以协助。兹特宣布约法八章，愿与我全体人民共同遵守之。（《毛泽东选集》第四卷第395页）

　　这里的"深、望、予以、兹、愿、之"分别是"深深地、盼望、给以、现在、希望、它"的意思，选用于布告这种特殊文体里，以表示郑重、严肃的语体色彩。

　　③ 避免重复，富于变化。例如：

　　我们以我们的祖国有这样的英雄而<u>骄傲</u>，我们以能生活在这个英雄的国度而<u>自豪</u>！（魏巍《谁是最可爱的人》）

　　独有英雄驱虎豹，更无豪杰怕熊罴。

　　上两例加下划线的同义词分别用在上下文中，避免了重复，使语言富于变化，生动活泼。

　　④ 同义连用，加强语势。有些成语是两个同义词并列连用或交相搭配而构成的。这样的成语都有加重语气，突出强调的作用。例如：

粗心大意	聚精会神	心满意足	评头品足	轻描淡写	冷言冷语
粉身碎骨	不屈不挠	赤手空拳	丰功伟绩	真凭实据	奇形怪状

⑤ 避忌避讳，显得委婉。例如：不说"死"，而针对具体情况说"去世"、"逝世"、"老了"等。"落后"和"后进"，"受伤"和"挂彩"，都属于这一类。

（5）辨析同义词的方法

① 在语境中考察。

② 替换分类。

（三）反义义场与反义词

1. 反义义场

两个意义相反或相对的词可以构成反义义场，这两个词互为反义词。

2. 反义词

（1）反义词的性质

反义词即意义相反或相对的一组词。反义词在意义上的矛盾、对立，是客观事物矛盾、对立的反映。是不是反义词要考虑下面几个因素。

① 属同一意义范畴。例如"长—短"都属于长度这个范畴，"拥护—反对"都属于对人或事物的态度范畴，"春—秋"都属于季节范畴。不同范畴的词，如"浅—大（深度—体积）"，就不能构成反义词。

② 词性相同、结构相当。"缺点—完美"意义相反，但前一个为名词，后一个为形容词，不构成反义词，"傻子—聪明"、"败仗—胜利"也都是词性不同，不构成反义词，"暗—光明"虽也有反义关系，但单双音结构不同，也不是反义词。

③ 色彩一致。反义词要俗皆俗，要雅皆雅，如"买"与"卖"同为口语色彩的反义词，"购入"与"售出"同为书面语色彩的反义词。

④ 有语言习惯基础。反义词都是习惯被对比或对举用的词，例如："浪费—吝啬"语义对立，但"浪费"的反义词习惯上一般是"节约"，而不是"吝啬"；"晴天"的反义词一般是"阴天"而不是"雨天"。

反义词是就词与词的关系说的，不是就词与词组的关系说的。所以"乱—井井有条/麻痹—提高警惕/好—不好/早—不早"等词的对应，尽管表示的意义互相排斥，但不属反义词。

词汇里反义词多，但并不是说每个词都有一个相对的反义词。此外，有的简单概念有反义词，复杂概念却不一定有相应的反义词，比如单音节的"轻—重"是反义词，复音节却有"重点"，无"轻点"，有"轻装"，无"重装"。再如单音的"凉—热"是反义词，复音却有"热心"，无"凉心"。

（2）反义词的类型

① 绝对反义词。绝对反义词一般是二元的，肯定甲，就必否定乙，否定甲，就必肯定乙，对乙也是这样，中间没有第三种意义。例如：

死—活　　有—无　　完整—残缺　　主观—客观　　动—静

② 相对反义词。相对反义词指的是肯定甲，就否定乙，但否定甲却不一定就肯定乙，

中间还有丙、丁等其他意义。例如：

　　　白—黑　　　冷—热　　　快乐—忧愁　　　苦—甜　　　方—圆

　　正因为是相对的，所以哪个词跟哪个词构成反义关系，并不是固定不变的。就通常情况而言，"白—黑"是反义关系，在特殊情况下，"白—红"、"红—黑"也可用构成反义词。

　　在语用中，人们为实现映衬对比之效果，往往套用，临时创造反义词，可称"偶发性反义词"，例如：

　　　阴风—阳风　　　公理—婆理　　　冒进—冒退　　　阔人—狭人

　　（3）反义词的对应关系

　　反义词的对应关系也就是反义词的配对情况。反义词不是简单地一一对应，它们的配对关系是复杂的。了解这种情况对如何运用反义词很有帮助。

　　① 单义词之间构成反义关系，例如：

　　　恩人—仇人　　　　　内行—外行　　　　　出席—缺席
　　　亏本—盈利　　　　　非法—合法　　　　　昂贵—低廉

　　② 单义词与多义词的某一个义项构成反义关系。例如："买"是单义词，"卖"是多义词，"买"的"用钱购物"义项和"卖"的"以物换钱"的义项上构成反义关系。另外，"卖"还有"背叛"义项和"尽量使出来"义项，在后面两个义项上同"买"不构成反义关系。

　　③ 多义词与多义词在某一个义项上构成反义关系。例如："假"和"真"都是多义词，它们只在"不真实"、"真实"的意义上构成反义关系，在其他意义上不构成反义关系。

　　④ 多义词与多义词在某几个义位上构成反义关系。例如"高潮"和"低潮"，"高潮"有三个义项，"低潮"有两个义项，"高潮"的基本义是指"在潮的一个涨落周期内，说明上升的最高潮位"，"低潮"则是指"说明下降的最低潮位"。"高潮"的比喻义是指"事物高度发展的阶段"，"低潮"则是指"事物发展过程中低落、停滞的阶段"。在这两个义项上，它们构成反义词。此外，"高潮"还指"小说、戏剧、电影情节中矛盾发展的顶点"，在这个义项上，"高潮"和"低潮"不构成反义关系。

　　⑤ 一个多义词在它的几个义位上有不同的反义词。例如"老"的本义是"年岁大"，在这个意义上，它的反义词是"少"和"幼"。"老"的引申义有"很久以前就存在的"，如"老朋友"，在这个意义上，它的反义词是"新"。"老"还有一个引申义是"（蔬菜）长过了适口的时期"，如"菠菜老了"，在这个意义上，它的反义词是"嫩"。

　　⑥ 一个词在它的某一个义位上也可以有多个反义词。例如：

　　　　　　　┌ 坚强　　① 性格脆弱（坚强）
　　脆弱坚实 ┤ 　　　　② 感情基础脆弱（坚实）
　　　　　　　└ 稳固　　③ 国民经济的基础脆弱（稳固）

　　（4）反义词的不平衡现象。反义词中的词总是成对的，但两个词之间的语义范围，使用频率并不相等，就形成了反义词的不平衡现象。

① 形容词构成的反义不平衡现象，例如：在"～不～"格式中，可以说"厚不厚"，但一般不说"薄不薄"；在"多～"格式中，可以说"多重/多宽"，一般不说"多轻/多窄"；可以说"大陆、大粪、大赦、大使、大自然、大本营"，一般不说"小陆、小粪、小赦、小使、小自然、小本营"。

② 动词构成的反义不平衡现象。例如：在"把"字句中，可以说"把收音机关了、把工资减了、把帽子脱了"，一般不说"把收音机开了、把工资加了、把帽子戴了"。

③ 方位词构成的反义不平衡现象。例如：作方位词使用时，可以说"地球上"、"身上"，但一般不说"地球下"、"身下"。

（5）反义词的作用

① 正反对照，突出矛盾。例如：

旧社会把人逼成鬼，新社会将鬼变成人。

悲剧将人生的有价值的东西毁灭给人看，喜剧将那无价值的撕破给人看。（鲁迅《再论雷峰塔的倒掉》）

② 构成对偶，精警含蓄。例如：

有的人活着，他已经死了，有的人死了，他还活着。（臧克家《有的人》）

祸兮福所倚，福兮祸所伏。（《老子》）

③ 正反连用，含义深刻。例如：

读者定会觉得是一条"新闻"吧，其实却是一条旧闻。

希望大家积极支持改革工作，促进这一工作，而不要促退这一工作。

④ 作为语素，合成新词。例如：

是非　早晚　动静　开关　利害　深浅　死活　始终　胜败　吞吐

这种合成词的语义不是简单相加，而是概括出新义，如"动静"指动作或说话的声音情况，"深浅"指程度或比喻分寸。反义词还可构成成语，例如：

左右逢源　　啼笑皆非　　坐观成败　　举足轻重　　自相矛盾　　乐极生悲
阳奉阴违　　有头无尾　　古往今来　　推陈出新　　山高水低　　大同小异

（四）同音词和同形词

1. 同音词

同音词是语音形式相同而意义毫无联系的词。如"白"，作为颜色的"白"和作为"错误（字音或字形）"的"白"在意义上是毫无联系的。

（1）同音词的类型

① 同形同音词（书写形式相同），例如：

生（生地方/生孩子）　　　和（笔和纸/和他比）
上装（上衣/化装）　　　　当心（正中间/小心）
出师（学徒期满/出兵打仗）会（开会/会写字）
才（人才/才开始）　　　　吃水（饮用水/船身入水深度）

② 异形同音词，例如：

shùmù：数目/树木　　　　　túxíng：图形/徒刑

shāo：梢/捎/稍/烧　　　　　àn：暗/岸/案/按

（2）同音词的形成

① 语音的偶合

汉语只有 400 多个基本音节，加上 4 个声调，也只有 1300 来个音节，远不够称得上是丰富，因此单音词，几个概念乃至几十个概念同音的现象也就不可避免。例如：

鸡—机—姬—击—激—饥—基—讥—唧

此外，不同的人们在不同时代、不同地点造词也难免有相同。

② 词义的分化

有的多义词随着语言的演变，新的引申义和原有基本义的联系弱化或失去联系，形成同音词。例如：

"管"的各个意项之间的引申义没有联系形成同音词：A.原义为竹制管状的六孔乐器（《说文》），后扩展引申为管乐、管子。B.《左传·蹇叔哭师》："杞子对郑使告于秦曰：'郑人使我掌其北门之管，若潜师以来，国可得也'"，义为钥匙（管状），引申义为管理。C.北方人口语中的"管"是"把"的意思："我们管这个叫粉笔。"

"刻"的雕刻和计时单位之间看不出联系形成同音词："刻"在《说文》中指镂，即雕刻，这个意思沿用至今，后因古代计时方式是用铜壶刻漏，一昼夜为一百刻，涂标上刻有时辰，"刻"也就引申为计时单位，本与镂有关，因为这种计时工具只在清代前使用，现在变得没有联系了。

③ 外来词的借用

外来词同汉语原有的词在语音上巧合，从而形成同音词。例如：

"米"　A.公制长度单位，从 metre 音译而来，一米是三市尺

　　　B.我国南方人的主食

"瓦"　A.瓦特（watt）的简称，电的功率单位，为纪念英国发明家瓦特而命名

　　　B.盖屋顶用的建筑材料

（3）同音词与多义词的区别

同形同音词和多义词有相似之处，都是用同一语音形式和文字形式表示不同的意义。二者的区别可以从两个方面着眼，第一，同音词的意义之间毫无联系，只是语音形式上的巧合，而多义词的义项之间是具有密切联系的；第二，同音词是多个词多个义，多义词是一个词多个义。有的词典，例如《现代汉语词典》，往往把同音词作为不同的词条列出，并且有的还加上阿拉伯字 1、2 等表明，以示同多义词的区别。

（4）同音词的作用

① 构成谐音双关，言在此，意在彼，使语言显得生动新颖，含蓄风趣，耐人寻味。例如：

东边日出西边雨，道是无晴却有晴。（"晴"谐音"情"）

三姐：哦，你们三人一个姓陶，一个姓李，一个姓罗，对不对？姓桃不见桃结果，姓李不见李花开，姓罗不见锣鼓响。三个蠢材哪里来？（"陶"、"李"、"罗"谐音"桃"、

"李"、"锣")

　　② 构成歇后语。例如：

二两棉花一张弓——细细弹（谈）

山顶上放暖壶——水瓶（平）高

窗口吹嗽叭——鸣（名）声在外

孔夫子搬家——尽是书（输）

电灯点火——其实不燃（然）

　　同音词也有消极的一面。因为读音相同，比较容易引起意义混淆，产生误解，影响信息的传递和交流。为了避免误会，我们可以通过"双音化"、"替代"、"儿化"等方法加强区别性，例如"下周举行 qīzhōng（期中、期终）考试"，可以用"期末"代替"期终"。当然，更多同音词的意义在语境中是比较确定的。

2. 同形词

（1）同形词的性质

　　同形词是书写形式相同、语音有别、意义不同的词。如"地道（dìdào）"（在地面下掘成的交通坑道）和"地道（dìdao）"（纯粹的，真正的），意义毫无联系，声音形式也不完全相同，属于同形词。另有一些同形词，如"瓦"（wǎ）和"瓦"（wà），前者是指铺屋顶用的建筑材料，是名词，后者指盖瓦，是动词，意义有一定的联系，但是这种联系属于词源方面的共源关系，不同于多义词之间的派生关系，所以，仍然是同形词的一部分。

（2）同形词的类型

　　① 声韵相同，声调不同。例如：

难做——遭了难　　　　　　炸油条——瓶子炸了

墙倒了——倒垃圾　　　　　只想活——一只鸟

　　② 韵母相同，声母、声调不同。如：

强于你——脾气太强　　　　重写一次——礼太重了

弹钢琴——饮弹而亡　　　　调配工具——调配颜料

　　③ 声母相同，韵母、声调不同。例如：

称两斤——称了心　　　　　还想去——还钱

得了奖——你得去　　　　　性格不和——和面粉

　　④ 声调相同，声母、韵母不同。如：

写两行——行一程

　　⑤ 读音轻重不同。下列同形词左项为重读词，右项为轻读词。例如：

对头（合适，正确）——对头（对手，仇家）

合计（合在一起计算）——合计（商量，算盘）

拉手（牵手）——拉手（门把手）

三、词义和语境

（一）语境

　　语境是指语言使用的特定环境。语境由多种因素构成，有书面语中的上下文和口语中的前言后语，有使用语言的时间、地点、场合等，有使用语言的对象的身份、职业、年龄、文化程度等。这些因素都能影响语言的使用。《三国演义》中有这样一个故事：曹操行刺董卓未成，逃亡到他父亲的好友吕伯奢家。晚上，曹操听到后堂有人说话："缚而杀之，何如？"曹操以为吕家人要杀他，思忖："是矣，今若不先下手，必遭擒获。"于是杀尽吕伯奢一家。直至到后面看到一口被绑着待宰的猪，他才明白杀错人了。曹操在亡命中，思想处于高度警惕和防备之中，正是在这种特殊的环境下，曹操错误地理解了"缚而杀之"这一句话，从而铸成大错。

（二）语境对词义的作用

　　语境对词义的作用，主要表现在以下几个方面：

1. 语境使词义单义化

　　在我们的语言中，多义词的数量远远多于单义词，可这并没有影响到语言的交际功能，其主要的原因就是语言的使用是在语境中进行的，语境制约了多义词只有一个意义起作用。例如："五一广场的地下通道修建好了"中的"地下"是指"地面之下"；"一个地下赌博场所被公安部门查封了"中的"地下"是指"秘密活动的，不公开的"。在上述两个语境里，"地下"一词的意义被单义化了，只能作一种理解。

2. 语境使指称具体化

　　词义具有概括性，但是在语境里，所指对象具体化了。例如："牛"是指一种身体大，趾端有蹄，头上长角，尾巴尖端有长毛的反刍类哺乳动物，这个意义是抽象概括的，但当一个人问："你看见了什么？"另一个人回答："我看见了一头牛在草地上吃草"，在这种情景中，"牛"具体化了，是指特定时间、地点被特定的人所看见的牛。再如韩愈说过的一段话："世有伯乐，然后有千里马。千里马常有，而伯乐不常有"，前后两个"千里马"虽然都代指人才，但由于所处的上下文不同，在具体意义上还是有差别的：前一个"千里马"是指被发现、被赏识、出了名的人才，后一个"千里马"是指没被发现、没被赏识、被埋没了的人才。

3. 语境使词义发生变化

　　常见的有两种情况：

　　（1）变成反义

　　词的色彩意义在语境中有时会临时发生相反的变化。例如：

　　① 我们全党全民要把这个雄心壮志牢固地树立起来，扭着不放，"顽固"一点，毫

不动摇。（邓小平《目前的形势和任务》）

②　中国军人的屠戮女婴的伟绩，八国联军的惩创学生的武功，不幸全被这几缕血痕抹杀了。（鲁迅《纪念刘和珍君》）

例①中的"顽固"在句中是用来指实现新时期总任务时所应具有的坚忍不拔的精神。例②中的"伟绩"、"武功"二词在句中是指"中国军人"和"八国联军"屠戮、惩创人民的劣迹。这三个词在各自的语境中所表达的褒贬色彩与词汇意义中的褒贬色彩刚好相反。

（2）产生新义

词的理性意义在语境中临时发生变化，转出新的意义。例如：

③　3 月 14 日下午两点三刻，当代最伟大的思想家停止思想了。让他一个人留在房里还不到两分钟，当我们进去的时候，便发现他在安乐椅上安静地睡着了——但已经永远地睡着了。（《恩格斯在马克思墓前的讲话》）

例③中的"睡着"一词并不是指进入睡眠状况，而是指逝世，这一意义就是在特定的语境中产生的转义变化。转义变化现象往往还发生在一些专用名词上，例如"活雷锋"、"当代的花木兰"、"中国的牛顿"等词语中，"雷锋"泛指具有毫不利己、专门利人的共产主义思想的人，"花木兰"泛指女扮男装的战士，"牛顿"泛指有突出贡献的大物理学家。这些词的泛指意义都是在特定语境中产生的转义。

第五节　熟　　语

一、熟语的概述

熟语是语言中定型的词组和句子，一般指成语、惯用语、歇后语、谚语、格言等。也叫固定结构、固定词组。

熟语虽然不是词，内部构造比词复杂，一般是词组或句子的结构，但它们具有格式和构成成分的固定性、意义的整体性、使用的现成性等特点，作用和功能相当于词，是词的等价物，是结构上大于词的整体性的造句部件，一般也被人们作为语言的建筑材料来使用。因此，熟语也是词汇性单位，是词汇成分的一种。也就是说，词汇系统中，除了可以独立运用的各种词，还包括词的等价物——熟语。

由于历史上各个时代的长期创造和积累，汉语现今拥有的固定结构数量很大。

固定结构在其构成和表现上有自己的特点，与词不同。比如现代汉语不少固定结构中含有不能单独使用的、甚至不在其他地方出现的词或语素，如"刚愎自用"的"愎"（bì，乖戾，执拗）、"高屋建瓴"的"瓴"（líng，盛水的瓶子）。这些随着固定结构从古代汉语遗留下来的词，其意义是固定结构的意义的组成部分，但并不作为一般活的、独立的词义而存在于现代汉语中。有的词虽然在现代汉语中能单独使用，但出现在固定结构中时表现的是一种特殊意义，而且这种特殊意义只存在于特定的固定结构中。如"高屋建瓴"的"建"在现代汉语中也用，但词义不同，在这个固定结构中它表示"倒，倾倒"的意思。

"分庭抗礼"中的"抗"表示"平等地相对着行（礼）"。可见，现代汉语固定结构的意义的构造成分中，有一部分不是平常所习用的。而且固定结构的内涵又往往同一定的历史故事、神话传说、著名诗文等相关联。固定结构的意义，常常是构成部分的比喻用法、借代用法等，不是其字面义。如"雪中送炭"，比喻在别人急需的时候给以物质上的帮助。"雪上加霜"，比喻一再遭受灾难，损害愈加严重。这两个成语，人们只用其比喻义，不用其字面义或语素义直接组合所形成的意义。因此，固定结构的意义的理解方式，有一定的特殊性。

现代汉语的词，除了专门术语、行业用语、专有名词等一般是单义词以外，大多数普通的词都含有不止一个意义，是多义词。而固定结构的意义，一般有其整体的意义，是单义的，必须准确理解，不能盲目地望文生义。

综合起来，熟语具有以下两个方面的特征：

（一）结构上的定型性

熟语是社会约定俗成的，为人们长期习用，其结构形式不能随意改变，具有很强的定型性。例如："老马识途"不能说成"老马识路"，"露马脚"不能说成"露牛脚"。定型性是从总体上就一般情况来说的，并不是绝对的。有少数熟语在其发展过程和人们的实际运用中，其组成成分也发生了些许变化。例如"光明正大——正大光明、揠苗助长——拔苗助长、钻空子——钻了政策的空子"等。此外，不同类型的熟语在定型程度上也会存在差异。

（二）意义上的整体性

熟语通常以一个整体来表示一定的意义，其意义不能分解为其一个个的组成成分的意义。例如："开门见山"，字面意义指一开门就看见山，实际意义是比喻说话或作文一开始就进入主题，直接明快，不转弯抹角；"抬轿子"，字面上意义是指往上托着轿子，实际意义是比喻为有权势的人捧场。

由于熟语在词汇系统中的特殊性，这里设专节讨论。人们对熟语的研究，涉及各类熟语的性质、特点、内容、形式、运用及规范等问题，而这其中对成语研究得最多。下面介绍熟语的几种类型。

二、成语

（一）成语的特点

1. 长期习用，结构定型，具有凝固性。

成语一般是四个音节，只有极少数是多于或少于四个音节的，像"莫须有"、"迅雷不及掩耳"、"树欲静而风不止"等。成语的成分很固定，不能任意换用同义或近义成分，不能增减其中的成分。成语内部语序也很固定，不能随意移动。内部成分之间的结合也比较凝固，一般不能随意拆开，不可随意插入其他成分。

2. 意义具有整体性、确定性，是一个完整的意义单位。表义凝练。

　　成语的意义不是构成成分的字面意义的简单相加。有的成语的整体义是语素义的直接组合，如"好吃懒做"、"无价之宝"、"人杰地灵"、"拾金不昧"。有的成语的字面意义往往具有形象比喻的作用或使人联想的作用，共同表达一个新的整体意义。如"胸有成竹"，是指画竹子时心里有一幅竹子的形象（源于宋代一画家的故事），用来比喻做事之前已经有通盘的考虑，不可做其他理解。若按字面理解成"胸中长有成熟的竹子"，就闹笑话了。

　　有不少成语，今人大都只知道它的整体含义，而不一定了解其每个字的字面意义，不一定了解其来源。如"入木三分"，一般人只了解它的整体意义是说"见解、议论十分深刻"，不一定知道这里面的故事。据唐·张怀瓘《书断·王羲之》载，晋代著名书法家王羲之笔力雄健，相传他所写的祭祀用的祝版，工匠事后削去，发现墨迹透入木板有三分深。于是人们用"入木三分"形容书法笔力强劲，后又用来比喻见解、议论十分深刻。

　　3．使用上和色彩上具有历史性、民族性和书面语色彩。

　　大多数成语历史悠久，保留古语词成分和古代汉语的语法特征，反映中华民族特有的历史事件、人物、故事传说等，是历史文化、民族文化的丰厚积淀。

（二）成语的来源

　　成语大部分是从历史上继承下来的，少部分是现代创造的。成语的历史性比一般语词强，所以学习和研究成语更需要穷源溯流，即从源和流两个方面找可靠的书证，以了解一个成语的发生、发展和衍变的历史和现状。

　　1．大量成语来源于历史故事、古代寓言、神话传说以及古代书面语言中著名的现成语句。有的直接是援用，有的经过了改造。

　　来源于历史故事、古代寓言、神话传说的成语，大多是对其故事情节加以概括而形成的。如：

历史故事：四面楚歌　望梅止渴　负荆请罪　破釜沉舟
古代寓言：自相矛盾　愚公移山　滥竽充数　刻舟求剑
神话传说：夸父逐日　开天辟地　精卫填海

　　来源于古典诗文的，常常是直接援用其中的现成短语或句子。如："自相矛盾"（语出《韩非子·难一》），明哲保身（语出《诗经·大雅》），学而优则仕（语出《论语·子张》），"闻鸡起舞"（语出《晋书·祖逖传》）。

　　2．一部分成语来自用古白话写成的语录、文学作品、以及民间流传的语句。如：

众口难调　欢天喜地　白纸黑字　三长两短　指手画脚

　　3．现代汉语也在不断产生新成语，反映新社会、新生活、新观念等。如：

百花齐放　繁荣昌盛　独立自主　多快好省

（三）成语的结构

　　成语的结构类型丰富多彩。这同时也说明了汉语词汇的丰富，以及汉语构词手法、修辞手段的丰富。

　　成语的结构是有层次的，大多是两层，少数是一层或三层。如：

两层：扬扬得意　明日黄花　钦差大臣　气宇轩昂　叱咤风云
三层：一衣带水　誉满天下　势如破竹　暴殄天物　削足适履
从第一层的结构关系看，成语的结构类型主要有：

1．联合式

丰功伟绩　丰衣足食　载歌载舞　一穷二白　九死一生
连篇累牍　患得患失　风花雪月　熙熙攘攘　之乎者也

2．偏正式

后起之秀　肺腑之言　以功赎罪　水中捞月　忙里偷闲
不约而同　豁然开朗　络绎不绝

3．陈述式

胸有成竹　计上心来　情不自禁　枯木逢春　盲人摸象
群贤毕至　泥牛入海　归心似箭

4．支配式

明辨是非　成人之美　混淆视听　通观全局　如履薄冰
如获至宝　好为人师　大快人心

5．紧缩式

不破不立　不见不散　百读不厌　风声鹤唳

6．兼语式

化险为夷　认贼作父　引狼入室　震耳欲聋

7．古汉语的特殊结构

唯利是图　唯才是举　唯命是从　时不我待　夜以继日
不远万里　车水马龙　风驰电掣

（四）成语的运用

1．准确地理解成语的意义

在了解各构成成分的意义、成语的字面意义的基础上，了解成语的实际意义。特别是某些关键语素的意义，会直接影响到整个成语的实际意义。如：

如履薄冰　履 lǚ：踩，踏。　　含辛茹苦　茹 rú：吃。
孺子可教　孺子：小孩子。　　尾大不掉　掉：摆动。

有不少成语的整义是语素义的比喻用法，不是各语素义的简单相加。如：

矫枉过正　矫：矫正。枉：wǎng，弯曲。矫正弯曲的东西超过了限度，而又弯向了另一方。比喻纠正事物的偏失、错误过了头，而陷入另一种偏失、错误之中。

有不少成语的整体义是语素义的借代用法。如：

王侯将相　泛指高官。

手无寸铁　"铁"是"短兵器"，以部分代全体，泛指任何武器。该成语的整体意义是"形容手里没有拿任何武器"。

2．规范地运用成语的形式

运用成语要规范：注意成语的定型性；应运用成语的通行结构和固定成分；能分辨字形和读音。如：

桃李不言，下自成蹊　原指桃树李树虽不会讲话，但其花艳丽动人，其实甘美，故众人争相赴之，时间一久，树下自会走出路来。后谓为人真诚，自然能感动他人。蹊：xī，小路。该字不可写成其他字，不可改成其他语素。

心心相印　心：心意，思想感情。印：合，契合。"印"（yìn）不可以写成"映"（yìng）。

3．注意成语的感情色彩、适用范围

有褒义色彩的词不能误用成贬义，有贬义色彩的词不能误用成褒义。

4．充分利用成语的特点

充分利用成语的言简意赅、形象生动、色彩鲜明、典雅含蓄等特点，准确传神地表达自己的思想感情。

三、惯用语

（一）什么是惯用语

"惯用语"这一概念，原来并无专指，后用来专门指称熟语中有别于成语、谚语、歇后语等的一类，是表达一种习惯含义的固定词组。特点主要有：

1．大多由三个字组成。例如：

开后门　跑龙套　泼冷水　碰钉子　穿小鞋

戴高帽　敲竹杠　开小差　开夜车　拍马屁

少数是多于三个字的。例如：

喝西北风　钻牛角尖　坐冷板凳　打退堂鼓　捅马蜂窝　唱对台戏　开空头支票

2．以动宾结构为主，如上述各例。也有的是偏正结构之类，例如：

门外汉　半瓶醋　铁饭碗　纸老虎

3．意义是整体化了的。一般不用其字面义，通常是其比喻义的固定使用，它已经从字面意义转化为一种更深刻的抽象的含义。例如：

翘尾巴　比喻骄傲自大。

和稀泥　比喻无原则地调解或折中。

打小算盘　比喻为个人或局部利益打算。

4．使用时，可以被其他成分隔开，词序也可以变化，但它的整体意义保持不变。例如："敲竹杠"，可以说成"你这是敲谁的竹杠？"中间插入其他成分。"吹牛皮"，可

以说成"牛皮吹得山响",语序出现变化。这体现了惯用语结构的特点:既有定型化的一面,也有一定灵活性的一面。

5. 惯用语多来源于口语。有的是从行业语演变而来,如"打游击"(原为军事用语)、"走过场"(原为戏剧用语)。有的来源于历史传说故事、谚语或歇后语等的节缩以及方言中的习惯说法等。

(二)惯用语与成语的比较

惯用语与成语的比较见表4-2。

表4-2　惯用语与成语的比较

	成语	惯用语
构成形式、音节数	一般是四个音节	多数是三个音节
结构定型方面	不能拆开,不能改变语序。 成语的结构比惯用语更稳固。	可以适当插入其他成分, 可以适当改变前后语序
表义方面	整体义的形成: 有的是语素义的直接组合, 有的是语素义的比喻用法、借代用法……	整体义多为语素义的比喻用法
	有的成语具有意义的双层性,即"意在言外",如"胸有成竹";有的成语没有意义的双层性,即"意在言中",如"明知故犯"。	都具有意义的双层性,字面意义和实际意义不一样,如"穿小鞋"、"挖墙脚"。
使用特色	书面语性质强,如: 阿谀奉承 敲诈勒索 倒行逆施	口语性质强,如: 拍马屁 敲竹杠 开倒车

四、歇后语

(一)什么是歇后语

歇后语由前后两部分组成,前半部分是具体的形象的表达,后半部分解释它的含义,前后构成引注关系(前为"引子",后为注释说明),结构相对固定,来自民间,具有口语特色,形象、风趣。

（二）歇后语的语义

歇后语的前后两部分构成一个统一的语义单位。两部分在表义上的作用不是等同的，前半部分只起辅助作用，表示某种色彩等附加意义，后半部分是表义的重点，表示整个歇后语的基本意义。因此，歇后语的语义，是由前半部分所表示的附加意义和后半部分所表示的基本意义两者有机地构成的。

1. 歇后语后半部分表示其基本意义，主要有如下几种情况：

（1）后半部分的解释，直接表示这个歇后语的含义。这个歇后语只有一个本义。如：

诸葛亮皱眉头——计上心来

狗咬耗子——多管闲事

大热天穿棉袄——不是时候

后半部分的解释与该歇后语的实际意义是一致的，都只有一个确定的意义。

（2）后半部分的解释，通过比喻、双关等手法，产生新的意义，成为歇后语的实际意义。这实际意义一般是在运用中得到明确显示，大多已约定俗成，成为该歇后语的固定意义。

A、比喻手法

老鼠钻风箱——两头受气　比喻夹在中间受到两方面的批评或埋怨。

茶壶里煮饺子——有货倒不出　比喻有能力但表现不出来，或有知识但表达不出来。

B、双关手法

四两棉花——弹不上　实际意义是"谈不上"。这是谐音双关。

孔夫子搬家——净是书　实际意义是"净是输"。这也是谐音双关。

脑门上长瘤子——额外负担　这是语义双关，利用了同音同形异义字"额"。

（3）后半部分字面上有意搭配成一个词或词组的形式，使之与现有的成语、惯用语之类固定结构在字面上相巧合，使意义发生转换，使其同时表达已有的词或语的固定义（多为引申义）。如：

脚后跟拴绳子——拉倒　后半部分是对前半部分的总结，是实指，"拉"指用绳子拉，"倒"指身子倒下。但合起来构成的形式，正好与词汇系统中一个已有的词相合。这个已有的词的常用义项是引申义："算了，作罢"。

灶王爷放屁——神气　后半部分是对前半部分的概括，是实指，"神"指神灵，"气"是气体。合起来构成一个词的形式，也正好与一个已有的词相合。这个已有的词的常用义有：①神情；②精神饱满；③自以为优越而表现出得意或傲慢的样子。

老鼠掉进书箱里——咬文嚼字　后半部分恰巧与一个成语在字面相合，于是用该成语的常用义。

2. 歇后语的前半部分表示附加意义，表示附加于该歇后语基本意义之上的某些色彩，主要是形象色彩，还有感情色彩、风格色彩、地域色彩等。绝大多数歇后语都具有形象色彩。如：

a 周瑜打黄盖——一个愿打，一个愿挨　除了表示两厢情愿这个基本意义之外，还能让人联想到《三国演义》中东吴大将黄盖主动向周瑜献了苦肉计然后诈降曹操的历史情景。

b 黄鼠狼给鸡拜年——没安好心　除了表示基本义，还给人们描绘了一个具体可感的细节，形象生动，印象深刻，有助于基本义的表达和强调。

c 芝麻开花——节节高　　褒义

d 猫哭老鼠——假慈悲　　贬义

有的歇后语，基本意义就包含某种感情色彩；有的是前一部分带有感情色彩，而使整个歇后语的感情色彩更加鲜明突出。如例 c 是褒义，例 b、例 d 是贬义。

（三）歇后语的构成材料

1．日常习见的事物现象，社会生活的各个方面

竹篮打水——一场空

十五个吊桶打水——七上八下

小葱拌豆腐——一清二白

兔子的尾巴——长不了

2．历史故事、传说

司马昭之心——人人皆知（或"路人皆知"）

姜太公钓鱼——愿者上钩

狗咬吕洞宾——不识好人心

3．虚构形象

猪鼻子插大葱——装象

阎王爷贴告示——鬼话连篇

阎王爷审案子——全是鬼事

（四）歇后语的运用

歇后语最初来自民间，流行于群众口语之中，后来逐渐为文人所理解接受，逐渐被吸收到书面语中来。在口语和文艺作品中运用歇后语，形象，生动，想象丰富，诙谐风趣。

使用歇后语要有鉴别，注意规范。基本意义不明确的，前后部分引注关系不合理的，附属色彩与基本意义相矛盾的，内容庸俗不健康的歇后语，是词汇规范化的对象。比如有的歇后语以有生理缺陷的人为描述对象，如"小秃子打伞——无发（法）无天"、"哑巴吃黄连——有苦说不出"、"和尚头上的虱子——明摆着的"等，虽有一定的表现力，但若有取笑的成分，就应该抛弃不用。使用歇后语还要注意它的结构形式的定型、书面形式的统一。如标点符号问题，在歇后语的前后部分之间是用破折号还是用逗号，需要规范；一些同音字也需要确定其中的一个作为规范的对象。

五、谚语

（一）什么是谚语

谚语是一种"现成话"，表现为韵语或短句的形式，在人民中间多年流传广泛沿用，反映实际生活经验或感受，通俗、形象、简练、深刻。如：

万事开头难。

天上鲤鱼斑，明日晒谷不用翻。

众人拾柴火焰高。

十层单不如一层棉。

油多不坏菜。

天下乌鸦一般黑。

拳不离手，曲不离口。

饭后百步走，活到九十九。

朝霞不出门，晚霞行千里。

路遥知马力，日久见人心。

一个篱笆三个桩，一个好汉三个帮。

千里送鹅毛，礼轻情意重。

留得青山在，不怕没柴烧。

（二）谚语的特点

1．流传在群众口头上，具有广泛的群众性、鲜明的口语性。如：

不是一家人，不进一家门。

火要空心，人要真心。

看人吃豆腐，牙齿快。

人是铁，饭是钢，一顿不吃饿得慌。

三百六十行，行行出状元。

2．概括性强，表达一个整体意义。从语义的角度看，谚语有如下三种类型：

（1）谚语的字面意义就是其实际意义，如"名师出高徒"、"百闻不如一见"。

（2）实际意义和字面意义不一致，字面意义已不被人们使用。如"狗嘴里吐不出象牙"，实际意义是指坏人嘴里说不出好话来，至于字面意义已经不用了。

（3）有两个实际意义：字面意义和派生意义。如"新官上任三把火"，既可指新上任的官员办几件事情抖抖威风，也可用来比喻一般人刚刚负责某岗位时总要努力办好几件事情，以显示自己的本领和工作热情。

谚语的字面意义一般是形象的；它的非字面意义的实际意义往往是抽象的、概括的，所表达的意义更具有普遍性和哲理性。

谚语善于把深刻的哲理寓于浅显生动的形象之中，上述各例大都如此。又如："人不可貌相，海水不可斗量。"

3．结构固定，句式整齐，富有音乐美，易于传诵记忆。

有不少谚语使用对称结构，或宽对或严对，而且上下句押韵。如"人往高处走，水往低处流。"也有的是顶真句、回环句等（参阅本书《修辞》章）。如"响水不开，开水不响。"这是宽式回环。

少数谚语的结构和成分，没有严格固定，具有一定的灵活性。如"性子急，吃不了热粥"、"心急吃不得热粥"、"心急吃不了热豆腐"、"性子急，吃不了热豆腐"；"小洞不补，大洞一尺五"、"小洞不补，大洞吃苦"。

有的谚语，结构具有紧缩性，如"不是冤家不聚头"，用的是紧缩句。"九月油菜，十月麦"（江西农谚，说的是农历九月种油菜，十月种荞麦），是关键词语的意合。"吐鲁番的葡萄哈密的瓜",也是关键词语的意合,两个偏正词组前后相连。

4.内容上,概括生产知识和生活经验,反映社会现实和深刻的哲理,富有知识性和教育意义。

正因为如此,谚语的分类,常常以内容为依据,如农业谚、气象谚、风土谚、常识谚、讽诵谚、规诫谚、哲理谚等。如:

概括各地物产、名胜古迹、自然环境、风土人情等方面知识的,是风土谚。"天无三日晴,地无三尺平。"形容贵州旧时自然环境。"东北有三宝:人参、貂皮、乌拉草。"强调东北的三种特产。"吃过端午酒,扇子不离手。"江西在端午节后,天气日趋炎热。

"种瓜得瓜,种豆得豆"、"良药苦口利于病,忠言逆耳利于行"、"蛇有蛇路,鳖有鳖路",这些是哲理谚。

(三)谚语和成语的主要区别

1.成语书面性强,谚语口语性强。如"见异思迁"是成语,"这山望着那山高"是谚语,虽然两者意思基本相同。

2.成语比谚语更定型化。成语的成分和语序一般不允许变动,而一些谚语的成分和格式可以适当变动。如"到什么山上唱什么歌",也可以说成"到什么山上唱什么曲儿"。

3.音节数不同。成语一般是四个音节,谚语一般多于四个音节。

4.结构和用法不同。成语是固定词组,在造句功能上多充当句子成分。谚语多为现成的句子,可以独立成句。

成语和谚语的区别,如表4-3所示。

表4-3　成语与谚语的区别

	谚语	成语
1	口语性强, 是人们的口头创作。	书面性强, 很多在古文献中可以找到出处。
2	结构和成分不如成语固定,有的成分可以改变。	结构和成分很固定,不可随意改变。
3	表达一个整体意义。 多通俗表义。 无论是词汇意义还是语法关系,都容易从字面去理解和接受。	表达一个整体意义。 多典雅表义。 有的成语,人们仅凭字面不能了解其实际意义。
4	有的谚语有地区性和行业性。	成语大多具有全民性。
5	表示判断和推理,概括地反映出深刻的道理和有效的经验。	表示一般的概念,一种客观的现象以及人或事物的特点和状态等。
6	是多于四个音节的现成句子。 多为对偶式,两句对照,押韵,	绝大多数是四个音节的固定词组。
7	使用时,多独立成句。	使用时,多充当句子成分。

（四）谚语和格言、名言

格言和名言，都是出自名人或名篇的言简意赅的警句。格言，是含有劝诫和教育意义的可为准则的话，一般较为精练。如："虚心使人进步，骄傲使人落后。"名言，是著名的话。（朱自清《论标语口号》："格言也罢，名言也罢，作用其实都在指示人们的行动，向着某一些目的。"、"格言偏重个人的修养，名言的作用似乎更广泛些。"）

三者的共同点：都不是言语交际中临时组合而成的，都是人们熟知的现成句子，都能揭示知识和思想，给人启发教育。

三者的不同点：①来源上看，谚语是人民群众集体创作的；格言和名言多为名人语录。②内容上看，格言和名言意在阐发事理，多为警策之辞；谚语虽然也有规诫警策之辞，但更多的是对知识的概括和对经验的总结。

思考题

1. 什么是词汇？现代汉语词汇由哪些部分组成？
2. 基本词的特点是什么？

第五章　语　　法

知识要点

1. 语法和语法特点、语法单位。
2. 词的分类：划分标准、语法类别。
3. 短语：短语的含义、短语的结构类型与功能类型、短语的层次分析、多义短语以及短语的外部功能。
4. 句子：句类、句型和句式。
5. 单句、复句和句群。
6. 标点符号的作用、种类和用法。

学习目标

1. 领会单句与复句的区别、复句的基本类型、句子的语义分析方法。
2. 掌握词、短语、句子的涵义和常用用法。
3. 熟练掌握词类划分标准、各类实词的特点、虚词的语法意义。

第一节　汉语语法概说

一、语法和语法学

（一）语法、语法学的含义

语法是语言的结构要素之一，指的是大大小小的语言单位组合的结构规则，包括语素组合成词的规则，词组合成短语的规则以及词、短语构成句子的规则。语法在大英百科全书中的定义是统摄声音，文字，句子和其他要素，以及它们的组合和解释的语言规范。"语法"这个词也指对这些抽象特征的研究，或这些规则的指南手册。严格意义上说，"语法"这个术语是指对于句子和词语结构（句法和形态学）的研究，但不包括词汇和发音。

"语法"这一术语有两种含义：一是指语言中客观存在的结构规律本身。每种语言都有各自的构词规律和造句规律，这些规律不以任何人的主观意志为转移。从这个含义上说，一种语言的语法结构规律只有一套。"语法"的另一种含义指人们对一种语言中客观存在的结构规律的认识，这个含义上的"语法"也称为语法学。各种语言都有不同的语法，包括人类语言和计算机语言等。现代语法学包括语音学、音系学（见音韵学）、形态学（词法）、句法学、语义学等。

语法学是研究语法规律的科学，是人们对客观存在的语法规律的认识和总结。记录学者们的研究成果的语法书，也属于语法学的范畴。

由于不同的学者在研究语法规律时各自的理论背景、分析方法、观察问题的角度以及所掌握材料的不同，对同一种语言语法结构规律的认识可能有不同的结果，从而形成不同的语法学体系，这种"语法学"的分歧并不影响这种语言的语法结构规律本身。语法学的终极目标是通过深入的描写、分析与解释，使总结归纳出来的语法研究成果不断地逼近客观存在的语法结构规律本身。因此学习语法不要在术语上兜圈子，关键是把握语言事实，从语言事实中总结归纳出符合这种语言实际和特点的语法结构规律。

（二）语法的研究历史

在欧洲，希腊人最早写关于语法的著作。对他们来说，语法是一个工具，可以用来研究希腊文学，因此他们的重点是文学语言。公元前一世纪的 Alexandrians 进一步发展希腊语法，以保持纯净的语言。亚历山大的狄俄尼索斯后来写出一篇影响深远的论文，称为《语法的艺术》，他在其中分析文学文本中的字母、音节和八段话语。

古罗马人接受了希腊人的语法体系，并将之运用于拉丁语。除了公元前一世纪的瓦罗（Varro）认为语法学家应该发现结构，而不是强行指定结构之外，大多数拉丁语法学家并没有试图改变希腊系统，甚至还设法保护他们的语言避免衰败。希腊人和亚历山大人的语言模型是荷马的语言，西塞罗和维吉尔的作品则设定了拉丁语的语法标准。最重要的拉丁语语法学家多纳图斯（公元 4 世纪）和普里西安（公元 6 世纪）的作品在欧洲中世纪被广泛用于拉丁文语法教学。中世纪的欧洲的教育使用的是拉丁文，拉丁语语法成为人文教育的基础课程。恩斯罕的修道院长，阿尔弗里克（11 世纪），第一个写拉丁语语法的盎格鲁撒克逊人，建议将此引入英语语法。从此，开始了依据拉丁语法的英语语法分析的传统。

13 世纪中叶至 14 世纪中叶的语法学家认为语言是现实的反映，因此他们试图从哲学中寻求解释语法的规则。他们寻求一个"普遍"的语法 universal grammar，以此作为了解存在 being 的手段。在十七世纪的法国，来自罗亚尔港的一些语法学家也对这种普遍语法感兴趣。他们声称，思想的共同要素可以在所有语言的语法类别中辨识出来。与希腊语和拉丁语的语法学家不同，罗亚尔港语法学家没有研究文学语言，他们认为语言的用法应当取决于实际的生活语言。当代语言学家乔姆斯基也注意到对语言的共性的强调，他称罗亚尔港派为第一批转型语法学家。

到 1700 年，61 种方言语法书已经印制。这些书的目的主要是改革，净化，或规范语言，并用于教学。当时语法规则通常仅仅用于正式、书面、文学的语言，并不适用于纷繁复杂的实际口语。这一规范性的手段长期在学校占主导地位，学生们对语法的学习往往和"解析"以及句子图解联系在一起。在 20 世纪的中后期，对于这种仅仅关注规范性和禁止性（即，什么不能做）规则的语法教育，出现了越来越多的反对声音。

课堂语法的简化和语言学家的复杂研究形成了鲜明对比。19 世纪到 20 世纪初，历史主义观点蓬勃发展。认识到每一种现存的语言都是处在不断的变化之中的学者们研究了欧洲语言所有类型的书面记录，以确定其演变路径。他们没有局限于文学语言，还研究了方言和当代口头语。历史主义的语法学家没有采用先前的规范性办法，但更加关注他们研究的语言的来源。

由于历史主义语法学家的工作，学者们看到，语言的研究可以是历时性的（其贯穿历史的发展）或同步性的（在特定的时间段的状态）。瑞士语言学家索绪尔和其他描述性语言学家开始研究口头语。他们收集了大量操母语者的语句样本，对这些材料进行分类，从音位学入手，一直研究到句法。

20 世纪后半叶的转换生成语法学家，如乔姆斯基，研究了操母语者能生成和理解无限句子所需要的知识。而像索绪尔那样的描述语言学家则去审查单个话语样本，以求达到描述一种语言的目的。转换生成语法学家首先研究了语言的潜在结构。他们试图描述一种能够定义操母语者语言"能力"（底层的语言知识）的"规则"，解释说话人的种种"表现"（语言生成时的实际策略）。

在过去的千百年里，语法理论引起了哲学家、人类学家、心理学家和文学批评家的兴趣。今天，语法存在于语言学领域之内，但仍保留了与其他许多学科的联系。对于很多人来说，语法仍然指的是一整套必须知道，以保证"正确"语言输出的规则。然而，从 20 世纪后 25 年以来，对语法研究的更为复杂的意识，已经在学校生根发芽。在一些国家，如澳大利亚，英国，新的英语课程中语法是重点，而且避免之前僵硬的规范，提倡生动而深刻的调查精神。

（三）语法学的种类

根据理论背景、研究方法、研究目的以及研究对象等，语法学可以分为不同的类型：

1．传统语法、结构主义语法、转换生成语法

传统语法指 18 世纪以来主要在学校中使用的语法学理论和分析方法，其特点是：把语法分为词法和句法两部分，词法主要讲词的构造、词形变化和词类，句法主要讲组词成句的方法。注重词类与句子成分之间的对应关系，如名词与主语、宾语，动词与述语，形容词与定语，副词与状语之间的对应关系。重点提供规范和准则，注重书面语而忽视口语，不注重记录语言习惯和事实。长期以来传统语法在语法教学方面发挥了重要作用，影响较大。

结构主义语法认为语言成分由于与其他成分发生关系而存在，重视语法体系的系统性和严密性，强调语言单位组合的层次性。主张从形式出发，以形式标志和功能分布为依据进行语法分析，并形成了一整套分析语言现象的方法，如替换分析法、分布分析法、直接成分分析法、变换分析法等。结构主义语法在 20 世纪 30—50 年代发展成为占主导地位的语法学理论，涌现出了一大批代表性人物和代表性的著作，如美国著名语言学家布龙菲尔德及其经典名著《语言论》、海里斯及其《结构语言学的方法》、霍凯特及其《现代语言学教程》等。60 年代以后，结构主义语法陆续被介绍到国内，对我国的语法学发展产生了重大影响。

转换生成语法形成于 20 世纪 50 年代末期，创始人是美国著名语言学家乔姆斯基。该理论区分语言能力和语言运用，认为语言研究应该说明隐藏在语言运用行为背后的人类普遍的语言能力，探索普遍语法和个别语法之间的关系。强调语法的生成性，试图以有限的规则生成一种语言中所有的合格句子。这种理论提出后，对语言学及相关领域产生了重大

影响，在几十年的发展过程中，该理论不断修正，使方法更加简明完善。

2．理论语法、教学语法

理论语法也称专家语法，主要是语法学家的专门论述，通常是针对某些问题进行深入的探索与研究，揭示语言中尚未被认识或认识不够充分的语法问题，探讨语法的研究方法和理论，强调学术性和创新性，如吕叔湘的《汉语语法分析问题》。

教学语法也称学校语法，是在语法教学中使用的语法。通常采用比较成熟、大家公认的观点，讲授基本的语法知识，着重规范化的语言教育，使学生能正确地使用语言。如高校教材《现代汉语》中的"语法"部分。

（四）语法的性质

1．抽象性

语法是从无数的具体语言事实中总结归纳出来的一套规则。如"桌子、教材、电灯、思想"等词的概念意义各不相同，但它们都能受数量词语的修饰，都可以充当主宾语，据此可以将它们归为一类，叫名词；再如"市场繁荣、态度端正、今天晴天、他读小说"等句法组合的意义不同，但其内部成分的构造方式是一致的，可以归为一类，称为主谓短语。语法规律是从无限多的具体的语言现象中抽象出来的，是对一种语言中各类语法单位在组合关系和聚合关系上的特点的归纳和抽象。

2．生成性

语言中具体的语言事实数量众多，纷繁复杂，但一种语言的语法规则是有限的，每一条语法规则都联系着大量的语言现象。依据有限的语法规则可以造出人们在各种场合所需要的句子，这就是语法的生成性。如按照"述语+宾语"的规则可以造出"学汉语、看电视、考大学、去上海、喜欢唱歌"等具体的句法组合。

3．递归性

在语法单位组合的过程中，数量有限的语法规则可以反复运用，造出结构复杂的句子，这种性质称为语法的递归性。一个句法组合从理论上说可以不断扩展，其长度是无限的。如反复利用"定语+中心语"构成偏正结构这一规则，可以使"学校的教学楼"这一组合的形式不断延伸，结构不断复杂化：

学校的教学楼

学校的新教学楼

学校的新文科教学楼

他们学校的新文科教学楼

递归性保证了句法结构的可变化性，保证了人们表达思想的需要。

二、汉语语法的特点

（一）缺少严格意义的形态变化

严格意义的形态是一个词表示不同语法意义的形式变化。在有形态变化的语言中，一个词出现于不同的句法位置、与不同的词语组合时要求选择特定的形式。如英语中当数词为"一"时，可数名词只能用单数形式；多于"一"时，只能用复数形式。汉语缺少严格意义的形态变化，一个词不管出现于什么位置上、与什么样的词语组合，形式没有任何变化。如：

汉语	英语
一本书 / 两本书	a book/two books
我说 / 他说	I speak/he speaks
他高 / 他比你高	He is tall/He is taller than you

（二）词类与句法成分非一一对应

句法成分指的是构成句法结构的直接成分，包括主语和谓语，述语和宾语，定语、状语、补语和中心语。有些语言中词类与句法成分之间有大致的对应关系，即某类词只能充当某种或某几种句法成分，反过来，某种句法成分只能由某类词充当。由于汉语缺少严格意义的形态变化，词类与句法成分之间不存在简单的一对一的关系，同一个词可以充当不同的句法成分；反过来说，同一种句法成分可以由不同类的词语充当。如"我买、我打算买、买的东西"中动词"买"分别充当谓语、宾语、定语。

汉语中只有少数词类与句法成分之间有大致的对应关系，如区别词只能做定语，副词主要做状语。

（三）词、短语、句子构造规则基本一致

现代汉语中语素构成词、词构成短语以及词、短语构成句子的规则基本一致。主谓、述宾、偏正、述补、联合是现代汉语词根复合构词的五种基本方式，也是词构成短语的五种最基本的方式。如：

词		短语	
主谓：	年轻　心酸	年纪很轻	我们散步
述宾：	司机　安心	开车	写小说
偏正：	红旗　狂欢	红色的旗帜	尽情地欢呼
补充：	说明　提高	说明白	看完
联合：	精美　国家	精致而美丽	研究和分析

现代汉语的句子是在词或短语的基础上构成的，绝大多数短语带上语调（有的还要加上语气词）可以成为句子，因此句子的构造规则与词、短语的构造规则是基本一致的。

（四）语序和虚词是表达语法意义的主要手段

汉语缺少严格意义的形态变化，语法意义主要靠语序和虚词来表达。

1．语序

语序是线性序列中构成成分出现的先后顺序。语序的作用表现在句法、语义和语用三个方面：

句法上语序的改变会带来句法结构关系的变化。如"来人了"是述宾结构，而"人来了"是主谓结构；"来拿"是连动结构，"拿来"是述补结构。

语义上语序的变化会带来句法组合中动词与名词之间意义关系的改变。如"他打我"和"我打他"都是主谓结构，但前者"他"是动作行为的发出者，即施事，"我"是动作行为支配的对象，即受事，而后者正相反。

语用上语序的变化是出于特定的语言运用目的而对语序做出的调整。这种语序的变化不改变句法组合的结构关系和语义关系，如"你们快出来吧！"可以说成"快出来吧，你们！"

2．虚词

虚词专门表达语法意义，用不用虚词，用什么虚词能显示语法意义的差别。如"社会进步"是主谓结构，"社会的进步"是偏正结构；"学生和家长"是联合结构，而"学生的家长"是偏正结构；"去了美国"表示实现，而"去过美国"表示经历。

三、语法单位

语法单位指语法分析中所使用的大大小小的音义结合体，包括语素、词、短语和句子。

语素是最小的语法单位，是语言中最小的语音和语义的结合体。

词是由语素构成的、最小的能独立运用的音义结合体。

短语是由词构成的、不具备语调的语法单位。短语的构成必须以语义能搭配和符合语法规则为前提。根据构成成分的结构关系，短语可以分为主谓短语、述宾短语、偏正短语、述补短语、联合短语、连动短语、兼语短语等。根据功能，短语可以分为体词性短语、谓词性短语、加词性短语。

句子是最小的具有交际功能的音义结合体，是语言交际的基本单位。形式上句子有语调，表示一定的语气，句末有比较长的停顿，书面上有句末点号"。""？""！"。如：

他在北京上大学。　　这个人很聪明。

你去哪儿？　　　　　你对这件事有兴趣吗？

太棒了！　　　　　　火！

句子与短语相比较，它具有语调。句子还可以有全句的修饰语、独立成分等，句子的结构可以有语用的变化，如"出来吧，你们！"，可以有成分的省略，这些现象在短语中是不存在的。

根据结构，句子可以分为单句和复句及其下位类型，通常称为句型。单句由词或短语构成，复句由分句构成。根据语气，句子可以分为陈述句、疑问句、祈使句和感叹句，通常称为句类。根据句子本身的构成特征或显性标记，句子可以分为"把"字句、"被"字句、"有"字句、"是"字句、"比"字句、"连"字句、存现句等，通常称为句式。

语素用来构词，词和词组合成短语，词和短语带上语调可以成为句子。四种语法单位可以分为两类，一类是语素、词和短语，它们是语言中的静态单位，不具备交际功能；一类是句子，是动态单位，具有交际功能、表述功能。

四、语法分析的方法

研究语法结构规律需要对语言现象进行分析。语法分析的目的，一是为了更好地总结语法结构规律，二是提高正确使用语言和理解语言的能力，即区别异同，辨别正误。

语法分析有两种基本方法：一种是划分，即把大类分成小类，如把语言中的词分为实词和虚词，实词分为体词、谓词、加词等，虚词分为介词、连词、助词等。一种是切分，即把整体分成部分，如把主谓短语分成主语和谓语，把述宾短语分为述语和宾语，在此基础上寻找与分析出来的语法单位有关的各种关系，包括：

语法单位与语法单位之间的关系，如主谓关系、述宾关系、述补关系、偏正关系等。

语法单位和客观对象的关系，如施事、受事、工具、处所等。

语法单位与说话者之间的关系等，如陈述、疑问、感叹、祈使等。

语法分析包括词法分析、句法分析、句子分析和语义分析、语用分析等。词法分析主要以词为分析对象，包括词的内部结构分析、词类的划分等。句法分析以短语为分析对象，方法是层层切分，从大到小，不断找出直接成分以及当中的句法头系。句子分析主要分析句子的结构类型，方法是找出句型，从上位到下位，依次认定。语义分析是分析语言单位与客观事物之间的关系，在分析句子时，指明主语或宾语是施事、受事、时间、处所等，使句子的分析更为细致。语用分析是分析语言单位与说话人主观态度之间的关系，句子表现出的陈述、疑问、祈使、感叹等语气类型的分析就是语用分析，还有新信息与旧信息、指称和陈述、定指和不定称、焦点和疑问点等方面的分析也都是语用分析。

"暂拟汉语语法教学系统"是中华人民共和国成立以后，为了在汉语教学中对语法体系达成一个比较一致的意见而拟定的一个汉语语法系统。顾名思义，这个系统是被作为暂时使用的，只适用于汉语教学，而且并不完善。

由于当时语法体系存在很大分歧，不同的学者持有不同的说法和观点，对于同一个语言现象所做的解释和所使用的术语也不同，因此给教学带来很大困扰，需要建立一个为大多数教师和学者所接受的语法体系。经过两年多的努力，在许多专家学者的参与下，"暂拟汉语语法教学系统"才被建立起来。这个系统由 21 位学者写成了一个纲要，并且合编为《语法和语法教学》。这个系统在全国的中学中普遍使用。后来在高等学校中也是用这个系统来教授语法，并且进行了不同程度的改进。

五、暂拟汉语语法教学系统

（一）"暂拟汉语语法教学系统"的产生

1953 年 12 月，中央语文教学问题委员会在《关于改进中小学语文教学的报告》指出："我国中小学的语文教学，历来都是把语言和文学混在一起教。这样教学的结果，不论从语言方面看，从文学方面看，都遭到了很大的失败。一般语文教学着重在语言文字的解释方面，并没有有计划地教给学生以系统的语言规律的基本知识，所用教材也不适于进行语言教育，其结果是使学生缺乏严格的语言训练，在写作中形成语法、修辞、逻辑上的严重混乱，遗害很大。"

1954 年中央决定全国中学实行语言与文学分科教学。为适应《汉语》教学的实际需要，人民教育出版社成立中学汉语编辑室，由著名语言学家张志公先生主持，着手制定"暂拟汉语语法教学系统"，作为编写《汉语》课本的纲领。1956 年由 21 位专家学者合作撰写的、旨在详细介绍这个语法教学系统的《语法和语法教学》出版。人民教育出版社遂以"暂拟汉语语法教学系统"和《语法和语法教学》为依据，编写中学《汉语》课本第三、四、五册的语法部分。1958 年中学语文分科教学取消，但"暂拟汉语语法教学系统"一直沿用下来。

"暂拟汉语语法教学系统"广泛吸收了当时我国语法学研究的主要成果，曾经以教科书的形式在中学汉语教学中使用，产生了很大的影响。当时师范类大学也基本采用这个语法教学系统，而且国内学者的语法著作也或多或少地采用它。

（二）"暂拟汉语语法教学系统"的内容

"暂拟汉语语法教学系统"主要包括以下主要内容：

1. 词和词的构成
2. 词类
3. 实词
4. 虚词
5. 助词和叹词
6. 词的组合
7. 句子
8. 句子成分
9. 复杂的谓语
10. 主谓结构做句子成分
11. 联合结构做句子成分
12. 特殊的句子成分
13. 句子成分的倒装和省略
14. 单部句

15. 复句
16. 复句的紧缩

(三) "暂拟汉语语法教学系统"的语法体系

汉语语法体系最初是在模仿和借鉴印欧语语法体系的基础上形成的。汉语语法学史上第一部建立了比较完整的语法体系的著作是《马氏文通》。随着汉语语法研究向深度和广度上的拓展，汉语语法体系也逐渐向科学、系统与全面的方向迈进。

根据语法研究的目的与应用对象的差异，汉语语法体系可以分为教学语法体系和理论语法体系。

1. 教学语法体系

教学语法体系，也称"学校语法"或"规范语法"，是从语法教学实际出发，根据中学语文教学的需要，强调规范性，注重实践性，尽量避免有争议的观点和问题，兼顾传统语法和现代应用为基础而建立起来的语法体系。

（1）教学语法的特点

① 与理论语法相比，教学语法倾向于稳妥折中，一般采用普遍认同的观点和理论，尽量避免有争议的观点和问题。

② 教学语法强调规范性，注重实践性。一般都要明确说明哪种说法是正确的，哪种说法是错误的，从而达到更好地指导语言应用的目的。

③ 教学语法从语法教学实际出发，涉及的内容比较全面，不像理论语法那样，往往针对某些具体问题进行非常深入细致的探讨，具有很强的个性化和纯理论特色。

（2）暂拟汉语语法教学系统

"暂拟汉语语法教学系统"是汉语教学语法体系的代表。

"暂拟汉语语法教学系统"把语法分为词法和句法两部分。

词法包括词的构成、变化和分类，主要讨论词类的问题，词类是根据词的意义和语法特点划分出来的。

句法主要讨论句子的六大成分：主语、谓语、宾语、定语、状语、补语。词是基本的句法单位，句子成分是由词来充当的。同时认为，句子成分和词之间存在对应关系，词进入句子后就能做句子成分。

"暂拟系统"的句子分析并没有吸收结构主义的层次分析法，而是采用传统的中心词分析法。分析句子先要找出两个中心词（主语和谓语），然后再找主语和谓语的连带成分和附加成分——宾语、定语、状语和补语。

"暂拟汉语语法教学系统"是汉语语法学史上影响最大的语法体系之一，奠定了中学语法教学的基础，极大地方便了语法教学，至今对汉语语法教学与研究仍有很大的影响。

2. 理论语法体系

理论语法体系，也称"专家语法体系"，是语法学家根据不同的观点、角度和方法所建立起来的语法学体系。

理论语法的主要宗旨是从理论的角度描写语法现象、揭示语法结构规律和构建符合汉语实际特点的理论框架，因而具有很强的学术性和专业性。

由于语法学家从不同的角度、采用不同的方法研究语法，不同专家语法体系之间存在着差别，不应该也不可能强求一致。

当然，语法学家在进行著述时，一般也会考虑人们学习的便利；教学语法也应该不断吸取专家语法研究的新成果，以增加语法体系的科学性与理论性。

汉语专家语法体系以下述语法学著作中的语法体系为代表：

《新著国语文法》（黎锦熙）

《中国文法要略》（吕叔湘）

《中国现代语法》（王力）

《汉语语法论》（高名凯）

《现代汉语语法讲话》（丁声树、吕叔湘、李荣等）

《汉语语法分析问题》（吕叔湘）

《语法讲义》（朱德熙等）

（四）"暂拟汉语语法教学系统"的意义与价值

"暂拟汉语语法教学系统"叙述简明、体系精要、描写全面、材料丰富，努力贯彻语法形式与语义相结合的原则，继承了前人语法研究的成果，又吸取了解放后词类讨论和主宾语讨论的成果，是中国语法学界集体智慧的结晶，也是中国语法学发展史上影响最大的语法体系。

"暂拟汉语语法教学系统"以中学汉语课本的形式通行全国，极大地方便了中学语文教学，使语法科学深入到社会的各个方面，产生了极大的影响。当时不但中小学乃至大学都依据"暂拟汉语语法教学系统"教学，而且学者们在著述时也都在不同程度上向它靠拢。

"暂拟汉语语法教学系统"的学术价值主要体现在：

1. 重视词法。详细描述了词的构成方式和各个词类语法特点，使汉语词类划分具有科学的基础，汉语词类划分不必照搬西方语言学的形态理论，从而深化了我们对词类的认识。

2. 着重意念表达。由于汉语缺乏形态变化，所以"暂拟汉语语法教学系统"在确定主语和宾语时，从话语运用上的主题和句法结构上的主语联系起来加以考虑，不以施受意义确定主宾语。

3. 重视句子结构的分析。例如单句按照句子成分的不同配合，可以产生多种多样的句型，研究句型有助于掌握句子的结构规律。

4. 材料丰富，归纳的语法现象相当全面，描写与分析深入细致。例如详细描写了各个词类、各种句子成分，第一次详细地描写了"复杂谓语"的各种格式，具体描写了紧缩句的各种格式。

（五）"暂拟汉语语法教学系统"的缺陷

"暂拟汉语语法教学系统"属于传统语法体系。它把语法分为词法和句法两部分，词法部分主要是词类，句法部分主要是句子成分，同时认为句子成分和词类之间存在对应关系。这些都是典型的传统语法观点，是由印欧语语法学那里传来的。但是汉语缺乏形态变化，构成句子主要靠大小语言单位一层一层地组合起来，词组比词更为重要，因此不宜把这种句子分析方法机械地套用到汉语的句子中。

六、语法的学习方法

学习语法就是要自觉地掌握语法规律。要学好语法，应从以下三个方面去努力：

第一，掌握分析方法。例如：

下午我们小组讨论。

这个句子可以分析为：

（下午）我们小组+讨论。

（下午）我们+小组讨论。

经过分析，可以认定这个句子有歧义。可改写为：

我们小组下午讨论。

我们下午小组讨论。

第二，注意细微差别。语法上的细微差别表现在结构的差异上。结构不同往往体现意义上的差别。例如：

他把教室打扫得干干净净。

他打扫教室，打扫得干干净净。

这两个句子的结构不同，表达的意思也有差异。前一句的"教室"用在"把"后边，是有定的，也就是说话人心目中的某间教室。后边一句的"教室"是无定的，全句的意思是说"他"经常打扫教室，而且打扫得很干净。这种区别，是句式的区别，可以用来观察许多类似的句子。

第三，学会综合运用。语言的学习包括听、说、读、写四个方面。听和读是理解别人的意思，说和写是表达自己的意思。理解和表达都要综合运用语言方面的知识，包括语音的、语汇的、语法的、修辞的。即使某一方面的知识，如语法知识，在实际运用时也是综合的。例如：图书馆除了公布新书目录之外，他们还根据读者要求介绍他们需要的书籍。

这个句子从结构上看，是不恰当地更换主语。从虚词使用方面看，是用了"除……之外"，缺少下文。从代词的使用看，第一个"他们"缺少先行词，两个"他们"所指不同，却在字面上未加区别，删去第一个"他们"，全句就通顺了。

第二节 词 的 分 类

一、词类和词性

（一）词类和词性的内涵

词类指的是词的语法分类，是按照词的语法功能对语言中的词所做的分类。词类的划分是语法分析的基础，它是一种客观存在，是由词在语言结构体系中自身所具有的特点和功能所决定的。语言系统靠组合和聚合这两根轴来运转，每个词都处于这两根轴的交汇点，即一方面与其他的词之间存在着一种组合的可能性，另一方面它在这一组合中又往往可以被其他的词所替代，而这些能相互替换的词具有某种共同的作用，自然地形成一个聚合体。如现代汉语中有一些词能出现在"数+量+____"这一组合的框架中，表示这些词形成一个聚合的类——名词。如：

　　一个人　一捧土　一张桌子　一种想法
　　一棵树　一碗水　一挑柴　　几条意见

　　相应地能出现在"数+____+名"结构中的词也形成一个聚合的类——量词。名词和量词的概念意义各不相同，但它们的不同聚合显示了各自的组合功能，即词类的分别。

　　词类的划分是以所有的词为对象的，按照一定的标准将语言中的词分为若干个类别，从而得到该语言的词类系统。跟分类相关的是归类，归类以个别词为对象，根据一个词的语法属性将它归到相应的词类中，得到的是该词的词性。词性即词的语法属性，针对一个一个具体的词，考察它的语法特征，从而判定该词的词性。词类与词性有内在的联系，区别在于：词类划分以所有的词为对象，是从分类的角度研究词类问题；词性以个别词为对象，是从归类的角度研究词类问题。

（二）词类的划分标准

　　给事物分类，可以用不同的标准。选择什么标准，决定于分类的目的。语法上给词分类，目的在于说明词在语句结构中的特点，即词的组合能力。哪些词能跟哪些词组合，不能跟某些词组合，组合起来能表示什么关系，不能表示什么关系，这就是词的组合能力，或称之为功能。

　　划分词的标准是功能。功能与词义有一定的联系，但是意义不是划分词类的标准，而是词类的基础。通常说表示人或事物的词叫名词，表示动作或变化的词叫动词，表示性质或状态的词叫形容词，指明的是词类的意义基础，而不是划分词类的科学标准。例如"打仗"和"战争"有相同的意义基础，可是功能并不相同。我们可以说"在前方打仗"，不能说"在前方战争"；可以说"一场战争"，不能说"一场打仗"。我们把"打仗"归入动词，把"战争"归入名词，认为它们属不同词类。又如"害怕"和"恐惧"有相同的意义基础，"害怕"可以带宾语，说成"害怕出事"，"恐惧"不能这么用。前者属动词，后者属形容词。下面我们将进行具体的论述：

1．词类划分的基础和标准

（1）意义基础

　　"学生、老师、家长、朋友"等词各有自己的语义特征，表达不同的概念，但它们都是表示"人"的，"写、打、说、研究"等词的概念意义不同，但都是表示动作行为的，"好、高、高兴、伤心"等的概念意义也不一样，但都是表示性质的。这种类别义实质上是人们对所认识对象做出的一种分类。由于不少词所属的类别与它们的语法表现大体上一致，因而有人认为可以根据词的类别义对词进行语法分类。如传统语法所说的，表示人或事物的词是名词，表示动作行为的词是动词，表示性质状态的词是形容词等，便是根据词的概念意义所属的类别对词进行的语法分类。但词类的划分与概念类并不完全一致，同属于一个概念类的词其语法表现有时有区别。如：

很聪明　　　　　　　很智慧
很红　　　　　　　　很红色
把两者等同起来　　　把两者同等起来
同等重要　　　　　　等同重要
一场战争　　　　　　一场打仗

"聪明"和"智慧"、"红"和"红色"、"等同"和"同等"、"战争"和"打仗"等所属的概念类相同，但"聪明、红"可以受"很"修饰，"智慧、红色"不能；"等同"可以充当述语，"同等"不能；"战争"可以受数量词语修饰，"打仗"不能。

事物的类别总有客观的基础，这个基础可以成为分类的标准，如人的性别有生理的基础，男人和女人就是根据此标准划分出来的。但也有些类别并非完全依据基础来规定。如所有的人都有性别差异，但并非所有语言中的名词都有"性"的语法范畴，语法上的"性"与性别的生理基础有关，但它是根据词的语法形式划分出来的。词类的划分与词的意义有关，意义只是词类划分的基础，不能作为词类划分的标准。

（2）形态标准

严格意义的形态指的是一个词表示不同语法意义的形式变化系统。有些语言中不同类的词有相应的形式变化，通过不同的词尾或特定的形态标志来表达不同的语法意义。英语中能在其后加-s 或-es 表示复数意义的词是名词，能在其后加-ing、-ed 表示不同时体意义的是动词，能在其后加-er、-est 表示比较级、最高级的是形容词。如：

book-books　　　work-working-worked　　　great-greater-greatest

形态是词类划分的比较简明、比较可靠的标准，但汉语缺少严格意义的形态变化，有些姑且可以算做形态的因素缺乏普遍适用性和强制性。如现代汉语中"们"可以表示多数，但只能加在指人的名词后面，如"同学们、朋友们"，指物的名词一般不能加，如不能说"桌子们、椅子们"。而且即使是能加"们"的词，表示多数意义时也并非总要带"们"，如"这些孩子都很听话"中的"孩子"同样表示多数的意义。

现代汉语中有些词缀具有类化词的语法功能的作用，如带后缀"子、头、者、家"等的词是名词，带后缀"化"的词大多是动词，带前缀"可"的词多为形容词。但绝大多数同类的词没有这些标志。因此这些构词词缀在汉语的词类划分中发挥不了太大的作用，不能作为汉语词类划分的标准，只能作为参考。

（3）语法功能标准

词的语法功能体现在以下三个方面：

① 词充当句法成分的能力

词充当句法成分的能力主要指一个词能否单独充当句法成分以及能充当什么成分。按照词能否单独充当句法成分，通常把词分为实词和虚词两大类，实词可以单独充当句法成分，虚词不能。

② 词与词的组合能力

　　词的组合能力指一个词经常与哪些词组合，组合后表示什么样的结构关系，不能与哪些词组合。如汉语名词经常受形容词及数量词语的修饰，构成定中型的偏正关系，能前附介词构成介词短语，能受动词支配构成述宾短语等。如：

　　新书　好人　漂亮衣服

　　两本书　三个人　一个念头　一门科学　几点意见

　　关于这个问题　从上海　对你

　　吃饭　喝茶　啃馒头　发表意见　尊重别人

　　名词一般不能与副词组合，如"很想法、不报纸、也文学"都是非法的组合。

　　③ 词重叠的可能性、重叠的形式及表达的意义

　　重叠是表达语法意义的手段之一，语言中的词其重叠的可能性、重叠方式以及重叠后的意义有区别，显示出不同类的词语法功能的差异。如：

　　（a）纸　水　木头　思想

　　（b）看　写　学习　分析

　　（c）高　长　漂亮　认真

　　（a）组不能重叠，是名词。（b）组单音节的用 AA 式重叠，双音节的用 ABAB 式重叠，是动词。（c）组单音节的用 AA 式重叠，双音节的用 AABB 式重叠，是形容词。

　　就意义、形态和功能三个方面而言，意义是词类划分的基础，但不能作为标准使用。词的形态变化是词的语法功能的表现或标志，形态标准和语法功能标准是基本一致的。如果依据形态划分出来的词类不能反映词的语法功能，那么这种分类是没有意义的。因此即使在有形态变化的语言中，也并非所有的词类或同一类中的所有成员都有形态变化。如英语中将 sheep、deer 等归为名词，并不是根据它们的词形变化，而是其语法功能与 book、worker 等词具有一致性，通常称之为零形态。词的形态变化是语法功能的外化，形态也是在词与词的组合中显示出来的。因此语法功能是词类划分最本质的标准。

　　根据语法功能标准划分出来的词类，同类的词在语法上具有共同的性质，这是词类的共性；不同类的词相互之间具有相互区别的特性，这是词类的个性。

2．词类划分应该注意的问题

　　词类的划分是逐级进行的，具有层级性。首先根据能否充当句法成分，可以将词分为实词和虚词两类。实词具有不可列举性、开放性，虚词具有可列举性、封闭性；实词在与其他词语组合时通常是不定位的，而虚词是定位的。其次根据实词充当句法成分情况的差异以及与其他词语的组合能力差异，将实词分为体词、谓词和加词，体词主要充当主宾语，包括名词、数词和量词；谓词主要充当述语，包括动词、形容词；加词主要充当定语或状语，包括区别词和副词。代词的主要作用是指代，既可以指代体词，也可以指代谓词和加词，它的功能与所指代的对象功能相当。虚词分为介词、连词、助词和语气词几类，介词和语气词主要起附着作用，连词主要起连接作用。由大类到小类，形成比较严整的词类系统，见表 5-1。

　　拟声词和叹词是两个特殊的词类，它们都能独立成句，但在句法组合中通常不与其他词语发生结构关系。

另外，同一种语言在不同的历史时期词类系统可能不完全一致。如从古汉语到现代汉语，"着、了、过"等词的意义由实到虚，所起的语法作用已有很大的差别。古汉语中它们是动词，而现代汉语中它们是助词。

表 5-1 现代汉语词类一览表

类别			举例
实词	名词	一般名词	天、教室、雷锋、思想、马路、花朵、上面
		方位词	上、下、前、后、以上、之后
	动词	一般动词	跑、吃、整理、研究、恨、喜欢、开始、竞赛
		趋向动词	来、去、起来、下去、进来、出去
		判断动词	是
		助动词	能、肯、应该、可以、敢、会
	形容词	一般形容词	好、大、热、优秀、光荣、美丽、雪白、重要
		非谓形容词	正、副、慢性、大型、人为、共同、主要
	数词		零、半、一、七、十、百、千、万、亿
	量词	物量词	个、件、条、斤、斗、棵、块、箱、张、只、元
		动量词	趟、遍、次、回、顿、番、场
		时量词	天、月、年、季、日、周
	副词		很、非常、已经、刚刚、也、亲自、又、竟然
	代词	人称代词	我、你、他、我们、自己、大家、咱们
		指示代词	这、那、这儿、那儿、这里、那里
		疑问代词	谁、什么、怎么、哪儿
虚词	连词		和、跟、同、与、或、不但、因为、尽管、而且
	介词		对于、关于、把、在、于、从、为了
	助词	结构助词	的、地、得
		时态助词	着、了、过
		其他助词	们、所、似的、第、初
	语气词		的、了、吗、呢、吧、啊、呀
叹词			唉、嗯、哎呀、哎哟
象声词			乒乓、叮当、哗啦、扑通、呼呼

二、实词及其运用

现代汉语的实词可以分为体词、谓词、加词三类，代词又独立于这三类词之外。

（一）体词

体词的主要语法功能是充当主语和宾语，一般不作谓语。现代汉语的体词主要包括三类：名词、数词、量词；谓词的主要语法功能是充当谓语，有时也可以作主语、定语、宾语。现代汉语的谓词包括两类：动词和形容词；加词的语法功能是不能作主语和宾语，也不能作谓语，只能作名词或动词、形容词的修饰语，充当定语或状语。

1．名词

（1）名词的语法功能

① 名词大多可以受数量词语的修饰。

个体名词所表示的人或事物可以逐一计数，可以受个体量词修饰。如"一张纸、三本书、五位同事、八条鱼"。

集体名词表达集合概念，不能逐一计数，只能用"班、批、队、群、些、点"等量词。如"一批物资、一队人马、一些军火"。

抽象名词只能用"种、类、门"等量词，如"一种精神、一门学问"。

专有名词表示独一无二的事物，通常不能量词短语修饰。有时为了强调或比较，可以使用某些量词。如"（中国出了）一个毛泽东、（世界上只有）一个中国"。

表示时间和处所的名词不能受量词短语的修饰。

② 名词主要充当主语、宾语和定语，可以和介词构成介词短语。不能充当补语，充当谓语和状语受到很大的限制。名词充当谓语构成的语法单位是句子，是句子层面上的现象，如"今天晴天。"、"明天国庆节。"等。短语中名词不能充当谓语。

③ 名词一般不能重叠。"家、人"等可以重叠，如"家家、人人"，这样用时它们是量词。

④ 名词不能受"不"修饰。"人不人、鬼不鬼"、"僧不僧、道不道"、"不人不鬼"、"不僧不道"等必须对举出现。

（2）名词中的特殊小类

① 方位词

方位词是表示方向或位置的词，包括"上、下、左、右、前、后、东、西、南、北、中、里、外、内、旁"以及前加"以、之"等构成的"以上、以下、以前、以后、以外、以内、之上、之下、之前、之后"等。"表示方向或位置"只是方位词的意义基础，并不是所有表示方向或位置的词都属于方位词。方位词在对举的结构中可以单独充当主语或宾语，体现出一定的实词性。如：

上有老，下有小。

前怕狼，后怕虎。

他在前，我在后。

作为名词中的一个特殊的小类，方位词的语法特点是结构上的附着性，它们通常粘附在其他实词或短语的后面表示方向或位置。如：

桌子上、教学楼前、长亭外、断桥边、来上海以前、回家以后

② 时间词

时间词表示时间的位置，即时点或时刻，可以用来回答"什么时候"，也可以用"这个时候"、"那个时候"来指代。如：

现在　刚才　将来　上午　中午　前天　去年　平时　当时　古代　现代

时间词可以充当主语、介词的宾语。跟一般名词不同的是，时间词经常充当状语，而且既可以出现在主语前，也可以出现在主语后。如：

刚才他告诉我一件事。 他刚才告诉我一件事。

③ 处所词

处所词表示空间位置，可以用来回答"哪儿"、"什么地方"之类有关处所的问题，也可以用"这儿（这里）"、"那儿（那里）"来指代。主要包括以下几类：

方位词后加"边、面"等构成的合成词，如：上面、后面、左边、前边。

表示处所的名词，如：附近、远处、高处、明处、暗处、郊区。

表示地名、机构的名词，如：亚洲、中国、日本、东京、北京、北京大学、商场。

方位词后加"边、面"等构成的合成词虽然也有表达方向或位置的功能，但它们与方位词的语法功能不同。方位词与它所附着的成分之间不能加结构助词"的"，而这类表示方位的词与前面的修饰成分之间可以加"的"，不具有附着性。如：

桌子上 　　　桌子的上
桌子上面 　　桌子的上面
操场边 　　　操场的边
操场旁边 　　操场的旁边

2. 数词

（1）基数词和序数词

数词表示数目和次序，表示数目的词叫基数词，表示次序的词叫序数词。

基数即数目的大小，分为系数词和位数词两种。

系数词：一 二 两 三 四 五 六 七 八 九 十 零 半

位数词：十 百 千 万 亿

系数词与位数词构成系位组合可以表达任意数目。如：二十、五百三十二、八千、十万。

序数即先后次序，可以直接用数词表达，如"三楼、五月"也可以在数词前加"第、老、初"来表达，如"第一、第三、老二、老五、初八、初十"。

（2）数词的语法功能

数词的主要语法功能是与量词组合，构成量词短语。除了数学运算以及某些固定表达法，如"三心二意、五颜六色、七上八下、三三两两"、"一是一，二是二"、"六六大顺、九九归一"等，数词不能单独充当句法成分，也不能重叠。

3. 量词

量词是用来计量人、事物或动作行为的单位的词，分为单纯量词和复合量词两类。

（1）单纯量词

单纯量词包括名量词、动量词、时量词。

① 名量词，用来计量人或事物，根据所计量名词的不同，名量词可分为：

个体量词：如"个、本、只、条、位、把"等，用于计量表示个体事物的名词。个体名词通常都有各自的专用量词，如"门"论"扇"、"灯"论"盏"、"电话"论"部"、"房子"论"间"等。个体量词与名词之间有一定的选择性，有些限制较严，如"大炮"

只能用"门"、"机枪"只能用"挺"；也有些个体名词可能有多个量词适用，如指人的名词可以用"个"、"位"、"员"、"条"等量词，但不同的量词其使用范围及附加色彩方面有差异。"条"通常与"好汉"、"汉子"等名词搭配，如"一百零八条好汉"；"员"通常用来计量武将，如"一员猛将"；"位"则含有尊敬之意，如"一位长者"；而"个"是现代汉语中使用最广泛的量词，如果没有专用量词，差不多都可以用它。但如果有专用量词，要避免"个"使用的泛化。

集合量词：如"批、群、帮、套、双、付"，用于计量成组或成群的事物。表达集合概念的集合名词只能用集合量词，如"一批军火"、"一批物资"；个体名词既可用个体量词，也可以用集合量词，如"一个游客"、"一群游客"，但使用不同量词时意义不同。

类别量词：如"种、类、等、级"，用于给事物进行分类。

度量衡量词：如"克、千克、吨、米、厘米、千米、立方米"，表示长度、重、容积等的计量单位。

② 时量词：如"年、天、分、分钟、秒"，是时间的长度的计量单位，如"三年、十分钟"。

③ 动量词：如"趟、次、阵、回、遍、顿"，用来计量动作行为，如"读两遍、去两趟"。

以上几类量词都是专用量词，现代汉语中还可以借名词、动词等来作为事物或动作行为的计量单位。如可以说"一条被子"，也可以说"一床被子"；可以说"切一下"，也可以说"切一刀"；可以说"一担柴"，也可以说"一挑柴"。其中的"床"和"刀"是借名词作为量词，"挑"是借动词作为量词。

（2）复合量词

复合量词是两个量词的连用，可以分为两类。一类是相乘关系，常见的有"架次、人次、吨公里、秒立方米"。如"5万人次"，可以是1万人每人5次，也可能是5万人每人1次，或者其他人数和次数的积为5万的所有可能性。另一类是选择关系，两个量词分别计量不同的事物，常见的有"台套、篇部、件套"等。如"10篇部"意为论"篇"（如文章）和论"部"（如专著）的项目总和为10。

（3）量词的语法功能

量词不能单独充当句法成分，通常和数词一起组合成量词短语，表示事物或动作行为的数量特征。当数词是"一"时，有时"一"可以省去。如：

找（一）个人　　买（一）本书

去了（一）趟北京　看（一）次电影

量词也可以与"这、那"等指示代词构成"指示代词+量词"的结构，如"这个、这种、那本、那回"等，这样用时，量词前的数词只能是"一"。

大多数单音节量词可以重叠，重叠以后可以做主语、定语、状语、谓语等成分，表示"每一"、"逐一"或连绵不断的意思。如：

个个是好汉

条条大路通罗马

花香阵阵，渔歌声声
层层包围　节节败退
回回都能见到他
量词重叠以后除"一"以外，前面不能出现其他数词。

（4）数量的表达

① 概数

概数是不确定的数目，现代汉语中概数表示法主要有以下几种：

用相邻数词连用表示概数。如：两三个、三五个、七八个、一二十个。

数词后加"把、来、多"表示概数，如：百把本书、二十来个人、一百多吨重。"把"只能用在位数词"百、千、万"后面，位数词前不能有系数词；"来"和"多"只能用在"十"及带系数词的"十、百、千、万"后面，区别在于用"把"表达数量在此上下，而用"多"一定多于此数量。

用"左右、上下、许多、好些、若干"等词语表达。如"两米左右、五千克上下、许多人、好些事情"。

② 分数和倍数

分数的典型格式是"……分之……"，如"五分之三"，有时也可以直接用"分"或"成"来表示，如"三分"、"六成"，相当于"十分之三"和"十分之六"。分数既可用于表达数量的增加，也可以用于表达数量的减少。

倍数由"数词+倍"构成，只能用于表达数量的增加，不能用于表达数量的减少。在表达"减少、降低、缩小"等数量时，不能使用倍数，如不能说"成本降低了五倍"。

③ 二、两和俩

"二"和"两"都是数词，都可用来表示基数，如"二人"、"两人"，"二米"、"两米"。它们用法的差别主要表现在以下几个方面：

第一，在一般量词前，用"两"不用"二"，如"两本书"，不说"二本书"，但如果是系数词与位数词连用，则用"二"不用"两"。如"二十二"不说"两十两"。

第二，度量衡量词前，都可以用，但量词"两"之前只能用"二"，在大小度量衡单位连用时，最前面的都可以用，但后面的只能用"二"。如"两米二"。

第三，在序数、小数、分数及数学运算中，用"二"不用"两"。表序数时"两点钟"是一个例外，这里的"两"表示序数。

第四，表虚指时，用"两"不用"二"，如"说两句"、"有两下子"。

"俩"是两个的合音，音 liǎ。大致说来凡可以用"两个"的地方都可用"俩"。如"哥儿俩、父子俩、他们俩"等。"俩"常用在名词或代词后面，也可用于名词之前。如"俩学生"。与代词连用时，只能用在代词后面，不能用在代词之前，如"他们俩、咱们俩"。由于"俩"本身已包含了量词"个"，使用时要避免再出现与之搭配的量词。

（二）谓词

谓词的基本功能是充当谓语，包括动词和形容词两类。

1．动词

（1）动词的意义分类

表示动作行为，如：走、吃、看、说、学习、参观、阅读，称为动作行为动词。特点是能用作祈使句的谓语。

表示心理活动，如：爱、喜欢、讨厌、同意、反对、了解，称为心理动词。

表示可能、应该或意愿，如：能、能够、可以、应该、敢，称为能愿动词

表示判断，如：是、为（wéi），称为判断动词

表示动作行为进行的趋向，如：上、下、进、出、上来、下去，这类动词称为趋向动词。

有的动词没有实在的意义，要求其他动词充当宾语，如：进行、加以、给以、予以，称为形式动词。

（2）动词的基本功能

① 多数动词可以带宾语和补语，构成述宾短语和述补短语。

有些动词必须带宾语，如：

加以　给以　试图　企图　处于　属于　得以　给以　当做　懒得　成为　促使

有些动词不能带宾语。如：

游行　游泳　休息　咳嗽　约会　答辩　巡逻　睡觉　考试

绝大多数动词可带也可不带宾语。如：

听　买　想　有　完成　表扬　考查　保护　访问　发送　改善　关心　担任

不能带宾语的动词以及只能带施事宾语和处所宾语的动词称为不及物动词，能带其他宾语的动词称为及物动词。

从所带宾语的性质看，有些动词只能带谓词性宾语，称为谓宾动词。如：

打算　认为　感到　企图　试图

有些动词只能带体词性宾语，称为体宾动词。如：

写　喝　修　治理　看望　属于

有些动词既可以带谓词性宾语也可以带体词性宾语，称为体谓宾动词。如：

看电视　　　　　看打球

喜欢音乐　　　　喜欢跳舞

研究文物　　　　研究怎么做

讨论问题　　　　讨论买不买

② 多数动词可以后附"了、着、过"表示动作行为进行的状态。如：

写了几句话　　咨询了两个问题

谈着事情　　　看着那个人

提过这件事　　问过老师

③ 多数动词可以重叠，重叠以后表示时量短或动量小。

单音节动词 A 可以采用 AA、A 了 A、A 一 A 等方式重叠。如：看看、说说、想想、看了看、说了说、想了想、看一看、说一说、想一想。

双音节动词 AB 有两种重叠方式：一种是 ABAB 完全重叠式。如：学习学习、研究研究、考虑考虑。一种是 AAB 部分重叠式，有些支配式离合动词采用这种方式重叠。如：散散步、聊聊天、睡睡觉、谈谈心。

能愿动词、趋向动词、判断动词、形式动词等不能重叠。

④ 绝大多数动词可以受副词修饰，表示时间、范围、否定、方式等意义。除心理动词、能愿动词外，其他动词一般不能受程度副词修饰。如：

刚来　已经离开　正在交谈　都去　不希望　没看　徒步旅行　很可能　非常愿意

（3）趋向动词

趋向动词表示动作为进行的趋向，有单纯的和合成的两类，见表 5-2。

表 5-2　单纯趋向动词和合成趋向动词

	上	下	进	出	回	过	起
来	上来	下来	进来	出来	回来	过来	起来
去	上去	下去	进去	出去	回去	过去	

单纯趋向动词"来、去"以说话人自己所在位置为参照点，朝说话人所在位置移动为"来"，离开说话人所在位置为"去"。"上、下、进、出"等以说话人以外的某一位置为参照点。合成趋向动词兼有二者的特点。

趋向动词可以做谓语，如"车来了、你出去"；可以用在其他动词后面做趋向补语，如：

拿来一本书　送去一份礼品

走进会场　冲出亚马逊

拿出来一本书　送出去一份礼品

趋向动词可以带表示动作行为主体的宾语，即施事宾语。如：来了一辆车、进来两个人。单纯趋向动词可以带表处所的宾语，如：来北京、去上海、回老家。

复合的趋向动词"起来"和"下去"用在动词或形容词后面除表示动作进行的趋向外，还可以表示动作或性质的"开始"或"继续"，趋向意义已经虚化，这是它们的引申用法。"起来"表示"开始"，"下去"表示"继续"。如"唱起来、说下去、好起来、暗下去"等。

（4）能愿动词

表示可能：能、能够、可能

表示意愿：要、敢、肯、愿、愿意

表示应该：该、应该、应当

能愿动词可以做谓语，可以单独回答问题，但不能带宾语，经常出现于其他谓词性成分前充当状语，如"应该知道、能解决"。

2．形容词

（1）性质形容词和状态形容词

形容词分为性质形容词和状态形容词两类，性质形容词可以前加否定副词"不"和程度副词"比较、很、非常"等。如：

对 错 好 高 高兴 悲哀 漂亮 潇洒

状态形容词不能受"不"及程度副词的修饰。

性质形容词的重叠形式，如：高高、好好、严严实实、大大方方、痛痛快快。

只能以 ABAB 形式重叠的偏正式形容词，如：雪白、漆黑、乌黑、笔直、通红、冰凉。

带叠音后缀的形容词，如：

～乎乎：黑乎乎 热乎乎   ～哄哄：臭哄哄 乱哄哄

～巴巴：干巴巴 可怜巴巴   ～腾腾：慢腾腾 热腾腾

～丝丝：甜丝丝 凉丝丝   ～油油：绿油油

～梆梆：硬梆梆   ～花花：白花花

其他少数复杂形式的形容词，如：

老实巴交、傻里呱唧 灰不溜秋 土里土气 傻里傻气

（2）形容词的基本功能

形容词都可以充当谓语。除"广、少、起劲、吃香"等少数形容词，绝大多数形容词可以做定语。形容词可以做状语，做状语时，单音节形容词不带"地"，双音节形容词可带可不带"地"，状态形容词通常要带"地"。如：

长叹了一口气

认真（地）阅读原作

高高兴兴地走了

形容词不能带宾语，有些词兼有形容词和动词两类词的功能：做形容词用时可以受程度副词修饰，但不能带宾语；做动词用时能带宾语，但不能受程度副词修饰。如：

繁荣市场   市场很繁荣   很繁荣市场

端正态度   态度比较端正   比较端正态度

可以受程度副词修饰，同时又可以带宾语的词是动词，不是形容词。如：

领导很关心   领导很关心我们的生活

他们非常喜欢   他们非常喜欢球类运动

大家特别讨厌   大家特别讨厌这个人

性质形容词可以受程度副词修饰，状态形容词不受程度副词修饰。如：

很白 很白白的 很雪白 很白花花

绝大多数形容词可以重叠，单音节性质形容词用 AA 式，双音节性质形容词用 AABB 式，双音节状态形容词用 ABAB 式。如：

AA 式：远远 大大 紧紧

AABB 式：整整齐齐 漂漂亮亮 清清楚楚

ABAB 式：雪白雪白（的）漆黑漆黑（的）笔直笔直（的）

形容词重叠以后充当定语和谓语时，带有程度适中的意味；充当状语和补语时，通常含有程度加深的意味。如：

他有一双大大的眼睛　　他的眼睛大大的
他高高地举起手　　　　他把手举得高高的

（三）加词

加词的主要语法功能是充当定语或状语，包括区别词和副词两类。

1．区别词

区别词是只能做定语的一类词，主要用于表示事物的属性，因而具有分类功能，大部分是成对或成组的。常见的单音节区别词有：

公　母　雌　雄　男　女　正　副　荤　素　阴　阳　金　银　单　双

大部分区别词是双音节或多音节的，如：

边远　常务　初始　独家　断代　多边　部属　公共　尖端　内在　上述　伪劣
有线　资深　微型　小型　中型　大型　巨型　特大型　多弹头

有些区别词有一定的构成模式，具有较强的能产性。如：

～式：中式　英国式　雷锋式　拉网式　自由式　花园式　散文式　双重水冲式
～型：大型　福利型　资源型　小康型　外向型　造血型　技能型　应用型
～级：特级　部级　大师级　国家级　大使级　世界级　顶尖级
～性：活性　慢性　雌性　神经性　先天性　突发性
～等：高等　甲等　头等　优等　初等
～用：家用　军用　民用　农用　医用　日用
超～：超级　超导　超薄　超大型
单～：单程　单孔　单相　单面　单轨
无～：无轨　无机　无期

绝大多数区别词可以直接修饰名词做定语，可以后加"的"用来指称。如：

男的　男同学　　　大型的　大型企业　　　先天性的　先天性心脏病

只有少数区别词具有描写功能，不能加"的"用于指称。如：

锦绣　区区　偌大　广大　稀世　毕生　广袤　硕大　摩天　大无畏

区别词不能做谓语，否定时用"非"，不用"不"，如"非大型、非民用、非部属"。

2．副词

（1）副词及其基本功能

副词的主要功能是修饰谓词性成分做状语，表示时间、范围、程度、语气、肯定、否定、方式等意义。副词是现代汉语词类系统中比较复杂的一类，个性强于共性。就内部成员的数量看，情态副词具有开放性，其他小类的成员具有相对的封闭性；从出现环境看，有些副词只能在动态的句子中出现，不能在静态的短语中出现。侧重于能单独充当状语这一句法功能，将它们归入实词。

副词都能做状语，表示语气、口气的副词做状语时位置比较自由，可以在句首（主语前）或句中出现；其他副词做状语时一般不能出现在主语前。如：

大概他已经知道了　　他大概已经知道了　　他已经知道了，大概
已经他大概知道了　　都他们来了　　　　亲自他驾车

"很"、"极"等少数副词可以做补语，"很"做补语时必须用"得"，"极"做补语时不能用"得"，但必须后附"了"。如"开心得很、开心极了"。

副词不能做定语。如果名词是带顺序义的名词，前面可以出现某些副词。如：

你才科长，他已经处长了。（科长、处长、局长、部长）

今天星期四，快周末了。

除"也许、大概、的确、果然、不、没有"等少数副词，绝大多数副词不能单说，具有粘着性。如：

——小王走了吗？

——已经。

——也许。/的确。/没有。

"又、就、也、才、再、都"等副词具有关联功能。起关联作用时，有的独用，有的合用，也有的与连词配合使用。如：

想走你就走。　　他不来我就去。　　既然来了，就好好工作吧。

（2）副词的分类

① 程度副词

程度副词修饰性质形容词和部分动词，表示程度量的高低。根据能否出现于"比"字句及比较对象的情况，可以将程度副词分为相对程度副词和绝对程度副词两类。

相对程度副词：更、越发、稍、稍微、略，最、顶、比较、较为

绝对程度副词：太、过于、很、极、极其、非常、相当、格外

"更、越发"等程度副词可以出现在"比"字句中。"最、顶"等程度副词虽然不能出现在"比"字句中，但必须有比较范围，可以出现在通过"与……相比"、"（在）……中"引进比较对象或比较范围的比较句中。如：

做这样的工作，你比他更合适。

老王比老张最有人缘。

（在）他们几个人当中，老王最有人缘。

绝对程度副词没有明确的比较对象，通常以常识或常理作为程度判定的标准，不能出现在比较句特别是"比"字句中。

事情很难办。　　　　这件事比那件事很难办。

做事非常认真。　　　他做事比小王太认真。

有些程度副词出现在不同的结构中其功能有明显的差异，如"还"。当"还"重读时，是相对程度副词，可以出现于"比"字句中，如"这道题比那道题还难；"当"还"轻读时，是绝对程度副词，用于弱化程度量，如"他最近还好。"

② 范围副词

范围副词虽然在句法上修饰谓词性成分，但在语义上却是说明事物的范围或数量特征的。

"都、全、大多、皆、尽、一概、一律、统统"等范围副词的主要功能是总括事物的范围，表明所总括的对象具有共同的性质。如：

他们都是北京大学的学生。

总括范围副词总括的对象通常必须位于它前面，即此类副词具有语义上前指的特征，总括的对象必须具有可分的特性。如上例中"都"总括的对象是主语"他们"，表明"他们"中的每一个人都具备"是学生"这一特点。

　　"只、仅、就、光"等范围副词重在表达一定范围内的部分成员不同于其他成员的个性，往往带有说话人的主观色彩，可以表达范围小、数量少、程度低、时间短等主观上的量。语义上具有后指特征，而且语义指向的对象必须在该句法组合中出现，不能省略。如：

　　据估计，制作这部影片只需花费 6000 万美元。

　　我只记得那个人老背着一个灰色的包，是不是这一只，不好说。

　　这里不需要外交辞令，只需要几句现编的童话。

　　"共、总共、才、一共、至少、起码、至多"等范围副词要求其后必须有一个数量成分充当它语义指向的对象。如：

　　他总共养了 50 只蝴蝶。

　　他总共养了 50 只。

　　他总共养了蝴蝶。

　　③ 时间副词

　　时间副词不能表达精确的时点和时段，是专门修饰谓词性成分表达时间先后关系或时间间隔、时间延续情况的副词。如：

　　曾经　曾　业已　已经　已

　　将　终将　必将　迟早　及早

　　正　正在　在

　　一度　暂且　刚才　就　马上　立刻　当即　顿时

　　一直　永远　从来　历来　往往　常常

　　仍然　还　仍旧

　　"曾经、已经"等表示动作行为或事件在某个参照时间以前发生，"将、迟早"等表示动作行为在某个参照时间以后发生，"正、正在"表示动作行为与说话时间或某一参照时间同时进行。"一度、暂且"等表示时间间隔较短，"一直、从来"等表示动作行为或事件延续时间较长，"仍、仍然"等表示动作行为或事件本身的延续。

　　时间副词与时间词都是用来表达时间意义的，都经常充当状语，它们之间的主要区别在于：

　　时间名词可以充当主语、宾语和定语，可以与介词构成介词短语，时间副词不能。如：

　　现在是十点。　　　现在的情况如何？　　从现在开始。

　　正在是十点。　　　正在的情况如何？　　从正在开始。

　　④ 否定副词

　　现代汉语的否定副词包括"不、没、没有、未、别、非、勿、莫"等几个。"不"可以单用，主要用于对主观意愿、习惯性行为等的否定。如：

　　他不去。　　　这个小孩不听话。　　　他从来不喝酒。　　他不喜欢武打片。

　　"没有（没）"有动词和副词两种用法，体词性成分前的"没有"是动词，如"没有条件"。谓词性成分前的"没有"是副词，如"没有看清"。副词"没有"多用于否定客观现实性。如"他没有来。"通常指由于某种原因无法来。

　　⑤ 语气副词

　　语气副词主要用于句首或句中帮助语气、口气等的表达，如"的确、确实、其实、难

道、莫非、也许、大概、果然"等。语气副词的主要特点是:

只能在句子中出现,不能在短语中出现,其功能与独立成分有相通之处。语气、口气等是句子一级语法单位中才具有的因素,因此凡是语气副词所在的结构必定是具有表述功能的动态单位。

语气副词在句子中出现的位序有一定的灵活性,单音节语气副词不能出现在主语前,双音节语气副词可以在句首或句中出现。与其他副词一起出现时,语气副词必须位于最前面。如:

他们也许都已经准备好了。

他已经也许都准备好了。

他们都已经也许准备好了。

⑥ 情态副词

情态副词的主要功能是表示动作行为进行的方式、情状,如"亲自、亲口、亲手、亲眼、并肩、轮番、随手、当众、如期、婉言、低声、一起、一同,暗自、大举、径直、冉冉、鱼跃、拂袖、飞速"等。与范围副词、程度副词等相比,情态副词具有以下特点:

数量众多,复现率较低。意义比较实在,与所修饰的动词性成分之间的选择性较强。如"徒步"只能修饰少数"行走"义的动词,如"徒步旅行、徒步穿越";"亲口"、"亲眼"分别只能修饰"言说"类及表示与"眼睛"有关的动作行为的动词,如"亲口说出来"、"亲眼见到"。

在线性序列中,情态副词必须紧贴在它所修饰的动词性成分前,在与其他副词一起出现时,位置最后,如"他大概已经亲自去了。"

(四) 代词

代词是根据它们共同的指代作用划分出来的一个类,内部没有统一的语法功能,代词的语法功能跟它所代的成分功能相当。指代体词性成分的称为体词性代词,如"我、哪里、这里"指代谓词性成分的称谓词性代词,如"怎么样";指代加词性成分的称为加词性代词,如"这么、那样"。根据意义,代词通常分为人称代词、疑问代词和指示代词三类,见表 5-3。

表 5-3 现代汉语代词表

	人称代词	疑问代词	指示代词
体词性代词	我、你、您、他、她、它,我们、你们、他们、她们、它们、咱、咱们、人家、别人、自己	谁、什么、哪里	这、那,这里、那里、这会儿、那会儿
谓词性代词		怎样、怎么、怎么样	这样、那样、这么样、那么样
加词性代词			这么、那么

1．人称代词

人称分为第一人称、第二人称和第三人称，有单数、复数的区别，复数常在单数形式后加助词"们"来表示，如"我们、你们"。人称代词并非都是指人的代词。

"我们"和"咱们"都是第一人称复数形式，"咱们"是包括式，"我们"是排除式。所谓包括，是包括说话人和听话人双方；所谓排除，就是只包括说话的人一方，不包括听话人一方。如：

你等我一下，咱们一起走。（咱们：包括式）

你快一点儿，我们在大门口等你。（我们：排除式）

"咱们"一定包括说话人和听话人双方，普通话中"我们"的用法比"咱们"的范围宽，它既可以是包括式，也可以是排除式。

"您"是"你"的尊称，如"您真有福气。"、"您慢走。"、"您"的复数形式是"您们"，不过只是偶尔在书面特别是书信中使用，口语里一般说"您几位"。如"让您几位久等了，真对不起！"

"他们"可专指男性，也可兼指男性和女性。"她们"专指女性，书面语中有时表示男女兼有时用"他（她）们"或"她（他）们"，是不规范的。

"自己"有以下几种用法：

① 复指，与指人的名词或代词连用。如：

去不去你们自己决定。

我自己被人吃了，可仍然是吃人的人的兄弟。

都怪小王自己不好。

② 回指，指代上文提到过的某个对象。如：

他想了半天，自己也没弄明白。

你这样下去，只会害了自己。

③ 泛指，用来代替句中未出现的某个不确定的对象。如：

自己的事情自己做。

"别人"在意义上和"自己"相对，指某一个或某一群以外的人，如"你能做的事，别人也能做。"、"别人"可用来与"自己"对举。如"不要只顾自己，不顾别人。"

"人家"可用于指具体的人，相当于第三人称，如"人家都在认真看书，你怎么还在玩？"也可以用来指与"自己"相对的一方，相当于"别人"，如"文章是写给人家看的，要明白易懂。"还可以用来指说话人自己，略带有不满的口气。如"十几天了，也不给人家来封信。"

2．疑问代词

疑问代词的基本用法是表示有疑而问，要求对方做出回答。如：

那是谁？

你手里拿的什么？

我去哪里找你？

他为什么不开心？

疑问代词在一定的语言环境中可以不表示询问或反问，这是疑问代词的特殊用法，有三种情形：

① 任指用法：疑问代词代表任何人、任何事物，有强调一切的作用。如：

谁都说服不了他。

我什么都知道。

② 虚指用法：疑问代词代表不知道、说不出或者不想说的人或事物。如：

他没说什么。

我似乎在哪儿见过他。

那时好像有什么在动。

③ 不定指用法：疑问代词用于指代不确定的人或事物。如：

你喜欢吃什么就吃什么。

派谁谁去。

3．指示代词

指示代词主要以"这、那"为基础构成，可分为两组：

这：这儿、这里、这会儿、这些、这么、这样、这么样

那：那儿、那里、那会儿、那些、那么、那样、那么样

在区别事物时，"这"一组用于近指，"那"一组用于远指。如：

请这位同学发表一下自己的意见。

坐在后排的那位同学是班长。

"每、各"是分指，指所有或全体中的任何一个。"各"还可以直接加在表示机构、组织的名词前，如"各机关、各学校、各有关团体"等。"每、各"都可以放在动词前，如"每到一个地方"、"各唱一支歌"。"每"强调个体之间的共同点，"各"强调个体之间的差异。

"某"是不定指，是确有所指而又没有说明。如"某种"、"某机关"等。

"另"常和数量词组合，而且数量词语不可省，如"另一位"、"另一种"。它还能加在动词之前修饰动词，如"另想办法"、"另选题目"等。

"其他、其余"用以指某些人或事物以外的人或事物。"其他"可以指人或指物，不写作"其它"。

三、虚词及其运用

（一）介词

介词是附着在体词性成分前（少数可用在谓词性成分前）构成介词短语的虚词，介词的后置成分通常称为介词宾语。介词都不能单说，也不能单独充当句法成分，它必须附着在体词性成分或谓词性成分前构成介词短语才能用于造句。介词短语本身也不能单说，不

能做谓语。介词短语的主要功能是充当状语，或者借助于"的"做定语。

介词所附着的成分与结构中的谓词性成分有多种语义关系。

表示施事：被、叫、让、给、由、为

表示受事：把、将、管、拿

表示对象：和、跟、同、与、对、对于

表示依凭：用、以、凭、依照、根据、按照

表示时间：在、当、从、自、自从

表示处所：在、从、向、朝、沿着、顺着

表示比较：比、较、较之、于

表示原因、目的：因、因为、为、为了

表示关涉：至于、关于、对于、除、除了

现代汉语的介词绝大多数是由古代汉语的动词虚化而来，虚化是个连续的渐进过程，有些至今仍处在虚化的过程中，因而有些词表现出兼有动词和介词两类词的性质。

动词和介词的区别主要表现在以下几个方面：

① 介词不能单独使用，必须附着在其他实词或短语前面，构成介词短语。介词短语不能充当谓语；而动词可以单用，可以构成述宾短语充当谓语。如"比"和"在"兼属介词和动词：

你比他强。　　　　　　　你比他（此处"比"为介词）

他在黑板上写了几个字。　他在黑板上（此处"在"为介词）

你和他比？　　　　　　　你和他比什么？（此处"动"为介词）

他在不在家？　　　　　　他在家。（此处"在"为动词）

② 介词不能带"了、着、过"等动态助词，绝大多数动词可以。"为了、除了"、"沿着、趁着、随着"、"通过、经过"中的"了、着、过"是构词语素，不是独立的虚词。

（二）连词

连词是连接词、短语、分句或句子的虚词。连词的功能主要体现在两个方面：

1．连接体词性成分还是连接谓词性成分

"和、跟、同、与、及"等连词主要连接体词性成分，连接谓词性成分有条件限制。"和"连接的谓词性成分通常不带"了、着、过"等动态助词，构成的联合短语充当谓语时常带宾语或者前有修饰成分。例如：

打和骂是解决不了问题的。

他最喜欢唱歌和跳舞。

他曾在国外学习和深造。

"并、并且、而且、而"等连词只能连接谓词性成分。"并"一般连接动词性成分，如"讨论并通过"。"并且、而且、而"既可以连接动词性成分，也可以连接形容词性成分。

"或、或者、还是"等连词既能连接体词性成分，也能连接谓词性成分。如"老李或者老王、上海还是北京"、"（他常送我一些）值钱或者不值钱（的小玩意）、去还是不去"。

2．连接词、短语还是连接分句、句子

"和、跟、同、与、及、以及"等连词只能连接词和短语，不能用在分句或句子之间起连接作用。"和、跟、同、与"连接的成分是平列的关系，没有主次分别；而"及、以及"连接的成分往往有主和次的分别。例如：

上海和北京　肖华和她的《往事悠悠》　和平与发展　品种及价格　日常生活及感情世界　新闻界及其它有关方面

"尽管、即使、哪怕、只要、然而、不仅、所以、否则"等连词只能连接分句或者句子，不能连接词或短语。例如：

他个子高坐在后排，尽管我不去看，但凭感觉就知道他在不在座位上。

即使有极优越的条件，他也一直保持着艰苦、节俭的作风。

他不仅自己身体力行，而且还严格地要求子女。

"而、而且、还是"等连词既连接词和短语，也能连接分句或句子。例如：

少而精　大而无当　古朴而幽远　工整而端庄　闭目而思　挺身而出　温馨而且美妙　热心而且机智（"而"连接词或短语）

作为朋友，这一点是最让我看重的，而作为女人，我更佩服她的坚韧和强大。（"而"连接分句）

这些演出活动不仅弥补了自己不能在银幕上展示音乐才华的遗憾，而且还促进了舞台表演水平的提高。（"而"连接分句）

连接分句或句子的连词是复句中关联词语的一种，但有连接功能的词不一定都是连词，有些副词也有连接功能；它们能充当句法成分或句子成分，是实词。如"他一到会议就开始。"、"你去，我也去。"中的"就"和"也"都是起关联作用的副词。"一方面……另一方面……"则是起关联作用的短语。

连词充当关联词语可以表示多种逻辑关系。例如：

表示并列关系：并且

表示选择关系：或、或者、还是、与其、宁可

表示递进关系：不但、不仅、而且

表示因果关系：因为、由于、既然、所以、因此、可见

表示假设关系：假如、如果、要是、即使、哪怕、就是

表示条件关系：只有、只要、无论、不论、不管

表示转折关系：虽然、固然、尽管、固然、而、但是、可是、然而、不过

3．介词和连词的区分

有些词兼有介词和连词双重功能：

（1）由于、因为、为了

后面为体词性成分时，它们是介词；后面为谓词性成分时，它们是连词。例如：

因为你，他挨了批评。（介词）

因为下雨，运动会只能改期。（连词）

为了祖国的明天，我们应该努力学习。（介词）

为了早点到达目的地，他一大早就起程了。（连词）

（2）和、跟、同、与

① 换序法：互换"和、跟、同、与"前后的成分，如果意思不变，它们是连词；如果意思改变或者不能互换，它们是介词。

② 添加法：看能否在"和、跟、同、与"前添加状语，如果能添加，它们是介词；不能添加，它们是连词。

③ 省略法：看能否省略"和、跟、同、与"前的成分，如果能省略，它们是介词，如果不能省略，它们是连词。例如：

小王和小李喜欢踢足球。　　　　小王和小李说过他下午有事。（"他"＝小王）

＝小李和小王喜欢踢足球。　　　≠小李和小王说过他下午有事。（"他"＝小李）

小李以前和小王喜欢踢足球。　　小王早上和小李说过他下午有事。

和小王喜欢踢足球。　　　　　　和小李说过他下午有事。

前一例中"和"是连词，后一例中"和"是介词。

（三）助词

1. 助词及其类型

助词是附着在词或短语上面表示一定的结构关系或附加意义的虚词。主要有以下几类：

结构助词：的、地、得

动态助词：了、着、过

时制助词：的、来着

比况助词：似的、一样、一般、般、样

其他助词：第、老、初，把、来、多、上下、左右；等、等等；所、被、给、连

2. 结构助词

结构助词的读音都是"de"，书面上写成"的"、"地"和"得"，分别作为现代汉语中定语、状语和补语的标志。

"的"的主要作用有二：一是用在体词性偏正结构中，起连接定语和中心语的作用。例如：

我们的祖国　地铁的开通　干干净净的衣服　水灵灵的眼睛

二是附加在名词、动词、形容词及某些短语后面，构成"的"字短语，用于指称。例如：

图书馆的　看打球的　吃的　好的　你想要的　大型的　国营的

"地"用于谓词性偏正结构中，起连接状语和中心语的作用。例如：

稳稳地接住　高高兴兴地离开　一个接一个地走了　三个三个地跑

"得"用在述补结构中，连接中心语和补语，述补结构中用"得"来连接的补语主要是状态补语和结果补语可能式的肯定形式，另外部分程度补语也用"得"来连接。例如：

说得很好　高兴得手舞足蹈　吓得两腿发软　哭得眼睛都红了

搬得动（搬不动）吃得完（吃不完）治得好（治不好）

好得很　闷得慌

3．动态助词和时制助词

动态助词附着在动词后面，表示动作行为进行的状态。

"了"表示动作行为的完成或实现。如"写了一封信、送走了两个朋友、问了一个问题"。

"着"表示动作的进行或状态的持续。如"开着会、说着话、下着雨"中的"着"表示动态的进行，可以转化为"正在/在开会/说话/下雨"。"戴着帽子、坐着一个人、墙上挂着一幅画"中的"着"表示静态的持续，不能用时间副词"正在/在"来转换。

"过"表示曾经有过某种经历。如"去过上海、见过这个人、听说过这件事"。

时制助词"的"和"来着"表示事件发生在过去，即事件在说话前发生。

"的"通常用在述语和宾语之间。例如：

你什么时候上的车？　他是前年去的美国　我在城里读的高中

"来着"用于句末，表示不久前刚刚发生的事，口语中较常见。例如：

你刚才说什么来着？

这几天你都忙什么来着？

4．比况助词

比况助词附着在某些实词或短语的后面构成比况短语，充当定语、状语或补语。如：

火一样的热情　暴风雨般的掌声　飞也似的跑了

5．其他助词

"第、初、老"等前附于数词，用来表序数。如"第一、第五、初二、初八、老二、老三"。"把、来、多"与数词配合使用，用来表达概数，如"百把本书、十来个人、五十多吨重"。

"们"在现代汉语中主要用在指人名词后面表示复数。加"们"的名词前面不能使用表示确数的数量词语或"许多、少数、多数"等词语。如不能说"十名同学们"、"许多同学们"。除了比喻、拟人、借代等修辞手法，"们"不能用在非指人名词后。

列举助词"等、等等"后附于实词或短语，表示列举。可以是列举未尽，也可以是列举已尽。如"美英等国、柴米油盐等生活日用品"。

助词"所"的作用，一是前附于单音节动作动词，构成"所"字短语，如"所见、所闻、所想"。二是加在主语和谓语之间，如"我所知道的、大家所熟悉的"。后边接上中心词，代表受事。如"所见的事"、"我所知道的问题"。三是与"被、为"等构成"被/为……所+动词"的结构，如"被世人所唾弃、为人所害"。助词"所"不能出现在体词性成分前。

"被"有介词和助词两种用法，介词"被"与其所附着的成分构成介词短语，助词"被"直接附着在动词性成分前，表示被动。如"被骗、被误解、被开除"等。

助词"连"主要用于表示强调，通常与"都/也"构成"连……都/也……"格式，"连"既可附着于体词性成分前，也可以附着于谓词性成分前，它所附着的成分必然是句子强调的成分。例如：

这件事，连我都不知道。（句子的强调重音在"我"）

他连接送小孩都没有时间。（句子的强调重音在"接送小孩"）

（四）语气词

1. 语气词与句类

语气词是只能出现在句子或分句的末尾的虚词，是现代汉语中语气表达的重要因素之一。现代汉语的语气主要借助于语调、语气副词和语气词来表达。

现代汉语中常见的语气词有：

单音节的：的、了、吧、吗、呢、啊、呵、呀、哇、哪、哟、呗、啦、喽、么、呐、咧

双音节的：罢了、而已

有些语气词是因为出现环境的不同而造成的读音变体，或者是两个或几个语气词合用而形成的变体。如语气词"啊"因为受前一音节收尾音的影响，有"呀、哇、哪"等变体，"了+啊"读成"啦"等。

现代汉语中最常用、最基本的语气词有六个：的、了、吧、吗、呢、啊，它们的用法比较复杂。

"的"主要用于陈述语气，表示情况本来如此，用以加强对事实的确定。如"这件事，他以前跟领导说过的。"

"了"重在表达新情况的出现，强调当前相关性。如"那封信，已经交给他了。"／"我已经问过他了。"

"吧"用于表示揣测或商量，说话人对自己的看法不太肯定，句中常有"大概、可能、也许"等词语。如"他也许不会同意吧。"

"吗"和"呢"用于疑问句。"吗"主要用于是非问句，要求听话人做出肯定或否定的回答。如"是这样写的吗？"／"小王吗？"／"你去吗？"

"呢"主要用于特指问、选择问以及正反问，例如：

他去了哪里呢？

选考物理化学还是选考历史地理呢？

这样做好不好呢？

老王呢？

你的自行车呢？

"啊"常用于感叹句和祈使句末。如"多香的茶啊！"／"快走啊！"用在疑问句末，"啊"有舒缓语气的作用。如"这么晚了，你还要出去啊？"

当然语气词与句子的语气类型之间不是一对一的关系，同样的语气可以选用不同的语气词；同一个语气词，也可以用来表达不同的语气。例如：

他是谁呢？

他在等你呢。

同样使用语气词"呢"，一个表达疑问，一个表达陈述。

校长怎么解释这件事的？	比较：	校长怎么解释这件事？
你不去上海了？		你不去上海？
这本书是小王的吧？		这本书是小王的？
你也想去吗？		你也想去？
这怎么行呢？		这怎么行？
你去不去啊？		你去不去？

以上两组都是疑问句，用不用语气词，问句所表达的疑问语气有区别。用"的"加强了对事实的追问的语气，用"了"表示出现了新情况，即预设"你原来是想去的"，用"吧"带有推测的意味，用"吗"带有要求对方确认的意味，用"呢"带有深究的意味，"啊"则带有舒缓的语气。

2. 语气词的连用

语气词可以连用，连用时有一定的顺序。根据句末语气词连用的顺序，可以将六个基本的语气词分为三组：

A：的

B：了

C：吗、吧、呢、啊

语气词连用时可以有 AB、BC、AC 几种顺序。例如：

他也真够辛苦的了。（AB）

他到家了吗？（BC）

我以为你早走了呢。（BC）

你知道他怎么说的吗？（AC）

你以前见过他的吧？（AC）

这个字是怎么写的呢？（AC）

事情真够多的啊。（AC）

3. 句中语气词

语气词"吧、啊、呢、么"等也可以出现在句中，它们的出现位置与句子的句法结构无必然联系，其主要功能不是表达语气，而是表达停顿以及说话人对句子信息结构的心理切分。例如：

我觉得他这几天有点不对劲。

我呢，觉得他这几天有点不对劲。

我觉得呢，他这几天有点不对劲。

我觉得他呢，这几天有点不对劲。

我觉得他这几天呢，有点不对劲。

我觉得他这几天有点呢，不对劲。

4．助词"的"、"了"和语气词"的"、"了"

结构助词"的"和语气词"的"都读轻声，容易混淆，它们之间的区别主要表现在出现位置、省略的可能性以及添加中心语的可能性几个方面，见表 5-4。

表 5-4　结构助词"的"和语气词"的"的区别

	出现位置	省略	添加中心语
语气词"的"	句末	可以	不可以
结构助词"的"	句末、句中	不可以	可以

例如：

这本是图书馆的。　　　　　　我去过图书馆的。

这本是图书馆。　　　　　　　我去过图书馆。

这本是图书馆的（书）　　　　我去过图书馆的（？ ）。

两例中的"的"分别是结构助词和语气词。

动态助词"了$_1$"语气词"了$_2$"也存在划界的问题。当"了"出现于句中谓词性成分后时，是动态助词"了$_1$"；当"了"出现于句末且前为体词性成分时，是语气词"了$_2$"；当"了"出现于句末，前为谓词性成分时，兼有语气词和动态助词双重作用，是"了$_1$+了$_2$"。如：

他已经看了$_1$两本书了$_2$。

他走了$_{1+2}$。

四、拟声词和叹词

拟声词和叹词是现代汉语中两个比较特殊的类，它们经常单独使用，充当独立成分或单独成句，结构功能很弱，通常不与其他成分发生句法结构关系。

（一）拟声词

拟声词是模拟自然界各种声音的词，如"叭、咚、咣、轰隆、丁当、哗啦、乒乒乓乓、唧唧喳喳、劈里啪啦"等。

拟声词可以单独成句，或者充当句子的独立成分。如"轰隆！"/"叭，叭，传来两声枪声。"

拟声词也可以充当定语、状语、补语等成分。如"丁丁当当的声音"/"劈里啪啦地响了起来"/"睡得呼呼的"。

（二）叹词

叹词是表示感叹、呼唤、应答等的词。叹词的独立性很强，主要充当句子的独立成分，或者单独成句。例如：

唉！又输了。

哎呀，你放开手吧。

（三）语气词"啊"与叹词"啊"

1. 语气词"啊"读轻声，叹词"啊"不读轻声，表示赞叹时读阴平，表示惊讶或不知道时读阳平，表示醒悟读上声，表示应诺读去声。例如：

啊（ā）！太好了！

啊（á）！这么快呀？

啊（ǎ）！原来是这么回事啊！

啊（à）！好吧！

2. 语气词"啊"不能位于句首，叹词"啊"可以出现于句首、句中或句末。

3. 语气词"啊"是附着性的，与它所附着的成分间不能有停顿，书面上不能有点号；叹词"啊"的前后必须有停顿，书面上有点号将它与其他成分隔开。

五、词的兼类与活用

（一）什么是词的兼类

词的分类是以全体词做对象的，得出的结果是词类；归类是以个别词做对象的，得出的结果是词性。从分类的角度看，各类词都有自己的特征，类与类之间的区别是明显的。每个词都有固定的词类，而每个词类也都有固定的一些词，这就叫"词有定类，类有定词"。从归类的角度看，有的词经常具备两类（或两类以上）词的语法特征，且词义有联系，这就是词的兼类。通常，判断兼类词都要坚持两个原则：一个是兼类在同类词中只占少数，否则便是分类不精；二是兼类词一定要声音相同，意义有联系，否则就不是兼类词，而是同音。例如："报告"一词它能受数量结构修饰（一份报告），能出现在介词后（把报告交上去），具有名词的语法特征；它又能受"不"修饰，能带宾语（不报告这件事），能带动态助词（报告了、报告过）具有动词的语法特征。因而，"报告"是一个兼类词，兼属名词和动词两种词性。

词的兼类好比人的兼职，指的是同一个词在不同的语言环境中兼有几类词的语法特点这种现象。例如：

端正：他们端正了态度　　　　（动词）

　　　他们的态度很端正　　　（形容词）

科学：努力学习社会科学　　　（名词）

　　　这种方法比较科学　　　（形容词）

上例中"端正、科学"所代表的意义之间虽有内在的联系，但是在不同语言环境中具备不同的语法功能，应该视为词的兼类现象。

现代汉语中常见的词的兼类现象，除动词与形容词兼类、形容词与名词的兼类以外，还有名词与动词的兼类、动词与介词的兼类、介词与连词的兼类等。例如：

人代会代表参加了会议。	（"代表"是名词）
他代表大家发言。	（"代表"是动词）
他在教室。	（"在"是动词）
他在墙上写了个通知。	（"在"是介词）
因为这件事，大家挨了批评。	（"因为"是介词）
因为小王迟到，大家的成绩受到了影响。	（"因为"是连词）

常见的兼类词：

"名/动"兼类：武装、编辑、报告、代表、调查、计划、工作、领导、指示、计划、翻译、访问、损失、代表、编辑、工作、报告、联系、决定

"名/形"兼类：错误、困难、幸福、团结、进步、理想、科学、道德、标准、理想、精神、经济、矛盾

"动/形"兼类：纯洁、便宜、明确、充实、缓和、繁荣、突出、坦白、辛苦、巩固、端正、丰富、明白、辛苦、方便、密切、充实、活跃、红、热、紧、低

"名/动/形"兼类：麻烦、方便、便宜

"动/助动"兼类：会、要

"动/副"兼类：没有、是

"区别/形"兼类：共同、自动、定期

"区别/副"兼类：长期、无限、基本、临时、高速、额外、永久、主要

"动/介"兼类：到、在、向、朝、往、比、管、为、给、经过、根据

"连/介"兼类：和、跟、同、与、以

而词的活用是指某词有固定的词类，由于表达的特殊需要，偶尔被用作另一类词，这属于词的"活用"。词的兼类与活用，其共同点是意义上有联系，不同点是活用是临时的，是由于修辞的需要把甲类词临时当做乙类词来用；而兼类是经常性的，经常具备两类词的语法特征。例如：

这个连长太"军阀"了！年纪不大，脾气可不小。

他比阿 Q 还要阿 Q。

你别这么近视眼。

（二）以下几种情况不属于词的兼类

1. 一个词可以出现在不同的句法位置上，充当不同的句法成分，而同类的词都具有这种功能，不属于词的兼类。汉语缺乏严格意义的形态变化，汉语的词类与句法成分之间不存在一一对应的关系。例如：

我走（做谓语）

走解决不了问题（做主语）

他想走（做宾语）

走的人很多（做定语）

"走"可以充当谓语、主语、宾语、定语等多种成分，这种用法是大多数动词都具有的，因此"走"不是兼类词。

2. 不同类的词具有部分相同的语法功能，不属于词的兼类。动词的主要功能是做谓语，但也可以有条件地做主语、宾语；名词的主要功能是做主语和宾语，但也可以有条件地充当谓语，这种现象不属于名词和动词兼类词。

3. 语法功能不同的同形同音词不属于词的兼类。兼类词必须意义上有联系，读音相同、形体相同而意义上没有联系的同形同音词不属于兼类词。例如：

这张纸很白   白跑了一趟

他老了   别老这样

这个人很怪   心里怪难受的

前一组中的"白、老、怪"是形容词，后一组中的"白、老、怪"是副词，它们是同音词，而非兼类词，因为它们的意义之间没有联系。

4. 词的临时活用不属于词的兼类。

为了表达的需要，有时临时将一个词当做其他类词来用，这种现象是词的活用，不属于词的兼类。例如：

这种现象的确是十分的"堂吉诃德"了。

你这样做，也太近视眼了。

上例中"堂吉诃德"、"近视眼"都是名词，这里临时将这两个名词当做形容词来用，属于词的活用，不是这两个词的经常用法，因而不属于词的兼类。

第三节　短　　语

一、短语的性质及短语和词的区别

（一）短语的性质

短语是词和词按照一定的语法规则和意义关系组合起来的没有语调的语言单位，是由两个或两个以上的词组合起来构成的（也称词组）。短语根据短语包含词语的多少可以把短语分为简单短语和复杂短语。简单短语的内部只有两个词，一种语法结构关系；复杂短语的内部有三个或三个以上（可能很多）的词，并且词与词的结构层次和语法关系都比较复杂。

短语与语素、词一样，是基本的语法单位之一，与句子相比，短语是语言的备用单位。汉语句子的构造原则与短语的构造原则基本一致，短语带上语调，就具有了表述性，即成为句子。短语一头联系着词，一头联系着句子，在汉语中具有重要的地位。掌握短语的结构，对于学习后面的内容——句型具有重要作用。

（二）短语和词的区别

短语是由词构成的。短语和词的区别一般情况下是清楚的，特别是结构稍长的一些短语。但是双音节的短语与双音节词的界限有时比较模糊，对此，可以从以下三个方面加以区分。

1．从结构方面看，词的结构比较固定，总是整体出现，一般不能拆开来运用，也不能插入其他成分，比如"老虎"，不能说成"老的虎"；"黑板"不能说成"黑颜色的板"。短语的结构比较松散，可以插入其他成分，如"黑布"可以说成"黑颜色的布"；"老房"可以说成"老的房子"。所以"老虎"、"黑板"是词，"黑布"、"老房"是短语。

2．从意义方面看，词表示整体概念，往往不是字面意思的简单相加，例如"老鼠"、"山羊"特指某种动物，不能按字面意思理解为"比较老的鼠"、"生长在山里的羊"。短语表示多个概念，其意义一般是字面意思的直接反映。例如"老房"指"陈旧的、年代较久的房子"；"山水"指"山脉和河流"。所以"老鼠、山羊"是词，"老房、山水"是短语。

3．还要考虑语言环境因素。例如"红花多，白花少"中的"红花"指"红色的花"，是短语；有一种中草药叫"红花"，"红花"是词。再如"打开电灯开关"中的"开关"是词，特指一种电器的名称；"实验室的门不要随便开关"中的"开关"是短语，指"开"与"关"两种行为。

二、短语的结构类型

（一）主谓短语

1．主谓短语的构成

主谓短语由主语和谓语两个成分构成，主语是陈述的对象，谓语对主语加以陈述和说明。主谓短语内部只有两个直接成分——主语和谓语。即：主谓短语：主语 ＋ 谓语。例如：

朋友出国	朋友	出国
我们学习英语	我们	学习英语
空气新鲜	空气	新鲜
球赛非常精彩	球赛	非常精彩

2．主谓短语的功能

主谓短语带上语调（有时还要加上语气词以及其他完句成分）可以构成主谓句。例如：

太阳从东方升起。

他现在不在家。

你们什么时候出发？

主谓短语可以充当主语、谓语、宾语、定语、状语、补语等各种成分。

主谓短语充当主语时，谓语通常表示判断、评价或说明。如：

他这样做是有道理的

他能理解家长的苦心就好了

他不敢出面作证说明他心里有顾虑

主谓短语充当谓语的句子称为主谓谓语句，是主谓句的一种下位句型。例如：

这种情况我们以前遇到过。　　比较：　　我们以前遇到过这种情况。

小王态度很认真。　　　　　　　　　　小王的态度很认真。

这三个人我只认识两个。　　　　　　　我只认识这三个人中的两个。

这件事老王很有经验。　　　　　　　　对于这件事，老王很有经验。

主谓短语做宾语时充当述语的是"知道、希望、相信、认为、发现、发觉、觉得、意识到、懂得、记得"等表示心理活动的动词。例如：

发现他最近有点变了

记得小王过去是什么样子

希望你能顺利通过这次考试

意识到事态很严重

主谓短语做定语要用"的"连接定语和中心语。例如：

他发表的那篇文章

他们处理问题的方式

我了解到的情况

封面很漂亮的那本书

主谓短语做状语时一定要带结构助词"地"，而且做状语的主谓短语中的主语与句子的主语之间通常具有领属关系。例如：

他们精神抖擞地出发了。

他头也不回地冲了出去。

主谓短语做补语时与中心语之间必须加结构助词"得"，而且做补语的主谓短语中的主语与句子的主语之间有领属关系。例如：

他紧张得话都说不出来了。

他被吓得脸都白了。

（二）述宾短语

1. 述宾短语的构成

述宾短语由述语和宾语两个直接成分构成，述语在句法上支配宾语，宾语是述语支配和关涉的对象。即：述宾短语：述语　＋　宾语。例如：

写小说　　　　写　　　　小说

写毛笔　　　　写　　　　毛笔

写欧体　　　　写　　　　欧体

喜欢干净	喜欢	干净
吃惯了食堂	吃惯了	食堂
关心集体	关心	集体
踢前锋	踢	前锋
端正了态度	端正了	态度
来了一个人	来了	一个人

述宾短语中充当述语的可以是单个动词，也可以是动词带上动态助词"了、着、过"，或者是以动词为中心、带结果补语或趋向补语的述补结构。

有些动词不能单独充当述语带宾语，必须以述补短语形式才可以带宾语。例如：

哭肿了眼睛	哭眼睛
摔断了腿	摔腿
涨红了脸	涨脸
吃坏了肚子	吃肚子

2．述宾短语的功能

述宾短语带上语调（有时需要带上语气词）可以单独成句，可以是非主谓句，也可以是省略主语的主谓句。例如：

下大雨了。

说你呢！

（小王）去图书馆了。

述宾短语经常充当谓语、定语，也可以充当主语、宾语、状语、补语等成分。

（三）偏正短语

偏正短语由定语和中心语或者状语和中心语两个直接成分构成，定语和状语起修饰或限制中心语的作用。

1．定中型偏正短语

绝大多数实词和短语都可以充当定语，表示中心语的性质、状态、数量、时间、处所、材料、领属、工具、结果以及施事、受事等等。例如：

偏正短语	定语 ＋	中心语
大型企业	大型	企业
高大的体形	高大	体形
非常聪明的孩子	非常聪明	孩子
十个人	十个	人
以前的经历	以前	经历
我买的书	我买	书
游泳的姿势	游泳	姿势
对这件事的看法	对这件事	看法

定中型偏正短语的中心语一般是名词性成分，某些主谓短语借助于助词"的"也可以转化为定中型偏正短语，这类定中型偏正短语的中心语是谓词性的。例如：

狐狸的狡猾　牌楼的拆除　地铁的正式开通　航天飞机的成功发射

这类定中型偏正短语只能充当主语或宾语。

2．定语和中心语的组合方式

（1）必须用"的"来组合。某些短语如主谓短语、介词短语、连动短语、兼语短语做定语时必须带"的"，由主谓短语转化而来的定中型偏正短语也要借助于"的"来表示定语和中心语的关系。

（2）不能用"的"。定语与中心语直接组合。数量组合做定语时通常不带"的"。例如：

三个人　　三个的人
五间房子　五间的房子
八辆汽车　八辆的汽车

（3）可以用"的"也可以不用"的"。

有些用"的"不用"的"意义有区别，或者可能会产生歧义。例如：

中国朋友　　中国的朋友　　　孩子脾气　　孩子的脾气
学生家长　　学生的家长　　　学习材料　　学习的材料

也有些用不用"的"对意义影响不大。如：

干净衣服　　干净的衣服　　　学校领导　　学校的领导

3．状中型偏正短语

充当状语的主要是副词、形容词、介词短语、时间词、处所词以及某些数量组合，表示时间、处所、情状、程度、范围、对象等意义。如：

偏正短语：　　　　　状语　　＋　中心语
已经看完初稿　　　　已经　　　看完初稿
亲口告诉他　　　　　亲口　　　告诉他
高高地举起　　　　　高高　　　举起
非常得意　　　　　　非常　　　得意
都参加　　　　　　　都　　　　参加
为将来着想　　　　　为将来　　着想

状中型偏正短语的中心语一般由动词或形容词性成分充当，状语与中心语的组合有带"地"和不带"地"两种情况。时间词、处所词、绝大多数副词以及单音节形容词做状语时一般不带"地"；形容词重叠形式、数量组合的重叠形式以及部分双音节形容词做定语时，可带也可不带"地"。

（四）述补短语

述补短语由中心语和补语两个直接成分构成。中心语由动词或形容词充当，补语通常是谓词性成分、介词短语、表示动量的数量组合等。即：

述补短语：	中心语	+	补语。
说清楚	说		清楚
冲出去	冲		出去
打在他脸上	打		在他脸上
去过两次	去过		两次
高兴得手舞足蹈	高兴		（得）手舞足蹈
说得他脸都红了	说		（得）他脸都红了

述语与补语的组合有两种方式，一是直接组合，如上例中"说清楚、冲出去、打在他脸上、去过两次"，再如"好极了、吓坏了"；二是借助于结构助词"得"来组合，这种现象又可细分为两种情形，一种是无论补语是肯定形式还是否定形式，都必须用"得"，如上例中"高兴得手舞足蹈、说得他脸都红了"，再如"好得很"；另一种是肯定形式用"得"，否定形式用"不"，如"说得清楚说不清楚、冲得出去冲不出去"，表示可能与不可能。

（五）联合短语

1．联合短语的构成

联合短语由两个或两个以上同类的实词或短语平等并列地组合起来，绝大多数实词和短语都可以构成联合短语。例如：

上海北京	学生、家长	红色的或者绿色的
分析研究	讨论并通过	去北京还是去上海
勤劳善良	又粗又短	宽敞而且干净

2．联合短语的组合方式

从组合手段看，联合短语可以不用虚词，构成成分间可以没有语音停顿，如"桌椅板凳、吹拉弹唱"，也可以有短暂的停顿，书面上用"、"表示；也可以用连词或起关联作用的副词来连接，但只能连接分句或句子的词语不能用来连接短语内部的联合成分。

3．联合短语的特点

与主谓短语、述宾短语、偏正短语、述补短语比较，联合短语有如下特点：

（1）联合短语的构成成分地位平等，没有主次的分别，因而构成联合短语的几项相互之间意义上不能有包含关系。

（2）联合短语内部的构成成分的性质一般相同，因而整个短语的功能与构成成分的功能基本一致。

（3）主谓、述宾、偏正、述补四种短语只能由两个直接成分构成，而联合短语内部的构成成分可以多于两项。

（六）连动短语

连动短语由两个或两个以上谓词性成分连用构成。例如：

请假回家处理这件事

坐着看书

去北京进货

有资格当医生

买几个馒头填饱肚子

拉住他不放手

连动短语内部的谓词性成分之间没有语音停顿，没有关联词语，没有主谓、述宾、述补、偏正、联合等句法关系，意义上可以具有动作行为的先后关系，或者方式、手段、目的与动作行为的关系等，几个谓词性成分陈述同一个对象。

（七）兼语短语

兼语短语由一个述宾短语和一个主谓短语套叠而成，述语短语的宾语同时充当主谓短语的主语。即：主语＋谓语。例如：

请他赶快来一下

让人摸不着头脑

令我们很遗憾

有个地方叫黑风口

可以构成兼语短语的动词包括：

表示使令义的动词：使、派、请、让、命令、逼、劝、让、求、动员、号召、禁止、鼓励、强迫……

表示称谓或认定义的动词：叫、称、当、追认……

其他动词：有、没有

兼语短语可以充当谓语、主语、宾语、定语等多种句法成分。

兼语短语与主谓短语做宾语的述宾短语很容易混淆。例如：

兼语短语   述宾短语

鼓励小学生打篮球   看小学生打篮球

请老马去一下   希望老马去一下

区别在于：

① 动词的类型：兼语短语中的第一个动词通常带有使令义，述宾短语与主谓短语之间往往有因果关系。述宾短语中充当述语的动词没有使令义，如"希望、知道、懂得、认为、感到、觉得、相信、发现、以为"等。

② 停顿的位置：兼语短语中如果要停顿，通常在兼语与其后的谓词性成分之间，如"请他 赶快来"，不能在第一个述语与兼语之间；述宾短语内部的停顿通常在述语与宾语之间，如"希望 他赶快来"。

③ 插入状语的位置：兼语短语中如果插入状语，只能在第二个谓词性成分前，不能加在兼语前，如"请他明天来"、"请明天他来"；而述宾短语中可以在宾语的主谓短语前也可以在做宾语的主谓短语的主语和谓语之间添加某些状语，如"希望他明天来"、"希望明天他来"。

动词"有"构成的"有+体词性成分+谓词性成分"结构既可以是连动短语，也可以是兼语短语。区别在于：连动短语的几个谓词性成分陈述同一个对象，而兼语短语前后两个谓词性成分陈述的对象不同。例如：

连动短语　　　　　　　　兼语短语
有能力做好这件事　　　　有人找你
有条件读完大学　　　　　有个地方叫李家屯
有机会赢得这场比赛　　　有篇文章讨论过这个问题

（八）同位短语

同位短语由两个成分连用构成，这两个成分指称同一个对象，意义上构成复指关系，在句中充当同一个句法成分。构成同位短语的两个成分通常都是体词性的。例如：
首都北京　国庆节那天　《红楼梦》的作者曹雪芹　总经理张大林　教学主楼文苑楼
他们一伙人　我们年轻人　你们自己　我们大家　他们俩
如果前一个成分是谓词性的，则后一个体词性成分中通常带有"这、那"等指示代词。例如：
去不去旅游这个问题　小王打人那件事　未成年人进网吧这种现象
同位短语内部的两个构成成分之间不能有语音停顿，不能插入其他成分。
同位短语和定中型偏正短语都可以是两个体词性成分的连用。如：
首都机场　　　　　　首都北京
古代西安　　　　　　古城西安
我村年轻人　　　　　我们年轻人
区别在于：
① 同位短语的两部分从不同的角度指称同一些事物，具有同指性；而偏正短语的两部分一般指的不是相同的人或事物，不具有同指性。如"首都"和"北京"、"我们"和"年轻人"在短语中所指相同，而"首都"限定"机场"、"我村"限定"年轻人"，所指不同。
② 同位短语的两个构成成分之间不能加助词"的"或者加上"的"以后意义改变，定中型偏正短语中定语一中心语之间通常可以加"的"而意义不变。如"我村年轻人"与"我村的年轻人"意义基本相同，而"我们年轻人"不同于"我们的年轻人"。
③ 同位短语由于两个部分具有同指性，因而可以用其中的一个部分代替整个短语，而偏正短语不行。

（九）方位短语

方位短语由实词或短语后加方位词构成，表示时间、处所等意义。例如：
教室里　桌子上　屋檐下　上课前　会议结束后
打完球以后/之后　来这里以前/之前
方位词具有附着性，与其所附着的成分之间不能加"的"。方位短语可以充当主语、定语、状语等成分，可以与介词构成介词短语。例如：

教学楼前是田径场

这是他出国以前的事

他三年前去过美国

自从来到这里以后

在黑板上（写了两个字）

（十）量词短语

量词短语包括以下几种类型：

数词+量词：两本、三个、一次、五趟、四公斤、两米

指示代词/疑问代词+量词：这本、那个、这趟、那回，哪个、哪辆

指示代词/疑问代词+数词+量词：这三个、那五条、这两遍、那几次，哪几个、哪三本

由名量词构成的量词短语可以充当主语、宾语、定语，由动量词构成的量词短语通常充当补语或状语。

"数词+量词"构成的量词短语可以重叠，当数词是"一"时可以有"一辆一辆"和"一辆辆"两种重叠方式，如"一个一个、一次一次"、"一个个、一次次"。数词不是"一"时，只能采用"数量数量"的方式重叠，表示分组依次进行，如"两箱两箱地（搬）、三个三个地（走）"。

（十一）介词短语

介词短语由介词附着在实词或短语前构成，表示时间、空间、施事、受事、对象、依据、目的等意义。例如：

从明年（开始）

在墙上（挂了一幅画）

被他（扔了）

把那名工人（开除了）

对这件事（负责）

根据上级的要求（妥善处理此事）

为了孩子的将来（他们做出了很大的牺牲）

绝大多数介词所附着的成分都是体词性的，少数介词可以附着在谓词性成分前构成介词短语。如：

通过学习（，大家提高了认识。）

对扩大生产规模（发表了各自的看法。）

（这件事）跟老王被绑架（有关）

经过说服教育（，他认识到了自己的错误。）

介词短语只能充当状语、补语或定语，不能充当主语、谓语和宾语。充当状语时可以有句首和句中两个位置，并且不带助词"地"。有些介词短语只能出现于句首（主语前），有些介词短语只能出现于句中，也有些介词短语既可以出现于句首也可出现于句中。例如：

至于这件事，大家可以再讨论。

大家至于这件事，可以再讨论。

他把这件事告诉了主任。

把这件事，他告诉了主任。

对于/对这件事，大家很有看法。

大家对于/对这件事很有看法。

介词短语做补语时有两种情况：一是用在动词后表示时间、处所。例如：

站在操场边　走向胜利　来自法国　生于 1900 年

一是出现于宾语后面，大都是一些相对固定的格式。例如：

给我们以深刻的启示　集诸多优点于一身

介词短语做定语时，如果介词所附着的成分是单音节的，可以不用"的"，如果不是单音节的，则通常必须带助词"的"。例如：

对华政策　随身物品　沿江地区

对这件事的看法　关于他的传言

（十二）助词短语

助词短语由某些助词附着在实词或短语上面构成，常见的有"的"字短语、"所"字短语、比况短语等。

1．"的"字短语

"的"字短语是助词"的"附着在实词或短语后面构成的用于指称的短语，"的"所附着的成分可以是体词性、谓词性或加词性的。例如：

木头的　图书馆的　他的　尼龙的

大的　新的　比较突出的　最能干的

我看的　看书的　最能说服人的　让大家感到不安的

男的　女的　大型的　彩色的　黑白的

"的"字短语可以大略地视为"定语+的+中心语"省去中心语构成的，但并非所有带"的"的定中型偏正短语都可以省去中心语构成"的"字短语。

（1）名词性成分+的（+名词性成分）

如果充当中心语的名词性成分泛指人或指具体物品，可以省；如果指人的称谓或抽象事物，一般不能省。例如：

你们班的（同学）到齐了没有？

这是他的（行李）

我们的（意见）是明天去，他的（看法）是今天就走。

（2）形容词性成分+的（+名词性成分）

如果定语是限制性的或分类性的，中心语可以省。例如：

他有两个小孩，大的（小孩）十岁，小的（小孩）才七岁。

找到目击证人这是最重要的（事情）。

如果修饰语是描写性的或带感情色彩的，中心名词不能省。例如：

美丽的花朵：美丽的　　　光辉的形象：光辉的

宏伟的蓝图：宏伟的　　　热烈的场面：热烈的

（3）动词性成分+的（+名词性成分）

　　充当中心语的名词性成分如果与做定语的动词性成分中的主要动词具有潜在的主谓或述宾关系，通常可以省，否则不能省。例如：

看比赛的（人）很多

他唱的（歌）是流行歌曲

他游泳的（姿势）不正确

伴奏的（声音）太大而唱的（声音）太小

　　"的"字短语主要充当主语和宾语，意义上主要用于指别和代替。通常情况下"动词性成分+的"构成的"的"字短语常用于代替，而"体词性成分/形容词性成分/区别词+的"构成的"的"字短语常用于分类或指别。

2. "所"字短语

　　"所"字短语由助词"所"附着在动词前或者"所"插加在主语和谓语之间构成。例如：

所见　所闻　所说　所想

古人所说（的）你所认为（的）教材所提到（的）东家所付（报酬）

　　助词"所"只能附着于动词性成分前。"所"字短语主要充当定语，如"所需费用、他所了解的情况"等。"所+单音节动词"可以充当主语或宾语，带有文言色彩，如"各取所需、所剩无几"。"所+动词+的"以及"所"插在主语和谓语之间再附助词"的"构成的是"的"字短语，这类"的"字短语可以比较自由地充当主语、宾语。

3. 比况短语

　　比况短语由比况助词"似的、一样、般"等附着在实词或短语后构成，主要用于表示比喻，有时也用于表示推测。例如：

暴风雨般的　　闪电般　　轿车箭一般冲出前大门　　发出山呼海啸般的欢呼声

着了火似的　　逃生似的（窜了出去）同学们一个个雪人似的早早来了

　　"似的、一般"等比况助词经常与"像、仿佛、跟"等词语配合使用，构成"像/仿佛/跟……似的/一般"结构，充当状语、定语、谓语、补语等成分。例如：

我和敦子被一个像门似的景物所吸引。

大幕像浇了油似的轰然起火。

还不到一个月，他却像换了一个人似的。

他的脚肿得跟馒头似的。

三、短语的功能类型

　　词和词按照一定的句法规则组合成短语，根据短语的语法功能，即短语充当句法成分的能力以及短语与其他词或短语的组合能力，可以将短语分为体词性短语、谓词性短语和加词性短语三类，这种分类是将短语作为一个整体，看它与哪一类词的功能相当，称为短语的功能类。

（一）体词性短语

体词性短语的功能与体词的功能相当，主要充当主语或宾语。包括体词性联合短语、定中型偏正短语（"全方位、高速度、大范围"类除外）、同位短语以及"的"字短语等。

（二）谓词性短语

谓词性短语的功能与谓词（动词、形容词）相当，主要充当谓语。包括谓词性联合短语、状中型偏正短语、述宾短语、述补短语、连动短语、兼语短语、主谓短语等。

（三）加词性短语

加词性短语的功能与加词（区别词、副词）相当，主要充当定语或状语，不能充当主语、谓语、宾语。包括介词短语、部分单音节形容词与双音节抽象名词构成的定中型偏正短语。

有些短语的功能类型是单一的，如同位短语只能是体词性的，述宾短语、述补短语、连动短语、兼语短语等只能是谓词性的，介词短语只能是加词性的。但短语的结构类型与功能类型之间并不存在一一对应的关系，同一种结构类型可以分属不同的功能类型，同样，同一种功能类型可以包括多种不同结构类型的短语。联合短语内部构成成分的语法性质基本一致，整体功能与其构成成分的功能相当，因此从功能看，联合短语既有体词性的（学生和老师），也有谓词性的（讨论并通过、严肃而认真），还有加词性的（大型、中型和小型）。偏正短语既有体词性的（我的朋友、狐狸的狡猾），也有谓词性的（发表意见、非常开心），还有加词性的（大范围、高速度）。短语的结构分类主要决定于短语内部构成成分的句法关系，短语的功能分类主要决定于该短语的整体功能。

四、短语的层次分析

（一）简单短语和复杂短语

短语是由词和词按照一定的先后次序以及层层套叠的关系组合而成的，由此便形成了句法组合的层次性。只有一个层次的短语叫简单短语，包括所有由两个实词组合而成的短语以及由多个实词平等并列组合而成的联合短语。如"学习外语、非常努力、大家满意"、"上海、天津、重庆和北京"、"观察、描写和解释"等。

有两个或两个以上层次的短语叫复杂短语。复杂短语至少由三个词构成，并且至少有两个组合层次，如"研究解决问题的方法、大家努力学习外语"等。

（二）复杂短语的层次分析——直接成分分析法

直接成分分析法也称层次分析法，是结构主义语言学分析语言现象时常用的一种方法。词和词按照一定的规则组合成一个合法的线性序列，但词与词组合的先后次序与它们在线性序列中出现的次序并不完全一致。另外，一个小的句法组合体还可以充当更大的句法组合体的构成成分，形成大套小的套叠关系。组合的先后次序和层层套叠的关系形成了语言单位组合的层次性特点，直接成分分析法的主要目的就是要反映语言单位组合的这种层次关系。

层次分析包括两个方面，一是切分，一是定性。所谓切分就是寻找每一个层次上的直接成分，所谓定性就是确定直接成分之间的句法结构关系。

层次性是语言结构的本质特点之一，也是人们理解话语的关键。日常交际过程中所听到的或表达出来的都是线性词语序列，但要理解某一句法组合体的意义，必须理清这些线性词语序列中词与词之间的组合次序和层次构造。

层次分析应遵循以下几条基本原则：

（1）结构原则，即从一个句法结构体中切分出来的片段必须是语言合法的音义结合体，或者是词，或者是短语。如："两条工人｜提出的意见"的切分就是错误的切分，因为切分出来的直接成分"两条工人"是不符合语法规则和意义关系的短语。正确的切分应该是"两条｜工人提出的建议"。

（2）语法原则，即切分出来的直接成分之间必须有一定的语法关系，直接成分的组合必须符合语法规则。

（3）意义原则，即将切分的结果重新组合应与原句法结构体的意义一致。如："新的教师宿舍"，意思是教师的新宿舍，应切分成"新的｜教师宿舍"，这样一来才符合原意。如果表示"新教师的宿舍"意思，应切分为"新教师的｜宿舍"。

（三）层次分析的步骤

运用直接成分分析法分析短语，一般是从大到小进行切分，先分析出构成这个短语的两个直接成分，然后再分别分析两个直接成分的内部结构，这样层层切分，一直到词为止。下面以"我们大家应该学好语法知识"为例，具体说明复杂短语的层次分析步骤。

第一步，仔细阅读短语，准确理解短语的意义，在此基础上确定组成短语的两个直接成分，以及两个直接成分之间的结构关系，然后把两个直接成分标示出来，并在下面标明结构类型。从总体上看，这个短语第一层次的两个直接成分之间是陈述与被陈述的关系，短语的结构类型是主谓短语。分析如下：

我们大家　应该学好语法知识
└────┘　└──────┘
　主　　　　　　谓

第二步，第一步切分出来的两个直接成分"我们大家"和"应该学好语法知识"，仍然是两个短语，因此，还要分别切分出它们的直接成分，确定它们各自的结构关系。先看左边的直接成分，经分析确定为同位短语；再看右边的直接成分，经分析确认为状中短语。分析如下：

我们 大家　应该 学好语法知识
└───┘　└──────┘
　主　　　　　谓
└┘└┘　└┘└──┘
同　位　状　　中

　　第三步，分析第二步切分出来的四个直接成分，其中"我们"、"大家"和"应该"三个直接成分可以确定是词，因此，这三个直接成分就不必再进行分析。直接成分"学好语法知识"仍是短语，还要进行分析。经分析确定"学好语法知识"是述宾短语。分析如下：

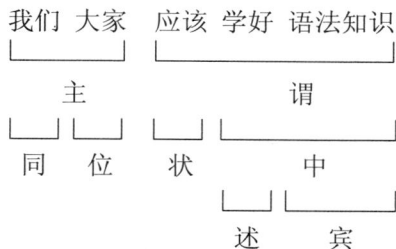

```
我们  大家   应该  学好  语法知识
└──┘  └──┘  └────────────┘
   主           谓
└┘└┘  └──┘  └──────────┘
同  位   状      中
            └──────────┘
              述    宾
```

　　第四步，分析第三步切分出来的两个直接成分"学好"和"语法知识"。经分析确定，"学好"是述补短语，"语法知识"是定中短语。分析如下：

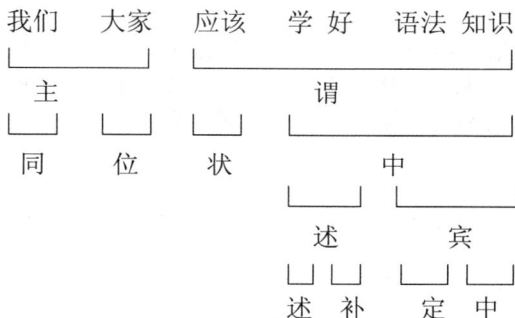

```
我们    大家   应该  学 好   语法 知识
└──┘   └──┘  └──────────────┘
   主              谓
└──┘   └──┘  └──┘  └────────┘
同  位    状       中
              └────────────┘
               述       宾
              └─┘└─┘  └─┘└─┘
              述  补   定  中
```

　　最后四个直接成分"学"、"好"、"语法"、"知识"都是词，不必再分析。这个短语的结构层次到此就完全分析出来了。短语切分步骤的多少，不是固定的，由短语成分的多少决定。成分多，结构复杂，分析步骤必然多，成分少，结构简单，分析步骤响应也就少。以上的短语从上到下一共是四个层次，切分了六次。只要掌握了短语的结构类别，坚持以上的切分原则和步骤，复杂短语的层次分析是不难的。下面再举两个例子：

```
①  明天 去  书 店 买 书
   └──┘ └──────────┘
    状        中
   └┘└───────────┘
    连     述
   └┘└┘ └┘└┘
   述 宾 述 宾
```

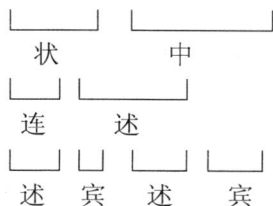

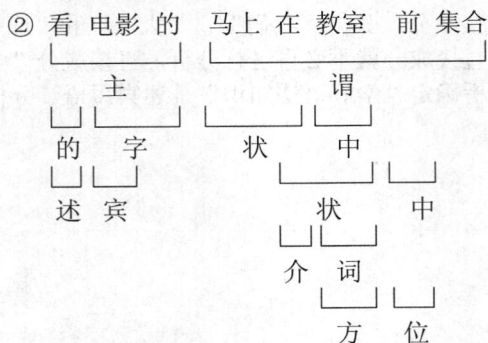

② 看 电影 的　马上 在 教室　前 集合

```
           主                    谓
     的   字           状              中
   述     宾              状        中
              介    词
              方    位
```

五、多义短语

（一）短语的多义性

短语是静态的语法单位，不与特定的语言环境相联系，不具备交际功能和表述性，因而有些短语的表义具有不确定性，同一个线性序列表达多种不同的意义，这种现象称为短语的多义性。多义短语用在句子当中，如果不能消除多义，就出现歧义现象。

（二）多义短语形成的原因

词有多义，短语也有多义。不止一个意义的短语叫做多义短语。短语多义的原因是多方面的。如：

1．语音方面的原因

例如：他想〈起来〉了（"起来"轻读：刚才忘了，现在记起来了）

他想起来了（"起来"重读：是"想"的宾语——一件事）

dùjuān 很可爱（"dùjuān"既可指杜鹃花，也可指杜鹃鸟）

2．词义方面的原因

例如：他走了很久了，走累了。（走："行走"的意思）

他走了很久了，你赶不上他了。（走："离开"的意思）

他不会说话。（"不会"可能因是哑巴，也可能因"不善于"）

3．语法方面的原因

① 结构层次不同

例如：咬死/猎人的狗（狗死）

　　　咬死猎人/的狗（猎人死）

② 层次相同，结构关系不同

例如：烤红薯（动宾）（烤）红薯（偏正） 出租汽车（动宾） 出租汽车（偏正）

③ 层次相同，语义关系不同：

例如：这个人谁都不认识（"这个人"是施事，他不认识任何人）

这个人谁都不认识（"这个人"是受事，任何人都不认识他）

六、短语的外部功能

从语法功能上看，短语既可以充当不同的句子成分，又可以带上特定的语调单独成句。不能单独成句的只有"的"字短语、介词短语等少数几类。根据短语的语法功能，短语可以分为三类：名词性短语、动词性短语、形容词性短语。

（一）名词性短语

名词性短语的功能相当于名词，它们在句子中经常充当主语、宾语、定语等。名词性短语包括：定中短语、量词短语、同位短语、方位短语、的字短语、由名词做直接成分的联合短语、由名词充当谓语的主谓短语。

在语言实际运用中，名词性短语也有充当状语的，常见的是表示时间、处所的定中短语和方位短语，例如"明年春天见"、"院子里，孩子们在玩游戏"。此外，不少单音节形容词修饰双音节名词构成的定中短语，也常做状语，例如"大面积播种"、"小规模试验"等。由物量词构成的量词短语，一般做定语，但是重叠后，常做状语，例如"一箱一箱地搬"、"一个一个地通过"。

（二）动词性短语

动词性短语的功能相当于动词，他们在句子中经常做谓语，有时充当主语、宾语。动词短语包括：述宾短语、连述短语、由动词做谓语的主谓短语、由动词做中心语的状中短语、由动词做述语的述补短语、由动词做直接成分的联合短语。

（三）形容词性短语

形容词性短语的功能相当于形容词，他们在句子中经常充当谓语、定语、状语。形容词性短语包括：由动词做谓语的主谓短语、由形容词做中心语的状中短语、由形容词做述语的述补短语、由形容词做直接成分的联合短语。介词短语经常做状语，但也常做定语，例如"关于期中考试的问题"、"对问题的思考"等，因此也可以归到形容词性短语。

第四节 句 子

一、句子

句子是由词或短语组成的用来交流思想的语言单位。句子和句子之间有较大的语音停顿，书面上用标点符号表示。句子都有表述性（表：表达客观现实；述：陈述主观意图）。

判断一个语言单位是不是句子，不是看它的长短繁简，而是看它能不能起传达信息的作用。一个词或一组词能构成句子，必须具备主观和客观两个方面的条件：一是对客观实际有所说明，二是能表达发话人的主观态度。句子既可以表达客观现实，又可以陈述主观意图，表述性（传达信息）是句子的本质特征。

二、句类

句子可以从语气角度来分类，这就是句类。根据不同的语气，句子分为四种类型：陈述句、疑问句、祈使句、感叹句。

叙述或说明事实并使用陈述句调的句子叫陈述句。用疑问句调提出问题的句子叫疑问句，包括是非问、特指问、选择问、正反问。要求对方做或不做某事的句子叫祈使句。带有强烈感情的句子叫感叹句。

句类的划分通常有"用途"、"目的"和"语气"等说法。这里应该区分标准和依据，语气是句类划分的唯一标准，目的或用途是句类划分的依据。

"目的"和"用途"表述的角度有所不同："目的"是从说话人的主观方面来说的，它反映了说话人的意图。"用途"是从句子的客观作用来说的，它反映了句子的基本功用。但从句子的工具性质来分析，"目的"和"用途"应该是一致的，它们说的是一件事情的两个方面。使用锯子的目的是为了把木头锯开，锯子的基本用途是用来锯木头的。使用笔的目的为了书写，笔的基本用途是用来书写的。同样，"告诉别人一件事"是陈述句的语用目的，也是陈述句的基本用途。"询问别人一件事"、"要求别人一件事"、"表示某种感情"分别是疑问句、祈使句、感叹句的语用目的，又分别是疑问句、祈使句、感叹句的基本用途。可见，"目的"和"用途"表述的角度有所不同，但没有实质性的差别，两者说的是一回事。

语气的主要表现手段是句调，其次是语气词。此外，句子的结构和某些词语的运用也能显示句子的语气特点。一个词或短语，没有句调就不成其为句子。句子是通过主观来反映客观现实的，这就是语气所起的作用。如"熊猫"作为词有它的含义，反映概念。"熊猫！"作为感叹句，表示说话人对事物加以指称，并表示"惊叹"。"熊猫？"除了表示说话人对事物加以指称，还表示"疑问"。一个词或短语，没有语气不成其为句子，只要是句子一定得有语气，但并非所有的句子都有具体的"目的或用途"，具体的句子的"目的或用途"很明确，而抽象的句子就没有那么确定。句子有无具体的"目的或用途"取决于句子是否进入语用状态。

句子的语气与句子的"目的或用途"，在类别上有时一致，有时是不一致的。

陈述句的目的或用途主要是"陈述"：告诉别人一件事。但陈述句还可以有其他的目的或用途。如：学生对老师说"我刚才没有听清楚你问的问题。"目的是询问：询问老师问的是什么问题；目的也可以是祈使：要求老师再重复一下刚才提的问题。又如：孩子对父亲说："今天是星期天。"目的可能是祈使：要求父亲遵守事先的约定带他到公园去玩。再如："今天是个倒霉的日子。"用途是感叹：表示烦恼、懊丧的情绪和感情，却是一个陈述句。

疑问句的目的或用途主要是"询问"：询问别人一件事。但也可以有其他的目的或用途。如："难道十个指头一样长？"目的是陈述：告诉别人"十个指头不一样长的"的事实。又如："我们是不是再商量一下？"目的是祈使：要求别人与自己商量。再如：对在公共场所吸烟的人说："你是否知道公共场所不许吸烟？"目的也是祈使：要求对方停止吸烟。

祈使句的主要目的或用途是"祈使"：要求别人做一件事。但也可以有其他的目的或用途。如：教师对经常无故缺课的学生说"别把这儿当做茶馆酒店！"目的是感叹：表示强烈的不满。

感叹句的主要目的或用途是"感叹"：表示某种强烈的感情。但也可以有其他的目的或用途。如：对坐在电风扇旁边的人说"今天真热啊！"目的是祈使：要求别人打开电风扇。又如：母亲对儿女说"你的房间太乱了！"目的也是祈使：要求女儿整理房间。

根据语气划分出来的句子类别与根据"目的或用途"划分出来的句子类别并不完全吻合。句子有具体和抽象之分，具体的句子和抽象的句子都有句调，都表达语气，语气是构成句子的必要条件。抽象的句子由于不进入语用状态，有语气而没有具体的"目的或用途"，具体的句子既有语气，又有明确的"目的或用途"。句类划分只能以语气为标准。

三、句型

句型是句子的结构类型。现代汉语的句型包括单句和复句两大类。单句由词或短语构成，单句的句型包括主谓句和非主谓句。复句由分句构成，关于复句的具体类别将另做介绍。

按照谓语的性质，主谓句可以分为名词谓语句、动词谓语句、形容词谓语句。

谓语由名词性的词语充当的句子叫名词谓语句。名词谓语句的谓语可以是单个的名词，（如：今天阴天。）也可以是名词短语，（如：鲁迅绍兴人。）还可以是名词性短语。（如：小苏二十二岁。）名词谓语句大都可以变换成动词"是"做谓语的动词谓语句。如：今天是阴天。/鲁迅是绍兴人。/小苏是二十二岁。

谓语由动词性的词语充当的句子叫动词谓语句。动词谓语句中谓语可以是单个儿的动词，如：他毕业了。但是动词谓语句中常常是要么前面有状语，（如：小王拼命地叫喊着。）要么后面有补语，（如：小王喊得嗓子都哑了。）动词谓语句中的动词可以是不及物动词，（如：会议开始了。）也可以是及物动词，（如：老师教英语。）及物动词后的宾语可以是一个，（如：看过那本书。）也可以是双宾语，（如：我送他一本书。）动词谓语句中的谓语可以是连谓式，（如：我们去看电影。）还可以是兼语式。（如：我们请你去上海。）

谓语由形容词性的词语充当的句子叫形容词谓语句。形容词谓语句中的谓语可以是单个儿的形容词，（如：宝宝乖）。但是形容词谓语句中的形容词常常是要么前面有状语，（如：空气很凉爽。）要么后面有补语。（如：树叶绿得发亮。）

有一种现象值得注意，当句子的谓语是由主谓短语充当的时候，这种句子叫做主谓谓语句。其实，主谓短语中的谓语也分别由名词性词语、动词性词语、形容词性的词语来充当，如：大米一斤两块五。/他们手拉着手。/这部戏情节曲折。因此，所谓的主谓谓语句可以分别归入到名词谓语句、动词谓语句和形容词谓语句中去。

非主谓句分不出主语和谓语，包括名词句（熊猫！）、代词句（谁？）、动词句（慢走！）、形容词句（好漂亮！）、叹词句（啊！）。

句型不受语气的影响。"下雨了。"/"下雨了！"和"下雨了？"语气不同，但是都属于动词非主谓句；句型不受成分倒装的影响。"你怎么啦？"和"怎么啦，你？"都是主谓句；句型不受省略的影响。如问句"你什么时候去上海？"和答句"明天。"问句是主谓句，答句是主谓句的省略形式；句型不受修饰语（定语、状语、句首修饰语）的影响。

"女儿上大学了。"和"我女儿上大学了。"都属于主谓句;"小王毕业了。"和"小王已经毕业了。"也都是主谓句;"关于这个问题,我们还没有讨论。"和"我们还没有讨论。"也一样属于主谓句。

四、动词性谓语句

单句的下位句型分主谓句、非主谓句两类。在主谓句中,又包括名词性谓语句、动词性谓语句、形容词性谓语句三种下位句型。在单句中,动词性谓语句的结构最复杂,所以要做进一步分析。动词性谓语句包括动词谓语句、述宾谓语句、述补谓语句、连述谓语句、主谓谓语句五种类型。

(一)动词谓语句

是由动词或动词性短语做谓语的句子,单个动词做谓语,有时要带时态助词。例如:
① 我明天休息。
② 冬天来了。

(二)述宾谓语句

是由述宾短语做谓语的句子。例如:
① 大家都羡慕我们。
② 李强特别喜欢打排球。
③ 我给她一枝玫瑰花。

(三)述补谓语句

是由述补短语做谓语的句子。例如:
① 我仔细看了一遍。
② 他的心事被我猜透了。
③ 钟响起来了。
④ 他把房间打扫干净了。
⑤ 偷来的锣鼓敲不得。
⑥ 他的文章写得有条有理。
识别宾语和补语的几个方法
分辨宾语和补语,可以从以下几个方面入手:
1.利用提问的方式识别。补语是补充说明谓语中心语"怎么样"的,宾语是动词关涉的对象,回答"谁、什么"的问题。例如"我吃过饭了。"(吃什么)"我已经吃饱了。"(吃得怎么样)
2.利用词性识别。补语常由谓词性词语充当,宾语常由名词性词语充当。例如"小李正在看书。"("书",名词,宾语)"他考虑得周全。"("周全",形容词,补语)
3.利用结构形式识别。动词后面是处所名词,做宾语,例如"来江苏"、"住旅馆";动词后面是介词短语,则介词短语做补语,例如"来自江苏"、"住在旅馆"。

4．利用句式转换和量词的性质识别。动词后面的成分能用介词"把"提前的，一般是宾语，不能提前的是补语。例如"吃饭了"，可以说"把饭吃了"。"饭"是宾语；"吃完了"，不能说"把完吃了"，"完"是补语。

5．动词后面有数量短语时，如果是物量词，数量短语做宾语，例如"买两箱"；如果是动量词，数量短语做补语；如果是时量词，数量短语既可以做宾语，也可以做补语。例如"过了三天"是述宾结构，"干了三天"是述补结构，前者可以变换成主谓结构，如"三天过了"，后者不能。

（四）连述谓语句

是由连述短语做谓语的句子。例如：

① 我去超市买了几样吃的东西。

② 同学们选张军当班长。

（五）主谓谓语句

是由主谓短语做谓语的句子。例如：

① 他个儿很高。

② 白菜一块钱一斤。

注意：

1．动词性谓语句是单句学习的重点，要注意结合句子进行辨认，掌握分析句子的方法。

2．关于述宾谓语句与述补谓语句的区别，可参看"短语"一节中宾语和补语的区别和上文介绍的几种方法。另外还要注意几点：

第一，名词性词语不能充当补语。"懂得"、"认得"、"取得"等是动词，后边接名词性词语，构成述宾结构。

第二，"觉得"、"值得"、"显得"等也是动词，后边接非名词性宾语。它们的否定形式是前边加"不"。这就区别于述补结构了。试比较：

他觉得吃力。——他不觉得吃力。

他走得吃力。——他走得不吃力。（补语表结果）

他走得快。——他走不快。（补语表可能）

3．有些动词性谓语句，述语带上了宾语可以再带补语，带上了补语也可以再带宾语。这类句子，确定句型时看宾语、补语与述语所处的层次，宾语在上一层，是述宾句，补语在上一层，是述补句（可参考短语层次分析的有关说明）。例如：

① 你等我一下。（基本格式是述补谓语）

② 我买回来一束鲜花。（基本格式是述宾谓语）

五、句式

句子可以根据结构的某些特征加以分类，把有同样特征的句子归为一类。例如"把字句"、"被字句"，这就是句式。

（一）"把字句"的特征

并不是用了"把"字的句子都是"把字句"，关键在于具有某些特征。可以从下列例句考察"把字句"的特征：

① 他把衣服穿好，把帽子戴上。

② 同学们把教室打扫得干干净净。

③ 你把书放在书架上。

④ 我们应该把这些词加以分析。

从这几个例句，可以发现"把字句"的特征：

1. 主语是施事（主动者），"把"的后置成分（例如"衣服"、"帽子"、"教室"、"书"、"这些词"）是受事（被动者）。

2. "把……"后边的动词在意念上管得着"把"的后置成分。具体地说，谓语动词对"把"的后置成分所代表的事物施加影响，如例①、例②、例③。例④的谓语动词是"加以"，影响"这些词"的却不是"加以"，而是它的宾语"分析"。这是因为"加以"、"进行"是形式动词，作用在于满足音节节奏，起语意作用的是它后边的宾语。

3. 谓语动词必须是动补结构，或者带有补语，或者带有别的连带成分。例如：例①的动词"穿好"、"戴上"是动补结构，例②的动词"打扫"后边带有补语，例③和例④的动词后有连带成分。

4. 否定词与助动词在"把"字句中做状语时，一定要放在"把"字结构之前。如例④。

注意：

1. "把字句"的谓语动词是单音节的，前后又不带别的词语，只见于戏曲唱词。例如："急急忙忙把路赶"、"咬紧牙关把路赶"、"咬紧牙关把他打"之类。

2. "把"还有一些特殊用法。一种用法是"把"相当于"使"，这原是方言的用法，如今已进入普通话了。例如：

你别把他累着了。

这种句子的动词限于"累"、"气"、"急"、"忙"等几个，如果在动词后边加上"坏"，就成为一般的"把字句"了。

另一种特殊用法是："把"的后置成分不是受事，而是施事。这种句子表示的是一种不如意的口气。例如：大家正忙着，偏偏把小王病了。

这个"把"不妨看做助词，去掉之后，影响的是语气，不影响结构。

（二）"被字句"的特征

并不是用了"被"字的句子都是"被字句"，关键在于具有某些特征。可以从下列例句考察"被字句"的特征：

① 我的辞典被小王借走了。

② 好端端的茶棚被风掀得趴了架。

③ 这些年，他被家所累。

④ 一些普通的药物被当成了补品。

从这些句子可以发现"被字句"有下列特征：

1．主语是受事，"被"的后置成分是施事。这个施事有时候也可以不出现。如例④。

2．"被"字句的谓语动词不能由单个的动词充当，必须带上语气助词，如例①，或者带补语，如例②，或者单音节动词前加"所"，如例③，或者前后有别的成分，如例④。

第五节 单 句

一、单句的特征

（一）句子的表述性

词典中的"熊猫"不是句子，而动物园里大人指着某种动物对孩子说"熊猫！"这就是句子。"熊猫！"之所以成为句子，这主要是由句子的表述性决定的。"表"是客观事实的表达，"述"是主观意识的陈述。

表述性是句子的重要特征。词、短语、句子都能反映客观现实，但是，词、短语与句子在反映客观现实方面是有区别的：句子"表"、"述"兼备，既反映客观现实，又反映说话人的主观意识；词、短语只"表"不"述"，只反映客观现实，而不反映说话人的主观意识。"熊猫！"既反映了客观现实，又反映了说话人的主观意识，它是句子。而词典中的"熊猫"只反映客观现实，它不是句子。

一个句子由于具有了表述性，它才有了交际功能，因此，人们常说"句子是使用单位"、"句子是交际单位"、"句子是说话的单位"。实现句子表述性的手段有两种：一是句调，二是语气词、语气副词等。句调是运用语音的高低升降来表达语气的，句调产生的语气有四种类型：陈述、疑问、祈使、感叹。每一个句子都有句调，它能单独表示语气。而语气词、语气副词等需要与句调配合才能表示语气。

语气不同于口气，语气是指说话人根据句子的不同用途所采取的说话方式和态度，它只有陈述、疑问、祈使、感叹四种；口气是句子中思想感情色彩的种种表达方法，包括肯定与否定、强调与委婉、活泼与迟疑等等。句调是表达语气的，而语气词、语气副词是除了表达语气之外，还可以表达口气。

（二）具体的句子和抽象的句子

句子有具体和抽象之分。具体的句子与现实的联系是外显的，抽象的句子与现实的联系是隐含的。具体的句子是形式、意义和内容的三位一体,而抽象的句子只有形式和意义,它没有内容。如"他现在饿了。"作为抽象的句子,它有一连串的语音形式,其意义是"说话人在说这句话时认为第三者饿了",而句子的内容则无法判明,如"他"指谁?"现在"指什么时间?这些都没有具体的内容。抽象的句子一旦与现实发生了联系,它就增加了内容。如:1806 年 1 月 6 日下午 2 时,约瑟芬在谈到拿破仑时说"他现在饿了"。"他"是指拿破仑,"现在"指"1806 年 1 月 6 日下午 2 时"。1920 年 1 月 7 日下午 3 时,克鲁普斯卡娅谈到列宁时也说过"他现在饿了"。这里的"他"是指列宁,"现在"指"1920年 1 月 7 日下午 3 时"。在理解抽象的句子时,只要通过句子的形式理解句子的意义就行了,而对具体句子的理解,除了通过形式理解意义之外,还要在特定语境中通过形式和意义来理解内容。对抽象的句子一般是做句法、语义的分析,对具体的句子进行分析时,除了做句法、语义的分析之外,还要做语用的分析。

区分具体的句子和抽象的句子有两个标准:一是指称有无内容。具体的句子在指称上有具体的内容,而抽象的句子在指称上无具体内容。二是陈述有无具体时间。具体句子的陈述有具体时间,而抽象的句子的陈述无具体时间。

具体的句子和抽象的句子都具有表述性。因为它们都有句调,在书面上体现为都有句末标点。靠句调来实现"表述性"是所有句子的本质特征。二者差别在于:具体的句子的"表述性"是外显的,已经体现了和语境的联系,而抽象的句子和现实语境的联系是隐含的,它并未体现和现实语境的联系。

二、句子分析和句法分析

句子分析指的是句型分析。分析的步骤是:先确定句子是单句还是复句。如果是单句,认明是主谓句还是非主谓句。如果是主谓句,根据谓语的结构指出是名词性谓语句还是动词性谓语句或形容词性谓语句。如果是动词性谓语句,宜进一步指出它的下位句型。如果该句子是非主谓句,指出它属于叹词性、代词性或别的类型即可。如果是复句,也须说明它的下位句型。非主谓句结构简单,单句分析的重点是主谓句。

句法分析和句子分析既有区别又有联系。

句法分析即短语分析。短语与句子有下列区别:

第一,句子有语气,可以分为陈述、疑问、祈使、感叹等四类。短语没有这种类别。

第二,句子可以有独立语,短语没有。

第三,句子的主语有时后置(来了吗,你哥哥?),宾语有时前置(我哪儿也不去)。短语中有主谓短语,没有谓主短语;有述宾短语,没有宾述短语。一句话,短语的语序比较固定,句子的语序比较灵活。

短语分析的方法是层层切分,从大到小,不断找出直接成分以及当中的句法关系。句子分析的方法是找出句型,从上位到下位,依次认定。

句子分析以句法分析为基础。比如分析"天气好",我们认为它是主谓句,这是依句法分析得出的结论。可是句法分析不等于句子分析。比如分析"关于这件事,我自己做主"

/"根据天气预报，明天有大雨"这类句子，从句法角度看，它们首先是偏正结构；从句子的角度看，它们都是主谓句，因为修饰语不影响句型。又如分析"他已经毕了业"，属主谓句，谓语是述宾谓语，修饰语"已经"不影响谓语的类型。

三、主谓句的分析

（一）句首修饰语

句首修饰语出现在主谓句之首，起修饰限制作用。有的要用逗号把它同主谓句的主语隔开，有的则不用。从修饰限制的对象来看，有三种情况：

1．修饰限制谓语，例如：

① 早上，我五点起床。

② 下星期日咱们去游览长城。

这种用来修饰谓语的句首修饰语，往往是属于句中的状语（特别是表时间的），通过前置形成的。因此还可以移回谓语中（"我早上五点起床"、"咱们下星期日去游览长城"）。前置状语成为句首修饰语的目的，有的是为了突出时间，有的是衔接上文，有的是为了使语言简练。

有些修饰语，放在句首充当句首修饰语和放在句中充当状语，表达的意思并不相同。例如：

③ 究竟，你想知道，还是他想知道？

④ 你究竟想知道，还是不想知道？

例③语义重点在"你"和"他"。例④语义重点在"想知道"和"不想知道"。

2．修饰限制主语，例如：

⑤ 除了夜游的东西，什么都睡着了。

⑥ 在这些人中，他们是先进的。

这种句首修饰语主要是对主语而言，一般不能移至句中。

3．修饰限制整个句子，例如：

⑦ 关于教学工作，咱们研究一下。

⑧ 至于生活问题，你不能想得太多。

这种句首修饰语，主要对全句而言，也不能移至句中。

充当句首修饰语的有副词、形容词，有表时间、处所或表对象、范围等的一些短语。

（二）独立语

独立语是句子的另一个特殊成分。它在句子里位置不固定，结构上不与其他成分发生关系。因此在结构上可有可无。它不影响句子结构的完整性，但在表意上却往往是必要的，在加强语势、变化语气等方面有重要作用。表现在以下几个方面：

（1）表示呼唤、应答或感叹，例如：

① 同志，前边危险！

② 好，就这么办。

③ 天哪，怎么搞的！

（2）表示引起对方注意，例如：

④ 你看，谁来了？

⑤ 前面有车，当心。

（3）表示对情况的推测与估计，例如：

⑥ 这东西，少说也用个十年八年的。

⑦ 看样子，这天气一时半会儿晴不了。

（4）表示特定的口气，例如：

⑧ 说真的，他确实能干。

⑨ 严格地说，这样做是不对的。

（5）表示消息或情况的来源，例如：

⑩ 村东那座古庙，相传是清朝末年修建的。

⑪ 据说情况有变化。

（6）表示总括，例如：

⑫ 一句话，不能干那种损害国家的事。

⑬ 这件事，归根结底还得由你自己拿主意。

除此之外，在句中还经常用破折号、括号表示某些词语用来按注和解释；用"例如"、"正如"、"如"等表示举例；用"换言之"、"换句话说"等表示变换语气；用"首先"、"其次"、"第一"、"甲"、"乙"等表示次第；用"此外"、"另外"等表示语意未尽，凡此种种，只要是不和其他成分发生结构关系的词语，均可视为独立语。

句首修饰语也好，独立语也好，它们都不影响句子的结构类型。

（三）主语

名词性谓语句、形容词性谓语句的主语是话题，也就是陈述的对象，不难辨认。

动词性谓语句的主语有种种情况，分述如下：

1. 典型主语（施事兼话题），例如：

① 他/大学毕业了。

② 外国朋友/喜欢来中国旅游。

2. 非典型主语，例如：

③ 自行车/骑走了。

④ 这把钥匙/用来开房门。

⑤ 明天/是小王的生日。（主语是话题而不是施事）

⑥ 谁/打破了玻璃？

⑦ 什么人/打来了电话？（主语是施事而不是话题）

⑧ 这个字/我不认识。

⑨ 这种事/他最有办法。（话题先出现，然后出现施事。）

话题有两个特点：第一，在句首出现；第二，它表示的是定指的事物。"谁"和"什么人"是不定指的，所以不能看做话题。"这个字"和"这种事"可以称之为话题主语，它后边出现的是谓语。谓语是主谓结构，其中的"我"和"他"是施事主语。话题主语也称之为大主语，施事主语为小主语。

在动词性谓语句里，能够充当主语的词和短语比较多。它们在充当主语时，有的要有一定的条件，有的不需要什么条件。

① 山菊花/开了。　　　　　　　　　（名词）
② 大家/快喝茶吧。　　　　　　　　（代词）
③ 该来的/都来了。　　　　　　　　（的字短语）
④ 这儿的生活/充满了朝气。　　　　（定中短语）
⑤ 奋斗/就是生活。　　　　　　　　（动词）
⑥ 虚心/使人进步。　　　　　　　　（形容词）
⑦ 十/是五的二倍。　　　　　　　　（数词）
⑧ （大妈的儿子，）个个/招人喜欢。（量词）
⑨ （两张画，）一张/送给朋友了。　（量词短语）

名词、代词、名词性短语经常充当主语，而且不需要什么条件。（例①至④）

动词、形容词也可充当主语，充当谓语的大多是"多"、"使"、"有"等不表示动作的动词或形容词。（例⑤⑥）

数词单独充当主语，多半是表示数目计算的句子。（例⑦）

量词单独充当主语，限于重叠形式，而且一般要有一定的语言环境。（例⑧）

量词短语充当主语，它指称的事物一般要在上文中出现。（例⑨）

其他短语大都能充当主语。例如：

① 他们哥俩/刚到。　　　　　　　　（同位短语）
② 学习、工作和生活/都应该关心。　（联合短语）
③ 培养人才/是四化的需要。　　　　（述宾短语）
④ 虚心一点/不会降低你的人格。　　（述补短语）
⑤ 努力工作/是应该的。　　　　　　（状中短语）
⑥ 让谁累着/也交待不了。　　　　　（连述短语）
⑦ 他是北京人/没问题。　　　　　　（主谓短语）

此外，表示时间、处所的名词和方位短语也可以充当主语。例如：

① 明天是教师节。　　　　　　　　　（时间名词做主语）
② 深圳被划为我国经济特区。　　　　（处所名词做主语）
③ 三天之内下了两场大雪。　　　　　（表时间的方位短语做主语）
④ 窗台上摆满了鲜花。　　　　　　　（表处所的方位短语做主语）

这些主语都是话题，但非施事。如果在谓语的前边再加上表时间或处所的词语，那么，主语是不是不变呢？看下列例句：

⑤ 几年前，深圳被划为我国经济特区。

⑥ 深圳几年前被划为我国经济特区。

⑦ 三天之内这里下了两场大雪。

⑧ 这里三天之内下了两场大雪。

⑨ 窗台上昨天摆满了鲜花。

⑩ 昨天窗台上摆满了鲜花。

一个句子通常只有一个话题。⑤和⑥动词前边出现处所和时间，听话的人总是选择处所为主语。所以主语仍旧是"深圳"，⑤的"几年前"是全句修饰语，⑥的"几年前"是状语。⑦和⑧、⑨和⑩都比照这个规律，确定处所词语为主语，而时间词是修饰语。如果时间词、处所词出现在受事名词之前，那么主语得由受事名词充当。例如：

⑪ 窗台上昨天鲜花摆满了。

⑫ 昨天窗台上鲜花摆满了。

这两个句子的主语都是"鲜花"。

附带要说明的是，介词短语出现在句首不充当主语。例如：

① 在三天之内，下了几场大雪。

② 在学习中，要努力培养独立思考的能力。

③ 关于企业管理，天津已经做出了成绩。

①和②句首的介词短语是状语，两例都是非主谓句。③的主语是"天津"，前边的介词短语是句首修饰语。

（四）谓语

名词性谓语最简单，形容词性谓语次之，最复杂的是动词性谓语。这里着重分析动词性谓语的各种类型。

1. 述宾谓语

述宾谓语是由述宾短语充当的。

从能否带宾语的角度看，动词有的能带宾语，有的不能带宾语（休息、开幕、出发）。能带宾语的动词，有的必须带宾语（"姓"、"等于"、"成为"），有的可带可不带（"讨论"、"学习"、"表演"）。

从所带宾语的性质看，有的只能带名词性宾语（"修理机器"、"打击侵略者"），有的要求带非名词性宾语（"予以解决"、"禁止喧哗"、"严加管教"、"感到高兴"），有的既可以带名词性宾语，又可以带非名词性宾语（"爱科学"、"爱劳动"、"喜欢排球"、"喜欢游泳"、"讨论问题"、"讨论怎么办"）。

从语义关系看，宾语可以分为受事宾语、施事宾语和关系宾语。

受事宾语：宾语是述语动作支配或涉及的对象。例如：

① 战士/保卫边疆。   （对象）

② 衣服/扯了个大口子。   （结果）

③ 老张/抽烟斗。   （工具）

④ 咱们/喝两盅。   （数量）

⑤ 我/写楷书，不写草书。　　　　　　（方式）

⑥ 弟弟/担心学不会。　　　　　　　　（原因）

施事宾语：宾语是述语动作的施事者。例如：

① 门口/蹲着条狗。　　　　　　　　　（存在）

② 外面/起风了。　　　　　　　　　　（出现）

③ 邻居/丢了一只鸡。　　　　　　　　（消失）

这类宾语前面的动词，还有"坐"、"放"、"站"、"来"、"走"、"死"等，都是用来表人或事物的存在、出现或消失。这类宾语所表示的人或事物往往是不定指的，动词是不及物的。这类句子中的不及物动词前后的名词，通常有领属关系。例如"王冕死了父亲"中，"王冕"和"父亲"有领属关系，"他们来了客人"中"他们"和"客人"有领属关系。

关系宾语：宾语既非施事，又非受事。例如：

① 谁/是最可爱的人？

② 儿童们/像一束束的花朵。

③ 同志们待我/似亲人。

④ 这个人的外号/叫"闲不住"。

这类宾语前面的动词，还有"姓"、"有"、"成为"、"当做"、"等于"、"算作"、"算"等，属非动作的动词，对主语起判断、说明作用。动词都是及物的。

在述宾谓语句中，还有一个比较特殊的句型，即一个述语动词有时带有两个宾语。两个宾语都是受事宾语，一般是其中一个指人，一个指物。通常把这种句子叫双宾谓语句，简称"双宾句"。如：

朋友/送我一本书。

其中"我"和"一本书"都是送的宾语，由于后一个宾语（指物的）是基本的，叫"直接宾语"，前一个宾语（指人的）则叫"间接宾语"。

双宾句分给予和承受两大类：

给予类：是指主语给予了间接宾语一些什么。例如：

① 老师/给我很大帮助。

② 大家/叫他老黄牛。

③ 同学/告诉我一个好消息。

这类常用的动词还有"赠"、"还"、"卖"、"交"、"输"、"赔"、"称"等。

承受类：是指主语从间接宾语那儿得到了一些什么。例如：

① 我/收到爸爸一封信。

② 妹妹/拿了哥哥一支笔。

③ 老汉/买东家一头牛。

这类常用的动词还有"接"、"赢"、"占"、"抢"、"欠"等。

上列动词，有的接上了"给"，损益的关系不变，如"送"与"送给"、"交"与"交给"。有的损益关系改变了，如"租"与"租给"、"拿"与"拿给"。有的动词能用于给予和承受两类，如"我借同学两本书"。为了避免免歧义，可根据语义把"借"改成"借给"或"借到"。

有的双宾语句在特定的语境下可以省掉其中的任何一个宾语，如"他问我去什么地方"。有的只能省间接宾语，如"他借了我一本书"。有的只能省直接宾语，如"我求你一件事"。有的两个宾语都不能省，如"我叫他小王"。

述宾谓语句，一般都是述语在前，宾语在后。但也有宾语出现在述语前面的，不过要有一定条件。常见的有三种情况：

（1）通过"一……都（也）+不（没有）"格式把宾语前置。例如：

① 这天儿/一点风都没有。

② 他/一个人也不认识。

（2）宾语是疑问代词或由疑问代词充当定语的定中短语，并常跟副词"都"、"也"相配合。例如：

③ 他/谁都不想。

④ 我们/什么困难也不怕。

（3）全句是列举的形式，几个表示列举项目的述宾短语的宾语也能用在动词述语的前面。例如：

⑤ 他英语也会，日语也会，俄语也会，很多外语都会。

⑥ 这个人吃的也要想要，穿的也想要，用的也想要，什么都想要。

有时，在句子形式上并不出现并列的词语，而在意念上说的又不止一项，也可以采用这种形式。如"我日语也会。"表明"他"会的不只是日语，还有别的语种。

上述三种情况，它们有个共同的特点，即具有遍指的意思，同时也有强调的作用。"一句话也未说"是任何话都不说，"什么都想买"是任何东西都想买。至于表列举的，当然也含有这种意味。

这种"前置宾语"是述宾谓语的一种形式，它只能在主谓句中，不能独立成句，即在它的前面总要有一个被陈述的对象。

2. 述补谓语

述补谓语是由述补短语充当的谓语。

述补谓语，不仅动词谓语句中有，形容词谓语句中也有。从充当述语的词的性质来看，及物动词、不及物动词都可以充当（"唱起来"、"坐一下"），形容词也可以充当（"光荣极了"、"平静得很"）。

从意义上看，补语有表示结果程度的（"吓倒了"、"气得哭了一场"、"摆得很整齐"、"高兴极了"），有表示趋向的（"冲上去"、"坐起来"），有表示方式、手段的（"报效祖国以赤子之心"、"给敌人以沉重打击"），有表示数量的（"读了两遍"、"学习了三年"）。在各类补语中，用来表程度、结果的多是动词、形容词性词语和副词"极"、"很"，用来表趋向的是趋向动词，用来表方式的多是由介词"以"组成的介词短语，用来表数量的是量词短语。

结果补语和趋向补语有基本式和可能式的区别，见表5-5。

表 5-5　结果补语和趋向补语的基本式和可能式的区别

	基本式	可能式	
结果补语	听懂	听得懂	听不懂
	看明白	看得明白	看不明白
	打扫干净	打扫得干净	打扫不干净
趋向补语	上去	上得去	上不去
	钻过来	钻得进来	钻不过来
	找回来	找得回来	找不回来

　　有些语言单位只有基本式，而没有可能式，如"说明"、"改进"、"降低"，这些单位是词，而不是短语，有些单位只有可能式，如"来得及"、"来不及"，"对得住"、"对不住"，它们是短语。

　　此外，还有情态补语，它必须带"得"，但否定形式与结果补语的可能式不同。试比较：

	肯定	否定
表结果	跑得快	跑不快
表情态	跑得快	跑得不快

　　量词短语出现在动词的后面，有充当宾语和充当补语两种情况（出现在形容词后面只能充当补语，因为形容词不能带宾语）。它们的区分方法是这样：补语在表示动作次数时，是由动量词组成的量词短语充当的（"去两趟"、"玩一下"），而宾语在表示动词支配对象的数量时，是由物量词组成的量词短语充当的（"买两本"、"要一件"）。

　　量词短语在表示时间量时，有时充当宾语，有时充当补语。例如：

① 我为了找资料，花费了两天。

② 在这里，我已经住了两天。

① 可以转换为："我为了找资料，两天花费了。"、"两天"是宾语。②不能转换，说成"两天住了"不成话，"两天"是补语。

　　宾语和补语句有时在一个句子中同时出现。如："小猫碰破了一只茶杯。"、"你妈妈找了你好几趟。"前句应为述宾谓语句，后句应为述补谓语句。

3．连述谓语

连述谓语是由连述短语充当的。

有两种情况，一种如：

① 同志们/下河洗澡吧！

② 大家/鼓掌欢迎。

③ 我/倒杯茶喝。

④ 谁/没有房子住？

这类连述谓语中的几个组成部分都能单独和全句主语直接构成陈述关系，所以一般称之为"连动式"。

另一种如：

⑤ 我娘/让你进来。

⑥ 谦虚/使人进步。

⑦ 我/有个朋友爱游泳。

这类连述谓语中的各组成部分，一般不能单独和全句主语直接构成陈述关系（或者表义不完整，或者改变了原义）。谓语中的词语与它前后两部分词语同时发生句法关系，与前面的词语构成支配关系，与后面的词语构成陈述关系，既是受事，又是施事，故一般称之为"兼语式"。

有时两种连述谓语结合在一起构成一种复杂的连述谓语句。例如：

⑧ 你马上起草一份作战计划报送军部请军首长批示。

⑨ 军首长命令部队立即出发支援灾区。

4．主谓谓语

主谓谓语分属于名词性谓语、动词性谓语、形容词性谓语。它的主要类型有：

① 这个人/头脑清楚。

他/脸色不大好。

② 班里的战士/多半来自农村。

这些东西/大部分是你爱吃的。

③ 刚来的那个人/我认识。

这部小说/我没有看过。

④ 祖国/这是多么庄严的名字。

这些同志/我们多么想念他们。

第①组，大主语和小主语有领属关系。第②组，大小主语有全体和部分的关系。第③组，大主语既是话题，又是受事。第④组，主谓谓语中有代词复指大主语。总之，大主语都是话题，都是有定的，这是主谓谓语句的共同之处。

有些句子由一个大主语（话题主语）和几个小主语构成。例如：

⑤ 他们俩/一个是工人，一个是农民。

⑥ 这本书/我看过，你也看过，你觉得怎样？

这种句子介乎单句与复句之间，不妨看做主谓谓语句中的特殊类型。

四、句子的语义分析和语用分析

（一）语义分析

语义不同于词义。词义是词典中可以注明的意义，语义则是在结构中体现出的意义。例如"你看我"中，"你"有施事义，"我"有受事义；"我看你"中，"你"有受事义，"我"有施事义。这些意义属于语义。语义主要是名词和动词之间的含义。又如"下午"指正午之后的一段时间，这是词义。在"下午开会"中，"下午"除了有词义之外，还说明了"开会"的时间，这是语义。语义通常包括施事、受事、时间、处所、工具等等，都用名词表示，同时与动词关联。

分析句子时，指明主语或宾语是施事、受事、时间、处所等等，这是句子的语义分析。句子的语义分析可以使句子的分析更为细致。例如：

① 饭吃饱了。
② 饭吃完了。
③ 饭吃多了。

这三个句子从结构上分析，不管用什么术语，都属同一类型。可是从语义上看，"饱"与施事（未出现）发生关系；"完"与受事（饭）发生关系；"多"与"吃饭"这一行为发生关系。又如：

④ 我找不着先生教。
⑤ 我找不着东西吃。
⑥ 我找不着地方睡。

从结构上分析，这三个句子属同一类型。可是从语义上看，句末的动词和它前边的名词有不同的关系。④中的"先生"是"教"的施事，⑤中的"东西"是"吃"的受事，⑥中的"地方"是"睡"的处所。再如：

⑦ 他们来了客人。
⑧ 他们来了三位。

这两个句子也属同一类型。可是它们的区别不只是表现在宾语的具体含义不同，也表现在宾语和主语的关系不同："客人"在"他们"之外，"三位"在"他们"之中。这是因为用数量短语代替名词，它必须有"先行词"。⑧中的"三位"代替客人，而它的先行词是"他们"，所以"三位"与"他们"发生了联系。这种联系虽然不是动词与名词之间的关系，也属语义的范围。

（二）语用分析

句子类型的分析是分析语言单位与语言单位之间的关系。语义分析是分析语言单位与客观事物之间的关系。至于语用分析，分析的则是语言单位与说话人主观态度之间的关系。拿语序变化为例来说吧："天气好"和"好天气"的差别在句法上，语义和语用没有什么不同。"母亲疼孩子"和"孩子疼母亲"，句法上无差别，施受关系不同，也就是说，语义上有差异。"你的笔找到了吗？"、"找到了吗，你的笔？"这两个句子属同一类型（主谓句，动词谓语），语义上无差别，反映的是同一事实。前边一句是一般的问句，后边一句语序改变，反映说话人的情绪有些激动。也就是说，是语用上有所不同。

句类的分析属语用的分析。下边谈谈几种有关语用的因素。

1．新信息和旧信息

句子用来交流思想，总是在旧信息（已知信息）的基础上传达新信息。例如：

镇江西北有座金山，山上有金山寺，始建于东晋，距今已有一千五百多年历史。

"镇江西北"是旧信息，"有座金山"是新信息。接下去"山上"指"金山上"，是已知信息，"有金山寺"是未知信息。如此层层推演，形成话语链。

语言中的省略，总是省略旧信息。例如：

① 谁在唱歌？——小王。

② 小王在干什么？——唱歌。

2．指称和陈述

说出的话当中，通常有指称，也有陈述。比如上边的例子，"镇江西北"是指称，指明一个处所；"有座金山"是陈述，说明指称的对象怎么样。有指称，不一定有陈述。例如人们指着地图上的一个点说："北京！"这是指称。又如有人去书店买书，指着书架对店员说："电大的汉语教材。"这也是指称。依靠语境，单有指称就可以达到交际的目的。可是有陈述必定有指称。比如有人在汽车站上等着，忽然说了一句："来了！"这是陈述，听的人必须懂得指称的对象，才能了解说话人的意思。或者是说"人来了"，或者是说"车来了"，总之，离开了指称，就不能表达完整的意思。

分析"下雨了"这个句子，从句法分析的角度看，它是个述宾结构。从句子类型的角度分析，它属于非主谓句。从语用的角度看，它是个陈述句。这个句子有陈述，没有指称，指称必定隐含在语境之中。也就是说，人们说"下雨了"，必定有所指，如"今天下雨了"、"现在下雨了"、"这儿下雨了"，等等。决不会认为任何时间、任何地点都在下雨。

3．定指和不定指

指称可以分为定指和不定指。试比较：

① 雨下了。　　客来了。　　水开了。

② 下雨了。　　来客了。　　发大水了。

① 中的主语代表指称，属定指。②中的宾语也是指称，属不定指。人们看到天上乌云密布，知道快要下雨。忽然说"雨下了"是指心目中的雨，"客来了"中的"客"是心目中的客。人们走在路上，忽然遇到下雨，于是说"下雨了"，这里的"雨"是不定指。"来客了"的"客"是不速之客。再比较：

③ 屋里有人。

④ 人在屋里。

③ 中的"屋里"和④中的"人"都是定指。在汉语里，主语倾向定指。至于宾语，

在特定的格式（如上边的①和②）中是不定指。宾语如果是人称代词、专有名词、某些定中短语，是定指。

4．焦点和疑问点

新信息的重点叫做焦点。一般的句子，焦点在后。试比较：

① 王冕死了父亲。

王冕父亲死了。

② 我没有把这件事情办好。

我没有办好这件事情。

"死了父亲"的焦点在"父亲"，"父亲死了"的焦点在"死了"。"没有把这件事情办好"的焦点在"办好"，"没有办好这件事情"的焦点在"这件事情"。

有时，对比的形式可以突出焦点，试比较：

③ 我今天不在家，明天在家。

④ 他北京到过，天津到过，上海没到过。

③ 的焦点在时间，④的焦点在地点。

利用副词"是"指明焦点更属常见。试比较：

⑤ 我是昨天在街上见到他。

我昨天是在街上见到他。

我昨天在街上是见到他。

在口语里，可以用重读来指明焦点。

疑问句有疑问点，也就是要求对方回答的重点。

特指问的疑问点用疑问代词"谁"、"什么"、"哪儿"、"怎么"等表示。

选择问的疑问点用肯定形式与否定形式相重叠的方式表示，如"去不去"、"好不好"。副词"是"的叠用形式"是不是"本身不表示疑问点，作用在指明后边的词语是疑问点。如"是不是去"、"是不是好"，等等。

一般是非问用整个命题表示疑问，但在一定的语言环境中，也可以有疑问点。例如有人问："他整天在家里休息吗？"如果对话双方知道他在家里休息，但不了解是不是整天，那么，焦点在"整天"；如果对话对方知道他整天休息，但不知道他是不是在家休息，那么，焦点在处所；如果对话对方知道他整天在家，但不了解在家的情况，那么，焦点在"休息"。

值得注意的是，有些句子的疑问点不明确，例如：

⑥ 你知道他是什么地方的人？

如果认为"什么"表示疑问点，这个句子属特指问，句末可以用"呢"。如果认为"什么"是虚指，这个句子属是非问，句末可以用"吗"。也就是说，句末用上"呢"或"吗"，疑问点就明确了。如果用上"呢"，答问时要针对"什么地方"来回答。如果用上"吗"，只需对整个命题加以肯定或否定，即回答"知道"或"不知道"就行了。

5．预设

预设是句子表示的理解句子意义的前提。例如语气词"着呢"表示一种坚信不疑的语气，它常常指明某种预设。例如：

① 水还热着呢！　　　　　　　（预设水由热而凉）
② 水还凉着呢！　　　　　　　（预设水由凉而热）
③ 路还远着呢！　　　　　　　（预设路由远而近）
④ 路还近着呢！　　　　　　　（不可能由近而远）

又如语气词"了"表示出现新情况，例如"老张会滑雪了"，预设说明老张原来不会滑雪，"会滑雪"是新情况。下边的句子中用上了"早"，只能用预设说明。

⑤ 我早就瞧见你了。

说话的人预设对方并不知道早瞧见了他，所以就这一点说，仍然属于新情况。

五、句子中常见的语法问题

学习语法的目的，在于提高我们正确地运用语言的能力。这种能力表现在两个方面：一是从正面加深对语言规律的正确认识，一是从反面了解常见的语法错误的现象，并探究导致错误的原因。

语法错误是多种多样的，下边谈几种常见的情况。

（一）搭配不当

1．主语、谓语搭配不当

① 中学生是青少年学习的重要阶段。
② 教育事业是培养和造就实现四个现代化人才的重要阵地。
③ 狂风和暴雨从天空一齐倾泻下来。
④ 金色的阳光，拨开云层，露出笑脸。
⑤ 秋天的盘山是美丽的季节。

例①"中学生"指的是人，谓语把它判断成"阶段"是错误的。应把"中学生"改成"中学时期"。例②"事业"不是"阵地"，例③"从天空中……倾泻下来"的只能是"暴雨"，"狂风"不能"倾泻"。例④"阳光"不会"露出笑脸"，可以把"金色的阳光"改为"金色的太阳"。例⑤"盘山"和"季节"不是同一属性的东西，"盘山"不可能是"季节"，应该为"盘山的秋天是美丽的季节"。

2．述语、宾语搭配不当

① 盐在血液循环中起着重要地位。
② 学习语文可以丰富知识和写作水平。
③家大业大，要节省不必要的开支和浪费。
④ 同学们以实际行动批判了敌人妄图破坏我国四化建设的罪恶阴谋。

例①中的"地位"可以和"提高"相搭配，不能和"起"相搭配，而"起"可以和"作用"搭配。因此应把"地位"改成"作用"。例②"写作水平"不能"丰富"，只能提高，应改成"丰富知识，提高写作水平。"例③"开支"可以"节省"，"浪费"不能节省，只能"杜绝"，应改成"节省不必要的开支，杜绝浪费"或把"节省"换成"减少"。例④"批判"的对象应是已表露出来的言行，"阴谋"是隐藏着的东西，与"批判"不相配，应改为"批判……罪恶言行"或"粉碎……阴谋"。

3．述语、补语搭配不当

① 我们对他照顾得实在不周全。
② 它将把我们的家乡打扮得更加美丽富饶。
③ 他的字写得稀里糊涂一大片。
④ 她每天把屋子打扫得整整齐齐。

例①"周全"是"完整全面"的意思，多用来形容说话。"周到"是面面都照顾，不疏忽。应把"周全"改为"周到"。例②打扮的结果可以"美丽"，但不能"富饶"。可把整句改为"它将使我们的家乡更加美丽、富饶"。或"……把家乡打扮得更加美丽，建设得更加富饶"。例③"稀里糊涂"是用来形容头脑不清晰，迷迷糊糊。说明字写得如何，要说"好"、"坏"、"工整"、"不工整"、"清楚"、"不清楚"，应改为"乱七八糟一大片"。例④"打扫"的结果只能是"干净"，通过"整理"或"收拾"才会"整齐"，应改为"收拾得整整齐齐"或"打扫得干干净净"。

4．定语、中心语搭配不当

① 一切有志气的青年，应为光辉灿烂、美丽富饶的共产主义事业而努力奋斗。
② 在茫茫九派流中国的封建社会里，广大人民群众生活在水深火热之中。

例①"富饶"是物产多、财富多的意思，多用来修饰土地等，不能修饰某种"事业"，可把它去掉，把"美丽"改成"美好"，或把"美丽富饶"去掉。例②"茫茫九派流中国"是描写祖国自然景物的，用它来形容旧社会的形势不妥，可换成"灾难深重"。

5．状语、中心语搭配不当

① 建华的心很细，做作业总是精打细算地演算数学题。
② 有的人在生活作风上拖拖拉拉，得过且过。

例①"精打细算"是形容计算得相当精细，没有"仔细"的意思，应改为"很仔细地演算数学题"。例②状语"生活作风"可以与"拖拖拉拉"相配，"得过且过"是生活态度，与"生活作风"不能相配。应改为"在生活作风上拖拖拉拉，在生活态度上得过且过"，或变状中结构为主谓结构，"生活作风拖拖拉拉，生活态度得过且过。"

造成各种成分之间搭配不当的原因很多，主要有以下两个方面：一是对词义理解得不透、不准确，或用来张冠李戴，或造成判断错误。如把"周全"误为"周到"，把"中学生"误认为"是……阶段"、"教育事业"、"是……阵地"；一是结构复杂，顾此失彼，或搭配的两个成分相隔较远，前后照应不到，或搭配的成分中有联合成分，搭配时，只顾其一，忽略其二。如"狂风和暴雨……倾泻下来"，"批判……罪恶阴谋"。这就要求我们在组词造词时，既要从个体着眼，准确地掌握使用的每个词的意义，又要从全局出发，瞻前顾后，注意前后相关联的词语是否搭配。

（二）语序不妥

1．定状错位

我们的语言中有"长长地吁了一口气"、"圆圆地围了一个圈"之类的说法。可是下边的句子属于定语错放在状语位置上，或状语放在定语位置上。例如：

① 绚丽的朝阳，灿烂地放射出万道光芒。

② 过去的苦难岁月，在她幼小的心灵中，留下了这深深的永远的烙印。

例①的"灿烂"是定语，错放在状语的位置上了，应改为"放射出万道灿烂的光芒"。例②"永远"是状语，错放在定语的位置上了，应改为"永远地留下了这深深的烙印"。

2．多项的定语、多项的状语序位不当

即处于不同层次的多项的定语或状语的序位不妥当。例如：

③ 在这次日本的比赛中，她打得好，拦网出色，被称为天安门的城墙攻不破。

④ 革命的、符合社会主义建设需要的各项规章制度，每个同志都应当自觉遵守。

⑤ 在社会主义建设事业上，发挥着他们无穷的蕴藏着的力量。

⑥ 市公共汽车三厂决定，陆续从今天起在早晨高峰时增开母子专车。

⑦ 他们仍然有些同志继续战斗在引滦前线。

⑧ 雨越下得大越好。

按照多项修饰语的序位，例①应改为"在日本的这次比赛中"。例②应改为"各项符合社会主义建设需要的革命的规章制度"。例③应改为"发挥着他们蕴藏着的无穷的力量"。例④应改为"从今天起，在早高峰时陆续增开母子专车"。例⑤是小主语和状语的序位不当，应改为"他们有些同志仍然继续战斗在引滦前线。"例⑥应改为"雨下得越大越好"。

（三）成分残缺或多余

1．成分残缺

① 在这场不大不小的风波中，悟出了一个深刻的道理。

② 东方歌舞团来津演出，受到热烈欢迎，对演出评价很高。

③ 傍晚的时候，张大爷在去林场的路上，突然有个人迎面走来。

④ 这篇战斗檄文，在当时起过何等的作用。

⑤ 学校根据实现四化的要求，培养德才兼备、有新的科学技术水平的人才，放在首要地位加以考虑。

⑥ 我们要在广大青少年中造成一种爱科学、讲科学、用科学。

例①缺主语，没有说明是谁"悟出了一个深刻的道理"。在"悟出"前面应加上适当的主语。例②也是缺主语，谁"对演出评价很高"，也没有说明，应该在"对演出……"

之前加上适当的主语。例③缺谓语，"张大爷在去林场的路上"怎么样？没有交代，应改成"张大爷在去林场的路上走着，……"。例④缺少必要的定语，"起过何等作用"语义不明，应给"作用"加上"重要"一类的定语。例⑤缺少状语。从全句的内容来看，"培养……人才"应是"放在首要地位加在考虑"的状语，但由于缺少"把"字，而使它失去了状语的资格。应改为"把培养……人才放在首要地位加以考虑"。例⑥"造成"的后面应是一个定中短语做它的宾语，应在"爱科学、讲科学、用科学"的后面加上中心语的"的风气"。

2．成分多余

句子结构已完整，表意也很明确，却又画蛇添足，增加了不必要的词语。
① 这班学生，在上课时，一般来说，大家都能遵守课堂纪律。
② 他每天读报，注意关心国家内外大事。
③ 今年高考还有三天就要开始考试了。
④ 她是一位漂亮、美丽、聪明、好看的刚满二十岁的年轻姑娘。
⑤ 曾经没有人听到那件事。

例①"这班学生"是主语，在谓语里又出现了主语"大家"，显得多余，应删掉。例②"关于国内外大事"是个述宾短语，构成了一个完整的谓语，前面又增加"注意"做述语，没有必要，应删掉。例③"高考"本身就是考试，后面又出现"考试"做宾语是多余，应删去。例④定语重复多余，"漂亮"、"美丽"、"好看"同是一个意思，应取一个，删去两个。"二十岁"必然是"年轻"的，也可以删去一个。例⑤状语多余，"曾经"应删掉。

造成句子成分残缺或多余的原因是造句时的草率和疏漏，一时没能掌握或没能自觉地运用语法知识对字句进行认真的推敲。这就要求我们在写作时，动笔前打好腹稿，落笔时仔细推敲，完稿后反复检查修改。能做到这些，就基本上可以防止这类错误的出现。

（四）句式杂糅

1．不同结构相套

把两种能够表达同一个意思的语言结构，生硬地糅在一起，造成结构上的混乱。例如：
① 要想真正学点东西，一定要下苦工夫不可。
② 我一定要做好一个受学生欢迎的辅导员工作。

例①或者说"一定要下苦工夫"，或者说"非下苦工夫不可"。这里把两种结构套在了一起。例②或者说"我一定要做好辅导员工作"，或者说"我一定要做一个受学生欢迎的辅导员"。现在把这两种说法混在了一起。

2．前后纠缠

把前一句话的后部分用为后一句话的前部分，两句话硬捏成一句话。例如：
① 这部电影多么使人感动人心啊！
② 鲁迅具有坚韧不拔的战斗精神作为我们学习的榜样。

例①把"使人感动"和"感动人心"套在一起了。应改为"……多么感动人啊"或"使人感动啊"。例②把"鲁迅坚韧不拔的战斗精神值得我们学习"或"具有坚韧不拔的战斗精神的鲁迅是我们学习的榜样"套在一起了。应改为"鲁迅坚韧不拔的战斗精神值得我们学习"或"具有坚韧不拔的战斗精神的鲁迅是我们学习的榜样"。也可以改成复句"鲁迅具有坚韧不拔的战斗精神,他是我们学习的榜样"。

造成这种成分上的残缺与多余或句式上的杂糅与纠缠的原因,主要是对汉语各种句式的结构特点还没有掌握,否则就不会出现这种缺东少西、不伦不类的句子。

(五) 歧义及歧义的消除

歧义句是指在语言交际中存有两种或多种意义的句子。如"我去上课",既可理解为"我去讲课",也可理解为"我去听课"。

造成歧义的原因是多种多样的,前边已经谈到,现在再补充一些例子:

1. 由同音词语造成的,例如:

① 生产的产品全部(全不)合格。

② 我在(再)写一篇文章。

这种歧义只出现在口语交际中,在书面上不会出现。

2. 由兼类词或多义词语造成的,例如:

① 我的门没有锁。

② 这个人又上台了。

例①"锁"兼属名词和动词,所以有不同理解。例②"上台"既可理解为"登台演出",又可理解为"当领导"。这种歧义产生在一定的语境中,一般是不会出现的。

3. 由多义短语造成的

(1)句法关系两可,例如:

学习文件 保留意见

出口商品 研究方法

改良品种 表演节目

动词接上名词,可以构成述宾关系,也可以构成偏正关系。由于词义的制约,一般情况下,只体现一种关系。如"建筑房屋"是述宾短语,而"建筑材料"只能是定中短语。上边的例子属两可,用在句中就可能产生歧义。如:"我们要学习文件"、"研究方法十分重要"、"他们打算试验改良品种"。

(2)施受关系含糊,例如:

鸡不吃了 谁都不认识

女子理发店 找一个人去

上边例子中的"鸡"、"谁"、"女子"可以理解为施事,也可以理解为受事。"找一个人去"中的"人"可能是"去"的施事,也可能不是。比如有人问"你上哪儿去?"听话的人回答:"找一个人去。"

(3)层次关系不明,例如:

本店出售自行车和汽车配件。（包括不包括自行车的配件？）

下午我们小组讨论。（是"我们下午小组讨论"，还是"我们小组下午讨论"？）

产生歧义的原因有多种，消除歧义的方法也有多种。

1．更换词语

这种方法多使用于由同音词语造成的歧义。如"生产的产品全部合格"，"部"可能误作"不"。可将"全部"换成"完全"。"我在写一篇文章"，可将"在"换成"正在"，或将"在"换成"还要"。

2．更换句式

这种方法多用于由多义词语造成的歧义。如"这个人又上台了"有歧义，可以说成"上台演出了"或"上台掌权了"，变述宾谓语为连述谓语。

3．利用上下文的联系

有些句子孤立地看有歧义，联系上下文看并没有歧义。例如：

① （这件事是官僚主义造成的，）有关领导应当处理。

② 对小王的意见，（领导很重视）。

由于有了上下文的联系，例①不会理解为"有关领导处理别人"。例②不会理解为"给小王提的意见"。

4．借助语音

利用语音的停顿、轻重是口语中常用的消除歧义的方法。例如：

① 公开对话的/时间。

② 公开/对话的时间。

例①语音停顿在"对话的"后面，是定中型，指"什么时间公开对话"。例②语音停顿在"公开"之后，是述宾型，指"把对话的时间公开"。

再如：

③ 一天就复习两门功课。

④ 一天就复习两门功课。

例③重音落在"一天"上，表示复习的课多。例④重音落在"两门"上，表示复习的课少。

歧义现象在语言中是常见的，也是难免的，但实际上在语言交际中真正影响表达效果的歧义是不多的。这正是人们认识了歧义，同时又能采取相应的方法消除歧义的结果。可见了解歧义并能消除歧义，对提高语言的表达效果是很必要的。

应当指出，语言中的歧义并不都是消极的。有时，有意识地、恰当地使用"歧义"，还会使语言收到特殊的表达效果。

第六节　复　　句

一、什么是复句

　　单句和复句都有一个句终语调，在书面上用句号、问号或叹号表示。典型的单句是主谓句，它的直接成分是主语和谓语；非主谓句的直接成分或者是述语和宾语，或者是修饰语和中心语。复句的直接成分类似单句，通常称之为分句。分句之间没有主谓、动宾等句法关系。所以，复句是由两个或两个以上的分句组成的句子。

　　复句当中分句和分句之间有比较密切的关系。例如下边有三个句子：

①　我国目前还有不少文盲、半文盲。

②　我们要加强基础教育。

③　我们必须进行教学改革。

①和②、②和③都可以组成复句：

④　我国目前还有不少文盲、半文盲，所以要加强基础教育。

⑤　我们要加强基础教育，必须进行教学改革。

　　①和③不能组合成复句，如果说成"我国目前还有少文盲、半文盲，我们必须进行教学改革"，前后分句之间的关系就不明确了。

　　复句中的分句可以是主谓句，也可以是非主谓句，有些分句则根据上下文省略主语，但仍是主谓句。例如：⑥在小溪中游泳的人总觉得容易到达彼岸，在海洋中游泳的人才懂得那里是浩瀚无边的。（两个分句都是主谓句）

⑦　没有不劳动的收获，成绩和辛勤总是成正比例的。（前一分句是非主谓句，后一分句是主谓句。）

⑧　站得高，才能看得远。（分句都是非主谓句。）

　　分句的主语相同，主语一般在第一分句出现，后边的主语承前省略。例如：

⑨　我们愿在真理面前低头，不愿在权势面前拜倒。

　　分句主语相同，有时并不省略。例如：

⑩　你要人家怎样对待你，你就得怎样对待人家。

　　这里的主语重复出现，加强了对比意味。

　　前边分句的主语也可以承后省略。例如：

⑪　没有音乐和诗歌，我们将失掉生活的乐趣。

　　分句主语不同，通常不宜省略。例如：

⑫　人家是说了再做，他是做了再说；人家说了也不一定做，他是做了也不一定说。

　　如果要省略，要求语意明确，不能使人误解。例如：

⑬　人的天赋像火花，既可以燃烧，也可能熄灭。（后边两个分句的主语承第一分句的宾语而省略。）

⑭　青少年时代是长智慧的时代，一定要好好学习。（后边分句的主语承前边分句"时

代"的定语而省略。）

二、复句和关联词语

复句是由两个或两个以上相当于单句的语言单位组成的句子。组成复句的语言单位叫分句。分句和分句在意义上有一定的联系，通常用一些词语来表示。这种表示分句之间关系的词语叫关联词语。

（一）关联词语不是一个词类，离开了复句就无所谓关联词语。关联词语的主要成员是连词，但并不是所有的连词都能充当关联词语。例如"和"、"跟"、"同"、"与"等连词就不能连接分句。还有些连词虽然可以连接分句，但也可以连接词。例如：

① 你去，或者她去，或者你们两人一起去。

② 你在家玩游戏或者看电视都行，就是不要出去。

例①中的"或者"连接的是分句，是关联词语。例②中的"或者"连接的是词，不是关联词语。

有些副词也可以用作关联词语。试比较：

③ 他今年才 20 岁。

④ 早上 5 点钟他就起床了。

⑤ 他干活干到夜里 12 点，才睡觉。

⑥ 他刚走一会儿，我就睡着了。

例③、例④两句中的"才"和"就"不连接分句，不是关联词语。例⑤、例⑥两句中的"才"和"就"连接分句，是关联词语。

除了连词和副词，还有一些别的词（如"一面……一面"、"首先……其次"等）也可以充当关联词语。例如：

⑦ 李时珍一面行医，一面研究药物。

⑧ 我在这里首先说矛盾的普遍性，其次说矛盾的特殊性。

（二）复句中，使用不同的关联词语能表示不同的关系。例如：

① 你去，我也去。（并列关系）

② 你先进去，然后我再进去。（连贯关系）

③ 要么你去，要么我去。（选择关系）

④ 不光你去，而且我也去。（递进关系）

⑤ 既然你能去，我就能去。（因果关系）

⑥ 你去，但是我不去。（转折关系）

⑦ 只要你去，我就去。（条件关系）

⑧ 即使你去，我也不去。（让步关系）

（三）复句中有的使用关联词语，有的不用关联词语。对不用关联词语的复句，要注意从意义上去分析。例如：

① 虚心使人进步，骄傲使人落后。

② 他坐在桌前，拿起昨天的报纸看起来。

③ 白杨树是不平凡的树，我赞美白杨树。

④ 各种意见都要听，不过听了要做分析。

例①、例②、例③虽然没有使用关联词语，但都是复句，例①是并列关系复句；例②是连贯关系复句；例③是因果关系复句。例④使用了关联词语"不过"，是转折关系复句。

分句之间的关系和关联词语的运用主要包括以下几种关系：

（一）事理关系、逻辑关系、心理关系

观察复句当中分句和分句之间的关系，可以有不同的角度。如果着重客观事实之间的关系，那么看到的是事理关系。例如：

① 我姓王，他姓李。（两事并列）

② 小孩跑过去，把球拾了起来。（两事前后连贯）

如果着重判断与判断之间的关系，或前提和结论之间的关系，那么看到的是逻辑关系。例如：

③ 或者你说错了，或者我听错了。（全句是个复合判断，两个分句各代表一个判断，它们之间有选择关系。）

④ 只要功夫深，铁杵磨成针。（全句是个复合判断，两个分句各代表一个判断，它们之间有假设条件的关系。）

⑤ 冷空气已经南下了，气温马上会降下来。（前一分句代表小前提，后一分句代表结论，大前提省略了。分句之间表示的是因果关系。）

如果着重强调说话人的主观意图，那么看到的是某种心理关系。试比较下边内容相同而说法不同的句子。

⑥ 他不但文章写得好，字也写得漂亮。

⑦ 他不但字写得漂亮，文章也写得好。

⑧ 我们虽然取得很多成绩，但是有不少缺点。

⑨ 我们虽然有不少缺点，但是取得很多成绩。

⑥和⑦、⑧和⑨，从事理角度看，反映的客观事实并无二致。从逻辑角度看，这里的复句都是断定两种情况同时存在的复合判断。从心理角度看，说话的着重点并不一样。⑥侧重讲字写得漂亮，⑦侧重讲文章写得好，通常称它们为递进关系的复句。⑧侧重讲缺点，⑨侧重讲成绩，通常称之为转折关系的复句。

（二）显性关系和隐性关系

对同一复句可以从不同角度来观察，所以确定分句之间的关系有时不免有两可情况。例如：

① 小王着了凉，生病了。

这里两个分句之间既有连贯关系，又有因果关系。前者是从事理的角度观察的结果，后者是从逻辑角度分析得出的结论。当然，这个句子可以加上不同的关联词语：

② 小王因为着了凉，所以生病了。

③ 小王着了凉，于是生病了。

②加上"因为……所以"，着重表示的是因果关系；③加上"于是"，着重表示的是连贯关系。表达形式既然有所选择，一般都据此来给它们归类。用关联词语表示的是显性关系，但并不排斥隐性关系。②的显性关系是因果关系，隐含连贯关系。③恰好相反。至于①，由于没有显性标志，把它归入因果关系或连贯关系都不是没有依据的。当然，不用关联词语的复句也可能只有一种关系，不过，关联词语是识别分句之间关系的一个重要依据。

（三）关联词语的运用

关联词语并不是一种特殊的词类，它的性质与词类很不相同。词类离开了句法结构仍旧有相对的独立性，而关联词语是与句法密切相关，不可分离的。因此，把它看做关联成分也许更为恰当。比如"而"是连词，并非在任何语句中都充当关联词语。它可以用在"任重而道远"当中，也可以用在"今天的任务很重，而人手不足"当中，只有后边的"而"才被看做关联词语，因为它表示了分句之间的关系。

运用关联词语应注意以下几个方面的问题：

1．关联词语的位置

使用"不但……而且"、"一方面……一方面"等关联词语，如果分句的主语相同，关联词语① 放在主语之后。如果分句的主语不同，应放在主语之前。例如：

② 他不但会写诗歌，而且会写剧本。
③ 不但他会写诗歌，而且我也会写。
④ 小李一方面工作，一方面学习。
⑤ 一方面胆子要大，另一方面心要细。

2．关联词语的搭配

成对的关联词语有一定的搭配习惯，不能任意组合。值得注意的是有些关联词语表示的关系有多种，根据搭配的情况不同，可以加以区别。

3．关联词语的省略

复句有不需要用关联词语的，有必须用关联词语的。前者如某些并列关系的复句，虽然不用关联词语，分句间的关系十分明确。后者如常见的转折复句、让步复句，如不用关联词语，分句之间的关系不容易显示出来。还有另一种情况，那就是在表达时省略了关联词语，理解时要添上关联词语。例如：

⑥ 天下雨，我不去。

说话的时候，如果正当倾盆大雨，就宜加上"因为……所以"去理解。说的话如果是一种预测，比如说话的时候晴空万里，说话人打算明天出门，那么，就得加上"如果……就"去理解。这里之所以能够省略，是因为有语言环境的帮助。有少数句子，不需要语言环境的帮助，也能省略关联词语。例如：

⑦ 好（虽）是好，恐怕时间来不及。

这种句子形成了固定的格式，"是"的两头用的词相同，省略了"虽"，听话的人却不会误解。

三、复句在结构上的特征

复句是由两个或两个以上相当于单句的语言单位组成的句子。在结构上，复句有以下几个特征：

（1）组成复句的各个分句在结构上相对独立，彼此间没有包含关系，即互相不做句子成分。例如"他们两个都是好学生，小张则更突出。"这是由两个独立的分句构成的复句。

（2）构成复句的各个分句可以是主谓句，也可以是非主谓句；主语可以省略，也可以不省略。例如"那里四面是山，环绕着一潭绿水。"前一个分句是主谓句，后一个分句的主语承前省略了。

（3）在语音上，一个复句只有一个统一的语调，句末有较大的停顿，书面上用句号、问号或感叹号表示。分句之间有较小的停顿，书面上用逗号、分号或冒号表示。例如"文艺批评有两个标准，一个是政治标准，一个是艺术标准。"

（4）分句之间的关系有两种表示方法：一种是靠关联词语表达，例如"我先是诧异，接着是很不安。"一种是不用关联词语，靠语序表示分句之间的关系，例如"一事不做，凭空想象，那是空想。"

四、复句和单句的区分

区分复句和单句可以从以下几个方面入手：

（1）从结构上区分。复句与单句最本质的区别表现在结构上。复句不止一套句子成分，单句只有一套结构中心。例如：

① 我家后面有一个园子，相传叫百草园。

② 只有社会主义，才能救中国。

例①的前一分句是主谓句，后一分句的主语承前一句的宾语省略了，它有两套句子成分，因此是复句。例②的逗号前是主语，逗号后是谓语，只有一套结构中心，因此是单句。

（2）从关联词语上区分。对关联词语的区分，是区分单句、复句的重要方面。例如：

③ 如果不纠正这些缺点，我们的工作就无法更进一步。

例③用"如果……就"连接两个分句，表示条件关系。但是有关联词语的句子不一定都是复句。如例②虽然用了"只有……才能"，但连接的是句子成分，是起强调作用的连词，不是关联词语。

（3）从语音停顿上区分。有时，句子中有无语音停顿也是区分单句与复句的关键所在。例如：

④ 几个青年妇女划着她们的小船赶紧回家。

⑤ 几个青年妇女划着她们的小船，赶紧回家。

例④是单句，由连述短语充当谓语。例⑤是复句，后一分句承前省略了主语，分句之间是连贯关系。但是有语音停顿的句子不一定都是复句。例如：

⑥ 东北有三宝：人参、貂皮、乌拉草。

例⑥是单句，冒号是用在充当宾语的同位短语内部。

五、复句的类型

根据分句间的意义关系可以把复句分成若干类，不同类别的复句，使用的关联词语不尽相同。

（一）并列复句

几个分句分别叙说有关联的几件事情、几种情况，或者说明同一事物的几个方面。分句间的关系是平列的，或者是相对等的。常用的关联词语是：

1. 也 又 还 同时 同样
2. 既……也（又）…… 也……也…… 又……又…… 一方面……（另）一方面…… 一边……一边…… 有时……有时…… 一会儿……一会儿……
3. 不是……而是…… 是……不是……

例如：① 小李在前面走，大家也尾随而去。
② 它既不需要谁来施肥，也不需要谁来灌溉。
③ 小刘一面擦汗，一面反驳。
④ 这武器不是机关枪，而是马克思列宁主义。

（二）连贯复句

几个分句按顺序叙述连续发生的动作或相关的事情。常用的关联词语是：

1. 就 便 又 才 于是 然后 接着 跟着 终于
2. 首先……然后…… 起先……后来……

例如：① 孔乙己知道自己不能和他们谈天，便只好向孩子们说话。
② 文章必须不断修改，然后拿去发表。
③ 我先是诧异，接着是很不安。

（三）选择复句

几个分句说明可供选择的事项；或者说出选定的一种，舍弃另一种。常用的关联词语是：

1. 或 或是 或者 或者……或者…… 是……还是……
2. 不是……就是…… 要么（要就是）……要么（要就是）……
3. 与其……不如（无宁）……
4. 宁可……也不……

例如：① 人的死，或重于泰山，或轻于鸿毛。

② 不是在沉默中爆发，就是在沉默中死亡。

③ 文章与其长而空，倒不如短而精。

④ 战士们宁可牺牲生命，也不放弃阵地。

（四）递进复句

后面的分句比前面的分句意思更进一层，一般由轻到重，由小到大，由浅到深，由易到难。

常用的关联词语是：

1. 而且　并且　况且　何况　甚至

2. 不但（不仅、不只、不光）……而且（还）……

3. 尚且……何况（更不用说）……　别说（不要说）……连（就是）……

例如：① 邮局离得很远，而且不通公共汽车。

② 这种桥不但形式优美，而且结构坚固。

③ 别说不让她去，连迟去一会儿都不乐意呢。

（五）因果复句

几个分句，有说明原因的，有说明结果的。一般先说因，再说果；也有先说果，再说因的。常用的关联词语是：

1. 因为……所以……　既然（既）……那么（就）……　由于……就（所以）……

2. 之所以……是因为……

3. 因此　因而　可见　以致

例如：① 由于各拱相连，所以这种桥叫做连拱桥。

② 既然我们不是内行，便应该从头学起。

③ 时间之所以宝贵，是因为生命是时间构成的。

④ 知识的海洋是无穷无尽的，因此，学习是无止境的。

（六）转折复句

一个分句先说出一层意思，另一个分句不是顺着这个意思说下去，而是说出另一层意思。转折关系一般要用关联词语来表示。常用的关联词语有：

1. 虽然（虽、尽管、固然）……但是（但、可是、却）……

2. 但是　然而　可是（可）却

3. 只是　不过　倒

例如：① 虽然二诸葛说是千合适万合适，小二黑却不认账。

② 自然是伟大的，然而人类更伟大。

③ 两个人依旧往来，只是贴心话比以前少了。

（七）条件复句

前面的分句提出一种条件，后面的分句说明在满足这样条件的情况下所产生的结果。常用的关联词语有：

1．只要……就…… 如果（假如、倘若）……就（那么、便）……
2．只有……才…… 除非……才…… 如果不……就不……
3．无论（不论、不管、任凭）……都（也、总）……

例如：① 如果不纠正这些缺点，我们的工作就无法更进一步。
② 在新形势下，只有改善党的领导制度、领导方式和领导作风，才能加强党的领导。
③ 谎言不管重复多少遍，都不能成为事实。

（八）让步复句

先假设一种条件，接着说明这一条件对所叙述的结果并无影响。常用的关联词语有：
即使……也…… 哪怕……也…… 纵然……也…… 就算……也（还）……

例如：① 纵然不是栋梁之材，做一棵小草，也是可以的吧！
② 哪怕就在房檐下蹲一夜哩，也要节省下这两块钱！
③ 就算是你们每人能有两次生命，这对你们来说还是不够的。

（九）目的复句

前面的分句表示一种行为，后面的分句表示这种行为的目的。 后一分句常用的关联词语是：

1．以便 以用 以好 为的 是为了
2．以免 免得 省得

例如：① 你把意见整理一下，明天好交大会讨论。
② 老赵尽力使车子跑得平稳，以便总指挥睡得安宁一些。
③ 你一到学校就给家里打电话，以免母亲担心。

六、多重复句

从层次的多少划分，复句可以分为单重复句和多重复句两类。单重复句是只有一个层次的复句，由两个分句组成的都是单重复句。由三个或三个以上的分句构成，同时具有两个以上结构层次的复句叫多重复句。分析多重复句，有助于认识多重复句的内部结构层次，便于准确理解和掌握复句的内容。

例如：
① 胜利从斗争中得来，幸福从劳动中得来，力量从团结中得来。
这里三个分句并列，只有一个层次。并列的分句也可以不止一个层次。例如：
② 世上没有不经风雨的大树，没有不经锤炼的好钢，也没有不经折磨的人才。
这里三个分句有两个层次：第一二分句和第三分句是第一层，并列关系。第一分句和第二分句是第二层，也是并列关系。下边是一个多重复句形成的过程：
③ 如果你不肯艰苦操劳，就不能有光辉的成就。（假设条件复句，一个层次）

④ 如果你不肯艰苦操劳，就不但不能有光辉的成就，而且也不可能获得好的成绩。（假设条件关系是第一层，其中包括了递进关系，全句有两个层次。）

⑤ 即使你的天分很高，可如果不肯艰苦操劳，就不但不能有光辉的成就，而且也不可能获得好的成绩。（在上边那个两层复句的基础上，再加上一个层次，形成三层复句，第一层用"即使……也"表示，属让步关系。）

分析上边这个多重复句，可以先在第一分句后边画一竖，表示第一层；在第二分句后边画两竖，表示第二层；在第三分句后边面三竖，表示第三层；最后在竖线下注明分句间的关系。再举两个例子。

⑥ 尽管我仰慕某些科学家的大名，‖ 但我并不因此认为他们就是万能的，| 因为他们
　　　　　　　　　转折　　　　　　　　　　　　　　　　　因果
不可能掌握真理的全部，‖ 而他们的权威有时甚至阻碍了他们的进步。
　　　　　递进

⑦ 如果把人类的饮食男女这些机能同其他社会活动割裂开来，‖ 并使它们成为唯一
　　　　　　　　　　　　　　　　　　　　　　　　　　　　并列
的终极目的，| 那么，它们的性质就和一般动物所具有的没有差别了。
　　　假设

分析多重复句，最重要的是准确地找出第一个层次。要做到这点，必须全面地考察句子的含义，同时须抓住关联词语，特别是成对的关联词语，作为切分的依据。第一层确定了，再逐层剖析。有些复句的关联词语省略了，在理解时可以加以补充，以便于辨认分句间的关系。

概括起来，对多重复句进行分析，可以按下列方法和步骤进行。

（1）总观全句，确定分句数目。确定分句数目是分析多重复句的基础。如果分句数目判断不准确，就不会有正确的分析。在确定分句数目时，要特别注意句首状语、独立语与分句的不同，句子成分之间的停顿与分句之间的停顿的区别。例如：

① 只有读书的人，才懂得书的重大价值，| 但是，书籍不仅对那些不懂书的人毫
　　　　　　　　　　　　　　　转折
无用处，‖ 而且对那些不懂得读书方法的人，也没有多大的用处。
　　　递进

例①包含三个分句，具有两个层次。第一个分句在主语和谓语之间用"只有"和"才"连接主语和谓语，并在主语和谓语之间加了一个逗号表示停顿，这是为了强调主语。请注意：这里的"只有"和"才"不是关联词语，逗号也不是两个分句之间的停顿，否则就会误解为是两个分句。第三个分句的"对那些不懂得读书方法的人"是介词短语做状语，状语之后用逗号隔开，表示停顿，不要把状语误认为是分句。

（2）注意关联词语，找准第一层次。找准第一层次是分析多重复句的关键一步。因为第一层次分析正确了，才能准确地反映整个复句的基本结构和意思，使处于较小层次的分句间逻辑关系更加清晰。为了确定第一层次，应特别关注关联词语，弄清关联词语之间的意义关系，关联词语的管辖范围，以及相互呼应和包含的关系。例如：

② 一个作家，无论他观察生活的能力有多强，‖ 写作水平有多高，| 没有对生活
　　　　　　　　　　　　　　　　　并列　　　　　　　　条件
的全面了解和积累，‖ 也是难以写出好的作品的。
　　　　　条件

例②包含四个分句，具有两个层次。关联词语"无论"统辖第 1、2 两个分句，表示
条件，第 3、4 分句表示结果，所以 1、2 分句与 3、4 分句是第一层次。1、2 分句之间是
并列关系，属第二层次；3、4 之间是条件关系，也是第二层次。

（3）逐层分析，直至分句。这是分析多重复句的基本操作方法。第一层次确定后，在
分句之间用单竖线表示，并用文字标明关系；然后再分析单竖线两边的部分，分别找出第
二层次，用双竖线表示，并标明关系。如果剩余的部分还包括两个或两个以上的分句，应
继续依照上述方法分析出第三层次、第四层次等，一直分析到单个分句为止。例如：
③ 车摇慢了，‖‖ 线抽快了，‖ 线就会断头；| 车摇快了，‖‖ 线抽慢了，‖ 毛卷、
　　　　　　并列　　　　　条件　　　　　并列　　　　　　并列　　　　　条件
棉条就会拧成绳，‖‖ 线就会打结。
　　　　　　　　并列
下面再分析几个多重复句：
④ 文章是客观事物的反映，‖ 事物是曲折复杂的，‖‖ 必须反复研究，‖‖‖ 才能反
　　　　　　　　　　　转折　　　　　　　　因果　　　　　　条件
映恰当；| 在这里粗心大意，‖ 就是不懂得做文章的起码知识。
　　　　并列　　　　　条件
⑤ 司机一再按喇叭，‖ 他毫不理睬，‖‖ 没有把牛往旁边赶一赶的意思，| 汽车只
　　　　　　　　转折　　　　并列　　　　　　　　　　　因果
好减慢了速度。
⑥ 捣鬼有术，‖‖ 也有效，‖ 然而有限，| 所以以此成大事者，古来无有。
　　　　　并列　　　转折　　　因果

七、复句的紧缩

比较短的复句在口语中常常出现紧缩的形式，主要表现在分句之间的停顿不明显。
例如：
① 你愿意去就去。
② 谁来我都欢迎。
①是"如果你愿意去，你就去"的紧缩形式，②是"无论谁来，我都欢迎"的紧缩
形式。
复句的紧缩形式可称为紧缩句，它不同于一般意义上的单句，不能做单句的结构分析；
它没有语音停顿和书面标点，也不再是一般意义上的复句。紧缩句介于二者之间，是汉语
中的一种特殊句式。

紧缩句，有的保留了成对的关联词语。例如：

③ 虽吃点苦还值得。

④ 不论好坏都算过去了。

有的没有成对的关联词语，只用一个起关联作用的副词。例如：

⑤ 您老人家有钱就拿出来。

⑥ 没理也要强占几分。

⑦ 你们已经跑了还怎么处理？

⑧ 多一个人就多一份力量。

有些紧缩句已经形成一些格式。例如：

⑨ 不……不（我们不打不相识。）

⑩ 非……不（语言非下苦工夫学不成。）

⑪ 再……也（狐狸再狡猾也斗不过好猎手。）

⑫ 不……也（道理不说就懂。）

⑬ 一……就（决议一通过就得实行。）

⑭ 越……越（你心里越怕越有鬼。）

用这些固定格式造成的句子有几个特点：第一，整个句子只出现一个主语，另一个主语省略了。第二，分句之间没有明显的语音停顿。第三，分句之间有假设条件或让步的关系，须通过"如果"、"即使"、"无论"等去理解。

连续用两个紧缩句充当分句，可以构成一个复句。例如：

⑮ 刀不磨要生锈，人不学要落后。

第七节　句　　　群

一、什么是句群

句群也叫句组、语段，是由两个或几个意义上前后衔接连贯的句子按一定规则组成的表示一个明晰的中心意思的语法单位。例如：

① 小俞放心了。道静却沉重地忧虑着，但不能说出来。

② 风，更猛了。雪，更大了。天也越来越黑了。

③ 我小时候，有一次杨梅吃的太多，发觉牙齿又酸又软，连豆腐也咬不动了。我这才知道，杨梅虽然熟透了，酸味还是有的，因为它太甜，吃起来就不觉得酸了。吃饱了杨梅再吃别的东西，才感觉牙齿被它酸倒了。

④ 鲁迅是从正在溃败的封建社会中出来的，但他会杀回马枪，朝着他所经历过来的腐败的社会进攻，朝着帝国主义的恶势力进攻。他用他那一支又泼辣，又幽默，又有力的笔，画出了黑暗势力的鬼脸，画出了丑恶的帝国主义的鬼脸，他简直是一个高等的画家。

句群有如下特点：

1. 由两个或两个以上句子（单句或复句）组成。例①由一个单句和一个复句按转折关系组成，例②由三个单句按并列关系组成，例④由两个复句按并列关系组成。

2．几个句子在意义上衔接连贯，表达一个中心意思。例②是写冬天的傍晚风雪交加的一种自然景要条件，并把这三个句子组合成句群。从这三个句子中可以看出一个中心意思：熟透了的杨梅虽然很甜，还是有酸味。

3．组成句群的各独立的句子之间可以靠语序直接组合，也可以靠关联词语组合。例①在后一个句子里用了关联词语"却"，例②前两句不用关联词语，也是在最后一个句子里用了"也"。句群一般不成套地使用关联词语，常常是在相关的后一句里单个使用关联词语。

4．句群里独立的每一个句子都有自己的语调，书面上都用句末标点，但整个句群的语气是连贯和流畅的。例④是说鲁迅朝着"腐败的社会进攻"，朝着"恶势力进攻"，以及怎样去进攻，在逻辑上第二句是承接第一句的，整个语气连贯、流畅、一气呵成。

句群的被重视主要是上世纪 80 年代以后出于改进多年来语法教学的不足的需要。人们在教学中越来越感到学生在运用语言（无论是说或是写）的时候，许多常见的语病往往不是出在一个句子之内，而是出在前后联系紧密的一组句子之间，像所谓"语无伦次"、"前言不搭后语"观。例③的第一句写我吃杨梅吃得太多，发觉牙齿又酸又软，后两句主要意思是：杨梅虽然熟透了，酸味还是有的，第二句中的"这"指代第一句的内容，使之成为后两句的必、重复累赘，等等。因此，语文教学界认为讲语法不宜绝对限制在一个句子之内。《中学教学语法系统提要》将句群看做是最大的语法单位。

二、句群同复句、段落的关系

句群同复句、段落临界，处于"中间地带"。它们既有联系，又有区别。

（一）句群与复句的区别

句群不同于复句，主要表现在以下三个方面：

1．构成单位不同。构成句群的是句子，句群再短，一定是句子的组合体；构成复句的是分句，复句再长，内部层次再复杂，它还是一句话。因此，一个句子只能表达一个相对完整的意思，而句群包含有两个以上的独立完整的意思，它的内容已经超出了一个句子所能包含的范围。

2．关联词语的用法有所不同。表达语法关系，句群和复句都可以使用关联词语，但句群一般只在后边句子的开头单用一个承前的关联词语，成套使用关联词语的一般只限于并列关系（一方面……另一方面）、选择关系（或者……或者）、承接关系（首先……其次，第一……第二）等。复句则是经常成套地使用关联词语；即使是单用一个关联词语，一般也可以补出另一个关联词语来。此外，复句的有些关联词语"虽然、不但"等，一般不用于句群。

3．语调和标点不同。由于句群所表达的内容是两个或两个以上的完整意思，所以有两个或两个以上的句调，而且在语气上既可以前后一致，也可以发生变化；既可以有前后统一的语调，也可以是几种不同语调的结合。而复句不论结构关系多么复杂，表达的只是一个相对完整的意思，所以它的语气前后是一致的，句子只有一个统一的句调。从书面语言上看，复句的各分句之间只能用逗号或分号隔开；而句群的各个句子之间，则必须用句号或问号、感叹号隔开。

（二）句群与复句的转换

句群与复句由于其本身的结构和语意的制约，同时也由于上下文的制约，一般是不能随意转换的。例如：

在华南，有些离开大陆的岛屿，由于人们筑起了堤坝，和大陆连起来了；有些小山被搬掉填到海里，大海涌出陆地来了；干旱的雷州半岛开了一条比苏伊士运河还要长的运河；潮汕平原上的土地被整理得像棋格一样整齐。

这个多重复句，孤立地看，完全可以把分号改成句号，使它变成句群，但在秦牧的《土地》中，因为上下文的制约就只能以复句的形式出现。它的上文是：

你也许在火车上看过迅速掠过的美丽的大地，也许参加过几万人修筑水电站大坝工程的挑灯夜战，在那种场合，千千万万人仿佛变成了一个挥动着铁臂的巨人，正在做着开天辟地的工作。

它的下文是：

我们时代的人既在一块块零星的土地上精心工作着，又以全部已解放的九百多万平方公里的土地作为一个整体来规划和工作着。

上下文的意思和结构规定了上例只能是复句，不能用句群形式表达。

有一些复句，即使没有上下文的制约，也不能转换为句群。例如：

下了山，到了市中心，街上仍没有看到其他的行驶的车辆，只看到街旁许多的汽车行里，大门敞开着，门内排列着大小的汽车，门口插着大面的红旗，汽车工人们整齐地站在门边，微笑着目送我们这一行车辆走过。

这个复句可以分层次，但不能圈断使变成句群。

同样的，有很多句群也不能转变为复句。例如：

月亮升起来了，院子里凉爽得很，干净得很。白天破好的苇眉子温润润的，正好编席。女人坐在小院当中，手指上缠绞着柔滑修长的苇眉子。苇眉又薄又细，在她怀里跳跃着。

这是由四个复句组成的句群。中间的句号不能改为分号或逗号，使变成复句；各个复句中的逗号也无法改为句号，使变成句群。

能够互相转换的句群和复句，限于以下两种情况：

（1）两个相邻的语言片断独立性较强，可分可合：合则成为大复句中的分句；分则各自独立成句。

（2）没有上下文的制约，分合自由。由此，复句和句群的转换，往往出现在不太复杂的段落中。

例如：

热烈的惜别场面过去了，火车开了好久，窗前掠过的是连绵的雪山和奔流的春水，但是我的眼前仍旧辉映着这一片我从未见过的奇丽的樱花！

这是个复句构成的段落。一、三两个逗号可以改为句号，使转换为句群。句群体可以自由地转换为复句的，例如：

秋收，秋耕，秋种，都要忙完了，正是大好的打猎季节，我们到红石崖去访问打猎英雄董昆。

原来"忙完了"和"季节"后的标点原为句号，现在都改用了逗号，变成了复句。

句群和复句不能随意转换，说明它们是具有不同结构，不同功能的语言单位。

（三）句群与段落的关系

句群作为一级语言单位，与文章的段落（指自然段）是不同的两个概念。段落是文章结构的基本单位，属文章学研究的范围。

大多数情况下，句群是段落的下级单位，是构成段落的基础，它可以和段落重合。但经常小于段落。句群只有在一种情况下，即当一段落只有一个句子的时候，它有可能大于段落。例如：

春天像刚落地的娃娃，从头到脚都是新的，它生长着。

春天像小姑娘，花枝招展的，笑着，走着。

春天像健壮的青年，有铁一般的胳膊和腰脚，领着我们上前去。

三个句子各自成为段落。三个句子在意义上是紧密联系着的，要当做一个句群来理解。

从书面形式看，段落有"换行"的形式标志，一个段落开始，总是另起一行，退后两格书写。句群一般没有这种书面形式和标志（在与段落重合时，那标志是属于段落的）。

从表述内容上看，段落的容量比句群大，所表达的意思也比句群复杂、丰富得多。段落是篇章的最小组成部分，代表了作者思路的一个步骤，而这个步骤的有层次的展开，则依赖于组成这个段落的句子和句群，主要是句群。

段落的划分要受到内容、体裁、风格、作者的个性和习惯等各种因素的影响，划分段落的目的是把篇章这个整体分成若干单位，作用是使文章眉目清晰，结构显豁，有助于读者对文章内容的理解；而上述影响段落形式的诸因素却不影响句群的形式，划分句群的目的是为了研究句群这个语言单位的结构、类型及其语法修辞现象，作用在进一步掌握语言规律，指导语言实践，提高语言表达能力。

三、句群的类型

句群可以根据需要从不同角度，运用不同标准进行分类。同复句中分句间的关系一样，句群内部的句子与句子之间没有主谓、述宾等句法关系。我们可以按照句与句间的逻辑、事理联系及表达意图等，参照语序和关联成分的使用，将句群的结构关系分为并列、承接、递进、选择、因果、转折、假设、条件、让步、目的等类型。本节上文（见252页）例①为转折关系，例②为并列关系，例③为条件关系，例④是承接关系。下面是另外几种关系的举例。

递进关系，例如：

在这些时候，我可以附和着笑，掌柜是决不责备的。而且掌柜见了孔乙己也每每这样问他，引人发笑。

那边又有几位，也围着一个石桌子，但只把随身带来的书籍代替了枣子和茶了。更有两位虎头虎脑的青年，他们走过"天下最难走的路"，现在却静静地坐着，温雅得和闺女一般。

选择关系，例如：

一句话，不了解矛盾各方的特点，这就叫做片面地看问题。或者叫做只看见局部，不看见全体，只看见树木，不看见森林。

这不正是学生对老师的一片情意吗？或许是孩子对母亲的一颗心。

因果关系，例如：

倘若要我说说总的印象，我觉得苏州园林是我国各地园林的标本，各地园林或多或少都受到苏州园林的影响。因此，谁如果要鉴赏我国的园林，苏州园林就不该错过。（先因后果）

那清香纯净疏淡，像是桂花香，又像是兰花香，细想又都不像。因为小寒前后，桂花已开过，兰花却还要迟些日子才开。（先果后因）

假设关系，例如：

缩微图书保存和使用都很方便，还可以节约纸张和印刷费用。不妨比较一下，如果把一万种每本 15 万字的书放在一块，它的总重量大约有 5 吨，而缩微以后的胶片只有 15 公斤。这样，一座收藏上万册缩微图书的图书馆，一个人用手提箱就可以拿走了。

和氏璧已经送回赵国去了。您如果有诚意的话，先把 15 座城交给我国，我国马上把它送来，决不失信。不然，您杀了我也没用，天下的人都知道秦国是从来不讲信用的！

让步关系，例如：

站在泰山脚下心气平静的欣赏东方日出，确实不需要付出代价。细想一下，哪里如登上泰山之巅，更早地去迎接那霞海中旭日的到来。

他们宁愿酷暑炎夏站在路边，宁愿风雪夜里守在桥头。他们也决不让祖国受到敌人的破坏，也决不让人民受到敌人的伤害。

目的关系，例如：

我重说一遍，不管什么阶级，什么政党，什么社会集团或个人，只要是赞成打败日本侵略者和建设新中国的，我们就要加以联合。为达此此目的，我们要把我们党的一切力量在民主集中制的组织和纪律的原则下，坚强地团结起来。（目的在前）

我们要在进入这片大沙漠之前把车检修一遍，把油备足。免得在大沙漠里中途"抛锚"，免得给基地带来麻烦。（目的在后）

四、多重句群和多个句群相互间的层次分析

（一）多重句群的层次分析

多重句群由三个或三个以上的句子构成，并且有两个或两个以上的层次。

划分多重句群的层次，可以用两种办法。一种是借用划分多重复句层次的办法，句子之间第一层次用单竖线"|"，第二层次用双竖线"‖"，第三层次用三根竖线"‖|"，依此类推，在竖线下方用汉字注明句子之间的关系。另一种是离开原句进行框式图解，用①②③等分别代表各句，再用框式图解法标明各句之间的层次关系，这种图解可以由大到小来

分析，也可以由小到大来分析。下面以一个二重复句为例来说明：

① 自己因为一向看到的菱角都是两个角的，就以为天下的菱角都是两个角的，连人们早已调查出来的菱角的各种状态都不知道。‖并列②或者，在书本上看到对蝴蝶、蝗虫的一般性的描绘，就以为蝴蝶、蝗虫的道理"止于此矣"，不再去注意它们"家庭"内的千百种的不同。｜总分③这种的认识方法，怎能谈得上精确呢！

由大到小：

自己因为一向看到的菱角都是两个角的，就以为天下的菱角都是两个角的，连人们早已调查出来的菱角的各种状态都不知道。

或者，在书本上看到对蝴蝶、蝗虫的一般性的描绘，就以为蝴蝶、蝗虫的道理"止于此矣"，不再去注意它们"家庭"内的千百种的不同。

这种的认识方法，怎能谈得上精确呢！

（二）多个句群相互间的层次分析

两个句群连接在一起，它们当然只有一个层次，它们之间只有一种关系，三个或更多的句群连接在一起，它们也可能只有一个层次，它们相互间也就只有一种关系。例如：

① 当那连绵的雨雪将要来临的时候，卷云在聚集着，天空渐渐涌上一层薄云，仿佛蒙上了白色的绸幕。②这种云叫卷层云。③卷层云慢慢地向前推进，天气就将要转阴。｜承接④接着，云越来越低，越来越厚，隔了云看太阳和月亮，就像隔了一层毛玻璃，朦胧不清。⑤这时卷层云已经改名换姓，该叫它高层云了。⑥出现了高层云，往往在几个钟头内便要下雨或者下雪。｜承接⑦最后，云压得更低，变得更厚，太阳和月亮都躲藏了起来，天空被暗灰色的云块密密层层地布满了。⑧这种新的云叫雨层云。⑨雨层云一形成，连绵不断的雨雪也就开始下降。

①—③句是一个句群，写"卷层云"。④—⑥句是又一个句群，写"高层云"。⑦—⑨句是另一个句群，写"雨层云"。这三个句群，鱼贯而连，它们只有一层次，相互之间只有一种关系，承接关系。

三个或三个以上句群连接在一起的文字，多数不止一个层次，而有几个层次，那些句群之间不止一种关系，而是有几种关系。例如：

① 我团继续担任后卫，随主力部队绕过贵阳，直赴黔南，又折而向西径奔昆明。②一路上，全团沉浸在欢乐的气氛中。③从离开中央根据地以来，这个团经常担任后卫，但从来没有像现在这样轻松愉快。｜因果④那时候夜间行军白天战斗，敌人紧紧咬住屁股，吃不上饭睡不成觉。⑤每天夜里走走停停，有时只走十来里路。⑥天一亮，吃饱睡足了的敌人顺着大路又撵上来，于是左边打，右边打，后边也打，实在被动得很。‖并列⑦而现在，我们虽然还是后卫，却把敌人主力甩得远远的。⑧每夜行军八、九十里，天亮进入宿营地以后，立即向群众宣传党的政策和红军的作战目的，调查当地土豪劣绅的罪行，召开群众大会，发动劳动人民开仓分粮。⑨新的胜利更加鼓舞了全体指战员的勇气和信心。

这段文字共有三个句群。①—③句是第一个句群，写现在的"欢乐"。④—⑥句是第二个句群，写过去的"被动"。⑦—⑨句是第三个句群，写现在的"主动"。现在的欢乐从何而来的呢？是由过去的被动变为现在的主动产生的。由此可知，这三个句群，第一个句群与二、三两个句群之间是因果关系，这是第一层关系；二、三两个句群之间是并列关系，这是第二层关系；这就有了两个层次，两种关系。

这种两个以上句群相互之间的多层次关系，类似多重复句中的层次关系，因而分析的方法可用分析多重复句的方法。

五、句群中的常见语病

（一）前后不一致

句群中，前言和后语应该取得一致。前言要照顾后语、后语要呼应前言。否则，句与句之间就会出现不一致。例如：

① 有时做梦也常常和他在一起工作、学习、生活。然而这样的联想不是偶然产生的。"做梦"是做梦，"联想"是联想，不能混为一谈，中途易辙，叫读者摸不着头脑。

② 我们全班五十人，欢度毕业前最后一个国庆节。一半同学参加市里的国庆联欢活动去了。剩下十二个同学在教室里看电视。

这是数量上不一致。全班五十人，走了一半，总还有二十几个吧，怎么只剩下十二个呢？令人费解。可能有其他原因，但是必须交代清楚。

（二）上下不连贯

句群里的句子，从内容到形式都必须能够连贯衔接。如果不相连贯，就不能构成一个句群。例如：

③ 我办完入学报到手续，就和几位同学向宿舍走去。师院，我虽然只来过一次，今天却感到十分熟悉和亲切。是什么力量使我对这个校园产生深厚的感情呢？是求知的欲望。又是什么力量使我这样求知心切呢？是党的号召，是向四个现代化进军的战鼓。说着，说着，不觉已经来到了宿舍门口。

上文没有出现过一个"说"字，最后突然冒出一个"说着，说着"，意思就不连贯了。应该把"说着，说着"改为"想着，想着"。

④ 耳闻陈燕华有广博的艺术爱好。一进家门，墙上挂着她临摹黄山谷的书法习作，书桌上是古今中外的名著，玻璃台板下压着小陈唱歌、绘画、弹钢琴、学英语的近影，此外，陈燕华还是游泳、打羽毛球的爱好者。她为难地说："我没有什么可说的，在艺术道路上，我正在学步。"

上文没有交代访问者问了什么，被访问的"她"怎么会"为难地说"呢？显然，在"她为难地说"前边，少了一句问话，造成了上下不连贯。

（三）语无伦次

句群由一组句子构成。这一组句子必须根据内容的逻辑关系，做适当的排列。如果不顾内容，任意排列，就可能出现语无伦次的错误。例如：

⑤ 这男孩长得聪明机灵，就是身体虚弱一点。他从小就会下象棋。因为是独生子，

父母十分喜爱,不大合群。七岁那年跟舅舅下象棋,五战三胜,去年病了一场,好不容易才恢复健康,他的性格比较内向。

这个句群一共写了三个内容,男孩的聪明机灵,男孩的性格特征,男孩的健康状况,但是,句子排列十分混乱,使读者不得要领。这些句子必须得重新组合:

这男孩是个独生子,父母十分喜爱,性格比较内向,不大合群。他长得聪明机灵,从小就学会下象棋,七岁那年跟舅舅对弈,结果五战三胜。就是身体虚弱一点,去年病了一场,好不容易才恢复健康。

(四) 重复多余

句群中各个句子共同表达一个中心意思。只有每个句子都是不可缺少的,这个句群才简练。如果随意添加可有可无的句子,就会造成重复多余的现象。例如:

⑥ 张老师来上语文课了。他很胖。他讲课十分生动,引人入胜。我们全班同学都喜欢上张老师的课。

"他很胖。"一句与中心意思无关,是多余的句子。

⑦ 今天晚上我们全家到天蟾舞台看京剧。六点钟出发。去早了也没有意思。我们乘的是 17 路电车。因为 24 路电车不经过那儿,不能乘。剧场门前人山人海。大门口就有人检票。没有戏票的不得入场。我们都提前进场了。

这个句群中废话很多,至少要把"去早了也没有意思。"、"因为 24 路电车不经过那儿,不能乘。"、"没有戏票的不得入场。"三句删去。

(五) 关联错误

有的句群,可以不用关联词语,有的句群却需要通过关联词语来表示句子之间的关系。关联词语使用不当,也是句群的常见语病之一。例如:

⑧ 我认为应当尽可能用简化汉字,不要复活古字,滥造新字。这样,会给汉字的现代化造成无穷麻烦,给儿童学习增加困难。

这两个句子意思相悖,连不起来。原因是用错了关联词语"这样"。"这样"在这儿的意思相当于"如果这样做,就……",改用"否则"就对了。"否则"的意思相当于"如果不这样做,就……"。

⑨ 芙蕖有五谷之实,却没有五谷之名。兼有百花的长处,又避免了百花的短处。由此可见,种植之利,还有比芙蕖更大的吗?

关联词语"由此可见"的后续句应当是陈述句,而这儿是一个反问句,连接不上。修改的方法不外乎两种:要么更换关联词语(如"那么"),要么改变句式(如"由此可见,种植之利没有比芙蕖更大的了")。

(六) 答非所问

有一种句群的组织方式是自问自答,一问一答。按理说,前面问什么,后面就该答什么,要对好口径。例如下边这个摘自报刊的戏剧广告的句群就有问题:

⑩ 怎样把一度误入迷途的青年引上正路?《姑娘,跟我走》就是对她们的深情的

召唤。

问的是"怎样",答的却是"召唤",口径不合。再看：

⑪ 哪些病会引起浮肿呢？常见的有高血压、心脏病、肝硬化、肾炎、营养不良、妊娠等。

问"哪些病"，答句里有一些是病，可是不全是。"营养不良"不能算病，"妊娠"则更加算不上了。

（七）离群

句群里的句子都要围绕一个中心意思。与中心意思无关的便是离群的句子。一个句群里，如果有离群的句子，结构就显得松散，中心就不够明晰。例如：

⑫ 我们每一个人都应该去"种树"，不能去"毁树"。"种树"和"毁树"是一对矛盾。要做到这一点是很不容易的。现在社会上还有"毁树"的现象。

句群中的第二句是一个离群的句子。第三句中"这一点"指的就是第一句的内容。一、三两句相连，表意明确。如果插入第二句，"这一点"指代什么，就不清楚了。

第八节 标 点 符 号

一、标点符号的历史起源

标点符号，书面上用于标明句读和语气的符号，是辅助文字记录语言的符号，是书面语的有机组成部分，用来表示停顿、语气以及词语的性质和作用。它们是在文字产生之后随着书面语交际的需要陆续创造出来的。

中国古代没有类似我们今天使用的标点。但是我国使用汉语标点的历史可以溯源到甲骨文中使用的线条和间空作为分词分段的手段。《标点符号学习与应用》一书的作者林穗芳认为，狭义的标点指书写形式的标点，广义的标点还应包括非书写形式的标点，如间空、大写、分段等，并把非书写形式的标点作为研究对象。钩识号从先秦至少到汉代一直用来断句。《说文解字》则把"○"、"、"两个符号正式列入条目，两者并用于文章的断句，是汉语早期的句读符号。后又逐渐发展出唐代写本和《金刚经》刻本的标点，宋代至清中叶的标点，清末至民国时期的标点，以至新中国的《标点符号用法》。句读是中国传统的标点。

西方标点源于古希腊。林穗芳在著作中指出，公元前5世纪的希腊铭文，用词连写，只是偶尔用直行的二连点和三连点分隔词句。大学者亚里士多德（前384～前322年）在《修辞学》中提到哲学家赫拉克利特（前540～前470年）的著作因为连写难以断句。林著还指出西方新式标点系统的奠基人是意大利语法学家和出版家阿尔杜斯·*马努提乌斯*（约1450～1515年）。他以语法原则取代诵读原则制定五种印刷标点：逗号（，）、分号（；）、冒号（：）、句号（。）和问号（？）。他的家族在百年间出书近千种，行销欧洲各地，这几种基本标点也因此为各语种普遍采用。欧洲各语种也逐渐形成自己的标点体系，英语标点是在18世纪晚期才完备的。

几千年来，汉语和西方一些语种的标点符号的发展和变化是有很大差异的，从宏观上考虑，也有相似的前进轨迹。那就是由字、词、句的连写，而逐步采用标点或非标点的方式断词断句；由不同地域、不同见解、不同学派采用不同的标点符号，逐步舍异求同，而在一个语种内采取统一或基本统一的标点符号体系。

西方的标点符号在 16 世纪主要有朗诵学派和句法学派两个学派，主要是由古典时期希腊文和拉丁文演变而来，在 17 世纪后期进入稳定阶段。俄文的标点是依希腊文而来，到了 18 世纪则采用西欧的标点方法。

古代的汉字作品无标点符号，到了 19 世纪开始使用"。"作为断句。日本在 8 世纪时，使用返点和训点作为标点系统。

第一个从国外引进标点符号的人是清末同文馆的学生张德彝。同文馆是洋务运动中清政府为培养外语人才而设立的，张德彝是第一批英文班学生中的一员。

同治 7 年（1868 年）2 月，前驻华公使浦安臣带领"中国使团"出访欧美，张德彝也成为随团人员中的一名。张德彝有一个习惯，无论到哪个国家，都喜欢把当地的景色、人物、风俗习惯记录下来，以"述奇"为名编成小册子。1868 年至 1869 年期间，他完成了《再述奇》。现在这本书名为《欧美环游记》，其中有一段介绍西洋的标点符号，云："泰西各国书籍，其句读勾勒，讲解甚烦。如果句意义足，则记'。'；意未足，则记'，'；意虽不足，而义与上句黏合，则记'；'；又意未足，外补充一句，则记'：'；语之诧异叹赏者，则记'！'；问句则记'？'；引证典据，于句之前后记'""'；另加注解，于句之前后记'（）'；又于两段相连之处，则加一横如'——'。"虽然张德彝不是有意识地向国内知识界引入标点符号，甚至带有反对的口气，觉得这些标点繁琐，但是却在无心插柳的过程中为中国语言符号的发展带来了新风。

1919 年 4 月，胡适、钱玄同、刘复、朱希祖、周作人、马裕藻 6 名教授极不愿看着"现在的报纸、书籍，无论什么样的文章都是密圈圈到底，不但不讲文法的区别，连赏鉴的意思都没有了"。在国语统一筹备会第一次大会上，他们提出了《方案》，要求政府颁布通行"，。；：？！——（）《》"等标点。

1920 年 2 月 2 日，北洋政府教育部发布第 53 号训令——《通令采用新式标点符号文》，我国第一套法定的新式标点符号从此诞生。

1951 年，中央人民政府出版总署制定公布了《标点符号用法》，该用法规定的标点符号共 14 种，即句号、逗号、顿号、分号、冒号、问号、感叹号、引号、括号、破折号、省略号、着重号、专名号、书名号。同 30 年前的方案相比，增加了顿号和着重号，同时名称也做了些改变。每种符号都有定义、白话文例句和具体用法，并规定了符号的书面位置和书写格式。这次公布的使用法，显得更加完善、周密，但仍旧是适用于直排出版物的。此后 40 年，横排的出版物逐渐占据主要地位，标点符号也有了一些新的发展变化。

1990 年，国家语言文字工作委员会和新闻出版署联合发布了修订后的《标点符号用法》，将原列的 14 种符号增加到 16 种，简化了说明，更换了例句。在此基础上，国家语委又进一步提出并由语言文字应用研究所负责起草了标点符号用法标准，对各个标点符号的形式、用法、位置做了详细说明。1995 年 12 月，国家技术监督局批准并发布了中华人民共和国国家标准的《标点符号用法》，1996 年 6 月 1 日起实施。有关标点符号的具体用法，都应遵照这个标准执行。

　　与 1951 年的方案相比，新标准增加了连接号和间隔号两个标号，感叹号改称叹号。为了适应横排文稿的特点，将引号改为""（双引号）和''（单引号），将原来用于文字左边的曲线型书名号改为《》（如用曲线，则在文字下边）。这一标准基本上反映了我国标点符号发展变化的实际，也基本上能够适应汉语书面语发展变化的需要。

二、标点符号的种类和书写位置

　　现行常用的标点符号有 16 种，包括点号和标号两大类。7 种点号分别是句号（。）、问号（？）、叹号（！）、逗号（，）、顿号（、）、分号（；）、冒号（：）。点号又有句末点号和句内点号之分，句号、问号、叹号是句末点号，逗号、顿号、分号、冒号是句内点号。9 种标号分别是破折号（——）、括号（（））、省略号（……）、书名号（《》）、引号（""）、连接号（—或～）、间隔号（·）、着重号（．）、专名号（＿＿）。

　　使用标点符号，应该注意它们的书写位置：

　　点号占一个字的位置，居左偏下，不出现在一行之首。

　　破折号和省略号占两个字的位置，中间不能断开；连接号和间隔号一般占一个字的位置。这四种符号的位置上下居中。

　　着重号、专名号和浪线式书名号标在相应的汉字下面。

　　引号、括号、书名号的前一半不出现在一行之末，后一半不出现在一行之首。引号有单引号和双引号两种形式，一般是外双内单，倘单引号之内又有引文，则再用双引号。

　　以上规定主要针对横排文稿。直排文稿的标点位置另有规定，个别标点形式有变化，例如：点号位于文字下方右侧，着重号位于文字右边，书名号放在文字上下，专名号放在文字的左边。引号使用竖引号，括号、破折号、省略号都要改用相应的适宜直排的写法。

三、标点符号的作用和功能

（一）标点符号的作用

1．点号的作用

（1）句号

句号表示陈述句末尾的停顿，句调一般是平直的。例如：

① 几分钟后，飞机进入了山区上空。

② 拦河坝拦腰把黄河挡住，出现了一个人工湖。

③ 这是老人留下的一点财产，是留给我们的，咱们分了吧。

例①②是陈述句，③是祈使句，因语气比较舒缓，句末用了句号。

句号在使用过程中常出现的错误是误用句号而用了逗号，和该用句号而用了问号或感叹号。例如：

④ 青海湖湖水含硫酸镁，氯化镁等无机盐较多。不宜饮用。

⑤ 这条街虽然平时是清静的。但是今天晚上却与往常不同了，热闹得出奇。

⑥ 这次考试他的成绩最好！

例④前后两句有直接因果关系，句中不能用句号，应改为逗号。⑤"虽然"，"但是"是一对成套使用的转折连词，对前后分句起前后呼应的作用，中间不能用句号隔开，要将句号改为逗号。⑥是陈述句而不是感叹句，应该把感叹号改为句号。

（2）问号

问号表示疑问句末尾的停顿，句调上升。例如：

① 你找到你的语文书了吗？

② 你是从哪来的？

③ 你是专程来玩，还是路过来看看呢？

④ 你不觉得我们的战士可爱吗？你不为我们的祖国有这样的英雄而自豪吗？

⑤ 人的正确思想是从哪里来的？是从天上掉下来的吗？不是，是自己头脑中固有的吗？不是。

例①是是非疑问句，要求作肯定或否定回答。例②是特指疑问句，这种句子要针对它所用的称代性词语进行回答。③是选择疑问句，是由两个或两个以上分句构成的疑问句，问号一般用在句末。这类句子往往有两个以上的问题，让答者任选其一。④反问句，不要求回答。这种疑问句往往能加重语气，常常是肯定形式表示否定内容，而否定的形式表示肯定的意思。⑤设问句，就是自问自答，设问的作用就是提醒读者对下文的注意。例如：

⑥ 李老师家是在这里住吧？

⑦ 要不，咱们一起去划船好不好？

⑧ 别着急，想想是不是落在家里了？

例⑥－⑧是表示估计、推测和商量的疑问句，语言比较缓和。

疑问句的误用，多是因为凭句子中有疑问性的词语就把陈述句当成疑问句。看一个据自己是不是疑问句，首先要弄清楚它是否真正的发问，有没有疑问语气。例如：

⑨ 李华简直惊呆了，不知怎么办才好？

⑩ 她不知道开会是不是还在老地方？

⑪ 能否合作，关键在于双方努力如何？

例⑨－⑪句子都有疑问词语，但它们都不是用来发问，所以都不是疑问句。

（3）叹号

叹号表示感情强烈的句子末尾的停顿。句末语调下降。感叹句和感情强烈的反问句、祈使句的末尾都用感叹号，例如：

① 钱塘江的海湖多么壮观啊！

② 中华人民共和国万岁！

③ 饮水思源，我们怎能不万分感激和无限缅怀毛主席和周总理！

例①－③都是感叹句。①是一般感叹句，②是感情强烈的祈使句，③是表示强烈感情的反问句。

④ 喂！站住！不站住我就开枪了！

⑤ "好！"、"同意！"大家喊了起来。

⑥ 我不觉笑道："噢！自然界也有侵略者"。

例④是由一个叹词句、一个省略句和一个紧缩复句组成的句群，每个句子都表示强烈的情感。例⑤由两个谓语充当的独词句。例⑥由感叹词充当独词句，表示强烈感情。

句子如果没有强烈的情感，就不能使用感叹号。叹号的位置在句子的末尾，不能放在句中，下边语句所用的叹号不对：

⑦ 我们要在这深山老林中工作半年！

⑧ 多么美丽啊！这里景色。

⑨ 他忿忿不平地大叫："不行！我们再来比赛一次"！

例⑦是陈述句，句末不应该用叹号。例⑧是主谓倒装句，叹号应该放在句末，应该把句中叹号改为逗号，句末是叹号。⑨叹号应该放在引号内。

（4）逗号

逗号表示一句话中间的停顿，它的用途最广，用法也比较复杂，一般有以下几种情况。

A 主语和谓语之间可以用逗号。例如：

①这传说中的英雄人物大禹，不就是人民的智慧和希望的化身吗？

②沙滩上的人，有的躺在那软绵绵的滩上睡着了。

③北京，是我们伟大祖国的首都。

④起来，不愿做奴隶的人们！

⑤ 几个月的狱中生活，使陈然增长了许多对敌斗争的经验。

⑥ 咱们的朝阳沟啊，真是个好地方。

主语和谓语之间结构比较紧凑，本不能随便使用逗号隔开，但有些特殊情况，可使用逗号。如①－⑥所例。①主语太长，主谓之间用逗号表停顿。②谓语较长。③主语需要强调时，用逗号隔开谓语。④主语和谓语倒置。⑤主语和谓语都很长。⑥主语后附有语气词。

B 述语后使用逗号主要是宾语比较复杂，述宾之间用逗号隔开，以标明结构关系。例如：

① 村里人都知道，一个志愿军战士抢救一个朝鲜小姑娘的故事。

② 你们可以想象，我那时脸多么红，心多么慌。

这两句宾语都比较复杂，例①的宾语是一个偏正短语，短语的定语是一个主谓结构，例②的宾语是个并列复句形式。

C 联合成分附有语气词时，中间都用逗号。例如：

① 我这些课本，语文啦，算术啦，历史啦，……都跟我是好朋友。

② 美丽的山花，野菊啦，迎春啦，杜鹃啦，五颜六色，开遍山野。

D 定语、状语变位，它们的前后都要用逗号。例如：

① 小草偷偷地从土里钻出来，嫩嫩的，绿绿的。

② 我们的祖国正高速地向前跃进，沿着胜利的道路。

③ 一群小朋友都跑过来了，象燕子飞似的。

例①"嫩嫩的，绿绿的"是定语后置。例②③都是状语后置。

E 独立语的前后要多用逗号。

独立语可以放在句首，也可以放在句中或者句末，不管放在哪里，大都要用逗号隔开。例如：

① 听说，他快要去美国读书了。

② 快坐好，小弗朗士，我们就要开始上课了，不等你了。

③ 梁红的业余爱好有很多，比如说唱歌，跳舞，打球，游泳等等。

例①"听说"是插入语放在句首。②"小弗朗士"是称呼语放在句中。例③"比如说……等等"是插入语放在句末。

F 复句分句之间常用逗号。例如：

① 在前进中思索，在思索中前进。

② 张师傅有两个儿子，一个在北京，一个在上海。

③ 宝石不管放在哪里，都晶莹夺目。

G 关联词语之后用逗号表示强调。例如：

① 如果说，南郭先生的装腔作势，只是骗了一个齐宣王的话，那么，在革命队伍中的装腔作势，那就是骗党，骗群众。

② 知识的海洋是无穷无尽的，因此，学习是无止境的。

连词后一般是不用逗号的，为了突出语意，连词后用逗号。连词如果用了逗号，连词前边的句子独立性是很强的，如例②，一般强调转折，突出因果，表示顺承等意义时连词后可用逗号。

书面语言中可以用逗号表停顿的地方很多，运用比较复杂，容易出现的问题是：在结构和意义上不该用逗号的地方用了，该用逗号的地方则没有用。例如：

① 小张把墙上的地图，摘下来，贴到对面的窗户下边。

② 我们必须鼓励，吸引。外商来华投资。

③ 每当我和弟弟发生争吵时，妈妈就从中调解，慢慢地争吵就停止了。

例①用介词"把"，"被"组成的介词短语作状语，与谓语联系很紧密，一般不用逗号点断，所以第一个逗号应删去。例②"鼓励、吸引"与兼语"外商"之间没有停顿，也不能用逗号。例③"慢慢地"后面必须有个逗号，才能显示出它是"停止"的状语；不用逗号，"慢慢地"好像修饰"争吵"似的。

（5）顿号

顿号表示句中并列词语之间的停顿。顿号表示的停顿最短。例如：

① 我国科学、文化、文艺、卫生、教育、新闻出版等事业有了很大的发展。

② 说话声、欢笑声、唱歌声、喧闹声，响遍了整个海滨。

③ 温暖的火。喷香的米饭和滚热的洗脚水，把我身上的疲劳、饥饿都撵走了。

并列的词语之间有了"和、与、及"等连词，就不能在连词前面用顿号，如例③并列成分中的"和"、"与"、"及"等连词，除了表示相当于顿号的作用外，还表示连词后并列成分仅有一项。

有的并列成分中间不用顿号，如"工农业"、"三四十人"、"贫下中农"等。如果没有明显的停顿或者可停可不停的地方，以不停为好。又例如：

④ 王老太扳着手指，一二三地数叨了一番。

⑤ 他十一二岁时，曾经得过一场大病。

顿号该用不用，不该用而用，都会出现错误，甚至产生歧义。例如：

⑥ 我们应该加强对祖国的热爱，对敌人的仇视，和鄙视加强集体主义教育。

⑦ 我一下长途汽车，就远远望见了我家那桃林瓦房和绿油油的麦田。

例⑥"仇视"之后"和"之前用了逗号，以意思就与原句相反了。"和"之前不该用顿号，"鄙视"之后应该用逗号。⑦"桃林"与"瓦房"之间应该用顿号，不用逗号，可能会使人认为"桃林"是"瓦房"的定语，而产生歧义。

（6）分号

分号表示复句并列成分之间的停顿。它的停顿比逗号长，比句号短。凡是逗号不能清楚地表示并列分句关系的地方就用分号。

几个分句并列，句子内已有逗号的，分句之间用分号。例如：

① 惨象，已使我目不忍睹；流言，尤使我耳不忍闻。

② 我们过苦日子时，他来了；我们过好日子时，他却走了。

③ 一头牛，一辆车，都归你；别的归我。

例①②两例都是由两个分句组成的一重并列复句。中间用分号隔开，是因为前后分别内部已使用了逗号。例③前一分句里边虽然使用了两个逗号，但还只是一个分句。

并列的几个分句，不论内部的结构是否一致，其间该用分号的地方要用分号。例如：

④ 掌柜是一副凶脸孔，主顾也没有好声气，教人活泼不得；只有孔乙己到店，才可以笑几声。

⑤ 他身材高大；青白脸色，皱纹间时常夹些伤痕；一部乱蓬蓬的花白胡子。

例④从两个方面写不同情况，中间用分号隔开，分号前后分句结构不一致。例⑤描写人物肖像，分句的结构都不一致。例④⑤中出现的分号主要作用在于分清分句的层次。

该用分号而不用，不该用分号而用，都会使句子层次关系不清楚。如：

⑥ 这座山光秃秃的，草都不长。那座山上却有一片很美的林子。

⑦ 他到处收集有关资料，对收集到的资料进行认真的分析；不拘泥于前人的说法，终于有了新的发现。

例⑥"这座山"、"那座山"明确地表示出并列关系，将第一个句号改为分号比较适宜。例⑦用分号把本来严密承接的语句分成了两部分，分号应改为逗号。

（7）冒号

冒号表示提示语后火总括语前的停顿，有提示下文或总括上文的作用。停顿时间一般比逗号短，比分号长。例如：

① 任弼时同志一生有三怕：一怕工作少，二怕麻烦人，三怕用钱多。

② 下午他拣好了几件东西：两条长桌，四个椅子，一副香炉烛台，一杆台秤。

例①②是先总合后分述的，前边都有总括的数字。句中冒号表示了上文是一种提示语。冒号用在总括语之后，让读者注意下文将要分项来说。

冒号也可用在总括语之前，在分项或几个方面说了之后，用冒号表示下面还有一个总括语。例如：

⑤ 行动，要靠思想来指导；思想，要靠行动来证明：思想和行动是紧密相连的。

冒号还用在解释性的分句之前。例如：

⑥ 只是我总以为没有春和秋：冬末和夏初衔接起来，霞方去冬又开始了。

⑦ 在这我是乐土：因为在这里不但得到优待，又可免念"秩秩斯干幽幽南山"了。

冒号用在书信、发言稿的开头，用在"某人说"之后，表示下面是引用的话，这种用法最常见。

⑧ 亲爱的妈妈：

⑨ 大家都说："真是一个好孩子！"

⑩ 总司令站在一个草坡上，边喊边招手：同志们，快来呀，告诉你们几个好消息。

在"指出"、"注意"、"宣称"、"知道"等一类动词作状语或述语中心语时，如果停顿时间较长，其后也可用冒号。

⑪ 老师提醒大家注意：明天的参观计划不变，大家不要迟到。

用冒号要注意两点：一是没有较大的停顿不要用；二是冒号一般管到句终。下边的句子是用错的。

⑫ 当学术委员会宣布：张一同志获得博士学位时，大厅里响起了热烈的掌声。

例⑫"当……时"是介词短语，中间没有较大的停顿，不能用冒号。

2．标号的用法

（1）引号

引号表示文中引用的部分。引号中引用的话必须依照原样，不能改动。凡是完整引用别人的话。末了点号放在引号内；如果引用的是一部分，最后的点号放在引号外。例如：

① 马克思曾经说过："在科学上没有平坦的大道，只有不畏劳苦沿着陡峭山路攀登的人，才有希望达到光辉的顶点。"

② 假使李岩的谏言被采纳，先给其父子以高爵厚禄，三桂谅不至于"为红颜"而"冲冠一怒"。

引号除表示引文外，还可以表示强调、反语、比喻、词语的活用等，有明显的修辞作用。

③ "希望"在老通宝和一般农民们的心里一点一点一天一天强大。

④ 这一次他可真的背上了一个"包袱"。

⑤ 公理和正义都被"正人君子"拿去了，所以我一无所有。

引号还表示特定的时间，特定的称谓，如"六一"、"五四"、"左联"、"人大"等等。

引号有双引号和单引号之分，引文之内又有引文，就用单引号；单引号内又有引文，那就要用双引号。这样可以分割引用部分的界限。例如：

⑥ 小晚说："说好话的没有，说坏话的可不少；成天有人劝我爹说：'早些给孩子定上一个吧，不要叫尽管耽误着！'"

（2）括号

括号标识注释部分。它表示对词、句子的补充 说明，表示列举内容，还表示讽刺批评等。括号紧挨着正文，括号内如有标点符号，最后一个也应该省去。

括号内又可根据注释的范围分为句内括号和句外括号两种。只注释或补充说明句中一部分词语的用句内括号，对整个句子或一段进行注释或补充说明的用句外括号。句外括号用在句末点号后面。例如：

① 黄与绿主宰着，无边无垠，坦荡如砥，这时如果不是宛若并肩远山的连峰提醒了你（这些山峰凭你的肉眼来判断，就知道是在你脚底下的），你会忘记了汽车是在高原上行驶。

② 大家都有一支笔，有一张嘴，有什么理由拿出来讲啊！有事实拿出来说啊！（闻先生声音激动了）

例①是句内括号，注释说明山峰，紧挨着正文。例②是句外括号。

（3）破折号

破折号表示它后面有个注释，表示语意的转换，跃进，或语音的中断、延长等等。例如：

① 现在让我们搁下"不通"的问题不谈，来谈"语言大街"的另一块绊脚石——艰涩吧！

② 我们且看古人的良法美意——"天有十日，人有十等。下所以事上，上所以共神也。"

③ 在一九四二年，我们曾经把解决人民内部矛盾的这种民主的办法，具体化为一个公式，叫作"团结——批评——团结"。

④ "你说的很有道理，不过——"陈志先生假装一笑。"那——"老张赶忙陪上一个笑脸。

⑤ 苏林教授手持纸条，不知从何处找起，忽然听见对面的楼窗口有一个孩子有事没事地张口唱着："咪——咿——咿——吗——啊——啊——啊——"仿佛歌唱家在练声似的。

⑥ 一九三五年——一九六五年

⑦ 北京——广州

⑧ 他怯生生地回答："什么时候好？——昨天夜里，或者就是今天吧。——我说不清。"

例①破折号后的内容有注释或补充作用。例②表示提示下文。例③表示意思转折、飞跃。例④的破折号表示语音中断和延长。例⑤破折号连读用来表示声音的延续。例⑥⑦表示路远和时间的起点和终点。例⑧表示迟疑或中断。

破折号还可以用在插入语前后，表示注释，前后都用破折号。例如：

⑨ 该教授——恕我打一句"官话"——说过，我笑他们为"文士"，而不笑"某报天天鼓吹"我是"思想界的权威"。

破折号的使用比较复杂，除上述以外，它可以用来表示许多意义。情态和声音变化。总之，它是一种运用起来有一定难度的标号。

（4）省略号

省略号标识文中省略的部分。除此之外，还表示沉默，语言中断，断断续续，欲言又止等等情状。例如：

① 牡丹、吊钟。水仙、大丽、梅花、葡萄、山茶。墨兰……春秋冬三季的鲜花都挤在一起啦！

② 孔乙己低声地说："跌断，跌，跌……"他的眼色，很象在恳求掌柜，不要再提，

③ 她脸色苍白，断断续续地说："照顾……好，好……小军，遇到合适……再……"又昏迷过去了。

例①省略了不能尽举的事物。例②省略了重复的词语。例③无力说话，断断续续的发音情态。

省略号前边可用点号，省略号后边不再用点号。文中有了适省略号就不再用"等等"，如果不用"等等"，就要用省略号省略。省略号不能滥用，应该让读者知道的，不能省略；不必让读者知道的，不说就行了，不必用省略号。

省略号占两个字的位置，一共六个圈点。有时省略一大段或几段文字，就用十二个标点，单独成行，不顶格。

（5）书名号

书名号表示书籍、文章、报刊、歌曲等名称。例如：

《马克思传》　　　　（书名）

《海燕》　　　　　　（文章名）

《工人日报》　　　　（报刊名）

《康定情歌》　　　　（歌曲名）

书名内还有书名时。外用双书名号，内用单书名号。例如：

《论〈红楼梦〉的语言风格》

（6）着重号

着重号表示需要强调的词句。着重号用在需要强调的词句下边，一个字下面用一个圆点。例如：

① 我们必须体验到时代的总的精神，生活的总的动向，这对一个作家是顶顶重要的。

② 评记家借了理论的推理的助力表达自己思想，和这相对，艺术家则以形象来表示自己的思想。

（7）间隔号

间隔号表示月份和日期，音译姓和名，书名和篇名等的分界，间隔号也称分读号，也是一个小圆点，用在需要隔开的词语正中间。例如：

一二·九　　　五·四

安娜·卡列尼娜　　　威廉·史密孙

《庄子·逍遥游》

（二）标点符号的功能

标点符号是书面语言不可缺少的辅助工具，和记录语言的组成部分。它能帮助读者分清结构、辨明语气、正确了解文章，还可以帮助写作者准确表达思想，描写事物的情状。它的功能很广泛，主要归结为以下几点。

1．分清结构，表明停顿

说话要有停顿，书面语言的结构意义也需要停顿。书面语的种种停顿主要靠标点符号来表示。停顿长短不同，使用标点符号也不同。停顿的地方不同，标点符号所放的位置也就不同。相同的词语按相同的顺序组成的句子，由于停顿的位置不同，句子的结构就不一样；同样的句子，使用的标点符号不同，表达的意思也会有不同。例如：

① 小明，妈叫你去买菜。

② 小明，妈叫你，去买菜。

③ 小明妈，叫你去买菜。

④ 小明：妈叫你去买菜。

例①"小明"是呼语，逗号后面是一个独立的句子。例②，第二个逗号前后是两个句子，第二个分句的主语承前一句宾语省略。例③"小明妈"是呼语，后边的句子成了宾语，述语由冒号代替。如果没有标点符号，句子里的停顿就不清楚，结构就不明确，要表达什么意思就难以确定。

并不是语言中所有的停顿都要用标点符号表示出来。例如：

⑤ 《母亲》是伟大的无产阶级作家高尔基在一九〇六年写的深刻反映俄国第一次资产阶级民主革命时期在无产阶级政党领导下工农革命运动由自发到自觉的斗争过程的一部激动人心的长篇小说。

这句话无论如何一口气也读不出来。句中需要停顿的地方不止一处，但没有每顿必点。这是因为结构上不需要，如果每顿必点，将会把句子点得支离破碎，反而影响读者的理解。

2．表明语气

在书面语中，不同的语气可以用不同的标点符号来表示。例如：

① 林红看完了这本小说。　　　（陈述句）

② 北京的秋天真美啊！　　　　（感叹句）

③ 你吃过晚饭了吗？　　　　　（疑问句）

④ 革命烈士永垂不朽！　　　　（祈使句）

陈述句末尾用句号，疑问句末尾用问号，感叹句和感情强烈的祈使句末尾用叹号。使用不同标点符号，可以表示不同的语气。例如：

⑤ 火车开走了。（陈述语气，陈述句）

⑥ 火车开走了？（疑问语气，疑问句）

⑦ 火车开走了！（感叹语气，感叹句）

祈使句语气和缓的用句号，语气强烈的就用感叹号。

3．表明性质

用文字记录语言，有些词语用不用标点符号，用什么样的标点符号，性质意义会有很大的不同。例如：

① 谁不知道李自成呢？

② 谁不知道《李自成》呢？

　　例①，"李自成"没有用标点符号标明特殊涵义，仍指明末那次农民大起义的领袖，是专有人物名词。例②加上了书名号，意思迥然相异，则专指姚雪垠写的那部著名的长篇历史小说。

　　③　他站在船舷边，吟诵着"日出江花红胜火，春来江水绿如蓝"的诗句。

　　④　这回到兰州才亲眼看见羊皮筏，而且坐了羊皮筏过渡到了雁滩——雁滩是黄河中的沙洲。

　　例③，引号内是诗句，表示引用。例④破折号后表示解释。

4．描绘事物情态

　　例如：　①　她们轻轻的划着船，船两旁的水，哗，哗，哗。

　　　　　　　②　她们咬紧牙，制止住心跳，摇橹的手并没有慌，水在两旁大声哗哗，哗哗，哗哗！

　　两例中的拟声词"哗"，使用了不同的停顿形式。例①表现出一种从容轻松划船的情状，例②却表现的是紧张疾促、用力划水的姿态，很好地烘托了场景气氛，使人如见其形，如闻其声。

第六章 修　　辞

知识要点

1. 修辞的涵义，修辞的基本原则，修辞与题旨、语境、语体之间的关系。
2. 语音的修辞包括平仄协调、押韵和谐、双声叠韵和节拍自然。
3. 词语和句子的修辞。
4. 常用的修辞格，以及修辞格的综合运用。

学习目标

1. 领会：修辞手段的特点与作用。
2. 掌握：词语修辞和句子修辞的使用方法和内容。
3. 熟练掌握：修辞格及其作用，以及常用的修辞格。

第一节　汉语言修辞概说

一、什么是修辞

　　人们要把话说好，把文章写好，就得精心选择语言材料，根据题旨情境，对语言材料进行选择，以便取得最佳表达效果，这就是修辞。研究提高表达效果规律的科学，就是修辞学。所以，修辞通常有三种含义：第一个含义是指修辞行为，即人们在交际活动中对语言进行的修饰、调整、选择、创新等修辞活动；第二个含义是指修辞规律，即人们适应交际需要、运用语言形式、增强交际效果的规律；第三个含义是指修辞理论，即人们对修辞规律进行研究和探寻的理论成果。这第三个含义就是修辞学，修辞学是研究修辞规律的科学，它一般表现为研究和揭示修辞规律的论文、著作和教科书等。

　　前两个含义的"修辞"和第三个含义的"修辞学"有联系又有区别。修辞学是在修辞的基础上产生的，首先有修辞，然后才有修辞学。先是有了修辞行为，产生了修辞现象，才存在着种种修辞规律；客观上存在着修辞规律，人们才去做研究和探寻，产生修辞理论，建立修辞学。

　　修辞规律具有客观性，修辞学具有主观性。修辞规律是人们的修辞行为所遵循的客观规律，修辞理论是人们主观上对客观的修辞规律的认识。客观的修辞规律是不以人的意志为转移的，而人们的修辞理论却带有主观性，所以修辞学有不同的体系。我们学习和研究修辞，就是要使我们的修辞行为尽可能遵循客观的修辞规律，使我们的修辞理论尽可能反映客观的修辞规律，不断实践、探寻，尽可能地使主观的修辞理论与客观的修辞规律相一致。

　　在交际中，一个基本意思可以用不同的材料来表达。例如形容"不出声的笑"，可供选择的词语有"微笑、含笑、媚笑、笑眯眯、笑盈盈、掩口而笑、嫣然一笑"等，这些词语在情态或色彩方面有差别，使用者可根据不同的情景和场合加以选择。

表达某一个意思，也可以有不同的说法，例如："他不同意这件事"，可以说成"这件事，他不同意。"也可以说成"他是不同意这件事情的。"还可以说成"他怎么会同意这件事情呢？"等等，这些句子所表达的基本意思虽然相同，但在侧重点或语气方面是不一样的。

人们说话、写文章时，为了准确地表达思想感情，就必须注意题旨意境，这是修辞的基本要求。郭沫若为四川中江县志愿军英雄黄继光纪念馆题字，先后改了9次才定下来。起先题"永垂不朽"，后改为"傲气长存"，又改为"气壮山河"。他还是嫌一般化，又改为"火中凤凰"，再改为"青年师表"，继而又改"人民模范"，但仍感到流于空泛，遂改为"藩翰中朝"（藩翰原指保卫国家的功臣，这里做"捍卫"讲），又觉得太生僻，再改"血铸和平"、"国际英雄"，仍不满意，最后定为"凯歌百代"。郭老认为这四个字才道出了黄继光精神的深远及其巨大影响。

修辞效果是随着修辞方法的恰当运用而生成的。但这首先就要求我们说的话、写的文章具有准确性，能够把反映在我们头脑里的客观事物准确地表达出来。其次，在准确性的基础上，还要求富有表现力，用最经济的语言材料，传递尽可能大的信息量，收到尽可能好的表达效果。

二、修辞与题旨、语境、语体的关系

（一）修辞与题旨

陈望道在《修辞学发凡》中提出"修辞以适应题旨情境为第一义"，得到人们的高度重视。

什么是题旨？题旨就是要表达的思想内容，大致包括主题思想和写说目的两个方面。修辞运用恰当的语言形式，总是为了表达特定的内容，因此，修辞与题旨的关系，就是形式与内容的关系。唯物辩证法认为，形式与内容是辩证地统一在一起的。内容必须用形式表现出来，形式也必然有其表现的内容。在内容与形式的关系上，内容决定形式，形式反作用于内容。修辞所要表达的内容决定了人们采用与之相适应的修辞形式，适合内容的修辞形式可以更好地来表达内容。由于修辞是解决语言形式和内容相适应的问题，所以必须要求形式服从内容。"修辞立其诚"中的"诚"，即指真情实感。修辞只有建立在表达真情实感需要的基点上，才能发挥作用。为修辞而修辞，堆砌辞藻，必然"以辞害意"，无助于内容的表达。因为任何绝妙的修辞技巧，都难以代替内容本身，更难以拔高所要表达的内容。如：

① 精警的譬喻真是美妙！它一出现，往往使人精神为之一振。它具有一种奇特的力量，可以使事物突然清晰起来，复杂的道理突然简洁明了起来，而且形象生动，耐人寻味。美妙的譬喻简直像是一朵朵色彩瑰丽的花，照耀着文学。它又像是童话中的魔棒，碰到哪儿，哪儿就产生奇特的变化。它也像是一种什么化学药剂，把它投进浊水里面，顷刻之间，

一切杂质都沉淀了，水也澄清了。

这是著名作家秦牧在《艺海拾贝》中讲譬喻（即比喻）作用的一段话。作家先说明了比喻的"美妙"和"奇特的力量"，然后又接连用三个比喻来做形象的描述。在这里，表达的内容很明确，修辞形式也很生动，内容和形式相辅相成，和谐统一。讲比喻者善用比喻，现身说法，说服力很强，表达效果很好。

我们要处理好表达内容与修辞形式的关系，不能片面地偏向一端。修辞学不以内容为研究对象，但是这不等于片面追求形式。我们要辩证地处理好内容与形式的关系，努力做到正确的表达内容与完美的修辞形式的统一。

（二）修辞与语境

语境就是语言环境。狭义的语境指语言交际时的上下文或前言后语。我们说一句话，常有上下文。这里的上下文，既包括紧贴在它前后的语句，也包括出现在它前后的其他语句。广义的语境是就语言外部环境而言的，既包括交际者的身份、职业、水平、修养、处境、心情等主观因素，又包括语言交际的时间、地点、场合、对象、背景等客观因素。总之，语境是影响语言交际的相关因素的总和。

修辞与语境的关系非常密切。人们的语言交际总是在一定的语境中进行的，语境对人们采用的修辞形式和达到的修辞效果具有制约作用。先看语境对修辞形式的制约。人们在语言交际中要采用什么样的修辞形式，包括选用什么样的词语，运用什么样的句子，采用什么辞格等等，总是离不开语境的制约。人们总是努力做到修辞形式能适应语境。如：

② 原句：瞧，那一棵棵枝叶茂盛的果树上，累累的果实把树枝都压弯了，有的树枝竟然被苹果压断了，而大多数树枝不得不用木杆撑住。（峻青《秋色赋》）

改句：瞧，那一棵棵枝叶茂盛的果树上果实累累，树枝都被压弯了，有的树枝竟然被压断了，大多数树枝不得不用木杆撑住。

原句第一分句是主动句、"把"字句，第二分句、第三分句是被动句。改句把"把"字句改成了"被"字句，从而形成了三个被动句。原来的每一句都是"通"的，为什么要修改？孤立地看某一个句子，很难说是用主动句好还是用被动句好，但如果结合上下文，就不难看出改句较好。修改以后，三个被动句连用，叙述方向一致，语气连贯，不仅"通"，而且做到了"顺"。

再看语境对修辞效果的制约。语境是检验修辞效果的重要依据，只有把修辞形式放到特定的语境中来考察，才能看出其修辞效果。修辞效果的好或是不好，往往取决于修辞形式是不是适应语境，而不在于修辞形式本身。如果不能适应语境，哪怕是再华丽的词句，再花哨的方式，也不能收到好的修辞效果。反之，有时一些看似平常的词句，一般的方式，在特定的语境中往往能收到异乎寻常的修辞效果。例如：

③ 冬至的祭祖时节，她做得更出力，看四婶装好祭品，和阿牛将桌子抬到堂屋中央，她便坦然的去拿酒杯和筷子。

"你放着罢，祥林嫂！"四婶慌忙大声说。

她像是受了炮烙似的缩手，脸色同时变作灰黑，也不去取烛台，只是失神的站着。直

到四叔上香的时候，教她走开，她才走开。这一回她的变化非常大，第二天，不但眼睛陷下去，连精神也更不济了。（鲁迅《祝福》）

"你放着罢，祥林嫂"是一句很平常的话，只有结合语境来分析，我们才能充分理解这句话为什么会有这样的修辞效果。原来，在旧中国，祥林嫂屡遭不幸，不但在物质上倍受剥削，而且在精神上也受到沉重的压迫。为了摆脱精神压迫，祥林嫂用血汗钱在土地庙捐了门槛。她满以为这样就可以摆脱了，可以同常人一样了。谁知在祭祀时刚一动手，就听到了这句话："你放着罢，祥林嫂！"这句话不啻是封建礼教对祥林嫂宣判了死刑，给了她致命的打击，使得她走投无路，死生无门。正是在这样的语境之中，一句看似平常的话，才产生了强烈的修辞效果。

语境不仅对言语的表达（说或写）具有制约功能，而且对言语的理解（听或读）具有解释功能，对语言运用有非常大的影响，这主要体现在以下两个方面。

第一，语境规定了言语的含义。

从语言运用的角度看，一个句子，一个词语，虽然有意义、有所指，但具体内容、所指对象却离不开语境，只有在一定的语境中意义才能明确，才能起到交际的作用。例如下面几例，似乎都有歧义，但在特定的语境中去理解，并不会引起误会。例如：

① 上午甲班操练，乙班参观。
② 这种脑袋没地方买帽子。（指头形奇特或过于挑剔）
③ 汤不热了。

第二，语境规定了言语的表达方式。

我们每个人说话，总要根据不同的交际目的和交际对象，采取适当的表达方式。例如年长的人与小孩子说话，就要说那些孩子听得懂的话；在公共场合，即使是学者、高级官员，也要按大众的方式说话，才不致使交际中断。

在人们的日常交际中，同样一个内容可以用不同的方式表达。例如：说"甲队把乙队打败了"，可以说成"乙队被甲队打败了"；说"岂有此理"，可以说成"哪里有这样的道理"，如此等等，都必须根据语境加以选择。

由于语言表达的丰富性，同一内容有许多不同的表达方式可供人们选择。例如：同样是节目主持人给大家介绍一位热心听众，他可能有如下表达方式，例如：

① 请你做一下自我介绍吧！
② 您是哪一位？怎么称呼？
③ 请您向收音机前的听众做个自我介绍好吗？
④ 您是不是应该向听众朋友们做个介绍呢？
⑤ 您能向收音机前的听众朋友介绍一下自己吗？

尽管主持人看不到这位听众和众多听众的表情，但如果选择第⑤例，采取比较委婉的疑问句方式，即使这位听众和主持人配合得不好，或不愿意暴露身份，主持人也会有退路。

再如：告诫人们不许践踏公共场合的草坪，也可以有多种形式，例如：

① 请勿践踏草坪！
② 青青路边草，悠悠环保情。

③ 小草正在生长，请勿打扰。

④ 您的生活中离不开绿色！

⑤ 爱护小草就是爱护我们生存的环境。

实践证明，人们易于接受那些触动情感的语句，像"请勿践踏草坪"之类的祈使句，就显得苍白无力了。

（三）修辞与语体

语体是为适应不同的交际需要而形成的功能体式。交际的内容、目的、范围等不同，使语言运用在语音、语汇、语法、修辞各方面具有不同的特点，从而形成了各种语体。

语体主要分两大类：谈话语体和书卷语体。一般来说，谈话语体比较平实、随意；书卷语体比较庄重、严谨。书卷语体又分为事务语体、科技语体、政论语体、文艺语体四种。事务语体的特点在于准确、程式化；科技语体的特点在于精确、周密；政论语体的特点在于庄重、缜密、有鼓动性；文艺语体的特点在于富有形象性，讲究语言的艺术美。例如有这样一则布告：

倘擅自离校，以旷课论处。（事务语体）

如果不请假自己离开学校，就要按旷课来判定处分了。（谈话语体）

布告属于事务语体，表达须一丝不苟，简明扼要。改用口语就通俗随意多了。

语体的使用往往会出现交叉现象，例如：

春分刚刚过去，清明即将到来。"日出江花红胜火，春来江水绿如蓝"，这是革命的春天，这是人民的春天，这是科学的春天！让我们张开双臂，热烈拥抱这个春天吧！

这是郭沫若生前在全国科学大会上书面发言的结尾段，他综合运用了多种句式，语言饱含激情，融谈话语体、事务语体、文艺语体为一体，大大增强了语句的鼓动性、号召性。可见，修辞不仅离不开语体，而且还要注意不同的词语、句式、修辞格式在不同语体中的适应性与局限性。

三、修辞与语言要素

语言包括语音、词汇和语法三个要素。语音学、词汇学、语法学是分别以语言的有关组成部分为研究对象的。修辞学和这三者不同，它所研究的是如何根据语言各个要素的构成、特点、规律、规则等等，来提高表达的效果。有时修辞的手段的运用，跟对应的某一语言要素直接有关。例如语言的声律美和语音有关，词语、句式的精美适当，和词汇、语法有关。有时修辞手段的运用，甚至会同时涉及到以上几个方面。所以，要学好修辞学，就一定要学好语音、词汇、语法等相关知识，这样才有牢固的基础。

一个句子、一段文章的优劣，概括地说，决定于四个方面的因素。一是事理、逻辑，就是说要看它的内容合不合情理，合不合思维规律；二是规矩、习惯，即是看它合不合词汇、语法的规范，合不合大家说话的习惯；三是情味、色彩，就是看它的语体风格合不合适，感情色彩对不对头；四是声音、语气，就是看它念起来顺口不顺口，听起来悦耳不悦耳，口气合不合适。这四个因素中，除第一个之外，其余的都同语言的三要素——语音、词汇和语法具有密切的关系。怎样运用语音、词汇和语法这些语言材料及其内部的规律来完美的表情达意，正是修辞研究的课题。

（一）修辞与语音的关系

汉语音节分明，并且有声韵调之分，这些语音特点为修辞提供了很好的条件，除了可以直接构成拟声、谐音等修辞方式之外，更常见的是在语言之中组成大量的双声、叠韵的词语和对仗、押韵的句式，使得语言在节奏上鲜明活泼，音调铿锵，具有很强的音乐感。例如：

① 看来很平凡的一块田地，实际上都有极不平凡的经历。在一百几十万年间，人类在这上面追逐着野兽，放牧着牛羊，捡拾着野果，播种着庄稼。（秦牧《土地》）

② 曲曲折折的荷塘上面，弥望的是田田的叶子。叶子出水很高，像亭亭的舞女的裙。层层的叶子中间，零星地点缀着些白花，有袅娜地开着的，有羞涩地打着朵儿的；正如一粒粒的明珠，又如碧天里的星星。（朱自清《荷塘月色》）

③ 春眠不觉晓，处处闻啼鸟。夜来风雨声，花落知多少。（孟浩然《春晓》）

④ 天若有情天亦老，月如无恨月长圆。（石曼卿诗）

为使音节匀称整齐，增强语言的声音美，例1运用了双音节词"捡拾"、"播种"，而不用单音节词"捡"、"种"；例2利用叠音词"曲曲折折"、"田田"、"亭亭"、"层层"；例3的韵脚"晓"、"鸟"、"少"，韵母相同，念起来和谐悦耳；例4第二句与第一句声调平仄相对，语言抑扬顿挫。

（二）修辞与词汇的关系

修辞同词汇的关系也十分密切。修辞需要研究词汇的多方面的表达作用，比如词语同义形式、反义形式的选择和运用，词语的感情色彩和风格色彩，词语的借用等等。汉语的词汇非常丰富，给汉语的修辞以广阔的用武之地。例如：

⑤ 老拴慌忙摸出洋钱，抖抖的想交给他，却又不敢去接他的东西。那人便焦急起来，嚷道："怕什么？怎的不拿？"老拴还踌躇着；黑的人便抢过灯笼，一把扯下纸罩，裹了馒头，塞与老拴；一手抓过洋钱，捏一捏，转身去了。嘴里哼着说："这老东西……"（鲁迅《药》）

⑥ 学务大人大约有四十五六岁的年纪，一张黑黄的脸皮，当中镶着白多黑少的两个玻璃球。一个中部高峙的鹰鼻，鼻下挂着些干黄的穗子，遮住了嘴。（老舍《老张的哲学》）

⑦ 知识的问题是一个科学的问题，来不得半点的虚伪和骄傲，决定地需要的倒是其反面——诚实和谦逊的态度。（毛泽东《实践论》）

⑧ 这种高粱亩产千斤左右，值得大肆推广。

例5用不同的动作表现出双方各自的性格特征：康大叔的贪婪、粗野和华老拴的善良、怯懦。例6"玻璃球"和"穗子"是眼球和胡子的代称，"高峙"一次原是形容高山耸立的样子，这里用来描绘高高耸起的鹰鼻，增添了夸张和幽默的色彩。例7里的"诚实"和"虚伪"、"骄傲"和"谦逊"构成两组反义词的双双对比。例8的"大肆"有胡作非为、不遵守纪律的意思，有贬义，应该改为中性词"大力"。

（三）修辞与语法的关系

修辞同语法有更直接的关系，充分研究同义句法形式以及各种不同的句式之间的综合运用的表达效果，应当是修辞的重要任务。例如：

⑨ 这次考试将在星期二举行，地点是 3 号楼 102 教室，时间是三个小时。由于这次考试的难度很大，因此被很多考生称之为过鬼门关。

例⑨采用被动句注意到了陈述对象的一致问题，若把它改写成主动句"由于这次考试难度很大，所以考生将其称之为过鬼门关"，陈述的对象和前面句子衔接的就不顺畅了。

词序是汉语的一种重要形式，改变词序往往就改变了意义，强调的重点也就随之改变。例如：

⑩（某人发现自己的钱包丢了，问别人）我的钱怎么找不到了？（关心的是钱）

一般论述和论说采用陈述句和判断句较多，但也可以夹杂一些疑问句或者反诘句。例如：

⑪ 考不上大学就没有前途吗？我们知道世界著名的科学家法拉第，他的出身是钉书匠，由于刻苦学习，发现了电磁感应，制造了世界上第一台感应发电机；中国著名的电光源专家蔡祖泉，仅仅读过三年小学，由于刻苦钻研，终于和同志们一起制成了高压汞灯等几十种新型电光源……高尔基只读过三年小学，马克·吐温是船夫出身，中国作家老舍、赵树理都没上过大学，他们的成就不都是很大？事实说明，没有上过大学的同志，只要刻苦努力，也是可以为人民做贡献的。

例⑪一开头就先用反诘句提问，然后通过一系列的举例，最后得出结论：只要刻苦努力，没有上过大学的人也能取得很大的成就。如果全部都用陈述句和判断句，那就显得单调平板。

四、修辞的基本原则

（一）辩证原则

辩证原则是修辞的最基本的原则。陈望道的《修辞学发凡》取得了巨大的成就，最重要的原因就是运用了唯物辩证法来指导修辞研究。今天，我们学习和研究修辞，毫无疑问也要充分掌握辩证原则。修辞是充满辩证的。积极修辞和消极修辞，用词的追求准确和讲究模糊；炼句追求整句的整齐有力和讲究散句的活泼多变；运用辞格，可以从正面发问，自问自答，也可以从反面发问，问而不答；就语言风格来说，一方面追求绚丽，另一方面又讲究平实等等。交际效果的好坏是相对的，绝对的最佳效果是没有的。

（二）得体原则

修辞是综合运用语言各因素形成恰当的语言形式，以求得理想的交际效果。什么样的语言形式才能获得理想的交际效果，这取决于运用的语言形式是否得体。语言形式是否能反映交际的内容？是否适应交际的语境？是否切合语体？语言的规范和变异是否适度？所含的信息是否真实、适量？诸如此类的问题都得遵循一个原则——得体。一句话有几种说法，哪种说法最合适，要看你是在什么时间、什么地方、对谁说话，上一句是怎么说的，下一句打算怎么说。不同的场合有不同的要求，有时候典雅点较好，有时候大白话最为相宜。修辞好比穿衣服。人体有高矮肥瘦，衣服要合身；季节有春夏秋冬，衣服要当令；男女老少，衣服的材料花色不尽相同。总之是各有所宜。修辞就是讲究这个各有所宜。

（三）功能原则

功能原则也可以叫做"有效"原则。修辞是为了增强语言的表达效果，追求和达到了理想的交际效果，才算是实现了修辞的功能。我们运用种种修辞手法，不是为的个人自我欣赏，而是为的提高语言的表现力、感染力、说服力，使听众读者能对所表达的意思有正确的理解，受强烈的感染，起一定的反应，这样才能收到理想的交际效果，体现修辞的功能。无论怎样巧妙的修辞手法，如果不能收到应有的交际效果，那都不能算是成功的修辞。如果运用的是一般的说法，或者打破语言常规，看似不合语法、逻辑，但却收到了异乎寻常的交际效果，那就是成功的修辞。因此，功能原则是修辞的最高原则。

五、如何学习修辞

学习修辞强调随时注意学习、研究语言在社会生活中的应用。平时，我们在课堂上学习修辞知识，阅读范文、习作等，都是必要的，但还远远不够。学习修辞，是为了提高语言文字的修养和运用语言的能力，这是长期实践的结果，是一个日积月累的功夫。社会生活中人们的语言运用生动活泼，多姿多彩，很值得我们去学习和研究。例如：

A．禁止践踏草地

B．足下留青

这是我们在公园里面常见的，恐怕谁都认为 B 句比 A 句要好，为什么？A 句是命令的、训诫的语气，使人反感，B 句则是祈使的、劝导的语气，显得有礼貌。不仅两个句子所表现出的对人的态度不同，而且 B 句的语言艺术含量也更高。四个字的语音段落是中国人民所喜闻乐道的一种格式，而这一点优势和汉语孤立语的特点是分不开的：一个字一个音节；可以是一个独立运用的词；很少形态变化，不至于入句后引起音节数量的变化。"青"，本身是个形容词，这里灵活的运用了表示名词性的词组"青青的草坪"。"足下留青"还是根据人们所熟悉的习用语"手下留情"的仿造，"留情"、"留青"谐音双关，新巧而含蓄。B 句的表达效果好，是综合运用了汉语语言要素的特点，精心组词造句的结果。

概括起来，要学好修辞就应当注意以下四个方面的问题：

（一）修辞是语言的实际应用，具有很强的实践性，因此应当结合语言的实践来学习修辞。

（二）修辞是多种同义形式的最佳选择，因此，应当尽量掌握多种同义形式，这样才能保证自己有选择的余地。如果只知道一种表达形式，就没有选择的余地，也就无所谓修辞。

（三）语言应用涉及的方面很多，包括对象、语境、内容、语体等等。运用修辞格式和手段必须要结合具体情况。如果在严肃的场合使用俏皮话、在娱乐的场合使用对偶、排比等都显得不得体，这时候，再美的辞藻、再工整的句式也不会收到良好的效果。

（五）修辞贵在创新。不论词语锤炼、句式选择，还是修辞格的运用，都应当有新意，防止落入俗套。有句话说得好，第一个说女人是花的人是天才，第二个说女人是花的人是蠢材。

第二节　语音的修辞

语音修辞是修辞现象的一种，指的是通过对语音的选择、组合和调整来增强语言的表现力、提高语言表达效果的一种活动。语言是声音和意义的结合体，语音是语言的物质外壳，是语言直接的外在表现形式。充分利用语音因素进行修辞活动，是汉语由来已久的传统。现代汉语的语音，元音占优势，响亮悦耳；声调有高低，抑扬有致；音节界限清楚，节律分明。这些特点，使得现代汉语语音具有很强的音乐性。这就为我们利用语音因素开展修辞奠定了坚实的基础，提供了广阔的空间。我们说话、写文章，应该充分利用现代汉语语音的特点，讲究声音之美，使我们的语言琅琅上口，悠扬悦耳，不仅意义明确，而且声情并茂，从而取得理想的修辞效果。

一、平仄协调

汉语是有声调的语言，每个音节都有声调，声调的高低升降，形成了汉语语音抑扬起伏的特色。利用声调形成声音之美，主要就是注意平仄协调。什么是"平仄"？中古汉语有平、上、去、入四种声调，"平"指平声，"仄"指上、去、入三声。中古的声调演变到现代普通话的声调，变成了阴平、阳平、上声、去声四种。"平"指阴平、阳平，"仄"指上声、去声。平仄协调的规律是，既有重复，又有变化。因为光有重复，显得单调；光有变化，使之凌乱。既有重复，又有变化，才能体现节奏。如果是四个音节，一般是平平仄仄，或者是仄仄平平。这样平仄协调相间，就能充分体现汉语抑扬顿挫的语音特色。

格律诗是非常讲究声调平仄的。例如（举例中以"—"表平，以"｜"表仄，下同）：

① 无 边 落 木 萧 萧 下，

　　— — ｜ ｜ — — ｜

　　不 尽 长 江 滚 滚 来。（杜甫《登高》）

　　｜ ｜ — — ｜ ｜ —

② 虎 踞 龙 盘 今 胜 昔，

　　｜ ｜ — — ｜ ｜ ｜

　　天 翻 地 覆 慨 而 慷。（毛泽东《人民解放军占领南京》）

　　— — ｜ ｜ ｜ — —

这两例，平仄完全符合格律诗的要求，体现了汉语讲究声调平仄的传统。

今天，我们要继承发扬这个传统。其实，不仅仅是诗歌讲究声调平仄，就是一般的散文，通常所说的文章，往往也很讲究声调平仄。如：

③ 远望天山，美丽多姿，那长年积雪高插云霄的群峰，像集体起舞的维吾尔少
　　　　｜｜ーー　　｜｜ーー

女的珠冠，银光闪闪，那富于色彩的连绵不断的山峦，像孔雀开屏，艳丽迷人。
　　ーー｜｜　　　　　　　　　　　　　　　　　｜｜ーー　｜｜ーー

（碧野《天山景物记》）

④ 这时少长咸集，群贤毕至。当时著名的数学家有熊庆来、华罗庚、张宗燧、闵
　　　　　　　｜｜ーー　ーー｜｜

嗣鹤、吴文俊等许多明星灿烂，还有新起的一代俊彦，陆汝钤、王元、越民义、吴方
ーー｜｜　　　　　　　　　　　　　　　　　　ー｜｜ー

等等，如朝霞烂漫，还有后起之秀，杨乐、张广厚等等已入北京大学求学。（徐迟
　　　ーー｜｜　　　　　｜｜ー｜

《哥德巴赫猜想》）

这些词句，非常注意声调平仄协调，所以读起来抑扬顿挫，波澜起伏，给人以声音上
的美的享受。

我们习用的成语以及常用的一些词语，在多年流传和广泛运用中，往往形成了平仄协
调的优美形式。例如：

⑤ 千秋万载　铜墙铁壁　花言巧语
玲珑剔透　争奇斗艳　拈轻怕重
粗枝大叶　拖泥带水　颠三倒四　（这些都是平平仄仄的形式。）
刻骨铭心　破釜沉舟　柳暗花明
锦上添花　力挽狂澜　万水千山
半夜三更　弄假成真　树大招风　（这些都是仄仄平平的形式）

有的时候，人们甚至打破正常的组合，采用超常的搭配，以求得语音的平仄协调。如：

⑥ 江山易改，秉性难移
⑦ 山清水秀

例⑥的"改"和"移"，本应互换位置，才是正常的主谓搭配，但是，为了求得平仄
协调，人们宁愿采取了超常的主谓搭配。例⑦的"山清"和"水秀"也是超常的主谓搭配
（本应是"山秀"和"水清"），这也是为了求得平仄协调，声调扬抑。

二、押韵和谐

汉语元音占优势，韵母中都有元音。把韵母（主要指韵腹、韵尾）相同或相近的字放
在诗文的不同句子的同一位置上，就形成了押韵。押韵的字一般在句子的末尾，所以又叫
"韵脚"。这样，韵脚在不同句子的同一位置上反复出现，形成语音上的回环往复之美。

押韵能很好地体现节奏，所以诗歌一般是押韵的，无论是诗、词、曲，还是自由体的
诗，一般都必须押韵。人们所讲的韵文，大都是指讲究押韵的文字。例如：

① 用笔何如结字难（an），纵横聚散最相关（uan）。一从证得黄金律，顿觉全牛骨
隙宽（uan）。（启功《论书绝句》）

② 风雨送春归，飞雪迎春到（ao）。已是悬崖百丈冰，犹有花枝俏（iao）。 俏也不争春，只把春来报（ao）。待到山花烂漫时，她在丛中笑（iao）。（毛泽东《卜算子·咏梅》）

③ 骆驼，你星际火箭（ian），

你，有生命的导弹（an）。

你给予了旅行者以天样的大胆（an），

你请导引着向前（ian），

永远，永远（üan）。 （郭沫若《骆驼》）

这些诗歌，都是押韵的，读起来韵脚和谐悦耳，反复回旋。押韵，已经成为诗歌语言的要素之一。

与韵文相对的散文，一般不要求押韵，但是，有的散文在适当的地方也讲究押韵。这样的散文抒情性很强，作者实际上是把它当做诗来写的，从而使它形成了诗一样的语言。例如：

④ 哪一颗星没有光（uang），哪一朵花没有香（iang），哪一个庄稼人的心里又不怀着屈辱和期望（uang）？在过往的日子留下的这片废墟上（ang），哪一个庄稼人又不在为明亮的日子而奔忙（ang）？这虽然像梦又实不是梦（ang）！日头才刚刚西斜，阳光是无边无际，乡场上密得不透风（eng），好比一朵正当节令的金秋芙蓉（ong）。（何士光《赶场即事》）

这是小说中的一段文字，很讲究押韵。这段押韵的文字，用来对人物场景加以描写，读来琅琅上口，具有诗情画意。

不光是描写性的文字，有的议论性的文字也注意押韵。例如：

⑤ 革命的集体组织中的自由主义是十分有害的。它是一种腐蚀剂（i），使团结涣散，关系松懈，工作消极（i），意见分歧（i）。（毛泽东《反对自由主义》）

这一段押韵的文字，读起来顺口，听起来入耳，具有很强的说服力。

押韵的修辞效果主要有以下几点：第一，同韵相应，回环往复，和谐悦耳，可以拨动读者的心弦，与作者产生共鸣；第二，韵脚反复出现，强调句末重点，可以凸显句子的焦点，使人充分理解句子的含义；第三，韵脚和谐，顺口悦耳，便于传诵，便于记忆。

要做到押韵和谐，就得安排好韵脚。常见的安排韵脚的方法有选用同义词、调整句子结构、改变语序等等。例如：

⑥ 书中夹红叶，红叶颜色好（ao）。请君隔年看，真红不枯槁（ao）。（陈毅《题西山红叶》）

⑦ 未出阳关（uan），

以为阳关会把我们怨（üan）；

临近阳关（uan），

以为阳关会把我们拦（an）；

出了阳关（uan），

才知阳关以外最把我们盼（an）。 （郭小川《边塞新歌》）

⑧ 一身换得百花开（αi），赤日丹心映日来（αi）。赢却生前身后誉，汗青已记任狼豺（αi）。（《天安门诗抄·江山千古仰英名》）

例⑥为了押韵，在同义词"干枯"、"枯萎"、"枯槁"中选用了"枯槁"。例⑦没有说成"怨我们"、"拦我们"、"盼我们"，而是运用了"把"字句，安排动词做韵脚，说成"把我们怨"、"把我们拦"、"把我们盼"。例⑧改变了"豺狼"的语序而说成"狼豺"，以做到韵脚和谐。

三、双声叠韵

双声叠韵是汉语语音特有的一种表现形式，利用双声叠韵造成声调和谐的语句也是汉语传统的语音修辞手法之一。

格律诗中对仗的部分，常常有双声叠韵相对的情形。例如：

① 参差连曲陌，迢递送斜晖。（李商隐《落花》）
② 梦里依稀慈母泪，城头变幻大王旗。（鲁迅《无题》）
③ 风飘律吕相和切，月傍关山几处明。（杜甫《吹笛》）

这些双声叠韵的部分，两两相对，互相配合，对仗十分工整。

今天，不只是在诗歌中，即使在一般的文章中，人们也常常注意到双声叠韵的运用。例如：

④ 真的猛士，敢于直面惨淡的人生，敢于正视淋漓的鲜血。（鲁迅《纪念刘和珍君》）
⑤ 它没有婆娑的姿态，没有屈曲盘旋的虬枝。（茅盾《白杨礼赞》）

例④的"惨淡"是叠韵，"人生"从宽泛的角度也是叠韵，"淋漓"和"鲜血"都是双声。例⑤的"婆娑"是叠韵；"屈曲"两字同音，但不同于叠音，可以看做既是双音，又是叠韵；"盘旋"是叠韵。这些文章中运用了双声叠韵词语，声韵铿锵，增强了文章的说服力和感染力。

现代语言生活中人们常用的一些词语，有不少就是双声叠韵的结构。双音节的如"批评"、"丰富"、"大地"、"虚心"、"开阔"等都是双声，"辛勤"、"教条"、"利息"、"响亮"、"阳光"等都是叠韵。四音节的如"意气风发"、"欢天喜地"、"战天斗地"、"灿烂辉煌"、"汹涌澎湃"、"惨淡经营"、"小巧玲珑"等都是双声叠韵结构。我们如果能恰当地运用这些词语，可以明显地提高表达效果。

四、节拍自然

语言是有节奏的。节拍就是指有一定数量的音节构成的语言节奏单位，这样的节拍也叫音步。汉语语音具有很强的音乐性。我们调配节拍，追求节拍自然，就是要充分表现语言的节奏感，充分展示汉语的音乐美。

诗歌的节拍比较明显，并有一定的规律，一般是两个音节一个节拍，间有一个音节一个节拍。常见的节拍安排方式有：三字句，二/一式或一/二式；四字句，二/二式；五字句，二/二/一式或二/一/二式；六字句，二/二/二式；七字句，二/二/二/一式或二/二/一/二式。例如：

① 太阳/出，冰山/滴；真金/在，岂/销铄？（郭沫若《满江红》）

② 指点/江山，激扬/文字，粪土/当年/万户/侯。（毛泽东《沁园春•长沙》）

③ 床前/明月/光，疑是/地上/霜。举头/望/明月，低头/思/故乡。（李白《静夜思》）

④ 宁化/清流/归化，路隘/林深/苔滑。（毛泽东《如梦令•元旦》）

⑤ 群峰/壁立/太行/头，天险/黄河/一望/收。两岸/烽火/红/似火，此行/当可/慰/同仇。（朱德《出太行》）

这些诗歌的节拍，十分明显，很自然，并且和句子的意群相吻合。

现代的自由体新诗，有的句子字数比较多，节拍的音节数目也可多一些，但节拍安排的基本方式与古体诗词基本一致。例如：

① 你看/那浅浅的/天河，

定然是/不甚/宽广。

我想/那隔河的/牛女，

定能够/骑着牛儿/来往。（郭沫若《天上的街市》）

散文也有节拍。散文的节拍当然不像诗歌那样相对固定，它带有一定的灵活性和主观性，通常也是采取以两个音节或四个音节为一个节拍的形式为主。如：

② 东有东山，/西有西山，/北有卧虎，/南有鸡笼，/太原/正好/坐落在/一个/ 肥沃的/盆地里。（吴伯箫《难老泉》）

现代汉语中双音节词占多数，形成这种状况的原因，除了现代汉语中单音节词活动受限制，总要通过种种方式扩充为双音节词才能自由活动等语法原因之外，从节拍方面看，双音节语言单位与单音节语言单位相比，多具有稳定和独立的特点，两个双音节语言单位用在一起，这个特点就更为突出。所以，现代汉语中就出现了大量的双音节词和四音节的成语。成语绝大多数是二/二式的节拍。例如：

⑧ 风调/雨顺　　　称心/如意　　　屈指/可数　　　　节外/生枝

口是/心非　　　文过/饰非　　　五花/八门　　　　上行/下效

即使是从结构和意义上分析不是二/二式的，人们在节拍上仍然处理为二/二式。如：

⑨ 乘人/之危　　　病从/口入　　　众矢/之的　　　　一衣/带水

例⑨的前两个成语本是一/三式，后两个成语本是三/一式，但是，人们还是把它们读成二/二式。这就是节拍在起作用。

当然，一味地使用双音节、四音节词语，虽然平稳，但显得单调，那就得有些变化。人们常用的变化的方法是在作品中安排成对的三音节词语。例如：

⑩ 一跺脚，刀横起，大红缨子在胸前摆动，削砍劈拨，蹲越闪转，手起风生，忽忽直响.（老舍《断魂枪》）

⑪ 说凤阳，道凤阳，凤阳本是好地方。（安徽歌谣）

三音节词语显得活泼轻快，但是单独使用容易使人产生不稳定的感觉。而两个三音节词语连在一起，就如负负得正一样，变得稳定了。例⑪的"道凤阳"从表意上来看没有必要，但是从节拍上来看却很有必要。

懂得了节拍的道理，我们遣词造句就要注意音节的调配，使句子音节相称，节拍自然、平稳，富于变化。现代汉语中有不少的单音节、双音节和多音节同义词并存，可供我们根据语境和行文在音节上的需要加以选择。另外，有些虚词也可供我们调配音节使用。这方面的范例不胜枚举。例如：

⑫ 这种作风，拿了律己，则害了自己；拿了教人，则害了别人；拿了指导革命，则害了革命。（毛泽东《改造我们的学习》）

这一例中的"己"和"自己"、"人"和"别人"，都是同义的。一处用"己"，一处用"自己"，一处用"人"，一处用"别人"，完全是根据调配音节、安排节拍的需要做出的选择。同时，虚词"了"的运用，也跟调配音节、安排节拍有关。

第三节　词语的修辞

"词语修辞"，着眼于词语的选择和搭配，类似于古人的"炼字"。

"词语修辞"有点儿像词作家给一首歌"填词"，也就是要对所使用的词语加以选择和锤炼。古人写作中的所谓"炼字"，也就是这个意思。鲁迅的《孔乙己》中有这样的话："他不回答，对柜里说，'温两碗酒，要一碟茴香豆。'便排出九文大钱。"句中这个"排"字，生动地刻画出孔乙己的性格和情态。如果换成"拿"字，可能就"境界全无"了。可见，有时候"句工只在一字之间"。正如古希腊贺拉斯所言："如果你安排得巧妙，家喻户晓的字便会取得新义，表达就能尽善尽美。"

我们说话、行文总是从运用词语组成句子开始的，运用词语的好坏，最先影响到修辞的成败。刘勰说："夫人之立言，因字而生句，积句而成章，积章而成篇。"高尔基说："一个作家——艺术家必须广泛地熟悉我国最丰富的词汇，必须善于从其中挑选最准确、最明晰而生动有力的词。"贾岛对词语的"推敲"，杜甫"语不惊人死不休"的苦吟等等，历来都被人们传为佳话。

有时候，为了达到一种特殊的表达效果，词语之间的搭配可以超越常规进行组合，使人留下深刻的印象。比如："捧起轻轻的湖水，吻一吻手中的月亮。"（周嘉堤《夏夜》）从事理上讲，"手中"是不可能捧着月亮的，"手中的月亮"这是一个很少见的组合，但在这里却反衬出湖水的清澈和月亮的皎洁。比喻、借代、比拟、夸张、双关、通感、仿词、婉曲等，都是从词语选择的角度进行修辞的。

现代汉语的语汇极其丰富，这为我们开展语汇修辞奠定了坚实的物质基础。我们要积累词语，不断丰富个人的语汇库，并在此基础上积蓄深厚的文化修养和各方面的知识，提高观察、认识事物的能力，在说话、行文时，根据题旨和语境的需要，准确、得体地使用词语，有效地通过词语修辞来增强表达效果。

语汇修辞是一项复杂的活动，主要包括词语的选择和词语的配合两个方面。

一、词语的选择

（一）动词的选择

　　传统和现代的语言学理论都十分强调动词在结构句子和传递信息中的独特作用。从修辞的角度看，我们在叙事、写人或描绘景物时，用好动词往往也显得特别重要。例如：

　　① 司令员向外看，黑暗已经悄悄地从他身边逝去，黎明爬上了窗子。（杜鹏程《保卫延安》）

　　照理说是黎明的光线"照"到了窗子上，可是作者没有那样说，而是锤炼出一个动词"爬"来写黎明的到来，这样写，寓静于动，就把全句写活了。

　　② 是烟是雾，我们辨识不清，只见灰蒙蒙一片，把老大一座高山，上上下下裹了个严实。（李健吾《雨中登泰山》）

　　烟雾一般是"笼罩"着高山，但是这里用了"裹"这个动词，以说明烟雾很浓，好像一块幕布把高山裹了起来，使人看不清山的真面目。这样写景，不仅描述得真实，而且写出了人的主观感受。

（二）形容词的选择

　　形容词表示事物的性状，对形容词加以选择，可以使事物的性质更为明显，状态更为生动。例如：

　　③ 从此就看见许多陌生的先生，听到许多新鲜的讲义。（鲁迅《藤野先生》）

　　这一例的"陌生"和"新鲜"，在初稿中都用了同一个词"新"，这当然也可以。但"新的先生"是新到校的，还是新认识的？"新的讲义"是指新印出的，还是指有新内容的？表意不很明确。改为"陌生的先生"表示从未见过，那就是新认识的；改为"新鲜的讲义"表示从未听过，那就是指新的内容。这样一改，表意就非常明确了，事物的性质就十分明显了。又例如：

　　④ 话犹未了，林黛玉已摇摇的走了进来。（《红楼梦》第八回，庚辰本）

　　以"摇摇"来描写林黛玉进来的状态，的确生动而传神，使得林黛玉那弱不禁风的身影，娇娆轻盈的姿态，活灵活现地展现在我们眼前。这一句，戚序本没有"摇摇"两字，成了平淡的叙述。程高本为"摇摇摆摆"，多了两字，反而使人觉得轻浮而有失庄重，背离了林黛玉的气质，有损人物形象。三个本子比较起来，显然是庚辰本的"摇摇"最为恰当，使林黛玉的形象跃然纸上。

（三）名词的选择

　　名词表示人或事物的名称，是什么名称就叫什么，似乎没有什么可锤炼的。其实用什么名词来指称人或事物，还是很有讲究的。例如：

　　⑤ 我就像遭到了雷击，赶忙问他："爸爸呢？"他避开我的眼光低声告诉我，根据林彪一号通令，爸被疏散去外地了。（陶斯亮《一封终于发出的信》）

　　这里的"眼光"是由原稿中的"眼睛"改成的。"眼睛"是视觉器官，"眼光"是视线，避开的应是"眼光"而不是"眼睛"。可见改做"眼光"是非常准确的。

⑥ 学务大人大约有四十五六岁的年纪，一张黑黄的脸皮，当中镶着白多黑少的两个玻璃球。一个中部高峙的鹰鼻，鼻下挂着些干黄的穗子，遮住了嘴。（老舍《老张的哲学》）

这一例的"玻璃球"是指眼球，"穗子"是指胡子，然而，说成"玻璃球"和"穗子"，顿生诙谐幽默之趣，让人倍感老舍作品的风格。

（四）量词、副词的选择

词语的选择不限于动词、形容词和名词，量词、副词乃至于代词及虚词的使用也都应精益求精。量词很具形象色彩，"一片"、"一朵"、"一丝"、"一缕"、"一点"、"一线"等，形象各不相同。例如：

⑦ 过了八公里长的瞿塘峡，乌沉沉的云雾突然隐去，峡顶上一道蓝天，浮着几小片金色浮云，一注阳光像闪电样落在左边峭壁上。（刘白羽《长江三日》）

蓝天怎么是"一道"？因为是在三峡中看蓝天，不能把整个蓝天尽收眼底，所以看上去只是"一道"；浮云是"几小片"，也很恰当；"一注"阳光尤其精彩，"注"本是动词，这里借来作为量词，形象地写出了阳光不是大片而是成线条状照射在峭壁上，就像水注射到峭壁上，像闪电落到峭壁上，"一道"、"一注"写出了三峡奇特的美景。

副词起修饰限制作用，选择得好，往往使其作用更为明确。例如：

⑧ 白求恩同志，我也要批评你两句。你不很注意——不，是很不注意——自己的健康！（电影《白求恩大夫》）

"不"和"很"两个副词，组合顺序不同，表意不一样。"不很注意"，说明还比较注意；"很不注意"，说明非常不注意。先说"不很注意"，表意不精确；改用"很不注意"，就充分表现了白求恩同志毫不利己、专门利人的崇高精神，表意十分精确。

代词以及虚词的选择也有很好的修辞效果。如郭沫若的《屈原》剧本中"你是没有骨气的文人"这句台词，经演员建议，改为"你这没有骨气的文人"，使台词的语气大为增强。老舍的话剧《宝船》中"开船喽"一句，用"喽"而不用"啦"，原来，老舍经反复朗诵后体会到，"开船喽"是表示对大家说的，"开船啦"只是表示对自己说的。两个不同的语气词的细微差别，作家都能反复推敲，仔细琢磨。

二、词语的配合

（一）色彩的配合

1．感情色彩的配合

词语的感情色彩有褒义、贬义、中性之分，它反映人们对客观事物的评价态度。不少词语是带有感情色彩的，我们在运用这些词语时要注意感情色彩的配合。例如：

① 我已经说过：我向来是不惮以最坏的恶意来推测中国人的。但这回却很有几点出乎我意外。一是当局者竟会这样地凶残，一是流言家竟至如此之下劣，一是中国的女性临难竟能如是之从容。（鲁迅《纪念刘和珍君》）

"凶残"、"下劣"带有贬斥的感情色彩，用来抨击"当局者"和"流言家"；"从容"带有褒扬的感情色彩，用来赞颂刘和珍君等"中国的女性"。鲁迅先生将这三个褒贬色彩不同的词，运用于不同的人，运用在三个整齐的分句中，配合得当，爱憎分明。

有些词语本身没有感情色彩，但如果我们把它们安排在一个特定的语言环境中，它们也就会临时带上感情色彩而确切地表达我们的思想感情。例如：

② 而青松啊，

决不与野草闲花为伍！

一派正气，

一副洁骨，

一片忠贞，

一身英武。（郭小川《青松歌》）

"一派"、"一副"、"一片"、"一身"这些数量词，本身并不带有什么感情，可诗中将它们分别同"正气"、"洁骨"、"忠贞"、"英武"配合，以表现青松完全、彻底、表里如一的高贵品质，这就使得这些数量词带有了褒扬的感情色彩。

2．语体色彩的配合

语体分为口语和书面语两大类及若干小类。有些词语通用于各种语体，这些词语不具语体色彩。有些词语常用于某一语体或专用于某一语体，这样的词语则具有相应的语体色彩。一般说来，具有语体色彩的词语同某一语体有着稳定的适应性而排斥其他语体，因此，我们运用这些词语就要充分考虑词语的语体色彩与语体的配合，以取得和谐一致的效果。例如：

③ 生产责任制真神。俺们才搞了一年，农民就开始显富了，干部和群众之间的那堵墙也给平掉了，真是叫人喜欢。（《人民日报》1981 年 1 月 3 日）

④ 所谓形而上学的或庸俗化的宇宙观，就是用孤立的、静止的和片面的观点去看世界。这种宇宙观把世界一切事物，一切事物的形态和种类，都看成是永远彼此孤立和永远不变化的。（毛泽东《矛盾论》）

例③是一位农民干部的谈话，属口头语体，运用的词语"真神"、"俺们"、"显富"等，是口语词，朴实、自然，富有生活气息。例④是属书面语体，运用的一些哲学术语、书面词语等与语体是相一致的。

具有语体色彩的词语一般只适用于相应的语体，但也有一定的灵活性。有时候，为了造成某种风格或取得某种修辞效果，可以故意用上少量的不同语体色彩的词语。例如：

⑤ 在"吃不饱"看来，她这位丈夫也不能算是最满意的，只能说是"比上不足比下有余"——所以只把他作为"过渡时期"的丈夫。（赵树理《锻炼锻炼》）

这是小说中的语言，属文艺语体。"过渡时期"是政治术语，一般用于政论语体，将这一词语运用到小说中来描写丈夫，使人感到诙谐、幽默。

3．形象色彩、时代色彩的配合

词语的形象色彩是所指对象在人的意识里的一种感性的、具体的反映。汉语中不少词语具有形象色彩，以视觉形象为多，如"马尾松"、"鸡冠花"、"丹顶鹤"等等。也有作用于听觉、嗅觉、味觉、触觉的，如"哗啦啦"、"香喷喷"、"甜丝丝"、"硬梆梆"等等。我们要做形象的描绘，就得注意词语的形象色彩的配合，以期收到形象生动的效果。例如：

⑥ 看近处，那些落光了叶子的树木上，挂满了毛茸茸亮晶晶的银条儿，那些冬夏常青的松树和柏树上，挂满了蓬松松沉甸甸的雪球儿。（峻青《瑞雪图》）

这一例，由于使用了"毛茸茸"、"亮晶晶"这两个词，使树枝上的雪条儿有了形象和色泽；由于使用了"蓬松松"、"沉甸甸"这两个词，使松柏上的雪球儿有了质地和重量。这些具体可感的的词语，给这幅图景以形象的渲染，使这段文字犹如一幅画卷，成了名副其实的瑞雪图。

词语的时代色彩是不同时代给词语打下的烙印。我们表现不同时代的内容，必须注意词语的时代色彩的配合。例如：

、 ⑦ 在旧社会的戏园子里，往往看得见"禁止喧哗"四个字的木牌，但在戏曲演出的时候，大声谈天说话的有，唱彩以至于打口哨的也有。现代戏院只有发暗的红灯发出"请勿吸烟"的禁告。（王朝闻《起哄与欣赏》）

写旧社会，用"戏园子"、"禁止喧哗"、"木牌"这些词语；写现代，用"戏院"、"发暗的红灯"、"请勿吸烟"这些词语。这反映了不同时代人们对事物的称说和文明水平，体现了不同时代的特点。

（二）义类的配合

1．同义词的配合

同义词的运用是语汇修辞的一个重要方面。除了在语句的某一处选择运用同义词之外，人们常常将一组同义词同时在多处运用，互相配合，效果明显。例如

⑧ 他的新著《红楼风俗谭》，叙岁时，记年事，说礼仪，谈服饰，讲古董，言官制，道园林，论工艺，兼及顽童深读，学究讲章，"太上感玄"、"八股"陈腔，道士弄鬼，红袖熏香，茄鲞鹿肉，荷包槟榔，至琐至细，无不包藏。（《文汇报》1987 年 10 月 18 日）

这里的"叙"、"记"、"说"、"谈"、"讲"、"言"、"道"、"论"既表同义，又有变化，错综避复，相得益彰，同中有异，配合得当。这就充分反映了作者运用同义词的娴熟，又充分显示了汉语语汇丰富的特点。

同义词不仅可以在多处使用，而且还可以连续使用。这样，接连而下，互相配合，以加强气势，协调音节，增强效果。例如：

⑨ 你们的许多言论行动，既然和敌人汉奸的所有这些言论行动一模一样，毫无二致，毫无区别，怎么能够不使人怀疑你们和敌人汉奸互相勾结，或订立了某种默契？（毛泽东《质问国民党》）

这里的"一模一样"、"毫无二致"、"毫无区别"是同义的成语或四字格词语，在意义上没多大差别，但字面上有变化。接连使用，并不让人感到重复，而是让人感到配合

有方，痛快淋漓，使人觉得唯有如此，才能充分揭露国民党反动派的罪恶本质。

2．反义词的配合

反义词的使用可以揭示事物的相反或相对的关系，突出事物的本质特征，同时表意周到辩证，所以人们在语汇修辞中经常运用反义词。反义词往往是成双成对地配合使用的。例如：

⑩ 笑的声音有大有小；有远有近；有高有低；有粗有细；有速有慢；有真有假；有聪明的，有笨拙的；有柔和的，有粗暴的；有爽朗的，有娇嫩的；有现实的，有浪漫的；有冷冷的，有热情的，如此等等，不一而足，这是笑的辩证法。（高士其《笑》）

这里把"大——小、远——近、高——低、粗——细"等十一对反义词配合起来，运用在十一个分句里，概括全面，包罗了笑的百态，阐明了笑的辩证法。

修辞上所讲的反义词，还包括临时反义词。临时反义词指的是有些词语本来不具有直接的相反或相对的关系，但在特定的语言环境中，人们为了表达的需要而使它们临时具有了相反或相对的关系。临时反义词的使用，尤其要注意互相配合。例如：

⑪ 没有蒲公英，显不出雏菊；没有平凡，显不出超绝。而且不能因为大家都爱雏菊，世上便消灭了蒲公英；不能因为大家都敬礼超人，世上便消灭了庸碌，即使这一切都因着世人的爱憎而生灭；只恐到了满山满谷都是菊花和超人的时候，菊花的价值，反不如蒲公英，超人的价值，反不及庸碌了。（冰心《寄小读者》）

"蒲公英"与"雏菊"、"菊花"，本来不是反义词，可是，因为作者在文中将"蒲公英"与"雏菊"对举配合以"平凡"与"超绝"对举，将"雏菊"、"菊花"与"蒲公英"对举配合以"超人"与"庸碌"对举，这样的安排配合，显然就使"蒲公英"与"雏菊"、"菊花"临时具有了反义关系。

3．类义词的配合

类义词是表示同类概念的一组词，或者说指同一类属语义场中的一组词。类义词的运用在语汇修辞中是很有特色的，它既有相同点（同类）以显出整齐，又有不同点（不同的事物或形状）以显出错综。把一组类义词在一段文字中配合运用，往往能取得很好的修辞效果。例如：

⑫ 他悠悠地踱着步子，嘬着牙花子，慢吞吞地吐着每一个字，好像是在掂每一个字的分量；又像是在咂每一个字的滋味。是的，他的话语就像五香牛肉干，浓缩、醇厚。（王蒙《说客盈门》）

作者把"踱"、"嘬"、"吐"、"掂"、"咂"这五个表示人的动作的类义词，各自带上合适的宾语，运用在这段文字中，再配以最后的一个比喻和两个形容词，就把一个说套话、保乌纱、有官僚习气且老谋深算的人物形象活脱脱地勾勒出来了。这五个类义词，作者显然是精心安排的。

有时，人们把一组一组的类义词连续排列，铺陈夸张，修辞效果也非常强烈。例如：

⑬ 一下子，鸡鸭蟹猪牛马驴狗雁兔子王八，头尾翅腿肚肠肝肺心腰子下水，有煎有炒有烹有炸有炖有蒸有熬有爆有烧有拌有外加一坛子水，碟架碗碗架碗，严严实实把这个

僧人围在中央。（冯骥才《阴阳八卦》）

　　这一段文字，有动物类的类义词，有动物器脏类的类义词，有烹饪类的类义词，接连使用，效果很好，配合上很有特色。

第四节　句式的选择

　　句子是语言交际的基本单位。俗话说："一句话，百样说。"，这说明句子具有多样性。现代汉语中有各种句型、句类、句式，这就为我们开展句子修辞提供了可能性，也提出了必要性。不同的意思当然可以用不同的句子来表达，但是，同一个意思也可以用不同的句子来表达，这就是人们一般所讲的同义句式。现代汉语中同义句式很多，人们往往很重视从中做出选择，以增强表达效果。如朱自清先生在《欧游杂记自序》中谈到的"楼上正中一间大会议厅"、"楼上正中是一间大会议厅"、"楼上正中有一间大会议厅"、"一间大会议厅在楼上的正中"都是同义句式，朱先生选用这第一句，为的是"盼望着给读者留下整个的印象，或者说更具体的印象"。由此可见，句子修辞是很值得我们学习和掌握的。

　　句子修辞，一般包括句子的调整和句式的选用两个方面。

一、句子的调整

　　句子的调整，也称为"句子的锤炼"或"炼句"，这要求我们根据题旨和语境的需要，对句子的结构、句子的表意、句子的衔接加以调整，以求句子结构合理，表意周密，衔接连贯。为达此目的，我们必须掌握辩证原则，处理好句子调整中的常和变、显和隐、通和顺。

（一）常和变

1．改变语序

　　改变语序是指改变词语在句子中常规的排列顺序，或者说是改变句子成分在句子中的常规位置，这样就把常式句改成了变式句。改变语序所产生的修辞效果有两个方面。一方面，强调前移的部分，这多见于口语。如"怎么了，你？"/"是他呀，的确。"另一方面，强调后移的部分，这多见于书面语。如"许多外国朋友来到桂林游览，从伦敦，从纽约、从巴黎，从世界各地。"又例如：

　　① 鼓动吧，风！咆哮吧，雷！闪耀吧，电！把一切沉睡在黑暗里的东西，毁灭，毁灭，毁灭呀！（郭沫若《屈原》）

　　这里将"鼓动"、"咆哮"、"闪耀"这三个谓语都分别置于主语"风"、"雷"、"电"之前，借以抒发屈原满腔的怒火和强烈的反抗精神。这是强调前移的部分。

　　② 无数双眼睛——金黄的、碧蓝的、黝黑的，同时注视着这条受伤的手臂，各种语言发出同声惊叹！（理由《扬眉剑出鞘》）

③ 谁不喜欢呢，从心里，从灵魂的深处！（吴伯箫《歌声》）

例②是将定语"金黄的、碧蓝的、黝黑的"放到中心语"眼睛"的后面，以强调注视的眼睛是不同民族的。例③是将状语"从心里、从灵魂的深处"放到了中心语"喜欢"的后面，以充分表达喜欢的程度。这两例是强调后移的部分。

2．改变句序

改变句序是指改变复句中分句的常规排列顺序。在复句中，并列复句、选择复句等分句的排列没有固定的顺序，分句的排列顺序的改变，有时不影响意思的表达。可是，不少复句，尤其是偏正复句中分句的排列是有规定的顺序的，一般是偏句在前，正句在后，后面的分句是表意的重心所在。分句的排列顺序不一样，表意就有不同。"情有可原，法无可恕"和"法无可恕，情有可原"，意思不同；"屡战屡败"与"屡败屡战"，表意也很不一样。所以，人们在运用复句时为了表意的需要而常常有意改变分句的排列顺序。例如：

④ 多少年了，这条沟没有人修理过，因为这里是贫民窟。（老舍《我热爱新北京》）

⑤ 过去打仗也好，现在搞工业也好，我都不喜欢站在旁边打边鼓，而喜欢当主角，不管我将演的是喜剧还是悲剧。（蒋子龙《乔厂长上任记》）

例④是表原因的分句后置，以强调旧北京时没修这条沟的原因，揭示了旧政府对贫民百姓的漠视。例⑤是表条件的分句后置，突出地表现了乔厂长不计个人得失荣辱、敢于挑大梁的性格特点。

（二）显和隐

1．凸显话题

从语用角度分析，句子有话题和述题。话题是陈述的对象，述题是对话题的陈述。从信息结构上分析，话题传递旧信息（已知信息），述题传递新信息（未知信息）。从语序上分析，话题在前，居于句首，述题在话题之后。从认知上分析，话题居于句首，能最先引起人的注意。由于话题具有这些特点，所以，人们在调整句子时，十分注意话题的调整，把需要首先引起注意的信息放在话题的位置上，使之得到凸显。

凸显话题的方法主要有两种。

其一，直接将一些词语置于句首，充当话题。例如：

⑥ 这副对联知道的人很少，颇有介绍的必要。（马南邨《事事关心》）

⑦ 十一子和巧云的事，师兄们都知道，只瞒着老锡匠一个人。（汪曾祺《大淖记事》）

例⑥的"这副对联"本是"知道"的受事，如果说成"知道这副对联的人很少"，那也可以，但凸显的部分就不一样了，并且同下一句也不连贯。作者将"这副对联"置于句首，充当话题，最先凸显了它，引起人们注意，这有利于表现《事事关心》全文的主旨。例⑦的"十一子和巧云的事"也是"知道"的受事，如果将它放在"知道"的后面，那就不能使它最先引起人们的注意。

其二，运用介词将一些词语置于句首，充当话题。例如：

⑧ 关于牛郎星和织女星，民间有个美丽的传说。（《现代汉语八百词》）

⑨ 熊是杂食的，吃肉，也吃果实块根。至于熊猫，是完全素食的。（同上）

例⑧用介词"关于"引出词语，凸显话题。例⑨是用介词"至于"引出词语，凸显话题。"关于"、"对于"、"至于"等介词，具有介引话题的功能，可以说是话题的一种标记，特别是"至于"这个介词，它的功能就是介引话题。

2．凸显焦点

话题传递旧信息，述题传递新信息，新信息的重点是焦点。焦点是说话人最想让听话人注意的部分。我们调整句子，往往就是要把最需要强调的部分、最新的信息放在焦点的位置上，使之得到最为充分的凸显。

凸显焦点的方法主要有三种。一是将焦点置于句子末尾，形成"句末焦点"。"句末焦点"是由句子组织的一般规律决定的，由旧信息到新信息，再到新信息的重点，这在认知上比较容易，反之则比较困难。所以，"句末焦点"又叫"自然焦点"。例如：

⑩ 我国的诗人爱把拱桥比做虹，说拱桥是"卧虹"、"飞虹"，把水上拱桥形容为"长虹卧波"。（茅以升《中国石拱桥》）

这里为了描绘拱桥的形象，把"虹"、"卧虹"、"飞虹"、"长虹卧波"放在焦点的位置上加以凸显。为达此目的，作者在两处用了"把"字句，以便让虹处在末尾，形成句末焦点。

二是运用对比来凸显焦点，形成"对比焦点"。对比是有效的突出重点的方法，在运用对比的句子中，无疑这对比的部分就成了焦点而得以凸显。例如：

⑪ 骆驼很高，羊很矮。骆驼说："长得高多好啊！羊说："不对，长得矮才好呢！"（《骆驼和羊》）

前面叙述中的"高"和"矮"是句末焦点，也是对比焦点。后面对话中的"高"和"矮"不在句末，但因为是对话中针锋相对的对比点、强调点，所以仍是焦点，仍得到凸显，这是更典型的对比焦点。对比焦点不一定在句末，可以在句中。

三是采用焦点标记来凸显焦点。常用的焦点标记为"是"或"是……的"，焦点处在"是"之后。如：

⑫ a.我是昨天买的票。（《现代汉语八百词》）

b.我昨天是买的票。

c.我昨天买的是票。

这一例的 a 句用"是"来凸显焦点"昨天"，表明我买票是在昨天而不是在前天或今天。就这一例来说，如果将"是"移到"买"的前面，如 b 句，那就凸显了焦点"买"；如果将"是"移到"票"的前面，如 c 句，那就凸显了焦点"票"。"是"的位置不同，凸显的焦点就不同，表意的重点也就不一样。

（三）通和顺

1．通顺兼备

人们一般笼统地要求句子通顺。我们如果细加分析，通和顺则是既互相区别又互相联系的两个方面。两者的区别为，通是语法方面的要求，顺是修辞方面的要求。也可以说，通是消极修辞的要求，顺是积极修辞的要求。两者的联系为，通是基础，顺是提高；不通一定不顺，但通了不一定顺。我们调整句子，就是要做到不但要通而且要顺，那就是说，不但使单个的句子合乎语法，没有语病，而且要使句子与句子之间衔接连贯，语势顺畅。许多作家对句子的修改都说明了这一点。例如：

⑬ 原句：最难堪的，自然是妻儿的远离，而且不通消息……（叶圣陶《潘先生在难中》）

改句：最难堪的，自然是妻儿远离，而且消息不通……

⑭ 原句：度过了讨饭的童年生活，在财东马房里睡觉的少年，青年时代又在秦岭荒山里混日子，他不知道世界上有什么可以叫做困难！（柳青《创业史》）

改句：他童年时候讨过饭，少年时候在财东马房里睡过觉，青年时候又在秦岭荒山里混过日子，简直不知道世界上有什么可以叫做困难。

例⑬原句中的"妻儿的远离"、"不通消息"都是通的，但结构上不一致，字数上不相等，连在一起是不怎么顺的。改为"妻儿远离"、"消息不通"结构相同，字数相等，连在一起显然顺多了。例⑭叙述梁生宝童年、少年、青年时期的生活，原句童年时期用了一句，少年和青年时期合为一句，三个时期的叙述虽然没有什么不通之处，意思也使人明白，但总让觉得拗口不顺。改句用三个句子叙述三个时期的生活，并且结构基本一致，让人感到语句连贯，语势顺畅。

2．话题衔接

话题是陈述的对象，传递旧信息，居于句首。话题往往是表述的出发点，是获取新信息的基础。因此，利用话题来衔接句子，是保证句子通和顺的最基本的衔接方法。

常见的话题衔接的方式主要有两种。一种是平行衔接的方式。采用这种方式，可以用一个话题引出多个述题，一个话题贯串始终，平行推进；也可以用不同的话题引出不同的述题，这不同的话题往往是平行的，对举的。例如：

⑮ 他头上顶着一条麻袋，背上披着一条麻袋，挟着被窝卷儿，满脸笑容，走进一家小饭铺。他要了五分钱的一碗汤面，喝了两碗面汤，吃了他妈给他烙的馍。他打着饱嗝儿，取下棉袄口袋上的别针，掏出一个红布小包来。他在饭桌上很仔细地打开红布小包，又打开一层写过字的纸，才取出那些七拼八凑地凑起来的人民币来，拿出一张五分票，付了汤面钱。（柳青《创业史》）

⑯ 一批人咕噜着离开了万盛米行，另一批人又从船埠头跨上来。（叶圣陶《多收了三五斗》）

例⑮是用话题"他"（梁生宝）引出了多个述题。尽管这个话题"他"有时出现，有时不出现，但都是同一个话题一连而下，平行推进，构成了这一段连贯得体的文字。例⑯是两个话题"一批人"、"另一批人"分别引出两个述题，平行对举，衔接得当。

话题衔接的另一种方式是分层衔接，即由一个话题（总话题）引出一些子话题，总话题与子话题有上下位关系，处在不同层次上。例如：

⑰ 露天会场。西边是黑黢黢的群山。东边是流水汤汤的延河，隔河是清凉山。南边

是隐隐约约的古城和城上的女墙。北边是一条路，沿了延河，蜿蜒过蓝家坪，狄青牢，直通去三边的阳关大道。（吴伯箫《歌声》）

这一例的总话题是"露天会场"，由它引出子话题"西边"、"东边"、"南边"、"北边"，衔接有方，层次分明，叙述清楚。

3. 述题衔接

句子衔接的通和顺也常常运用述题衔接的方法。述题衔接的主要方式也有两种。一种方式是平行衔接。采用这种方式，可以用述题反复来形成衔接；也可以用上一句的述题作为下一句的话题，形成话题链，一环一环地相接。例如：

⑱ 我们年青时候的新鲜哪儿去了？

我们年青时候的甘美哪儿去了？

我们年青时候的光华哪儿去了？

我们年青时候的欢爱哪儿去了？（郭沫若《凤凰涅槃》）

⑲ 一见面是寒暄，寒暄之后说我"胖了"，说我"胖了"之后即大骂其新党。（鲁迅《祝福》）

例⑱是利用述题"那儿去了"的反复来衔接句子，显得反复有方，整齐流畅。例⑲第一句的述题"寒暄"充当了第二句的话题，第二句的述题"说我'胖了'"充当了第三句的话题，这样环环相扣，衔接紧密，连贯顺畅。

述题衔接的另一种方式是分层衔接，即由一个述题引出一些子话题，这个述题与引出的子话题处在不同层次上。例如：

⑳ 语用学是一门古老而又年轻的学问。说它古老，是因为它所涉及的内容早在古希腊、罗马时期就引起学者们的注意；说它年轻，是因它只是在本世纪 70 年代才作为语言学的一门新兴的独立学科出现，并得到语言学界的承认和支持。（何自然《语用学概论》）

这里由首句的述题"是一门古老而又年轻的学问"引出两个子话题"说它古老"、"说它年轻"，再分别加以阐述，条理清楚，衔接连贯。

二、句式的选用

现代汉语中有大量的句式可供我们在句子修辞中选择使用。一般情况下，人们选择的句式往往是一些相反相成、相辅相成的句式，这些句式都具有各自的修辞效果，很难分出高下优劣，选择的关键在于我们选用的句式是不是适应语境和切合语体。下面讲几对人们经常选用的句式。

（一）长句和短句

长句是指词语多、结构复杂的句子，短句是指词语少、结构简单的句子。长句和短句各有其修辞效果。长句表意丰富、周密、精确、细致。短句表意简洁、明快、活泼、有力。例如：

① 所谓团结，就是团结跟自己意见分歧的，看不起自己的，不尊重自己的，跟自己

闹过别扭的，跟自己作过斗争的，自己在他面前吃过亏的那一部分人。（毛泽东《增强党的团结，继承党的传统》）

②　王三胜，大个子，一脸横肉，弩着对大黑眼珠，看着四周。大家不出声。他脱了小褂，紧了紧深月白色的"腰里硬"，把肚子杀进去。给手心一口吐沫，抄起大刀来，"诸位，王三胜先练趟瞧瞧。不白练，练完了，带着的扔几个；没钱，给喊个好，助助威。这儿没生意口。好，上眼！"（老舍《断魂枪》）

例①是长句，宾语中心"人"前面有一长串定语，从不同角度列举了应该团结的人的范围，表意非常严密、周到。例②用短句，描写一个练武卖艺人的容貌、穿着、语言、动作，有声有色，简洁有力。

长句和短句各有其适用的语体，政论语体、科技语体多用长句，文艺语体多用短句。当然，在具体的运用中有较大的灵活性，在许多情况下是长句、短句配合着使用，以同时收取这两种句式的修辞效果。

一般说来，在不妨碍内容、感情充分表达的情况下，我们说话、行文以用短句为好，而且这也符合汉语表达的习惯，符合人们的认知心理。长句修饰成分多，联合成分多，运用中稍不留意就会出现语病。所以，人们常常在句子修辞中把长句化为短句。常见的长句化短的方法有两种：

一是把长句中的修饰成分抽出来，形成分句。例如：

③　原句：在妇女代表队伍里，我看见从农村来的，坚持了十三年的斗争，把亲爱的独子贡献给解放战争，经历了无数次战争、监狱考验的中国劳动人民伟大的母亲李秀真。（刘白羽《记北京的胜利日》）

改句：在妇女代表队伍里，我看见从农村来的一位伟大的母亲，她坚持了十三年斗争，把亲爱的独子贡献给解放战争，她自己为革命经历了无数次战争和监狱的考验。（刘白羽《北京的春天》）

例③原句"李秀真"前面有很长的定语，读起来很吃力。改句把长定语抽出来，变成几个分句，读起来明快多了。

二是把长句中的联合成分拆开，重复与之直接组合的成分，形成并列的句子。例如：

④　a.我十分憎恨地主、资本家和一切卖国军阀，我真诚地爱我阶级兄弟、我们的党和我中华民族。

b.我十分憎恨地主，憎恨资本家，憎恨一切卖国军阀；我真诚地爱我阶级兄弟，爱我们的党，爱我中华民族。（方志敏《狱中纪实》）

例④a句"憎恨"和"爱"后面都有较长的以联合短语充当的宾语。b句如果看做是a句变化而来，那就是把联合短语拆开，重复与之直接组合的"憎恨"和"爱"，这就把长句变成了短句。

（二）整句和散句

整句是指结构相同或相似、形式整齐的一组句子，散句是指结构不整齐、各式各样的句子交错运用的一组句子。整句和散句各具修辞效果。整句形式整齐，气势贯通，表意强烈，体现的是匀衡美、整齐美。散句不拘一格，活泼自然，表意生动，体现的是参差美、变化美。例如：

⑤ 春分刚刚过去，清明即将到来。"日出江花红胜火，春来江水绿如蓝。"这是革命的春天，这是人民的春天，这是科学的春天。（郭沫若《科学的春天》）

⑥ 他揉眼一看，这是哪里？一群人围着自己：惊、窘、奇、怕，一人一态，有人手拿架势，好像随时准备逃跑。他定定神再看，这才发现是到了火葬场。孙三老汉激凌打个寒战：我的爹！可拉到好地方来了。（赵本夫《卖驴》）

例⑤是整句，共由三个复句组成，各个复句的每个分句结构都相同，形式非常整齐。从辞格运用的角度看，前两个复句都用了对偶，第三个复句用了排比。这样整齐的句子，读来气势贯通，使人感到仿佛一股春风扑面而来。例⑥是散句，运用了长短不一、结构不同的多种句子，说的是孙三老汉在驴车上睡着了而被误拉到了火葬场，周围的人误认为他死而复活。这样有趣的场景，这样复杂的人物的动作、神情，就凭借这样多变的散句而生动活泼地表现了出来。

在实际运用中，人们常常把整句和散句结合起来使用，整中见散或散中见整，整散结合，错综有致，以同时收到这两种句式的修辞效果。例如：

⑦ 当然我们无产阶级有自己的英雄气概，有自己的骨气，这就是决不向任何困难低头，压不扁，折不弯，顶得住，吓不倒，为了社会主义、共产主义建设的胜利，我们一定能够克服任何困难，奋勇前进！（吴晗《谈骨气》）

这里整个儿看形式不整齐，是散句，但其中的"压不扁，折不弯，顶得住，吓不倒"是四个整齐的动补结构的句式，这体现了散中见整。再细看这四个动补结构的句式，"压不扁"、"折不弯"、"吓不倒"是否定式，"顶得住"是肯定式，整齐中又有变化，这又体现了整中见散。短短的一段文字竟有如此的变化，实在令人叹服。

（三）主动句和被动句

以施事做主语的句子叫主动句，以受事做主语的句子叫被动句。一般说来，主动句和被动句表意的侧重点不同，适用的场合不尽相同，修辞效果也不一样。我们可根据表意和语境的需要，做出恰当的选择。

我们平时说话、行文，用主动句的时候比较多，因为主动句比被动句直截了当。现代汉语的被动句，从形式上看，有的用"被"、"叫"、"让"等标记来表示被动，有的不用标记词，直接让受事充当主语来表示被动。从句式选用的角度看，下列情况之下，适宜选用被动句：

1. 强调受事，而施事不需要说出，或不愿说出，或无从说出。例如：

⑧ 伽利略也因为信仰和传播哥白尼的学说，在一六三三年他已经七十岁的时候，还被审讯，受到严刑的威胁。（竺可桢《哥白尼》）

这一例，强调了伽利略被审讯，而不必、不愿说出施事。

2. 保持叙述方向的一致和话题的连贯。例如：

⑨ 好了，月亮上来了，却又让云遮去了一半，老远的躲在树缝里，像个乡下姑娘，

羞答答的。（朱自清《松堂游记》）

这一例用了一个被动句"却又让云遮去了一半"，这是为了保持叙述方向的一致，让"月亮"这个话题贯串下去。假如不用被动句而说成"云又遮去了一半"，那就使得话题一会儿是"月亮"，一会儿是"云"，叙述方向变来变去，使人感到别扭。

3．表示不如意、不幸的事情。例如：

⑩ 由于宣传哥白尼的新宇宙观，意大利哲学家布鲁诺坐了七年牢，最后被处火刑；意大利物理学家伽利略七十岁时受到宗教法庭审判，并被终生监禁。（钱三强《科学技术发展的简况》）

⑪ 1600 年 2 月 17 日，布鲁诺在罗马百花广场上，被活活烧死。（李迪《日心说和地心说的斗争》）

这两例和前面举的例⑧，在说到布鲁诺和伽利略的不幸遭遇时，都选用了被动句。作者们不约而同的选择，充分证明了被动句适宜表示不如意、不幸的事情。

（四）肯定句和否定句

肯定句是对事物做出肯定判断的句子，否定句是对事物做出否定判断的句子。肯定和否定是互相联系的，肯定一面同时也就意味着否定另一面，所以，肯定句、否定句可以互相变换。如"老王干劲大——老王干劲不小"，这两句的基本意思相同，但在语义的深浅、口吻的轻重、语气的强弱等方面就有差别，因此，肯定句、否定句的运用，是很值得我们注意的。这里着重说明肯定句、否定句运用中常见的两种情形：

1．肯定否定相互映衬。

人们常常将肯定句和否定句并用，做先后的排列，肯定否定相互映衬，相互补充，从正反两个方面说明情况或表明态度，以加强语势，增强表达效果。例如：

⑫ 我们实行的是社会主义民主，不是资本主义民主。（邓小平《目前的形势和任务》）

⑬（蜜蜂）不是为自己，而是在为人类酿造最甜的生活。（杨朔《荔枝蜜》）

例⑫是肯定在前否定在后，例⑬是否定在前肯定在后，这样的肯定否定先后并用，都起到了相互映衬、增强效果的作用。

2．双重否定的运用

人们都知道双重否定表示肯定，但双重否定并不是完全等同于肯定。"非学不可"不是"学就可以"的意思，而是"一定得学"的意思；"不能不说"更不是"能说"的意思，而是"必须要说"的意思。这么看来，双重否定表示肯定，往往使语气更强烈，使人感到不容置疑，从而加强了肯定。例如：

⑭从前线回来的人说到白求恩，没有一个不佩服，没有一个不为他的精神所感动。（毛泽东《纪念白求恩》）

这里的"没有一个不佩服"比起"个个都佩服"，"没有一个不为他的精神所感动"比起"个个都为他的精神所感动"，显然语气强烈得多，这就高度赞扬了白求恩精神的崇高和感人。

双重否定表示肯定，有时也表示委婉的语气。例如：

⑮ 当然，这些人有的不是没有错误，犯了错误，做了自我批评，就有了正反两方面的经验嘛。（邓小平《各方面都要整顿》）

这里的"不是没有错误"是"有错误"的意思，然而语气比较委婉。这显示了批评的艺术。

第五节　修　辞　格

一、修辞格概说

修辞格，又叫辞格，是具有特定的构成方式和相应的表达效果的格式，是具有生动性和高度形式化的积极修辞方式。

1. 辞格的修辞效果能使表达的内容富有可体验性、具体性；利用语辞的形、音、义，使形式呈现出动人的魅力。

辞格生动性的体现是多方面的。具体形象的描绘固然动人，在声音上、结构形式上的艺术化，同样给人以美的享受。

2. 辞格在组织结构上高度形式化，具有一定的模式或程式。辞格多数具有较为明显的形式上的标志。如：比喻有本体、喻体、比喻词语三个要素，这三个要素的组合就构成了一定的结构形式。

少数辞格，如夸张、反语等在意义上也是有规律可循的：夸张必是言过其实，反语必是意在反面。这些规律也是一种程式。

二、常用的修辞格

（一）比喻

不同事物之间具有某种相似点，便用彼事物去描述所要表现的此事物，这种修辞方式叫比喻。

1. 比喻的构成要素及构成条件

比喻的特点是以彼喻此。"彼"指比喻的事物，叫"喻体"；"此"指被比喻的事物，叫"本体"；二者构成比喻辞格的两大基本要素。喻体和本体赖以组合成比喻的纽带是它们之间的"相似点"。标示这种相似关系的语词叫"喻词"（或"比喻词"），喻词是比喻的语词标志。

比喻中本体和喻体的相似点一般不直接点明，让读者从中去寻味领悟，也有在比喻中点明其相似点的，如"那孩子像花朵般可爱"。

构成比喻，从内容上说，有需要表现的事物、另外的事物和相似点这三个要素；从形式上说则需要本体、喻体和比喻词三个成分。通常人们把本体、喻体、比喻词叫比喻的三要素，也有的加上相似点，称为四要素。

　　构成比喻的条件：喻体和本体必须是本质不同但有相似点的事物。这也就是说本质相同的事物构不成比喻，没有相似点的事物也构不成比喻。

2．比喻的基本形式

　　（1）明喻

　　直接、明白地用喻体来描写或说明本体，常以"像"、"似"、"如"、"仿佛"等词语连接本体和喻体。结构形式："本体"像"喻体"（甲像乙）。例如：

　　① 记得那年泼水节，一朵凤凰花就像一团火焰，一树凤凰花就像一支烧燃的火把。（张长《泼水节的怀念》）

　　（2）暗喻

　　直接将本体等同于喻体以描写或说明本体，常用"是"、"成为"、"等于"等词语连接本体和喻体。结构形式："本体"是"喻体"（甲是乙）。例如：

　　② 一个爱说话的女人是朵盛开的花，没有什么味道；一个不爱说话的女人，是朵半开的花，没有人知道它藏着一个什么样的花心，最吸引人。（於梨华《变》）

　　（3）借喻

　　不出现本体，也没有喻词，直接用喻体描写或说明本体。结构形式：只有喻体（乙）。例如：

　　③ 她曾经远离过这些人，在她与她们之间筑了一堵墙。为了显示自己的不同凡响，她长期忍受孤独寂寞的痛苦。（贺光涛《路》）

　　以上所述的三种比喻形式，是比喻的基本结构类型。从明喻到暗喻再到借喻是一层进一层的比喻，越推进一层，比喻和被比喻的事物关系越密切，因而比喻的事物也越占主要的地位。大致说来，表达激昂情绪或强调比喻的事物时，宜于用暗喻或借喻，在一般情况下，宜于用明喻。这要由表达内容和特定语境来决定。

3．比喻的变式

　　比喻的变式有很多。如：（1）倒喻。就是把本体和喻体的关系倒过来，即喻体在前，本体在后。（2）反喻。从反面说明本体不像（或不是）喻体，即用否定形式构成的比喻。（3）回喻。就是先提出喻体，紧接着又对喻体加以否定，最后引出本体。（4）互喻。它是两个比喻连用，前一个比喻的本体和喻体是后一个比喻的喻体和本体。（5）博喻。用几个喻体从不同角度反复设喻去说明一个本体。（6）较喻。就是比喻兼比较，即在某一相似之点上，本体超过了（或不及）喻体。（7）引喻。又叫平列式比喻，本体和喻体各自成句，前后并列。（8）等喻。本体和喻体之间，结构上是一种同位的关系，意义上是一种复指、注释的关系。（9）缩喻。本体和喻体之间是修饰和被修饰的关系。

4．比喻的功能与运用

　　恰当地运用比喻，可以使抽象的事物具体化，概括的事物形象化，深奥的事理浅显化，给人以生动形象之感。

　　运用比喻要注意：（1）本体和喻体必须是本质不同的事物，其类差越远审美价值越大。（2）喻体应是常见、易懂的。（3）情感色彩不能颠倒。通常，爱的取褒意做喻，恨的取贬意做喻。

（二）比拟

根据想象把物当做人或把人当做物或把甲物当做乙物，这种修辞方式叫比拟。运用比拟，思想上要把表达对象（本体）看做是他类事物（拟体），而字面上并不出现这个事物。

1．比拟的类别

（1）拟人

将物当做人，赋予物以人的动作行为或思想情感。例如：

① 群山肃立，江河挥泪，辽阔的祖国大地沉浸在巨大的悲痛之中。（《敬爱的周恩来总理永垂不朽》解说词）

"肃立"、"挥泪"、"悲痛"等词，常用于人的感情，行为，不用于物。现在移用于物，把"群山"、"江河"、"大地"也当做人来描写，赋予它们人的动作，人的感情，从而真切动人地抒发了人民群众对敬爱的周总理的深切悼念之情。

（2）拟物

将人当做物或将甲事物当做乙事物。例如：

② 因为公演的地点恰巧是孔夫子的故乡，在那地方，圣裔们繁殖得非常多，成着使释迦牟尼和苏格拉弟都自愧弗如的特权阶级。（《鲁迅全集》第 6 卷）

把原来用于物的"繁殖"移来叙述"圣裔们"，表示出鲁迅对"圣裔们"的极度蔑视与辛辣讽刺。

③ 还有一问，是"公理"几块钱一斤？（《鲁迅全集》第 3 卷）

把抽象的"公理"当做可以论"斤"、可以定价的具体的"物"来写，深刻地揭露"正人君子"们口口声声"公理"、"正义"，时时刻刻以冠冕堂皇的话语吓人、骗人的鬼蜮伎俩，并给以辛辣讽刺。

2．比拟的功能与运用

恰当地运用比拟，可以增添语言的形象性，增加爱憎、褒贬的感情色彩。

运用比拟要注意：（1）拟体形象的美丑与情感的爱憎褒贬应统一。（2）比拟的要点在于人格化或物性化，因此用来比拟的人和物与被比拟的人和物在性格、形态行为等方面应该有相似或相近之点。

3．比拟和比喻的区分

比拟和比喻有相似之处，因为二都是以甲事物比乙事物。但它们有一个根本的不同点，那就是结构上的不同：比喻有本体、喻体和比喻词，不管何种比喻，喻体一定出现；比拟有本体、拟体和比拟词语（即适用于拟体的词语），不管何种比拟，拟体绝不出现（它只能是潜在的）。

（三）夸张

故意言过其实，对客观的人或事做扩大或缩小的描述，这种修辞方式叫夸张。夸张重在情感的抒发，而不重在事实的记叙。透过夸张的极度形容，我们感受到语言的美妙和显现出的情理的真而非客观事实的真。

1．夸张的类别

（1）扩大夸张

故意把一般事物往大（多、快、高、长、强……）处说，也就是对事物的形象、性质、特征、作用、程度等加以扩大。例如：

① 我也忍不住哈哈大笑，笑得山摇地动，日月无光。（韩小蕙《欲说还休》）

（2）缩小夸张

故意把一般事物往小（少、慢、矮、短、弱……）处说，也就是对事物形象、性质、特征、作用、程度等加以缩小。例如：

② 柔嘉虽然比不上法国剧人贝恩哈脱，腰身纤细得一粒奎宁丸吞到肚子里就像怀孕，但瘦削是不能否认的。（钱钟书《围城》）

（3）超前夸张

故意把后出现的事说成是先出现的，或是同时出现的。这是从时间上进行夸张，即在时间上总是把后出现的事抢前一步。例如：

③ ……这些情景，就像在眼前展开了一样。家里煮的狍子肉，烧的热炕头，在等他们回来，甚至他们已经嗅到了肉香……。（曲波《林海雪原》）

他们还在离家很远的路上，根本嗅不到家里煮烂的狍子肉的香味，却写成"已经嗅到了肉香"，把后出现的事提前了。

2．夸张的功能与运用

恰当地运用夸张，可以引起人们丰富的想象，有利于突出事物、行为的特征；可以表达强烈的感情、态度，增强感染力。

运用夸张要注意：（1）夸张有据。夸张要有客观基础，要有事实做根据。（2）夸张有节。使用夸张要有节制，夸张不同于浮夸、吹牛。（3）运用夸张要使接受者明白是故意言过其实，不能既像夸张，又像写实，否则容易产生误解。　　　　　　　：

（四）移就

把描写甲事物性状的词语移来描写乙事物，这种修辞方式叫移就。

1．移就的类别

（1）移情

把属于人的感受或感情移用于物。例如：

① 她们被幽闭在宫闱里，戴了花冠，穿着美丽的服装，可是陪伴着她们的只是七弦琴和寂寞的梧桐树。（周而复《上海的早晨》）

② 冬天的夜好长，好痛苦，冬天的夜又好幸福。

例①②都是将人的感受移属于物。①将人的感受"寂寞"移用于物"梧桐"，更显人的寂寞。②的夜无所谓"痛苦"、"幸福"，这些都是人的感受，作者把它移用于物。

（2）移性

把属于甲事物的性状移于乙事物。例如：

③ 吴荪甫突然冷笑着高声大喊，一种铁青色的苦闷和失望，在他紫酱色的脸皮上泛出来。（茅盾《子夜》）

例③把原来描写脸色的"铁青色"移来描写"苦闷"和"失望"。

移性，多数是把具有感情色彩的色彩词移做没有感情色彩的事物的修饰语，有人称之"移色"。

移就主要的结构形式：把状写彼物的形容词（多属写人的词语）移用过来做此物（多属写物的词语）的修饰语。移就的语言表达形式多数是定中式结构，只有少数不是，如上举第一类的第②例。

2. 移就的功能与运用

恰当地运用移就，可以突出所描绘事物的性状和本质，增加写景、状物、抒情等方面的表现力。

运用移就要注意：移就经常出现在文艺语体中，它是一种在特殊语境中临时迁就的描绘色彩浓重的修辞，写实性语体不宜使用。

3. 移就和拟人的区别

移就大多把属于人的性状词语移属于非人的或无知的事物上面，这一点跟拟人有些相似，但它们是两种不同的修辞方法：（1）在内容上，拟人侧重在把物人格化；移就只是把甲性状词语移属于乙，侧重在移而就之，不把物人格化。（2）在形式上，移就的移用词语常做定语，拟人所选用的词语多做谓语。

（五）通感

在叙事状物时，用形象性的语言使感觉转移，从而启发接受者联想、体味，这种修辞方式叫通感，又称移觉。

1. 通感的常见类别

（1）由听觉移到视觉，例如：

① 蓦然，她格格地笑动……笑声如同欲滴而未滴的露珠，似含似吐颤而不落。（朱苏进《金色叶片》）

由听觉感觉到的"笑声"，移到视觉感觉到的"露珠"，描绘出了"她"的笑声的动人魅力。

（2）由听觉转移到味觉，例如：

② 她的声音像蜜，听着甜滋滋的。（李叔德《赔你一只金凤凰》）

由听觉感觉到的"声音"移到味觉感觉到的"甜滋滋"。

（3）由视觉移到嗅觉，例如：

③ 我的情人啊！

你的微笑像新奇的花卉的芳香，是单纯而又费解。（泰戈尔《流萤集》）

由视觉感觉到的"微笑"移到嗅觉感到的"芳香"。

（4）由嗅觉移到听觉，例如：

④ 微风过处，送来了缕缕清香，仿佛远处高楼上渺茫的歌声似的。（朱自清《荷塘月色》）

由嗅觉感知的"清香"移到听觉感知的"歌声"。

（5）由视觉移到听觉，例如：

⑤ 方鸿渐看唐小姐不笑的时候，脸上还依恋着笑意，像音乐停止后袅袅空中的余音。（钱钟书《围城》）

由视觉感知的"笑意"移到听觉感知的"余音"，惟妙惟肖地刻画出方鸿渐为唐小姐痴倾的情态。

（6）由视觉移到触觉，例如：

⑥ 杨澜说："那笑容，暖暖的……"（杨晓《阳光杨澜》）

由视觉感知到的笑容移到触觉感知到的"暖暖"。

2．通感的功能与运用

恰当地运用通感，可以绘形绘声绘色，强化体验，增加语言韵味。

运用通感要注意：通感建立在视觉、听觉、味觉、嗅觉和触觉等感觉挪移与丰富想象的生理和心理基础之上，常常借助比喻、比拟、夸张等修辞方式来表达，其词语变异组合以自然巧妙为宜。

3．通感和移就的区别

通感和移就从语言形式上看，有相同之处，但它们有着内在的区别：（1）由一种感官感知的事物移到另一感官所感知的事物是通感；由一种不能用感官感知的抽象的事物移到某种感官能感觉到的是移就。（2）通感被描写的对象往往是具体名词，移就被描写的对象往往是抽象名词。

（六）借代

不直接说出事物的本名，而借用同它密切相关的事物的名称来代替，这种修辞方式叫借代，也叫换名。被代替的事物叫本体，用来代替的事物叫借体。

1．借代的常见类别

（1）借事物的特征、标记代替，例如：

① "一年一次？"长辫子很有把握地问。（王友生《漩涡》）

② 来一杯"雪地"！

① "长辫子"指小说中那个有着长辫子的叫李明的女子。②"雪地"是商标，代这种品牌的啤酒。

（2）借特称代泛称

用具有典型性的人或物的专用名称做借体代替本体事物。例如：

③ 小朱说："老赵您不是做生意了吗？什么时候您也请咱们上那儿喂一顿，让咱们这帮刘姥姥也长回见识。"（宁空《赶海》）

用"刘姥姥"代没有见识的人。

（3）借具体事物代替抽象事物，例如：

④ 当时我在重庆《新华日报》工作。重庆迷雾低垂，浓云密布。人民浴血奋战赢得的胜利，又将为血泊所淹没。中国往何处去？（刘白羽《红太阳颂》）

用"血泊"代替"战争"。

（4）借部分代替整体，例如：

⑤ 我们都是来自五湖四海，为了一个共同的革命目标，走到一起来了。（毛泽东《为人民服务》）

"五湖四海"，具体说，"五湖"是指洞庭湖、鄱阳湖、太湖、洪泽湖、巢湖；"四海"指东海、南海、黄海、渤海，"五湖四海"在这里代全国各地。

部分代和具体代有联系又有区别，主要是措辞的侧重点不同。

（5）借结果代原因，例如：

⑥ "宝宝"都上山了，老通宝他们还是捏着一把汗。（茅盾《春蚕》）

"捏着一把汗"是提心吊胆，过分紧张的结果，它是以果代因的借代。

（6）以作者替代作品，例如：

⑦ 方鸿渐从此死心不敢妄想，开始读叔本华……（钱钟书《围城》）

"叔本华"不能读，这里指他的作品。

借代是一种运用广泛的修辞方式，只要本体和借体有相关性都可以构成。除了上面列举的，还有很多。

2．借代的功能与运用

恰当地运用借代，可以突出事物特征，可以使行文简洁，可以使表达新颖别致、形象生动。

运用借代要注意：（1）借体必须有代表性，即借体一定要能代表本体。（2）有时还需要在一定的上下文对本体有所交代，否则表意可能不明。

3．借代和借喻的区别

借代与借喻有相似之处，都有代替性，借喻是以喻体代替本体，借代是以借体代替本体。但二者有很大的不同：（1）在形式上，借代是"以乙代甲"，借喻是"以乙喻甲"。借喻可以改成明喻，借代则不行。（2）表达作用不完全一样。一般说来，运用借喻时，想象的意味较重；运用借代时，特征的鲜明性较强。（3）借喻的客观基础是两个不同事物的相似点，借代的客观基础是事物内部或外部的紧密联系，即相关性。借喻重在比方，借代重在指称。

（七）双关

在特定语言环境中借助语音或语义的联系，使语句同时关涉两种事物或兼含两种意义，这种言在此而意在彼的修辞方式叫双关。

1．双关的类别

（1）谐音双关

利用音同或音近的条件，使词语或句子具有两种不同的意义，例如：

① 不写情词不写诗，一方素帕寄心知，心知接了颠倒看，横也丝来竖也丝。这般心事有谁知？（冯梦龙《山歌》）

这里"横也丝来竖也丝"的两个"丝"字，谐音双关"思"。就第二句的一方素帕而言，是"丝"，就末句的"心事"而言，是思念的"思"。

（2）语义双关

利用词语或句子的多义性，使表达具有两种不同的意义，例如：

② 母亲和宏儿都睡着了。我躺着，听船底潺潺的水声，知道在走我的路。（鲁迅《故乡》）

"在走我的路"，表面上看是"我"离开故乡，在走水路，但作者扩展开去，将情、景自然地融合在一起，指的是人生的道路。作者发挥了丰富的想象力，借此寄托了自己美好的希望。

2．双关的功能与运用

恰当地运用双关，可以使语言含蓄、委婉、饶有风趣。

运用双关要注意：要依据特定的语言环境和特定的接受者巧用表里两层含义，做到含蓄而不晦涩，做到不造成歧义或误会。

（八）拈连

甲乙两类事物连在一起叙述时，把用于甲事物的词语就势巧妙地拈来用于乙事物，这种修辞方式叫拈连。拈连的两件事物，往往甲比较具体，在前，乙比较抽象在后。运用拈连，便赋予了抽象事物以具体形象，增加了语言的艺术美。

1．拈连的常见类别

（1）述宾式

把适用于甲事物的词语移用到平常不适用的乙事物上来，构成具有特定修辞效果的述宾关系，例如：

① 铁窗和镣铐，坚壁和重门，锁得住自由的身，锁不住革命精神！（杨沫《青春之歌》）

单独地看"锁"和"革命精神"是搭配不拢的，但是由于有上文"锁得住自由的身"为条件，就不感到别扭，这种前后联系巧妙自然，给我们的感觉是生动活泼，新颖别致。

（2）主谓式

把适用于甲事物的词语移用到平常不适用的乙事物上来，构成具有特定修辞效果的主谓关系，例如：

② "哼！你别看我耳朵聋——可我的心并不'聋'啊！"（郭澄清《大刀记》）

"耳朵聋"主谓相配，这是一般的用法，"心不聋"是变通说法，"心"一般和"明"

之类形容词搭配，现在顺势连用与"不聋"搭配，显得新颖，也很深刻、有力。

2．拈连的功能与运用

恰当地运用拈连，可以使语言简约，引人联想，可以使语言新颖别致，增添新的情味。

运用拈连要注意：既要考虑拈连词语形式上的联系，也要考虑甲乙事物语义上的关联，做到贴切自然。

（九）设问

本无疑问，有意自问自答，这种修辞方式叫设问。

1．设问的类别

（1）自问自答。例如：

① 生活像什么？生活像一条河，生活像一座山……（牛伯成《陪伴生活》）

（2）只问不答

提出问题，不做回答，或答寓文中，或无须也无法回答。例如：

② 妹在屋里织绫罗，
　哥在门前唱山歌；
　山歌唱得人心乱，
　织错几尺花绫罗，
　你说该怪哪一个？（《民间情歌三百首》）

③ 谁家今夜扁舟子？
　何处相思明月楼？（张若虚《春江花月夜》）

例②怪谁？当然怪"哥"。这是只问不答，但答寓文中。③"谁家"、"何处"尽管用了问句的形式，但无须也无法回答。正因为如此，才衬托出了诗人的离愁别绪的感人意境。

2．设问的功能与运用

恰当地运用设问，可以引人注意，启发思考或者突显重点，使行文不呆板，有波澜。

运用设问要注意：设置问题要有针对性和启发性，防止不分轻重巨细的滥用。

（十）对偶

把字数相等、结构相同（或基本相同）、意义相关的两个句子或短语对称地排列在一起，表示相反、相关或相连的意思，这种修辞方式叫对偶。

1．对偶的类别

（1）正对

上下联内容相关，从两方面说明同一个事理，或描写一种情景，两联从内容上相互补充，互相映衬。例如：

① 四面荷花三面柳，一城山色半城湖。（刘凤浩《题济南大明湖小沧浪亭》）

（2）反对

上下联用的词或短语意义相反，对称地组织在一起，使对偶两句的内容相反。例如：

② 行善之人，如春园之草，不见其长，日有所增；

　　行恶之人，如磨刀之石，不见其损，日有所亏。

（3）串对

上下两联的意思相关，有承接、因果、条件、假设等关系。串对又叫流水对。例如：

③ 春种一粒粟，秋收万颗子。（李绅《古风》）

④ 即从巴峡穿巫峡，便下襄阳向洛阳。（杜甫《闻官军收河南河北》）

对偶的上下两联一般由两个分句组成，也有由短语或语段组成的。从结构上看，对偶可分为严对和宽对两种。

严对要求上下句字数相等，结构相同，词性一致，平仄相对，不重复用字。我国古典诗歌中的格律诗很讲究平仄相对和词语的对仗，所以多用严式对偶。

宽对在格式上要求就不是那么严格，只要求结构基本相同，音韵大体和谐，可以用相同的字，只要基本符合对偶的格式就可以了。例如：

⑤ 那红花一朵朵——开遍千山万壑，

　　那红霞一片片——照亮莽原大漠。（郭小川《春歌（之二）》）

2．对偶的功能与运用

恰当地运用对偶，可以使内容凝练集中，增强概括力；可以使形式对称均衡，增加节律感。

运用对偶要注意：内容与格式可以统一则必须统一，不能统一则采用宽对，无须刻意求工整。

（十一）对比

把两种对立的事物或同一事物的两个不同方面，放在一起相互比较，这种修辞方式叫对比，又称对照。

1．对比的类别

（1）两体对比

把两种对立的事物放在一起描述，使对立更加鲜明突出，又叫两物对比。例如：

① 一丛深色花，十户中人赋。（白居易《买花》）

（2）一体两面对比

把同一事物的两个对立的方面放在一起描述，使事理阐述更透彻、全面，又叫一物两面对比。例如：

② 他们是羊，同时也是凶兽；但遇见比他凶的凶兽时便现羊样，遇见比他更弱的羊时便现凶兽样。（鲁迅《忽然想到（七）》）

2．对比的功能与运用

恰当地运用对比，可以揭示矛盾对立的意义，能使事理、语言鲜明突出。两体对比，能使人更易鉴别不同事物的好坏、善恶、美丑；一体两面对比，能使人更易认识同一事物的正反方面的特性、矛盾统一的关系。

运用对比要注意：对比的两种事物或同一事物的两个方面应该存在矛盾对立的联系，否则便是强为对比。

3．对比与对偶的区别

对比要求两项意义必须"对立"，不管结构是否相同、字数是否相等；对偶要求两项结构必须"对称"，字数必须"对等"，除了"反对"之外，不一定要求意义对立。可见二者立足点不同，对比立足内容上"对立"，对偶立足形式上"对称"。对偶中的"反对"，从内容上说是对比。

（十二）衬托

为了突出主要事物，用相似、相关或者相反的事物做背景，从旁陪衬、烘托，这种修辞方式叫衬托，又叫映衬。

1．衬托的类别

（1）正衬

利用事物的类似关系，采用和本体相同或相近的事物来正面衬托本体事物。一般是用美好的景物来写快乐，用凄凉的景物来写悲哀。它使喜者更喜，悲者更悲，突出本体事物，加深欢快或哀伤情绪。例如：

① 第二天，是个阴湿的日子，灰色的云层，压得挺低，下着蒙蒙的牛毛细雨，石板路上湿滑滑的。朱老忠和江涛踩着满路的泥泞，到模范监狱去。（梁斌《红旗谱》）

用"阴湿的日子"，"灰色的云层"等这样一个坏天气衬托朱、江探监时的心情。

（2）反衬

用事物的相对关系，采用和本体相反或相对的事物，从反面衬托本体或主体事物。它往往是以乐景写哀，以哀景写乐。它比正衬显得更有力量。例如：

② 一九三七年四月中旬，正是樱花盛开的季节。日本横滨码头噪声沸腾，无数彩色的纸带，在远行人与送行者手中飘动。只有一个少妇，孤单地站在一艘英国轮船的甲板上，两手空空，没有彩带，默默地向祖国告别。这就是绿川英子——当时在日本叫长谷川照子。

借樱花盛开的美好季节和彩带"在远行人与送行者手中飘动"的欢快场面，反衬出长谷川照子离别祖国的痛苦和惜别的心情。

2．衬托的功能与运用

恰当地运用衬托，可以使主次分明，让需要突出的事物更鲜明，更突出。

运用衬托要注意：主体和陪衬的事物之间联系要自然，主次要分明，不能喧宾夺主。

3．反衬和对比的区别

反衬利用和主要事物相反的事物做陪衬，对比则是两种根本对立的事物或同一事物的两个矛盾对立面的比较，二者有相似之处，但不同：衬托是以宾托主，有主次之分；对比是表明对立现象的，两种对立的事物是平行的并列关系，无主次之分。

（十三）反复

为了突出强调某种思想感情而有意重复词语或句子，这种修辞方式叫反复。

1．反复的类别

（1）连续反复

连续重复相同的词语或句子。例如：

① 一见面，他车子还没放稳，就很激动地对我说："大有文章可做，大有文章可做呀！"（李存葆《高山下的花环》）

（2）间隔反复

重复的同一词语或句子中间，隔着其他词语或句子。例如：

② 她嫁了，女婿是个清秀的人，我喜欢。她生儿子了，是个聪明活泼的孩子，我喜欢。他们俩高高兴兴当教员，和和爱爱相对待，我更喜欢，因为这样才像人样。（叶圣陶《夜》）

2．反复的功能与运用

恰当地运用反复，可以突出语意重点，抒发强烈的感情；可以加强语气，增添节奏感。

运用反复要注意：反复是强烈感情的自然流露，如果没有充实的内容、强烈的情感，而一味重复词语则会使表达拖泥带水、单调乏味。

（十四）排比

把几个内容密切关联、结构相同或相似、语气一致的短语或句子接连说出，这种修辞方式叫排比。

1．排比的类别

（1）句子成分的排比

句中同一句子成分的排比。例如：

① 在他的词作中，你见不到一丁点世俗的哀怨，感受到的只是祖国跳动的脉搏、民族不懈的追求、时代探索的脚步、人民热切的期盼。（王衍诗《倾情领唱主旋律》）

② 深夜，在大庆一间客房的会客厅里，王启民述说着往事，他的久违的父母、他的久违的故乡、他的久违的童年。（文乐然《宁静地带》）

① 是宾语的排比，②是同位成分的排比，此外还有主、谓、定、状、补语的排比等。

（2）句子的排比

分句与分句、句子与句子的排比。例如：

③ 不要轻信你听到的每件事，不要花光你的所有，不要想睡多久就睡多久。（无名氏《一些有意思的忠告》）

④ 为什么人一定要当"官"或取得其他高级职位才算是活得有"价值"呢？为什么一定要高人一头、超人一等才算是有"前途"呢？为什么只有清闲、少劳或不劳动才算是

"幸福"和"快乐"呢？为什么要把服务性行业看得那么卑鄙见不得人呢？这是多么可怕而又可鄙的偏见！（魏巍《路标》）

（3）段落的排比。例如：

他哭了，不是因为邻居的眼色，这个从南市来的孩子从小见惯了各种各样冷漠和怀疑的眼色。

他哭了，不是因为路人的歧视，这个在各国港口为中国争取到荣誉的海员，有的是对付歧视的办法。

他哭了不是因为亲人们——妻子儿女，特别是哥哥，那个一心一意支持他走上这条路的哥哥的质问。虽然他们疑虑的视线在他心上织起了压迫的和有罪的雾似的迷网……（柯岩《船长》）

2．排比的功能与运用

恰当地运用排比，可以使语句整齐匀称，音律铿锵，节奏感强；可以深化语义表达；可以增强语势，抒发强烈感受，加强感染力。

运用排比要注意：（1）排比的结构强调相同性，但允许有不伤害整体统一的小变化。（2）排列讲究次序，有条不紊。（3）不可单纯追求形式，硬凑排比。

（十五）层递

用三项或三项以上结构相似的语句，按照一定的逻辑关系，使语意内容递升或递降排列，这种修辞方式叫层递。

1．层递的类别

（1）递升

按照数目的多少、范围的大小、时间的长短、程度的深浅、面的宽窄、量的轻重等依次上升排列，即由少到多，由小到大等等去排列。例如：

① 生活中的许多厂长都像吕建国一样，为了上百号人、上千号人乃至上万号人的吃喝拉撒，在披肝沥胆地工作着。（卢腾《厂长看〈厂长〉》）

（2）递降

递升的特点是步步上升，与此相反，步步下降的是递降，即使语意由深到浅，由重到轻，由高到低，由大到小等排列。例如：

② 他父亲留下的一份家产就这么变小，变做没有，而且现在负了债！（茅盾《春蚕》）

2．层递的功能与运用

恰当地运用层递，可以强化认识，升高感情，加深印象，营造出事理和语言的"渐层美"。

运用层递要注意：层递具有严密的逻辑性，使用时，一定要注意依次排列的逻辑关系，不可紊乱。

3．层递和排比的区别

层递和排比都是由三项或三项以上组成，都有结构整齐、气势贯通的特点，但有所不同：（1）层递着眼于内容上具有级差性，排比主要着眼于内容上的平列性。（2）层递在结构上不强调相同或相似，排比在结构上必须相同或相似。

（十六）仿拟

故意模仿现成的词语或句子、篇章而仿造一个新的词语或句子、篇章，这种修辞方式叫仿拟。这现成的词语、句子等一般是上文出现的或者是人们所熟悉的，仿造的词语、句子等和原义相反或相似、相近。

1．仿拟的类别

（1）仿词

更换现成词中的某个词素，临时仿造出新的词。例如：

① "您真是个天才！"戈勒校长笑道，"您的胆量令人钦佩，女士。"

"我是'地才'，博士！"女科学家冷冷一笑，"正如生命起源于大地一样，我的认识也是脚踏实地摸索出来的。"（张扬《第二次握手》）

（2）仿语

更换固定词组中的一个或几个字，仿造出一个新语来，一般是仿造成语。例如：

② 球稳稳地进了，对方队员只能望"球"兴叹！（张抗抗《杯》）

（3）仿句

故意仿造既成的句法格式。被仿造的句子一般是名句或熟语句。例如：

③ 当街的几个孩子，既不敢问他，又舍不得不看他，只远远地好奇地盯着他。他是谁？他就是那个"青年被抓走老大回，儿童何敢问相识"的中学教师李八一！（高尔品《"细胞"闲传》

这里仿拟的是贺知章《回乡偶书》中的两句："少小离家老大回……儿童相见不相识……"。

（4）仿篇

仿造既成的篇章，这既成的篇章一般也是有名的。例如：

④ 寻寻觅觅，猜猜测测，想想碰碰撞撞。乍小还大时候，最难中奖。三注四注买入，怎敌他，包号威力？奖开也，那一组却是旧时相识。

满地彩票堆积，憔悴损，如今有谁收拾？守着佳码，独自怎得中！连码更兼冷号，到黄昏，悔悔恨恨，这次第，怎一个，愁字了得！（刘雪梅《声声慢》）

例④仿李清照《声声慢》。

2．仿拟的功能与运用

恰当地运用仿拟，可以给人新鲜活泼、生动明快之感。由于仿造的词语句篇和原词语句篇在意义上相反或相似、相近，所以又有对比之效。

运用仿拟要注意：为了表达的明晰，临时仿照的词语通常需要被仿照的词语在上文或下文的照应。

三、辞格的综合运用

一段话之中包含有多个辞格，这便为辞格的综合运用。它包括兼用、套用、连用。

1．辞格的兼用

几种辞格兼而用之，互相交织在一起，融为一体。例如：

① 他赢而又赢，铜钱变成角洋，角洋变成大洋，大洋又成了叠。（鲁迅《阿 Q 正传》）

这是层递和顶真的兼用。"铜钱——角洋——大洋"，概念一个比一个大，表达了层层递进的意思，从这个角度看，是层递，但是"……角洋，角洋……大洋，大洋……"词语蝉联，从这个角度看，是顶真。

② 真的假不了，假的真不了。

这例兼用了回环、对偶、对比。

兼用的特点是"横看成岭则成峰，远近高低各不同"，从这一角度看是甲格，从另一角度又是乙格。兼用可使多种不同的修辞效果交织在一起起作用，相互补充，浑然一体，增添文采和力量。

2．辞格的套用

一个主要的辞格中包孕着另外的辞格。其特征在于辞格分层次地结合，辞格里面包孕着辞格。例如：

③ 一站站灯火扑来，像流萤飞走；

一重重山岭闪过，似浪涛奔流……（贺敬之《西去列车的窗口》）

两个分句合起来是第一个层次，是对偶；第一、二分句各是一个比喻，这是第二个层次；第三个层次"一站站灯火扑来"和"一重重山岭闪过"是比拟；第四个层次"一站站"、"一重重"是复迭。

④ 为什么洪山礼堂今天这样明亮？因为被你们初升的太阳——照亮！为什么我们大家心情这样激动？因为你们的青春给了我们无限希望！（徐迟《要叫大自然听从你们摆布》）

例④总看是对偶，对偶中又套用两个设问。

辞格套用，相互照应陪衬，使大的辞格有所借助，小的辞格所有增补，相得益彰。

3．辞格的连用

几个辞格接连运用，它们之间的关系不分主次，平等并列，互相衬托。例如：

⑤ 我始终相信"青出于蓝，而胜于蓝"这句老话，《译林》杂志将永远会是一棵屹立不倒的、绿如翡翠的常春树！（杨苡《一点小小感触》）

第一句是引用，第二句是暗喻，它们是异类辞格的连用。第二句中又包含有明喻。例如：

⑥ 我静静地坐在书桌前面。回忆凝成一块铁，重重地压在我的头上；思念细得像一根针，不断地刺着我的心；血像一层雾在我的想象中升上来，现在连电灯光也带上猩猩的

颜色。（《巴金小说精编》）

第二、三、四句都是比喻，它们是同类辞格的连用。

同类辞格连用可以使同一辞格表达效果更强。异类辞格连用，可以使思想内容表达得更加丰富多彩，鲜明有力。

修辞格的综合运用还有更为复杂的。兼用、套用、连用之间相互并用的形式在实际的语言运用中也很常见。

第六节　语体和语言风格

一、语体

（一）语体与修辞

1. 语体及其分类

语体是适应题旨和语境的需要为实现交际功能而形成的语言运用体式。在丰富复杂的社会生活中，人们的语言交际，根据不同的交际领域、交际对象、交际内容、交际方式等，实现了不同的交际功能：有的解决一般日常生活问题，有的处理行政事务，有的宣传思想理论，有的探求科学规律，有的致力形象塑造，等等。为此，人们在语言交际中就对语言材料进行有意识的选择，安排，从而使语言材料在功能上出现了分化，形成了不同的语言运用的特征体系和方式，这就是语体。

语体的分类多种多样，根据不同的标准可以分出不同的类别。一般情况下，根据交际方式和功能，人们把语体先分为口头语体和书面语体两大类。再做下位的分类，口头语体又可分为谈话语体和演讲语体；书面语体又可分为公文语体、政论语体、科技语体和文艺语体。

不同的语体之间既互相区别又互相联系。各种语体都有其特定的运用语言的特征体系、方式或约定的程式，一经形成，它就具有约束效应，我们必须遵守它，才能很好地完成交际任务。同时，各种语体之间也互相影响，互相渗透。

口头语体，自然、活泼、通俗、生动。它充分利用语音手段，抑扬顿挫，停顿较多，语气词较多，富有感情；大量运用通俗生动的生活化词语，包括方言、俗语；运用灵活简短的句子形式，常用省略，有时也重复；话题经常变换，具有游移性、跳跃性。

书面语体，严密、规范、文雅、庄重。它节拍分明，富有音乐感；大量使用书面词语，包括术语及文言词语；句子结构比较完整，合乎规范，修饰成分、并列成分、关联词语用得较多；话题集中，中心突出，表现出明显的连贯性、逻辑性。

口头语体和书面语体各有特色，又密切联系。口头语体是书面语体的源头，书面语体是口头语体的升华；口头语体给书面语体注入新鲜的血液，书面语体为口头语体架起规范的骨骼。两者相互作用，相互影响，增强了语体的功能，促进了语言的发展。

2．修辞与语体密切相关

任何修辞活动都离不开一定的语体，都要受到语体的制约。切合语体，是修辞要时刻把握的重要方面。修辞所遵循的原则，与切合语体密不可分。

修辞必须遵循功能原则，一切修辞都是为了增强语言的交际效果而实现它的功能。语体正是为了实现交际功能而形成的语言运用体式，它使语言材料在功能上出现了分化。词语具有语体色彩，修辞必须注意词的语体色彩的配合得当。句子也有语体色彩。我们所讲的句类，陈述句、疑问句、祈使句、感叹句，可以看做是句子在功能上的基本分类。这四类句子功能不同，在不同的语体中使用情况不一样。在专门科技语体中，陈述句用得最多，疑问句用得极少，祈使句、感叹句则基本不用。因此，我们说话、行文中遣词造句，必须把握好词语、句子的语体色彩，这样才能增强表达效果，实现交际功能。

修辞必须遵循得体原则，得体原则中就包括切合语体。一种语体形成之后，往往有它典型的表达手段和方式，以保持它的稳固性和独立性。虽然语体之间具有渗透性，但某一语体对其他语体的典型的表达手段和方式具有排斥性。比方说，公文语体就排斥文艺语体的典型的形象化的表达手段和方式。如果我们在一则通知中运用了比喻，那就会使人觉得不伦不类；如果我们在一份合同中运用了夸张，那只能造成交际的失败。比喻、夸张本身是非常有效的修辞手段，但如果不切合语体，就不能取得有效的交际效果。

（二）书面语体的类别及其特征

1．公文语体

公文语体又叫事务语体。它的功能是联系、处理国家机关、社会团体、企事业单位、社会成员之间的各种事务。公文语体与社会生活有密切的联系，运用范围很广，使用频率很高。它的具体表现形式很多，如法令、决定、决议、公报、公告、通告、通知、请示、批复、报告、条约、条例、声明、公约、合同、协议书、备忘录、倡议书、起诉书、判决书、启事、条据、书信等等。

公文语体具有简明性、朴实性、程式性等特征，具体在语言运用上表现出以下的一些特色：

（1）用词力求准确明晰。公文语体在表述时间、地点、数量、范围等方面用词必须十分准确，避免发生歧义和误解。概念的说明，事物的叙述，用词必须明确清楚，不能含混。

（2）运用一些习惯用语。公文语体在长期的运用过程中形成了一些习惯用语，其中有现代的词语，也有一些文言词语，如"违反规定的"、"情节严重的"、"予以查处"、"特此函达"、"兹因"、"欣悉"、"值此"、"为荷"等等。

（3）句子谨严、简练。公文语体的句子结构比较完整，少用省略句，同时简洁凝练，以较少的文字表达严谨的内容。在句类上，主要使用陈述句和祈使句，以叙述事情或发出指令、请求。

（4）修辞上注重朴实无华。公文语体着重于消极修辞，追求明确、通顺、平匀、稳密。不追求形象化的描绘和感情强烈的渲染，极少运用比喻、比拟、夸张、双关等辞格，有时运用排比、对偶、对比等辞格。

（5）有固定的行文程式。公文语体有约定俗成的一些程式，按公文的不同类别有不同的式样。如文件往往有标题、编号、收文单位、正文、附件、发文单位、日期等等。规章制度有总则、分则、附则等。合同、条据、书信等都有特定的格式。

2. 政论语体

政论语体又叫宣传鼓动语体。它的功能是对国际国内的政治生活和人们社会生活中的各种问题做出评述，表明立场，宣传真理，驳斥谬误，鼓舞斗志，从而起到宣传教育作用。政论语体的运用范围较广，政治评论、思想评论、时事评论、文艺评论、社会小品文以及一些新闻报道等，都属于政论语体的范围。

政论语体旨在阐明道理，鼓动群众，所以它具有论述的逻辑性、表达的鼓动性等特征，在语言运用上表现出以下的一些特色：

（1）用词广泛，带有感情。政论语体涉及的领域很多，用词十分广泛，除了较多地运用政治性词语外，还运用各行各业的词语甚至专门术语，如经济、文学、军事、法律、科技以及工农业生产、交通运输等方面的词语。并且随着社会的不断发展而不断运用一些新词语，如"承包、特区、万元户、三角债、信息技术、一国两制"等等。用词的感情色彩鲜明，以表明作者的立场。

（2）句子严密，表意准确。政论语体要展开论述，使用的句子较为严密，常用主谓句，常用复句尤其是多重复句。这样做到概念的表述具有准确性，推理具有逻辑性，增强论述的力量。从句类来看，陈述句用得最多，借以显示严密的逻辑性；疑问句也常用，特别是常用设问句和反问句，借以增强鼓动性；祈使句、感叹句也用，借以加大号召力和感染力。

（3）修辞手法多样。与公文语体相比，政论语体在修辞上限制较少，可以运用多种修辞手法，除了经常运用长句短句、肯定句否定句等之外，还较多地运用比喻、排比、层递、对偶、对比、引用、设问、反问、反语等辞格，以增强论述的说服力和鼓动性。

3. 科技语体

科技语体又叫知识语体。它的功能是总结、阐述自然现象和社会现象的内在规律，为自然科学和社会科学的研究、发展、普及服务，并进而服务于社会的进步和生产的发展。科技语体涉及科学技术的各个领域，主要的表现形式有学术专著、学术论文、学术报告、实验报告、技术标准、科技教材以及有关的读书笔记等，也包括通俗性的科普读物。由于交际对象、目的和语言表达上的不同，科技语体又分为专门科技语体和通俗科技语体。

专门科技语体具有精确性、专业性等特征，在语言运用上表现出以下的一些特色：

（1）用词的专业性、国际性和符号化。专门科技语体运用大量的专业术语，表意单一而且精确。有的术语，在不同的领域有不同的含义。如"聚合"，在化学中指"单体结合成高分子化合物而不产生副产品"，在语言学中指"有共同点或有替换关系的语言单位的结合"。这一语体还经常运用一些国际通用的词语和符号，如"欧姆、加仑、尼古丁、逻辑、克隆"等词语，⊥（垂直）、>（大于）等符号。还用一些字母词语，如DNA（脱氧核糖核酸）、CPU（中央处理器）等。

（2）句子的单一性。专门科技语体运用的句子比较单一，所谓单一是指句子严整而较少变化。从句型看主要运用比较完整的主谓句，句子的限制性成分较多，一般不用或谨慎运用省略句，多用复句，特别是多重复句，注重句子表意的精确性和层次性。从句类看，主要运用陈述句，有时也用疑问句，基本不用祈使句和感叹句。

（3）修辞的平实性。专门科技语体注重表述上的精确、严密、简洁，不追求语言的艺术化，主要追求消极修辞的表达，对积极修辞的手段有所限制，不用夸张、反语、双关等辞格，有时运用比喻、引用、对偶、排比等辞格。

通俗科技语体是向非专门人员或不大熟悉某一科学领域的知识的人员深入浅出地介绍某一门科学知识，主要是指一些普及性的通俗科技读物。它与专门科技语体不一样，以通俗性、明快性为其特征，往往用口头的通俗的词语代替专门术语，句子也富有变化，经常运用生动形象的修辞手法，以增强读者的兴趣。

4．文艺语体

文艺语体又叫文学语体或艺术语体。它的功能是运用语言塑造艺术形象，反映丰富复杂的社会生活，描绘多姿多彩的大自然，抒发感情，表现思想，使人们从中受到感染和教育，并得到美的享受。文艺语体的作品包括小说、散文、特写、报告文学、随笔、诗歌、词曲、剧本、曲艺等等。对文艺语体的作品，人们从文学体裁上一般分为小说、散文、诗歌、戏剧四类。从语言运用的角度看，文艺语体可分为散文体、韵文体两类。

文艺语体是通过艺术形象来反映生活表现情感的，所以它具有形象性和情感性等特征。与其他语体相比，文艺语体是最富于表达的一种语体，它不仅可以包含各种书面语体的表达方式，而且还可以包含口语语体的表达方式。同其他语体比较，文艺语体在语言运用上有以下特色：

（1）用词丰富，注重形象，富有感情。文艺语体用词十分丰富，不受限制，各种语体的词语，词语的各种生动的变化形式，都可运用，并且十分注重词语的感情色彩、形象色彩，以描绘事物，抒发感情，给人以感受。比如说政论语体中讲"我热爱祖国"，这样的思想在文艺语体中就可以做如下的描述：

① 两个神奇的字：祖国！这么美丽的两个字，就是这两个字在激励我的心灵。现在我正是身在国外，因此我对她的感受更深，就是这两个光辉的字，庄严的字，贴心的字，最可贵、最可爱的字呵，祖国，我的祖国！（徐迟《祖国》）

这一例对"祖国"这两个字，用了众多的词语来修饰、描绘，"神奇"、"美丽"、"光辉"、"庄严"、"贴心"、"最可贵"、"最可爱"等等，生动形象，色彩鲜明，感情热烈，让人强烈感受到赤子对祖国的热爱之情。

（2）句子多样，富于变化。文艺语体的句子多种多样，不拘一格，各种句型、句类、句式都广泛使用，并且富有变化，省略句、倒装句等经常使用，以充分显示汉语句子的多样、灵活，表达生动、形象、丰富的内容。比如说，公文语体的通知中讲"要向群众宣传长毛兔的优越性"，这在文艺语体中就可以演化成如下的生动具体的描述：

② "迷信！"黑娃瞥爹一眼，接着，便以一个初中生的聪明和雄辩，向爹宣传了饲

养长毛兔的优越性。黑娃首先指出，兔毛是一种高贵的纤维，懂么？纤维！去供销社收购站看看吧，一两特级兔毛，明码实价两块七。一只长毛兔一次能剪一两毛，一年能剪五次，算算，四只长毛兔一年能剪出多少"两块七"？"特别的尤其是"——黑娃强调指出，母兔长到三个月就要当娘了，一个月就生一窝兔娃，一窝少说七、八只，一年之中，兔娃生兔娃，兔娃的兔娃再生兔娃，找个电子计算机算算，一年能生养多少兔娃呢？兔娃满月半斤重，一只能卖一块钱，再算算，这笔收入是多少？"更加的尤其是"——黑娃进一步强调指出，长毛兔爱吃百样草，不吃粮食，冬天没青草，就吃蜀黍秆、红薯秧子。喂鸡还得舍把米，喂这长毛兔舍点啥？四两力气。（张一弓《黑娃照相》）

　　这一例，从句子运用的角度看，有主谓句，有非主谓句；有完整句，有省略句；有单句，有复句；有长句，有短句；有带书面语色彩的句子，有大量的带口语色彩的句子；有陈述句，有疑问句，有祈使句，有感叹句。这些多样的富于变化的句子，衔接连贯，表意清楚，重点突出，从兔毛、兔娃、兔饲料三个方面宣传了养长毛兔的好处，并且使黑娃这个人物形象生动活泼地展现在我们面前。

　　（3）修辞手段广泛运用。文艺语体对修辞手段是开放的，没有什么限制，我们所讲的语音修辞、语汇修辞、句子修辞，都可在文艺语体中得到广泛运用。辞格在文艺语体中更是得到大量运用，各种辞格都可在文艺语体中找到它合适的用武之地，特别是那些作用于形象描绘和情感渲染的辞格，在文艺语体中的运用远远高于其他语体，有时甚至是连用、套用、兼用。比如说，科技语体中讲"泰山的石块有多种形状"，这在文艺语语体中就可运用辞格做如下的描述：

　　③ 有的石头像莲花瓣，有的像大象头，有的像老人，有的像卧虎，有的错落成桥，有的兀立如柱，有的侧身探海，有的怒目相向。（李健吾《雨中登泰山》）

　　这一例整个儿看运用了排比，八个句子一连而下，气势非凡；再细看，前六个句子又接连运用了比喻，后两个句子又接连运用了比拟。泰山石头的多种形状，就凭借这些辞格而得以生动形象地展示在人们面前。

　　文艺语体中的韵文体，除了具有散文体的特色之外，还十分注重语音修辞，在用词造句上有时改变语序，采用与散文体不同的方式，等等。

二、语言风格

　　语言风格是在语言交际的主客观因素的制导下由运用语言表达手段的诸多特点综合表现出来的气氛和格调。语言风格按不同的标准可以分出不同的类别，如时代风格、民族风格、地域风格、个人风格、语体风格、表现风格，等等。这里着重讲表现风格。

　　语言的表现风格是从不同侧面对综合运用语言表达手段所形成的气氛和格调做出的抽象概括。这样抽象概括出的表现风格往往相反相成、相辅相成。常见的表现风格有豪放与柔婉，繁丰与简洁，明快与含蓄，绚丽与平实等等。

（一）豪放与柔婉

　　豪放，又叫刚健、雄健，其特点是气势雄浑，境界开阔，色彩鲜明，格调高昂，感情激荡，大气磅礴，具有阳刚之美。体现豪放风格，常运用激越昂扬的语气情调，富有奋发精神的豪言壮语，气势酣畅的句子，铺陈夸张的修辞手法。例如：

① 没有风，海自己醒了，喘着气，转侧着，打着呵欠，伸着懒腰，抹着眼睛。因为岛屿挡住了它的转动，它狠狠地用脚踢着，用手推着，用牙咬着。它一刻比一刻兴奋，一刻比一刻用劲。岩石也仿佛渐渐战栗，发出抵抗的嗥叫，击碎了海的鳞甲，片片飞散。

海终于愤怒了。它咆哮着，猛烈地冲向岸边袭击过来，冲进了岩石的罅隙里，又拨刺着岩石的壁垒。

音响就越大了。战鼓声，金锣声，呐喊声，叫号声，啼哭声，马蹄声，车轮声，机翼声，掺杂在一起，像千军万马混战了起来。

银光消失了，海水疯狂地汹涌着，吞没了远近大小的岛屿。它从我们的脚下扑了过来，响雷般地怒吼着，一阵阵地将满含着血腥的浪花泼溅在我们的身上。（鲁彦《听潮》）

柔婉，又叫婉约、柔美，其特点是笔调柔和，感情细腻，表意婉转，韵味深幽，气势舒缓，具有阴柔之美。体现柔婉风格，常运用柔和的音律，娓娓动听的词语，深沉细致的句子，委婉别致的修辞手法。如：

② 凉风习习，舟如在冰上行。过了高丽界，海水竟似湖光，蓝极绿极，凝成一片。斜阳的金光，长蛇般地自天边直接到栏旁人立处。上自穹苍，下至船前的水，自浅红以至于深翠，幻成几十色，一层层，一片片的漾开了来。（冰心《寄小读者》）

（二）繁复与简约

繁复的特点是泼墨如水，洋洋洒洒，纵横铺写，多方刻画，如同一幅工笔画。繁复的风格，在用词上词语丰富，并多用同义并列；句子枝繁叶茂，并多用叠句；修辞上常用排比、反复、博喻等辞格。例如：

③ 人们都说："桂林山水甲天下。"我们乘着木船，荡舟漓江，来观赏桂林的山水。

我看见过波澜壮阔的大海，欣赏过水平如镜的西湖，却从没看见过漓江这样的水。漓江的水真静啊，静得让你感觉不到它在流动；漓江的水真清啊，清得可以看见江底的沙石；漓江的水真绿啊，绿得仿佛那是一块无瑕的翡翠。船桨激起的微波，扩散出一道道水纹，才让你感到船在前进，岸在后移。

我攀登过峰峦雄伟的泰山，游览过红叶似火的香山，却从没看见过桂林这一带的山。桂林的山真奇啊，一座座拔地而起，各不相连，像老人，像巨象，像骆驼，奇峰罗列，形态万千；桂林的山真秀啊，像翠绿的屏障，像新生的竹笋，色彩明丽，倒映水中；桂林的山真险啊，危峰兀立，怪石嶙峋，好像一不小心就会栽倒下来。

这样的山围绕着这样的水，这样的水倒映着这样的山，再加上空中云雾迷蒙，山间绿树红花，江上竹筏小舟，让你感到像是走进了连绵不断的画卷，真是"舟行碧波上，人在画中游"。（《桂林山水》，选自《教师口语》教材）

简约，又叫简洁，其特点是惜墨如金，简练扼要，言简意赅，以一当十，如同一幅写意画。简约的风格，用词精练，富繁于简；句子精约，多用省略；修辞上讲究精警、节缩，运用白描手法。例如：

④ 桂林的风景线长达 100 公里，从桂林到阳朔水程 83 公里，漓江蜿蜒于群山之中，

乘船从这里掠过，可以饱览壮丽的景色，奇峰矗立，绿水萦回，船移景变，尽态极妍。（秦牧《桂林山水之美》）

（三）明快与含蓄

明快，又叫显豁，其特点是明朗爽快，言明意显，直截了当，辞直义畅，如同竹筒倒豆。明快的风格，在用词上直言快语，色彩鲜明；句子比较简短，常用肯定、否定句式；修辞上注重直言不讳，使人一目了然。例如：

⑤ 不是我当嫂的架子大，事到如今，要拿你一把，咱为人就为到底，送人就送到家，只不过呀小秀芝，有些个话儿得先说下。头年春天，是你说人家三锁好，思想进步，干活泼辣，让嫂我出去串串门，你们要在这谈谈话。门也串啦，话也谈啦，哪知你以后又变了卦。倒不是怪你变了卦，婚姻的事儿别人当不了你的家，只是说你那颗心，不知是阵什么风眨眼间就给刮迷啦！秀芝你说说，变卦到底是为什么？（张志民《小姑的亲事》）

含蓄，又叫蕴藉，其特点是引而不发，含而不露，言近旨远，意味深长，余韵无穷。含蓄的风格，在用词上常用一些委婉的词语、转义形式；句子在衔接上有时有跳跃性，在表意上有时隐晦曲折；修辞上常用借代、婉曲、双关、反语等辞格，注重意在言外。例如：

⑥ 田秀姑红着脸说："你喜欢我们山里吗？"何山说："喜欢。"、"将来你愿意住在我们山里吗？"、"我家里还有父亲。"、"把他接来。"（电视剧《乌龙山剿匪记》）

（四）绚丽与平实

绚丽，又叫藻丽，其特点是词藻华丽，色彩明艳，文采绚烂，情思丰富，感情浓烈。绚丽的风格，在声音上追求和谐悦耳，声情并茂；在用词上大量运用富丽华美的词语；在句子中多用描绘性、形容性的修饰成分；在修辞上多用生动性、形象性的手法，奇巧多变，艳丽多姿。例如：

⑦ 那时我喘息甫定，他们却催促我上观察台去。果然，雨过天又青。天都突兀而立，如古代将军。绯红的莲花峰迎着阳光，舒展了一瓣瓣的含水的花瓣。轻盈的云海隙处，看得见山下晶晶的水珠。休宁的白岳山，青阳的九华山，临安的天目山，九江的匡庐山。远处如白练一条浮着的，正是长江。这时彩虹一道，挂上了天空。七彩鲜艳，银海衬底。妙极！妙极了！彩虹并不远，它近在目前，就在观察台边。不过十步之外，虹脚升起，跨天都，直上青空，至极远处。仿佛可以从这长虹之脚，拾级而登，临虹款步，俯览江山。而云海之间，忽生宝光。松影之阴，琉璃一片，闪闪在垂虹下，离我只二十步，探手可得。它光彩异常。它中间晶莹。它的比彩虹尤其富丽的镜圈内有面镜子。摄身光！摄身光！

这是何等的公园！这是何等的人间！（徐迟《黄山记》）

平实，又叫朴实，其特点是确切明白，质朴无华，不加修饰，真切清谈，平易近人，真是"清水出芙蓉，天然去雕饰"。平实的风格，在用词上明白如话，朴实自然；句子一般不长，少用描绘性的修饰成分；修辞上注重消极修辞的手法，少用积极修辞的手法。例如：

⑧ 在光明顶看天都峰和莲花峰，因为是平视，看得最清楚。就岩石的纹理看，用中国画的术语就是就岩石的皴法看，这两个峰显然不同。天都峰几乎全部是垂直线条，所有

线条排得相当密，引起我们一种高耸挺拔的感觉。莲花峰的岩石大略成莲花瓣的形状，一瓣瓣堆叠得相当整齐，就整个峰看，我们想象到一朵初开的莲花。莲花峰这个名称不知道是谁给取的，居然形容得那么切当。（叶圣陶《黄山三天》）

思考题

1. 修辞的基本原则是什么？
2. 常用的修辞格主要有哪些？

参 考 文 献

[1]　黄伯荣，廖序东. 现代汉语（增订四版）. 北京：高等教育出版社，2007

[2]　朱振家. 古代汉语（修订版），北京：高等教育出版社，1988

[3]　胡明扬. 语言学概论. 北京：语文出版社，2000

[4]　叶蜚声，徐通锵. 语言学纲要. 北京：北京大学出版社，1997

[5]　郭锡良，李玲璞. 古代汉语，北京：语文出版社，2000

[6]　符淮青. 现代汉语词汇. 北京：北京大学出版社，1985

[7]　符淮青. 词义的分析和描写. 北京：语文出版社，1996

[8]　高更生. 王红旗. 汉语教学语法研究. 北京：语文出版社，1996

[9]　郭锐. 现代汉语词类研究. 北京：商务印书馆，2002

[10]　吕叔湘. 汉语语法分析问题. 北京：商务印书馆，1992

[11]　胡裕树，张斌. 汉语语法研究. 北京：商务印书馆，1989

[12]　陆俭明. 现代汉语语法研究教程. 北京：北京大学出版社，2005